Die amerikanische Bestsellerautorin Colette Dowling setzt sich in ihrem neuesten Buch mit dem Mythos vom »schwachen Geschlecht« auseinander. Thematisierte sie in ihren früheren Büchern die Befreiung von Frauen aus materieller und psychischer Abhängigkeit, geht es ihr diesmal um ein Gleichgewicht der Kräfte zwischen Männern und Frauen auf physischer Ebene. Sie beschreibt die lange währende Diskriminierung der Frauen im Bereich des Sports, aber auch den rasanten Wandel am Ende des 20. Jahrhunderts. Dabei verfolgt sie die Spur des Mythos bis ins 19. Jahrhundert zurück, als Frauen in ihrer Bewegungsfreiheit extrem eingeschränkt waren. Das viktorianische Weiblichkeitsideal warf einen langen Schatten, denn spätere Generationen mussten für ihr Recht auf körperliches Training und sportliche Betätigung genauso kämpfen wie für das Recht zu studieren und das Recht auf die eigene Erwerbstätigkeit.
Dowling legt überzeugend dar, dass Männer nicht von Natur aus stärker sind. Mädchen haben gleich gute Voraussetzungen für athletische Leistungen wie Jungen, trainieren allerdings nicht mit der gleichen Intensität ihre Technik und Ausdauer. Überdies hören viele mitten in der Pubertät auf, Sport zu treiben – auch eine Folge überkommener Weiblichkeitsideale. Dabei ist Sport sehr wichtig für die körperliche und psychische Entwicklung von Mädchen, wie das Buch zeigt. Nicht zuletzt deswegen, weil physische Leistungen auch das Selbstbewusstsein junger Frauen stärken. Trainierte Frauen haben buchstäblich ein anderes »Auftreten«. Die Autorin ist angesichts der Entwicklung in den letzten Jahren zuversichtlich, dass ihre Zahl zunimmt und die Ebenbürtigkeit mit den Männern erreichbar ist.

Colette Dowling ist eine international bekannte Autorin, deren Bücher in zwanzig Sprachen übersetzt wurden. Im Fischer Taschenbuch Verlag sind die Titel ›Der Cinderella-Komplex‹ (Bd. 3068), ›Befreite Gefühle‹ (Bd. 13617), ›Frauen im Aufwind‹ (Bd. 14378) und ›Perfekte Frauen‹ (Bd. 11190) erschienen, im S. Fischer Verlag ›Sterntaler. Wie Frauen mit Geld umgehen‹. Colette Dowling hat drei erwachsene Kinder und lebt in Woodstock, New York.

Unsere Adresse im Internet: www.fischer-tb.de

Colette Dowling

Hürdenlauf

Frauen, Sport, und Gleichberechtigung

Aus dem Amerikanischen
von Gabriele Herbst

Fischer Taschenbuch Verlag

Die Frau in der Gesellschaft
Herausgegeben von Ingeborg Mues

Sämtliche Geschichten und Vorfälle in diesem Buch haben sich wirklich so zugetragen. In manchen Fällen wurden jedoch Namen, Orte und andere Einzelheiten geändert, um die Privatsphäre und Anonymität der Beteiligten zu wahren. In diesen Fällen ist jede Ähnlichkeit zwischen den Namen und Geschichten von in diesem Buch beschriebenen Personen und Personen, die den LeserInnen bekannt sind, unbeabsichtigt und rein zufällig.

Deutsche Erstausgabe
Veröffentlicht im Fischer Taschenbuch Verlag,
einem Unternehmen der S. Fischer Verlag GmbH,
Frankfurt am Main, Mai 2002

Die Originalausgabe erschien 2000 bei Random House,
New York und Toronto, unter dem Titel
›The Frailty Myth. Women Approaching Physical Equality‹.

Satz: Pinkuin Satz und Datentechnik, Berlin
Druck und Bindung: Clausen & Bosse, Leck
Printed in Germany
ISBN 3-596-15144-9

Für Rachel, Gabrielle, Conor und Susan

Inhalt

Einführung 9

Eins: Der Mythos der weiblichen Schwäche 21
Die Vorzeit des Schwächemythos 24
Der Kult der schwachen Gesundheit 31
Die Krise der Männlichkeit 41
Die Schranken durchbrechen 45
Der Sturz des Menstruationsmythos 55

Zwei: Wie Frauen sich klein machen (lassen) 63
Weiblich werden:
Soziales Geschlecht und Vergeschlechtlichung 65
Gelernte Schwäche 72
Werfen wie ein Kerl:
Das Märchen von der angeborenen Fähigkeit 80
Vergleiche (Oder: Ist es unser Schicksal,
schwächer zu sein?) 88
Schrumpfender Körper, schrumpfendes Gehirn 99

Drei: Die Mädchen aus der Puppenecke holen 109
Wahrgenommene körperliche Kompetenz 110
Der Coaching-Faktor 114
Der Vater-Faktor 123
Die schwankende Hängebrücke:
Modellprojekte zur Veränderung 129

Vier: Bedrohte Körper 139
Schrumpfendes Selbstbild 142
Adoleszenz: Die Krisenjahre 147
Eintritt ins Kriegsgebiet 153
Feindliche Flure 167

Fünf: Darf ich mitspielen?
– Der Kampf, um ins Spiel zu kommen 179
Title IX oder Der Kampf um körperliche Bildung 180
Zulassung zum Spiel der Spiele: Die Olympiade 185
Siegen, wie wir es uns niemals vorgestellt hätten 192
Die abscheulichen Geschlechtstests 197
Medien, Marketing und die neue weibliche Konkurrenz 204

Sechs: Die Leistungslücke schließen 213
Die Angst des Mannes vor der starken Frau 218
Der Mythos des »Mannweibs« 221
Neue Methoden der Leistungsbeurteilung 227
Die Männer schlagen zurück 232
Der Östrogeneffekt 235
Die neue, körperbetonte Frau 241
Langen Atem haben 242

Sieben: Körperliche Gleichstellung: Das letzte Ziel 251
Körperliche Angriffe: Frauen niederhalten 254
Trauma: Freuds kleiner Umweg 259
Gefährliche Lektionen in passivem Widerstand 268
Gegenwehr 276
Passivität verlernen 281

Epilog 289
Dank 295
Anmerkungen 297

Einführung

Nicht lange nachdem ich die Arbeit an diesem Buch aufgenommen hatte, kehrte meine Tochter eines Abends vom Büro nach Hause zurück und musste feststellen, dass sich der Vater ihres Freundes als Rüpel entpuppte: Er schickte sich gerade an, ihre Siebensachen aus der New Yorker Wohnung seines Sohnes zu holen und sie mit einem gemieteten Lastwagen in ein kleines Apartment zu schaffen, das ich in der Stadt unterhalte. Sein Sohn sei zu jung für diese Beziehung, meinte Dad. Er glaubte, sein Sohn gleite ihm aus den Händen, und brauchte einen Sündenbock.
Rachel begriff sofort die Ungeheuerlichkeit der Situation, rief eine Speditions- und Lagerungsfirma an und forderte den Störenfried auf, ihre Möbel dorthin zu bringen. Der weigerte sich. »In der Wohnung meiner Mutter ist kein Platz«, erklärte sie ihm. Ihr Pech. Rachel wartete mit ein paar Freundinnen vor dem Haus, als der Lastwagen eintraf. Der Vater öffnete die hintere Laderaumklappe und warf ohne alle Hemmungen ihren Fernseher auf den Bürgersteig. Sein Sohn hatte sich auf seine Seite geschlagen. Rachel bat den Portier, die Polizei zu rufen. Dann sprang sie mit ausgebreiteten Armen auf die Ladefläche des Lasters, um den Mann daran zu hindern, noch mehr ihrer Besitztümer zu zerstören. So blieb sie stehen, bis die Polizeisirene heranheulte.
Dieses Bild beeindruckte mich tief. Aus Rachels Mut und Körpereinsatz bei den Maßnahmen, die sie ergriff, sprachen ihr Glaube an ihre eigene Stärke und an ihr gutes Recht. Doch dass sie ihrem Körper vertraute, war das Entscheidende. Ihre Kraft und Stärke erlaubten ihr, ihre Rechte nicht nur zu verteidigen, sondern sie bewusst zu *erleben*. Innerhalb von Minuten waren die Polizeibeamten da, ließen Rachel in den Streifenwagen steigen und eskortierten den Lastwagen zu der Spedition. Dort warteten

sie, bis Vater und Sohn Rachels Möbel ganz behutsam abgeladen hatten.

Was ist nötig, damit frau auf die Ladefläche eines Lastwagens springen und zwei außer Rand und Band geratene Männer daran hindern kann, hinaufzusteigen und Möbel herunterzuwerfen? Welche körperlichen und geistigen Errungenschaften kommen hier zum Ausdruck?

Ich hege keinen Zweifel, dass ein Zusammenhang besteht zwischen Rachels Selbstverteidigungsaktion und ihrer Erfahrung mit Wettkampfsport von Kindesbeinen an. Rachel war eines der Millionen Mädchen, die Neuland betraten, nachdem *Title IX*, ein Abschnitt des *Educational Amendment Act* von 1972, gleiche finanzielle Förderung des Mädchensports anordnete. Diese Förderung blieb dann noch jahrelang aus, doch ein Wandel lag in der Luft. Billie Jean King hatte 1973 in Wimbledon das scheinbar Unmögliche geschafft und Bobby Riggs geschlagen. Je mehr Öffentlichkeitswirksamkeit Spitzensportlerinnen erlangten, desto mehr Mädchen machten sich überall daran, den Mythos vom schwachen Geschlecht – den Glauben, dass Frauen körperlich inkompetent seien – auf breiter Front vom Sockel zu stürzen. Die ersten brachen in vorherige sportliche »Männerdomänen« ein: Fußball, Leichtathletik, Ringen und sogar American Football. Die *aller*ersten waren stets die einzigen Mädchen in der Mannschaft, wie Rachel unter den Fußballern an der High School.

Aus der kulturellen Schablone auszubrechen zahlte sich aus. Als Rachel auf die Ladefläche des LKW sprang, um ihre Besitztümer zu verteidigen, war sie zu einer Frau herangewachsen, die den Glauben an ihre Stärke und ihre Fähigkeit zur Selbstverteidigung verinnerlicht hatte. Ihre körperliche Kompetenz gibt ihr ein Bewusstsein ihrer körperlichen Kraft, das den meisten Frauen meiner Generation abgeht. Für uns bestand die nachdrücklichste Demonstration von physischem Wagemut darin, mitten auf der Straße zu laufen, wenn wir uns nachts in eine heikle Gegend verirrt hatten. Wir hatten den halb garen Syllogismus unserer Generation und den vieler Frauengenerationen vor uns glatt geschluckt: Männer sind stark, gewandt und ausdauernd. Frauen nicht: deshalb sind Frauen zu ihrem Schutz auf Männer angewiesen.

Es dauerte Jahre, in denen ich meine Töchter zu körperlich starken, gewandten und ausdauernden Frauen heranwachsen sah, bis ich begriff, dass sich etwas Neues ankündigte: Ein weiteres Stadium der Emanzipation der Frau brach an. Mit siebzehn ging Rachel ein Semester lang auf Tour; sie schlief in Schneehöhlen, seilte sich ab, lief Ski, lernte »Waggon«-Wasserstrudel (so genannt wegen ihrer Größe) zu vermeiden, wenn sie alleine ein Kajak durch Wildwasser lenkte. Sie kam nach Hause, trennte sich von ihrem Freund und ging wieder zur Schule. Das ganze Leben lag noch vor ihr. In der Wildnis hatte Rachel Dinge entdeckt, die ich einfach nie gelernt hatte: dass in überlebensrelevanten Situationen Männer und Frauen gleich wichtig sind, dass sie bei manchen körperlichen Aktivitäten besser war als die Jungen, dass sie sich gegen unerwünschte sexuelle Annäherungsversuche eines Betreuers ohne Hilfe einer älteren Person zur Wehr zu setzen wusste. Ich war stolz auf sie, als sie von der Tour als stärkerer, selbstsicherer und sozial gewandterer Mensch zurückkehrte.

Im Nachhinein berührt es mich seltsam, dass ich mir nicht ein einziges Mal die Frage stellte, was die physischen Erfahrungen meiner Töchter für *mich* im damaligen Alter bedeutet hätten. Es war, als ob meine Töchter und ich in verschiedenen Welten aufgewachsen wären.

Und das waren wir auch, mehr als mir vor der Arbeit an diesem Buch je bewusst war. Und dennoch war ich nie wirklich schwach gewesen. Im Teenageralter war ich zwar auf den üblichen Schulsport nicht allzu versessen, doch bewegt hatte ich mich *immer* gern. Auf der Eisbahn hakte ich mich bei gleichaltrigen Jungen unter, die in ihren Schulmannschaften Eishockey spielten. Wir stürmten in einer Linie an den Samstagsläufern vorbei und fegten mit einem Affenzahn um die Kurven. Es wunderte mich – ich hatte das ganz vergessen –, dass ich keine Angst hatte. »Du könntest glatt Eishockey spielen!«, staunte einmal einer der Jungen, und ich hätte bersten mögen vor lauter Nervenkitzel und Vergnügen an meiner eigenen Kraft und Bewegung. Trotzdem kam ich

mir atypisch vor. Keine meiner Mitschülerinnen hatte Spaß an sportlichen Aktivitäten mit Jungen.
Dann ging ich auf ein auswärtiges College, um Philosophie zu studieren und englische Literatur und die Etikette, die von heranwachsenden katholischen Mädchen in den fünfziger Jahren erwartet wurde. Ich gab mein geliebtes Tennis und das Eislaufen auf. Der kraft- und lustvolle Einsatz meines Körpers fand nicht mehr statt, und das dreißig Jahre lang. Meinen Töchtern jedoch ist so etwas nie widerfahren; sie hörten nie auf. Als meine ältere Tochter Gabrielle das College abschloss und eine Stelle in New York antrat, stürzte sie sich in Matsumura-Seito-Karate. Es überraschte mich nicht, dass sie Tritte und Stöße übte, bis sie blutige Knöchel hatte, und Liegestützen machte »wie die Kerle«. Hatte sie nicht mit dreizehn und vierzehn ihren Körper bei Turnwettkämpfen in die Luft geschleudert und gedreht, und war sie nicht von einem hohen Holm zum anderen gesprungen? Mir hatte beim Zusehen jedes Mal das Herz bis zum Hals geschlagen, doch sie erlebte es anders. Ihre körperliche Geschicklichkeit gab ihr Auftrieb, und sie bekam Übung darin, ihrem Körper zu vertrauen. Als sie mit über dreißig in ihre ersten Inliners stieg und Drehungen, Sprünge und andere Figuren zu üben begann, dachte ich: Natürlich. So wird sie es ihr ganzes Leben lang machen. Das gehört einfach zu ihrer Persönlichkeit.
Was mich allerdings überraschte, war mein eigenes, jetzt plötzlich, mit über fünfzig Jahren aufsteigendes Verlangen, mit dem Eislaufen da wieder anzufangen, wo ich aufgehört hatte, nur dass ich nun statt mit Schlittschuhen mit Inlinern dieselben Figuren fahren wollte wie als Mädchen. Doch hätte mich Gaby nicht angespornt, hätte ich es wahrscheinlich nicht probiert. »Komm schon, Mom«, sagte sie und verführte mich zu einem Anfängerkurs auf den Chelsea Piers, einer riesigen Sportanlage am Hudson. »Du schaffst das!«
Und o Wunder, ich war nicht die Älteste in dem Kurs. Und ich stand den anderthalbstündigen Unterricht nicht nur durch, sondern ich erlebte einen wahren Triumph. Ich schaffte auf Anhieb einen Slalom zwischen zwei Reihen orangefarbener Plastikkegel. Nach dem Kurs gab es freies Laufen; aus den Lautsprechern wum-

merte die Musik von James Brown. Wir waren draußen im Freien, der Hudson floss nur ein paar Meter entfernt vorüber, und am Himmel stand eine blutrote Abendsonne. Ich fühlte mich zurückversetzt in meinen sechzehnjährigen Körper, fühlte die Kraft in meinen Oberschenkeln und ließ mich von dem pulsierenden, aufpeitschenden Rhythmus der Musik um das Oval herumtreiben. Das war kein »neues Ich«, das war mein Ich, das sich den Körper wieder aneignete, mit dem ich geboren worden war, den ich jedoch aufgegeben hatte, als ich die vermeintlich erwarteten, allerdings eingeschränkten Verhaltensweisen erwachsener Frauen nachahmte. Eigentlich war nicht einmal klar, was genau von jungen Frauen meiner Generation erwartet wurde, doch so viel zumindest kann ich sagen: Wer in den Sechzigern eine »richtige Frau« sein wollte, tat alles andere, als auf dem Football-Feld mitzumischen. Heute kann ein Mädchen durchaus einen Jungen beim Tackling zu Boden werfen, ohne dass sie gleich als Irrtum der Natur betrachtet wird. Im Gegenteil, sie kann trotzdem als beliebt und sexuell attraktiv gelten, wie zwei Placekickerinnen, die in der Football-Schulmannschaft spielten und überdies zu Abschlussballköniginnen gekrönt wurden. Und wie die Tausende, die Tackle-Football, Eishockey und Fußball spielen.

Diese neuen jungen Sportlerinnen beweisen nachdrücklich, dass körperliche Kompetenz der Weiblichkeit keineswegs Abbruch tut. Im Gegenteil – der Glaube an die Leistungsfähigkeit des eigenen Körpers ist unabdingbar für die psychische Gesundheit, die physische Sicherheit, die Erfüllung in Beziehungen und den Erfolg am Arbeitsplatz. Dennoch hat man die Frauen jahrhundertelang an ein Selbstbild gekettet, das ihnen Schwäche und Unfähigkeit vorgaukelte. In den 1990er Jahren zeigte sich, dass sich auch die Einstellungen zu Körperkraft und -kompetenz änderte, als sich die Vorstellungen der Frauen hinsichtlich der äußeren Erscheinung wandelten. Die große Mehrheit der weiblichen College-Erstsemester sah in einer Studie das Ideal in einem *mesomorphen* Körperbau mit muskelbetontem Oberkörper, wie er sich nur durch ausgiebiges körperliches Training erreichen lässt.[1] Die Scham darüber, Hüften und Brüste zu besitzen und das Aussehen einer sexuell geschlechtsreifen, erwachsenen Frau zu bekommen, ging allmählich zurück. Sportlerinnen bildeten die Speerspitze dieses Umbruchs. Florence Griffith Joyner, die beste Läuferin der Weltgeschichte, hatte einen atemberaubenden Körper und keine Hemmungen, ihn zur Schau zu stellen. Elfenhafte Turnerinnen erhielten keine Anerkennung mehr ob ihrer Winzigkeit. Heranwachsende Eiskunstläuferinnen sprachen offen über Anpassungen ihrer Technik, um der Veränderung ihres Gleichgewichts durch sprießende Brüste und breitere Hüften Rechnung zu tragen. Sie manipulierten nicht mehr das Körperwachstum, um sich dem Sport anzupassen, wie es Turnerinnen und Eisläuferinnen früher taten: stattdessen passten sie den Sport ihrem wachsenden Körper an. »Es hat etwas sehr Befreiendes« – so beschreibt die zwanzigjährige Shana Sundstrom den Leserinnen einer Frauenzeitschrift, welches Verhältnis sie und ihre Schwestern, allesamt Eisschnellläuferinnen, zu ihrem Körper haben. »Wir bemühen uns nicht um einen Körper für die Gesellschaft, wie Kate Moss. Wir haben einen dicken Hintern.« Der sozial akzeptierte Skelett-Look war verschwunden. Nun war der sportliche Look angesagt. Doch hinter dem Wechsel steckte mehr als eine Modewelle. Muskulatur – und ein Körper, der genug Nahrung aufnimmt, um diese zu erhalten – wurde zum Ausdruck eines neuen Verständnisses von »Weiblichkeit«. Körperliche Kompetenz wurde essenziell für die weibliche Selbstachtung. Wie die Spitzenvolleyballerin Gabrielle Reece in *Big Girl in the Middle* schreibt, war die einzige Aussage, zu der sich Frauen bis dahin zu bekennen wagten: »Ich bin sexy.« »Warum stattdessen nicht: ›Ich habe einen scharfen Verstand und traue mir viel zu – und ich kann dir in den Arsch treten‹?«, fragt sie.[2]

Ja, warum nicht? Die jungen Frauen der Neunziger sahen begeistert die alten physischen Stereotypen in sich zusammenbrechen, während Pionierinnen weiblichen Wagemuts wie Reece beeindruckendes Selbstvertrauen und körperliche Kompetenz demonstrierten. Die Mädchen folgen ihren neuen, sportlichen Rollenmodellen wie Groupies den Rockstars. Beim Aufwärmen für ein Baseballspiel der Duluth Dukes feuerten Tausende Mädchen auf der Tribüne Ila Borders an, die erste Frau, die in ein männliches Profi-Baseballteam aufgenommen wurde: »I-la, I-la, I-la!«

»Ila ist mein Idol, keine Frage«, erklärte eine Dreizehnjährige einem Reporter der *New York Times,* »weil sie zeigt, dass man es schaffen kann.«[3]

Will sagen, weil sie zeigt, dass man es schaffen kann, auch wenn man ein Mädchen ist. Frauen im vormaligen Männersport gelten zunehmend nicht nur als »normal«, sondern als Grund zu Stolz.

»Ila wird es in die höchsten Ligen schaffen«, sagte der Eigentümer ihrer Mannschaft, der Duluth Dukes, dessen eigene Tochter der Ringermannschaft ihrer Schule angehörte.

»Sie wird in die Fußstapfen von Jackie Robinson treten, der als erster Schwarzer in der Major League spielte, oder von Chuck Yeager, der als Erster die Schallmauer durchbrach.«

Die jungen Frauen von heute kämpfen in neuer Weise für ihre Rechte – wenn es sein muss, mit ihrem Körper. Es ist nicht nur Muskelkraft, die sie dazu befähigt, sondern etwas weitaus Wichtigeres: ein psychisches Stehvermögen, das in *körperlicher Selbstachtung* wurzelt. Durch weibliche Stärke, Mut und Bereitschaft zum Kräftemessen schaffen sich Frauen einen neuen Platz in der Welt. Wir schütteln die Furchtsamkeit ab und lernen, für uns selbst einzutreten. Wir erobern uns ein neuartiges Gefühl von Sicherheit, das in unserer eigenen Gewandtheit, Schnelligkeit und Körperkraft wurzelt. Und das wird die Gesellschaft verändern.

Als meine Tochter Rachel in den Straßen Manhattans zu skaten begann, erzählte sie mir von ihrer Methode, sich über den Verkehr hinter ihr auf dem Laufenden zu halten: Sie blickte ständig in die Seitenspiegel der LKW. »Ich lerne, mir Raum zu verschaffen, Mom«, sagte sie. Schon die Vorstellung, dass sie durch den Stadtverkehr sauste, jagte mir kalte Schauer über den Rücken: Trotzdem glaubte ich zu wissen, was sie mit diesem Ausdruck meinte. Gehen Sie einfach mal unter der Woche eine beliebige belebte Straße entlang, wenn Sie nicht glauben, dass Männer den öffentlichen Raum entschlossen dominieren. Wenn ein Mann und eine Frau auf einem überfüllten Bürgersteig zusammenzustoßen drohen, weicht fast immer die Frau aus. Männer auf der Straße gehen ihr nicht aus dem Weg, um eine Kollision zu verhindern; sie *erwarten,* dass es die Frau tut. Vermutlich ist das ein Ehrenzeichen ihres höheren Status. »Eins ist klar: Die Körpersprache der Frau spricht beredt, wenn auch stumm, von ihrem untergeordneten Status in einer Hierarchie der Geschlechter«, schreibt die feministische Wissenschaftlerin Sandra Lee Bartky.[4] So war es für meine Generation und die davor.

Heute jedoch bedienen sich Frauen einer aggressiveren Körpersprache. Eine Frau Mitte zwanzig erzählte mir, wie sie sich in den Straßen New Yorks bewegt: »Ich habe es aufgegeben, Männern aus dem Weg zu gehen. Ich lasse sie einfach in mich reinrennen, wenn sie es darauf anlegen.« In einem solchen Szenario bekommt die Frau einen Stoß, der Mann aber auch. »Im letztmöglichen Moment weichen die meisten Männer aus«, berichtete sie. »Manche allerdings nicht.«

Liegt es an dem gesellschaftlichen und ökonomischen Machtzuwachs von Frauen, dass die Männer ungenierter als je zuvor den Rüpel spielen? Es ist, als ob die Männer in der Anonymität der Straßenschluchten keine Hemmungen hätten, Frauen zu schikanieren, während sie zu Hause oder im Büro vielleicht nicht mehr die Hosen anhaben. Sich einen Weg auf den Bürgersteigen der Großstadt zu bahnen hat jedenfalls mittlerweile Ähnlichkeit mit gemischtem Eishockey, nur ohne Schutzausrüstung.

Die Männer, deren Macht durch die wachsende rechtliche und wirtschaftliche Unabhängigkeit der Frauen bedroht ist, schlagen gegenwärtig zurück. Ablesen lässt sich das an der zunehmenden »Football-Mentalität« der Männer und an ihrer homophoben Reaktion auf starke Athletinnen. Dennoch gibt es Anzeichen, dass das unterschwellige – und das weniger unterschwellige – körperliche Unterbuttern der Frauen seitens der Männer uns nicht mehr so beeindruckt wie früher. Die Frauen von Rachels Generation entwickeln Strategien, für ihre Rechte einzutreten – mit ihrem Körper, wenn es sein muss. Und sie durchzusetzen!

Unsere neue Einschätzung der körperlichen Leistungsfähigkeit von Frauen wirft alte Vorstellungen über die Natur von Männern und Frauen über den Haufen, Vorstellungen, mit denen der Glaube an die körperliche Überlegenheit des Mannes begründet und aufrechterhalten wurde. Diese körperliche Dominanz war vermutlich, was Männer unabhängig machte – und Frauen nicht. Sie sorgte dafür, dass Frauen auf Männer *angewiesen* waren, nicht nur für Liebe und Intimität und Freundschaft, sondern fürs Überleben. Die Schwäche von Frauen bildete die Grundlage für den Glauben, dass Frauen in *jeder* Hinsicht unterlegen seien: physisch, psychisch, emotional.

Es ist eine gute Nachricht, dass Frauen ihren Körper gegenwärtig immer mehr schätzen lernen – um seiner Zweckmäßigkeit und um des Vergnügens willen, das er spenden kann. Sie gewinnen zunehmend das Gefühl von Stärke, von der Fähigkeit zur Selbstverteidigung – auf den Boulevards der Stadt wie auf ländlichen Straßen –, und infolgedessen erweitern sich Aktionsradius und Horizont ihres Lebens. Sie erfahren an sich eine sexuelle Ausstrahlung, die nicht darin wurzelt, dass sie zum Objekt gemacht werden, sondern in körperlicher Vitalität.

Doch es muss sich noch viel ändern, wenn Frauen und Mädchen Stärke, Kraft und körperliches Selbstvertrauen entwickeln sollen. Bis heute hindern Lehrer und Eltern Mädchen daran, ihr volles körperliches Potenzial auszuschöpfen, ohne dass sie wüssten, welchen Schaden sie damit anrichten. Viele Mädchen machen sich körperlich klein – *vermeiden* die körperliche Entfaltung –, um »weiblich« und attraktiv für Jungen zu sein. Genauso sorgen die meisten erwachsenen Frauen dafür, dass sie unnatürlich schwach und infolgedessen physisch angreifbar bleiben – Opfer der vermeintlich größeren Kraft der Männer. Der Preis, den sie für das Festhalten an einem veralteten Modell bezahlen, ist hoch: Bedingt durch ihre Verkümmerung und unnötige Abhängigkeit von Männern scheuen Frauen zurück vor körperlicher Freiheit, schränken ihr Leben ein und verlieren es manchmal sogar!

In diesem Buch geht es darum, überflüssige Furcht abzuschütteln und Raum in der Welt zu beanspruchen; es geht auch um die Geschichte der Einschränkungen, die uns genau dies so schwer machen. Es handelt von dem verborgenen Kalkül, Frauen an dem ihnen zugewiesenen Platz zu halten, indem man sie weiter in dem Glauben an ihre eigene Schwäche bestärkt. Und es handelt von dem unerkannten Gegenschlag, der geführt wird, seit die Frauen eine Schranke nach der anderen durchbrechen – Schranken, die im letzten Jahrhundert errichtet wurden, um sie in ihren körperlichen Entwicklungsmöglichkeiten zu beschneiden. Schließlich drängt sich, wie die Erkenntnis der Blöße des Kaisers, der Verdacht auf, dass vielleicht letzten Endes überhaupt kein nennenswerter Kraftunterschied zwischen Männern und Frauen besteht. Vielleicht handelt es sich, wie schon bei dem einstmals vermuteten Unterschied zwischen weiblichen und männlichen intellektuellen Fähigkeiten, nur um eine Frage ungleicher Chancen und ungleichen Trainings. Neue Ansätze der Leistungsmessung, auf die ich noch eingehen werde, weisen eindeutig in diese Richtung.

So viel jedoch ist sicher: Der Begriff der weiblichen Schwäche, der in der Medizin des 19. Jahrhunderts wurzelt, hatte langfristig schädliche Auswirkungen auf die Gesundheit von Frauen und auf ihren sozialen und beruflichen Status. Anhand von Studien der motorischen Entwicklung, Leistungsmessung und Sportphysiologie werde ich zeigen, dass Mädchen und Frauen *sich selbst in einem Zustand körperlicher Unterentwicklung halten* und dadurch den Mythos vom schwächeren Geschlecht bestätigen.

Bis Frauen in der Lage sind, Kraft, Ausdauer und *Vergnügen* an ihrem Körper zu erleben, werden alle gesellschaftlichen Freiheiten, die wir erringen mögen, begrenzt sein. Wir werden vor körperlichen Herausforderungen zurückschrecken, uns selbst mit dem irrigen Glauben an unsere Schwäche verzärteln. Als Jugendliche werden wir den Rückzug von unserer Sexualität antreten, uns davor verstecken – aus Angst, verletzt oder ausgebeutet zu werden. Wir werden leben, als ob unser Körper ständig auf Schutz angewiesen sei.

Und haben wir uns nicht schon so verhalten, während unsere Knochen brüchig wurden und unsere Angst vor der männlichen Körperkraft fast wahnhafte Züge annahm?

Die psychischen Auswirkungen des Schwächemythos sind sogar noch gefährlicher als die physischen. Dass dies viele Frauen instinktiv spüren, zeigte sich an der Zuschauerinnenreaktion während der Fernsehübertragung des Endspiels der Frauenfußballweltmeisterschaft im Sommer 1999: Viele brachen in Tränen aus. Es war nicht nur die physische Glanzleistung der Spielerinnen, die uns so beeindruckte, obwohl dies natürlich sehr packend war. Es war der Anblick von Frauen, die nicht zugelassen hatten, dass man sie bedrohte – Frauen, die den Schwächemythos abgeblockt, ihn sozusagen weggeköpft hatten. Ich sah das Halbfinale zwischen den Vereinigten Staaten und Brasilien zu Hause gemeinsam mit meiner Schwiegertochter und meinem dreizehnjährigen Enkelsohn. Alles an diesem Ereignis war einfach umwerfend, einschließlich der Monistat-Werbung auf der Anzeigetafel hoch oben über den Rängen. Werbung für ein Mittel gegen Vaginalpilz, für jedermann sichtbar: In meinen Augen sagte das alles über die veränderte Sicht des Frauenkörpers. Die riesige Menge, die Tausende und Abertausende junger Mädchen, die Väter, die genauso laut schrien wie ihre Töchter – es war überwältigend.

Doch erst beim Endspiel gegen China in der Woche darauf traf mich die Erkenntnis mit voller Wucht. Das Spiel gegen Brasilien war kein Zufallstreffer gewesen. Diese Frauen, die seit fast einem Jahrzehnt miteinander gespielt und trainiert hatten, waren der Inbegriff einer Veränderung, die einer kulturellen Revolution gleichkam: Frauen erhielten Anerkennung – internationale Anerkennung – für ihr körperliches Können. Für ihre Fähigkeit, den Gegner zu überlisten und zu überrennen. Für ihr Tempo, ihre Geschicklichkeit, ihre Angriffslust, ihre Ausdauer und ihre Eleganz unter Druck. Es überkam mich wie ein körperlicher, prickelnder Schock: Ich hätte nie im Leben gedacht, einmal Zeugin von etwas Derartigem zu werden.

Eine revolutionäre Freiheit beflügelt das Leben meiner Töchter und ihrer Altersgenossinnen, und sie sorgen dafür, dass wir Übrigen unser Leben und unseren Körper mit anderen Augen sehen. Frauen aller Altersgruppen haben angefangen, die eingeschränkte »Weiblichkeit« der Vergangenheit gegen eine auftrumpfende, neue, weibliche Kühnheit einzutauschen. Heute laufen Achtzigjährige Marathon. Da die verschiedenen Glaubenssätze, die den Mythos der weiblichen Schwäche stützen, einer nach dem anderen in sich zusammenfallen, ist diese Veränderung keineswegs belanglos. Frauen werden künftig in der Welt anders auftreten.

Eins
Der Mythos der weiblichen Schwäche

Vor hundert Jahren wurden Frauen auf ganz besondere Weise in die Schranken gewiesen. In dem Augenblick, als sie Bildung und politische und ökonomische Macht einzufordern begannen, wurden sie der Macht über ihren Körper beraubt. In dem Augenblick, als sie sich zum Kampf für Gerechtigkeit anschickten, verlangte man mit der ganzen Überzeugungskraft einer moralischen Bewegung von ihnen, Zerbrechlichkeit zu kultivieren. Die Frauen des 19. Jahrhunderts sollten glauben, dass sie von Natur aus schwach seien. Sie wurden hinters Licht geführt. Es gab keine Verschwörung. Es gab keine umschriebene Gruppe von Verantwortlichen. Was die Bewegung so einflussreich machte, war die wirksame Mischung: Die Interessen der verschiedenen Gruppen verschmolzen zu einer einzigen, unwiderlegbaren Philosophie über die Bestimmung der Frau auf diesem unseren Planeten. Diese Philosophie – manche Fachleute bezeichnen sie als den »Mythos der weiblichen Schwäche« – wurde zu der Fessel, die Frauen daran hinderte, ihre körperlichen Fähigkeiten zu entwickeln, die sie auf kleine, halbe Bewegungen festlegte, die sie in Zimmer ohne Sonnenlicht einschloss und ihnen bei Widersetzlichkeit mit der schlimmsten aller Strafen drohte: dem Verlust der Fähigkeit, Kinder zu gebären.

Die Theorie hinter dem Schwächemythos lautete etwa so: Frauen durften ihren eigenen Interessen nicht nachgehen – weder in physischer noch in psychischer Hinsicht –, da jeder Funke Energie, den sie aufzubringen vermochten, zur Gewährleistung ihrer Fortpflanzungsfunktionen gebraucht wurde. Ihnen wurde keine Alternative gelassen. Im 19. Jahrhundert galt die Einschränkung der Frau als gesellschaftliche Notwendigkeit. Die Frauen waren es der nächsten und der übernächsten Generation schuldig, nichts anderes zu pflegen als ihre Fruchtbarkeit – weder den Verstand noch irgendwelche Kunstfertigkeiten und ganz gewiss nicht den Körper. Dies bezeichnete man als den »Kult der wahren Fraulichkeit«. Pädagogen, Psychologen, Kleriker und Mediziner – insbesondere Geburtshelfer und Gynäkologen – waren dessen Hauptbefürworter. Die Männer waren sich sicher, dass die Menschheit, stellte man Frauen nicht unter Kuratel, als Spezies (oder »Rasse«, wie man damals sagte) gefährdet war. Sie dachten sich eine Rolle für die Frauen aus, eine Idee namens »Weiblichkeit«, einen angemessenen »Charakter«, ein angemessenes »Aussehen« – und mit all dem redeten sie den Frauen ein, ihr Daseinszweck sei im Grunde ein heroischer, weshalb er es wert sei, viel dafür zu opfern. Viele Jahre lang war meine Vorstellung von den viktorianischen Frauen verengt durch Stereotypen. Ich hatte gelernt, dass die Frauen des ausgehenden 18. Jahrhunderts zerbrechliche, überbehütete Geschöpfe waren, die kaum so etwas wie ein eigenes Leben führten. Alles, was sie taten, schien übertriebene Anstrengung zu erfordern. Wenn ich als junge Frau etwas von viktorianischen »Ladies« las, sah ich nur ein Bild vor Augen: Frauen, die versuchten, in nassen, bleischweren Liebestötern und voluminösen Blusen im Meer zu schwimmen. Der tägliche Kampf mit Korsetts und Miedern, der Versuch, mit ausladenden Röcken und Hüten zu gehen, geschweige denn zu laufen – das alles schien meiner Generation bemitleidenswert. Diese Frauen hatten ihr Leben nach bizarren Regeln und Etikettevorschriften und Einschränkungen gelebt. Menstrualblut wurde mit alten Lappen aufgefangen, Sex war ein Witz, weil die viktorianischen Männer nicht das Geringste über die Anatomie der weiblichen Lustempfindung wussten. Es war kaum einzusehen, was an der »guten alten Zeit« so gut gewesen sein sollte.

Natürlich hatte ich nur ein oberflächliches Bild jener Zeit. Der Gedanke, dass Frauen aus Fleisch und Blut so gelebt hatten – die Vorstellung, wie sie auf der Couch der harten, gnadenlosen Ärzte lagen und sich einen Reim auf ihre Leiden zu machen suchten –, hätte mehr emotionale Phantasie erfordert, als ich besaß. Ich entschloss mich, keinen Bezug dazu zu haben. Auf dieselbe Weise distanzierte ich mich von der Geschichte meiner Mutter; ich dachte mir, ihr Leben sei so merkwürdig anders gewesen als meines, dass wir nicht viel miteinander gemein hatten. Sie hatte in einer anderen Zeit gelebt: genauso gut hätte sie auf einem anderen Stern leben können. Ich wollte nichts am Hut haben mit dem ländlichen Hintergrund meiner Mutter, ihren fünfzehn Geschwistern, ihrer vom Diabetes zu Grunde gerichteten Mutter, der Farm in Nebraska, die den Bach hinunterging, weil – wie man ihr und ihren Schwestern weismachte – nicht genügend Jungen für die schwere Arbeit da waren. Da ich den Gedanken vorzog, meine Mutter und ich steckten nicht in derselben Haut – genau wie es mir mit diesen seltsamen viktorianischen Damen ging –, kamen mir jahrelang wichtige Tatsachen nicht zu Bewusstsein. Tatsachen, die mir mein eigenes Frausein schätzenswerter gemacht und mir das Gefühl der Zugehörigkeit zu einer Familie vermittelt hätten – nicht nur einer persönlichen Familie, sondern zur historischen Familie meines Geschlechts.

Alte Gewohnheiten sind zäh. Als ich den Mythos der weiblichen Schwäche ins 19. Jahrhundert zurückverfolgte, merkte ich, dass ich die sich abzeichnende Erkenntnis anfangs lieber beiseite geschoben hätte: nämlich den unausweichlichen Zusammenhang zwischen den Frauen gegen Ende jenes Jahrhunderts und den Frauen heutzutage – das kontinuierliche Fortbestehen einer realen physischen Unterdrückung, die uns alle niederhielt. Ich wollte den letzten Jahrzehnten des 19. Jahrhunderts das Etikett »Blüte des Mythos der weiblichen Schwäche« aufdrücken können und weitergehen. Doch als ich tiefer in die Zeitschriften, Studien und Tagebücher jener Frauen eintauchte, erwies es sich, dass man ihnen etwas genommen hatte, das für Wachstum und Entwicklung grundlegend ist, und dass dieser Verlust nicht nur sie betraf, sondern uns alle. Mir wurde immer deutlicher klar, dass der Schwächemythos keineswegs tot war, sondern sich nur etwas tiefer in den Untergrund gegraben hatte. Ich wollte verstehen, welche Mächte die Frauen von ihrem eigenen Körper, ihrer physischen Kraft und ihrem Kampfgeist fern halten.

Hürdenlauf handelt von der gesellschaftlichen Hegemonie über den weiblichen Körper. Es handelt von den eingeschränkten physischen Entfaltungsmöglichkeiten für Mädchen und Frauen. Es handelt von den Bestrebungen, bei ihnen ein Lebensgefühl zu zementieren, das ihnen medizinische, pädagogische und sogar religiöse Meinungsmacher immer noch vorschreiben wollen: nämlich körperlich eingeschränkte Wesen zu sein. Unfähig, lange Strecken zu laufen. Unfähig, ein Tennismatch über fünf Sätze zu spielen. Und was noch wichtiger ist, unfähig, einen Schuppen zu bauen oder ein Auto (als es erfunden war) zu reparieren. Unfähig, ohne Begleitung einen Waldspaziergang zu machen. Kurzum, unfähig, ohne die Muskelkraft und den vermeintlich nötigen physischen Beistand der anderen Hälfte der Spezies zu existieren. Jahrhundertelang blieben Frauen an eine Selbstwahrnehmung als schwache und hilflose Wesen gefesselt. Ein solches Selbstbild ist nicht mehr und nicht weniger als das emotionale und kognitive Gegenstück zu einer Fesselung des Körpers. Der Mythos von der Schwäche der Frau wurde uns so systematisch eingebläut, dass man ihn mit Fug und Recht als Schwindel bezeichnen könnte. Doch ein Schwindel ist ein bewusstes Täuschungsmanöver, während Mythen als wahr geglaubt werden. Was ihnen Nahrung gibt, ist kompliziert und unsichtbar. Hinter dem Schwächemythos stand der verdrängte Wunsch der Männer, das Heft in der Hand zu behalten. Um diesen Mythos lebensfähig zu machen, entwickelte die Gesellschaft ausgefeilte Strategien, um die Frauen von ihrer eigenen Stärke abzuschneiden, um sie in physische Opfer zu verwandeln und ihnen beizubringen, dass die Opferrolle alles war, worauf sie sich Hoffnungen machen durften.

Die Vorzeit des Schwächemythos

Historisch gesehen wird Stärke und Körperkraft bei Frauen nur gefördert, wenn die Wirtschaft darauf angewiesen ist – während eines Krieges, wenn die Männer nicht verfügbar sind, oder zur Erschließung neuen Landes. Doch wie die feministische Forschung in den letzten fünfundzwanzig Jahren nachgewiesen hat, führten Frauen im Verlauf des ersten Jahrtausends unserer Zeitrechnung oft ein weitaus schwierigeres und kräftezehrenderes Leben, als man es vor dem Hintergrund der im 19. Jahrhundert propagierten Zwangsjacke der »wahren Fraulichkeit« erwarten würde. Es war eine Sensation, als Ende der 1990er Jahre eine Studie belegte, dass die Frauen der Altsteinzeit mitnichten zurückgezogen in der Höhle hausten, Steinstaub fegten und Säuglinge stillten, wie männliche Anthropologen immer behauptet hatten. Diese Sicht der körperlichen Fähigkeiten von eiszeitlichen Frauen gründete darin, dass bestimmte Fragen *nicht* gestellt wurden, wie Olga Soffer, eine der weltweit bedeutendsten Autoritäten zu den Sammlern und Jägern der Eiszeit, erklärt. Soffers Forschungen führten neben denen anderer feministischer Wissenschaftlerinnen in den 1990er Jahren zu der Entdeckung, dass die paläolithischen Frauen stark und körperlich aktiv waren und bis zu siebzig Prozent der Ernährung der Sippe sicherstellten. Und sie sammelten nicht nur Nüsse und Beeren. Die Frauen der Eiszeit machten mit Pfeil und Bogen Jagd auf kleinere Tiere und fingen größere mit Netzen. Sogar die Kinder beteiligten sich an diesen Jagden. Frauen und Kinder »legten Schlingen, stellten Fallen auf, stöberten Wild auf und beteiligten sich an Treib- und Kesseljagden – Jagdformen, die weder die jungen Mütter noch ihren Nachwuchs gefährdeten«, berichtet Heather Pringle in einem Artikel der Zeitschrift *Discovery* unter der Überschrift »Neue Frauen der Eiszeit«.[1] »Sie jagten sogar gelegentlich mit Wurfspeeren, die üblicherweise als Männerwaffen gelten.«

Die neuere Forschung stellt die Vorstellung infrage, dass Frauen und Familien von Anbeginn der menschlichen Geschichte ihr Überleben der Stärke der Männer anvertrauten.[2] Selbst das viel gerühmte Erlegen sehr großer Tiere zum Verzehr, das lange als Beleg für die Überlegenheit des eiszeitlichen Mannes galt, kam sehr selten vor. Schließlich war es überaus schwierig, einen drei Tonnen schweren Dickhäuter auf geringe Entfernung mit dem Speer zu töten, wie Soffer erklärt. »Wenn einer dieser Kerle des Jungpaläolithikums ein Mammut tötete, was ihnen gelegentlich gelang, dann erzählten sie einander wahrscheinlich noch zehn Jahre lang davon.«[3]

Die Kraft von Frauen wurde auch in späteren Gesellschaften geschätzt und genutzt. In der minoischen Kultur auf der griechischen Insel Kreta (die zwischen 6000 und 1450 v. Chr. blühte), war unter der aristokratischen Jugend das Stierspringen beliebt. Erst kürzlich haben wir erfahren, dass Männer und Frauen gemischte Stierspringergruppen bildeten. Sie wechselten sich ab: einer ergriff den Stier bei den Hörnern, um ihn festzuhalten, während die andere einen Salto über seinen Rücken hinweg schlug. »Die gleichberechtigte Partnerschaft zwischen Frauen und Männern, die für die minoische Kultur so bezeichnend gewesen zu sein scheint«, schrieb Riane Eisler in *Kelch und Schwert*, »kommt vielleicht nirgendwo anders so deutlich zum Ausdruck wie auf den Darstellungen jener heiligen Stierspiele. Hier traten die jungen Männer und Frauen gemeinsam auf und vertrauten einander in Lebensgefahr.«[4] Es mag fragwürdig klingen, doch viele Urnen und andere Fundstücke zeigen Frauen, die am Stierspringen teilnehmen. Dennoch haben wir bis vor kurzem nie etwas von diesen Amazonen erfahren.

Im antiken Griechenland und in Rom gingen Frauen auf die Jagd, ritten, schwammen, rannten und lenkten Wagen. In Sparta mit seiner für die griechischen Stadtstaaten untypischen Sozialstruktur lebten die Männer bis zu ihrem dreißigsten Lebensjahr von den Frauen getrennt in Militärkasernen. Da Frauen zum Alleinleben gezwungen waren, wurden sie rundum unabhängig. Es überrascht daher nicht, dass man die jungen Frauen zur Entwicklung von Kraft und Stärke anhielt. Die spartanischen Mädchen lernten Wettlaufen, Ringen und Diskus- und Speerwerfen.

Im Mittelalter bewiesen Frauen häufig sportlichen Wagemut. Sie beteiligten sich an Turnieren zu Pferde. Manche waren gute Bogenschützinnen. Andere maßen sich in einem Vorläufer des modernen Dartspiels, das mit fünfundvierzig Zentimeter langen Wurfgeschossen ausgetragen wurde. Doch wie viel Geschicklichkeit sie sich auch erwarben, sie brachten es nie bis zur Teilnahme an sportlichen Spitzenereignissen. Gelegentlich durften sie Punkte zählen. Oftmals überreichten sie Trophäen. Zuweilen *waren* sie Trophäen. Doch nie durften sie den Rausch des Sieges auskosten, weil ihnen jeder wichtige Wettkampf verwehrt blieb. Sogar bei den Turnieren, die einen so zentralen Teil des mittelalterlichen

Lebens ausmachten, waren Frauen »kaum mehr als jubelndes Publikum für das Rittertum«, wie zwei Sporthistoriker es ausdrücken.[5] Dieser Ausschluss der Frauen von allen großen sportlichen Wettbewerben setzte sich fort bis einschließlich zu den Olympischen Spielen der Neuzeit.

Doch sich selbst überlassen, warfen sich die Frauen fröhlich in den Wettstreit. Bei Roberta J. Park, die viel über die Geschichte des Sports geschrieben hat, ist zu lesen, dass Frauen im 18. Jahrhundert Preisboxkämpfe gegeneinander bestritten. In einem seltsamen Ehemenuett traten Ehepaare zu Kämpfen um Geldprämien gegen andere Ehepaare mit Schwertern oder Bauernspießen an. Sogar an Ringkämpfen nahm gelegentlich eine Frau teil. So soll Margaret Evans aus Nordwales eine so starke Ringerin gewesen sein, dass selbst, als sie bereits siebzig Jahre zählte, »nur wenige junge Männer es wagten, sich mit ihr zu messen«, wie Park schreibt.[6]

Im 18. Jahrhundert waren die beliebtesten sportlichen Aktivitäten bei Frauen Laufen und Gehen. 1765 legte eine junge Frau die einhundertfünfzehn Kilometer zwischen dem schottischen Blencogo und Newcastle in zwei Tagen zurück. Dem Magazin *Sporting* war es 1806 eine Meldung wert, dass eine über vierzigjährige Geherin »siegreich« gegen einen jüngeren Mann war.[7] Im Nachhinein zeigt sich, dass die Frauen begonnen hatten, sich als Meisterinnen in Ausdauerwettbewerben durchzusetzen. Einzelne Leistungen von Frauen in jener Zeit: einen Monat gehen mit Ruhepausen, die nicht länger als jeweils zehn oder fünfzehn Minuten dauerten; an sechs aufeinander folgenden Tagen mehr als sechshundertvierzig Kilometer gehen und laufen; in Marathonläufen sämtliche männlichen Gegner schlagen.

Wettbewerbe für Geherinnen waren »deutlich *haufiger* als für Männer«, wie ein Forscher erklärte.[8] In den 1820er Jahren sammelten britische und schottische Mädchen und Frauen zwischen sieben und fünfundachtzig Jahren in Gehwettbewerben Geldpreise zum Unterhalt ihrer Familien und Ruhm für sich selbst. Während der 1850er Jahre nahmen Frauen in New York und im Mittelwesten an Schauveranstaltungen in Saloons teil, bei denen sie stundenlang über fünf bis zehn Meter lange Holzbalken gingen.

Ende des 19. Jahrhunderts gewann der Sport sogar noch an Popularität, weil die Medien häufiger über Athletinnen berichteten. Zwischen 1876 und 1881 fanden in allen größeren Städten der Vereinigten Staaten in Sägemehlarenen Lauf- und Gehwettbewerbe für Frauen statt. Dahn Shaulis von der Universität von Nevada berichtet in seiner Studie über Ausdauerwettbewerbe für Frauen im 19. Jahrhundert: »In Varietés, Turnhallen und Arsenalen der Nationalgarde überall im Land traten bei Geherkonkurrenzen Frauen gegen Männer an, nahmen an mehrtägigen Wettbewerben nur für Frauen teil und gingen manchmal ganz allein, um Langstreckenrekorde zu brechen.«[9]

Hunderte und manchmal mehrere tausend zahlende Zuschauer sahen den Geherinnen zu und setzten auf sie. Wie Journalisten anmerkten, wurden die Sportlerinnen gezwungen, sich an immer schwierigeren Aufgaben zu versuchen, um große Zuschauermengen anzuziehen; so sollten sie an dreißig oder vierzig aufeinander folgenden Tagen alle fünfzehn Minuten vierhundert Meter gehen. Prediger verdammten öffentlich das Sportgehen als »gottlos« und »unanständig«. 1879 protestierte die Temperenzlerinnenvereinigung von Brooklyn gegen die Veranstaltung von Geherinnenwettbewerben an Sonntagen sowie gegen Alkohol- und Tabakkonsum und Wetten unter den Zuschauern. Bald setzte die New Yorker Polizei diesen Rennen ein Ende. 1880 war die »Geherindustrie« fast völlig zusammengebrochen. Schulen und Universitäten untersagten Frauen die Teilnahme an Langstreckengeh- und Laufwettbewerben. Und die neuzeitlichen Olympischen Spiele schlossen Frauen bis 1928 von Laufwettbewerben aus.

Nicht alle körperlichen Höchstleistungen waren das Ergebnis von Freizeitaktivitäten. Im Amerika des 18. Jahrhunderts leisteten Frauen bei der Besiedlung eines neuen Landes Knochenarbeit. Viele »wurden Teil der Gründungsbewegung für neue Farmen und Städte im Hinterland des Westens«, schreibt die Historikerin Nancy Struna, »und dies bedeutete, Bäume zu roden und Felder anzulegen und kaum Nachbarn« zu haben.[10] Im Süden verlangte der Aufbau von Plantagen den Frauen Anstrengungen ab, die häufig denen der Männer gleichkamen. Mrs. Francis Jones, die mit ihrem Mann in der Wildnis Virginias eine Plantage anlegte, verblüffte den für die Festlegung von Eigentumsansprüchen zuständigen Behördenvertreter mit ihrer körperlichen Kraft. Dennoch, so hielt er in seinen Aufzeichnungen fest, habe sie sich jene weibliche Zierlichkeit bewahrt, deren Verlust Männer bei starken Frauen so sehr fürchteten. Obwohl sie »keinerlei Anzeichen von Derbheit oder Schamlosigkeit in ihrer Haltung an den Tag legte«, wie der Revisor in seinem Bericht von 1710 schrieb, arbeitete Mrs. Francis Jones nicht nur auf dem Feld, sondern »ging mit der Waffe in den Wald und erlegte Wild … fing und band Schweine, erschlug Rinder mit der Axt und stand auch vor den mannhaftesten Betätigungen nicht zurück«.[11] Der Übergang von der Agrar- zur Industriegesellschaft, der die industrielle Revolution ausmachte, trieb Millionen Frauen und Kinder in die Städte. Dort verrichteten sie überwiegend niedrige und oft gefährliche Arbeiten in den Manufakturen und Fabriken. Wiederum, und klar erkennbar, schätzte die Wirtschaft in dieser Zeit die physischen Fähigkeiten von Frauen – insbesondere aufgrund der Tatsache, dass diese nur einen Bruchteil der Entlohnung erhielten, die Männer für die gleiche Arbeit bekamen.

Und dann gibt es da die nur vage umrissene und skeptisch betrachtete Geschichte von Frauen als Soldatinnen. Der bewaffnete Kampf galt lange als der ultimative Beweis für die Überlegenheit des Mannes und für die weibliche Abhängigkeit von ihm. Doch wenn es die Zeiten erfordern, werden auch Frauen zur Verteidigung ihres Landes herangezogen. Manche stiegen sogar zu Heldinnen auf, etwa Jeanne d'Arc. Andere bleiben wieder im Verborgenen, wenn ihr großer Tag vorüber ist. Im 18. und 19. Jahrhundert wurden Frauen der weiblichen Elitetruppen des westafrikanischen Königreichs Dahomey von Kindesbeinen an im Waffengebrauch unterrichtet, trainierten ihre Kraft und lernten, Strapazen zu ertragen. »Sie waren begierig auf den Kampf, stürzten sich mit markerschütternden Schreien hinein und kämpften begeistert, rasend und heldenhaft, scheinbar immun gegen Furcht«, schrieb der Historiker Stanley B. Alpern 1999.[12] Zur Vorbereitung auf den Kampf zogen die Amazonen Dahomeys für jeweils mehrere Tage in die Wälder, um Hunger, Durst, Wunden und wilde Tiere ertragen zu lernen. Sie waren »genauso muskulös wie die schwarzen männlichen Krieger« und bewiesen »überlegene Muskelkraft«.[13] Ihre Bewaffnung bestand aus Flinten, Buschmessern und Keulen und nur selten Schilden.

Die Amazonen Dahomeys lebten zölibatär – möglicherweise eine Erklärung für ihre entschlossene Unabhängigkeit, wenn nicht sogar für ihre Existenz als Kriegerinnenkaste. Sie starben Anfang des 20. Jahrhunderts aus.

Solche Frauen hielten sich, wie die britische Autorin Antonia Fraser erklärt, häufig für »Männer ehrenhalber«. Als Mann zu gelten war für sie die höchste Auszeichnung. Es bedeutete, »stark, tapfer, entschlossen, furchtlos, diszipliniert, loyal, verlässlich [zu sein] – Tugenden, die Frauen abgesprochen wurden«.[14]

Dieselben Eigenschaften finden sich heute bei afrikanischen Frauen in Eritrea, die Seite an Seite mit Männern kämpfen. In dem langjährigen Krieg gegen Äthiopien wird jede Hand gebraucht. Alle eritreischen Mädchen erlernen den Umgang mit Waffen, militärische Taktik und Überlebenstechniken. Wenn sie alt genug für den Fronteinsatz sind, führen sie genauso wie alle anderen Bomben, Maschinengewehre und Granaten mit sich. Die jungen eritreischen Frauen heute haben dabei wirksame Rollenmodelle in ihren Müttern: sie kämpften in dem dreißigjährigen Krieg um die Unabhängigkeit von Äthiopien, der 1991 mit einem Sieg endete. »Wir haben das Land befreit. Nun seid ihr diejenigen, die es verteidigen müssen«, haben ihre Mütter ihnen eingeschärft.[15] Heute sind Soldatinnen in Eritrea überzeugt, dass sie ihr Land auf dem Weg zur Gleichberechtigung der Geschlechter voranbringen. Nach dem Krieg ihrer Mütter waren die Nationalversammlung und andere politische Positionen zum ersten Mal für Frauen zugänglich. Die Funktion des Botschafters in der Europäischen Union und die Leitung des Justiz- und des Arbeitsministeriums obliegen Frauen. Frauen lassen sich nur noch schwer am Zugang zu sozialer und gesellschaftlicher Macht hindern, wenn sie einmal Leib und Leben aufs Spiel gesetzt haben.

Der Kult der schwachen Gesundheit

In Phasen, in denen die Gesellschaft *nicht* auf die Arbeits- oder Kampfkraft von Frauen angewiesen ist, erfolgt ein grundlegender Umschwung der Einstellungen. Kraft und Mut und Risikobereitschaft werden plötzlich unweiblich. *Schwäche* wird weiblich. Körperliche Tüchtigkeit ist ausnahmslos den Männern vorbehalten. Eine solche Schwächung der Frauen vollzog sich nach der industriellen Revolution, die sich vernichtend auf die männliche Identität ausgewirkt hatte. Als Maschinen die Industrie- und Landarbeit übernahmen, sank die Wertschätzung der Körperkraft. Um das brüchige Dominanzbewusstsein der Männer zu stützen, wurden die Frauen dazu angehalten, ihre eigene physische Entwicklung zurückzuschrauben und sich selbst in eingeschränkte Geschöpfe mit »träge[n], ungeübte[n] Glieder[n]« zu verwandeln, wie die englische Feministin Mary Wollstonecraft schrieb.[16] In ihrer berühmten, an der Schwelle zum 19. Jahrhundert veröffentlichten Abhandlung *Ein Plädoyer für die Rechte der Frauen* beklagte Wollstonecraft die aktive körperliche Verkrüppelung von Mädchen. In britischen Internaten gestattete man ihnen nicht, frei zu spielen wie die Jungen, sondern »erlaubte … ihnen nicht, sich im prächtigsten Garten auch nur einen Schritt von den breiten Wegen zu entfernen [und] ließ sie darauf mit erhobenem Kopf, nach außen gesetzten Fußspitzen und straff nach hinten gezogenen Schultern auf und ab schreiten«.[17]

Die junge deutsche Erzählerin eines autobiographischen Romans von 1899 sprach mit traurigem Neid von den Jungen – und der hatte nichts mit deren Penis zu tun:

»Die Knaben hatten es gut. Sie turnten, sie exerzierten. Sie durften sich auf Straßen und Plätzen in Freiheit tummeln. Ihnen gehörten Schnee und Eis im Winter, das Wasser im Sommer. Wir Mädchen turnten nicht, wir schwammen nicht und ruderten nicht. Wir durften uns nicht mit Schneebällen werfen, ja nicht einmal schlittern. Denke doch, der Strickstrumpf florierte noch.«[18]

Die Mädchen saßen zu Hause und strickten die Socken. Die Jungen waren draußen und liefen darin Schlittschuh. Wollstonecraft war überzeugt, dass Leibeserziehung genauso wichtig war wie geistige Bildung. Weil sie »die Geistesgaben«, die »meist auch mit überlegener Körperkraft einher[gehen]«,[19] nicht entwickeln durften, wurden Mädchen und junge Frauen, wie sie schrieb, schwach gemacht. Unnatürlich schwach. Das heißt, sie wurden daran *gehindert,* sich körperlich voll zu entwickeln. Und wer wusste überhaupt, was volle Entwicklung für sie bedeutete? Erst wenn Frauen dieselben Chancen zur Körperertüchtigung wie Männer erhielten, würde sich dieser frühen Feministin zufolge herausstellen, wie weit die »natürliche Überlegenheit«[20] des Mannes reichte. (Der Gebrauch des Wortes *natürlich* ist natürlich ironisch zu verstehen.)

Im beginnenden 19. Jahrhundert diente der Sport als Keil, um die Schwachen von den Starken, das Proletariat von der Elite zu trennen.[21] Von den Jungen an den englischen Eliteschulen erwartete man, dass sie sich im Rugby ohne Rücksicht auf Verluste hervortaten, wenn sie wirtschaftlich erfolgreiche Männer werden wollten. Im Verlauf des Jahrhunderts wuchs dem Sport eine immer größere Rolle in der Aufrechterhaltung der Geschlechterhierarchie zu: Die Männer waren Krieger, die Brutalitäten aller Art auf dem Spielfeld wegzustecken und sich immer wieder ins Getümmel zu stürzen vermochten. Frauen waren zu schwach, um auch nur daran zu denken. Als der organisierte Mannschaftssport aufkam, wurden die Frauen an den Rand gedrängt; sie durften nur reiten, kegeln und ab und zu mal Tennis spielen, wobei sie in langen Röcken und engen Korsetts herumstolperten.

Man kann den Einfluss der Medizin auf den Mythos der weiblichen Schwäche gar nicht genug betonen. Pubertierende Mädchen vor zu viel geistiger und körperlicher Aktivität zu bewahren wurde unter den Ärzten des 19. Jahrhunderts zu einer regelrechten Kampagne. In seinem viel zitierten medizinischen Lehrbuch von 1879 empfahl der Verfasser Thomas Emmet, dass Mädchen »das Jahr vor und zwei Jahre nach der Pubertät ruhend verbringen« sollten. Jede Menstruation sollte »in liegender Haltung« erduldet werden, bis sich der Organismus an »die neue Lebensordnung« angepasst hätte.[22]

Ein anderer medizinischer Ratgeber empfahl heranwachsenden

Mädchen, jegliche körperliche Betätigung zu vermeiden. Kräfte ließen sich in ausreichendem Maße in der Küche, dem Waschhaus und dem Garten sammeln – den »Turnhallen der Natur für heranwachsende Mädchen«, wie er es so vornehm ausdrückte. (Und sie taten gut daran, sich mit allen ihnen nur zugänglichen Turnhallen vertraut zu machen, denn als Erwachsene würden sie jeden Funken Kraft, den sie aufbringen konnten, für die »häusliche Gymnastik« brauchen, wie man die Hausarbeit nannte.) Die »unreifen Gewebe und Organe« von Mädchen galten als besonders instabil und anfällig für Verletzungen. Erschöpfung eines beliebigen Körperteils konnte Erschöpfung des ganzen Organismus nach sich ziehen. Wuchsen die Knochen schneller als die Muskeln, so konnte ein Zustand der Überanstrengung eintreten. Blieb das Herzwachstum zurück, bestand die Gefahr von Schwäche- und Ohnmachtsanfällen. Zudem trug Sport für Frauen die Besorgnis erregende Möglichkeit einer »Vermännlichung« in sich. Zu viel Aktivität »mit männlichem Charakter bewirkt, dass der weibliche Körper dem eines Mannes ähnlicher wird«, behauptete ein Gesundheitspädagoge, und er sorgte sich nicht nur um das äußere Erscheinungsbild. Übertriebene sportliche Betätigung hätte negative Auswirkungen auf alles, nicht zuletzt, wie er schrieb, »auf die Genitalorgane, da sie dann zur Verkümmerung neigen«.[23]

Es überrascht kaum, dass sich die Mädchen in den Salon zurückzogen und sich lieber in Nadelarbeiten und anderen weiblichen Kunstfertigkeiten übten, als sich der Gefahr einer genitalen Verkümmerung auszusetzen. Genauso wenig überrascht es, dass die viktorianischen Mädchen, nachdem man sie dazu überredet hatte, Rennen und Springen und Bäumeklettern sein zu lassen, bald Anzeichen von konstitutioneller Schwäche zeigten. Plötzlich machte die Medizin eine Kehrtwende und zeigte nunmehr Besorgnis angesichts der »unter pubeszenten Mädchen so verbreiteten Entkräftung«, wie ein Arzt sich ausdrückte.[24] Er regte an, Mädchen sollten ihre Kondition stärken, indem sie »mit Bohnensäckchen und Reifen herumtobten und in kaltem Wasser badeten«. Sie waren zwar zu zerbrechlich, um mehr zu entwickeln als »Anmut« (was merkwürdigerweise als gesundheitliches Ziel für die Frauen jener Zeit propagiert wurde), mussten sich aber trotzdem auf die Belastung der Mutterschaft vorbereiten. Ruhige Spaziergänge und Fahrten mit Kutsche und Boot, das waren die »Sportarten« für die Mädchen und Frauen des 19. Jahrhunderts – außer während der Menstruation, wo das Atmen die heftigste Aktivität war, die sie sich erlauben konnten. In dieser Zeit galt es alle möglichen Vorsichtsmaßnahmen zu treffen, dass sich die Mädchen nicht überanstrengten. Alle schlugen in dieselbe Kerbe: Ärzte (einschließlich Ärztinnen), Familien, Bildungsinstitutionen. Am Vassar-College war es Mädchen »streng verboten«, sich während der ersten zwei Tage ihrer Periode irgendwie körperlich zu betätigen – sie durften nicht einmal Treppen hinauf oder hinunter gehen. Man warnte die Eltern davor, ihre Töchter auf eine Schule zu schicken, die mehr als zwei Stockwerke hatte, damit die Mädchen sich während ihrer Menstruation nicht durch Treppensteigen in den dritten Stock ruinierten.

Frauen, die sich übermäßige Aktivität erlaubten, riskierten eine »Lageverschiebung« der Gebärmutter, womit sie »künftige Generationen rauben«, wie sich ein Arzt auszudrücken beliebte. Dies war das edle Motiv, mit dem die Medizin ihr Pochen auf die Verfügungsgewalt über den weiblichen Körper legitimierte. Die Möglichkeit, dass körperliche Anstrengungen vielleicht die Zeugungsfähigkeit der Männer beeinträchtigen könnten, wurde natürlich nie zur Diskussion gestellt. Nur von den Frauen verlangte man, um des Ruhms der Spezies willen ihre körperlichen Entfaltungsmöglichkeiten zu opfern. Das galt, wie die Historikerin Patricia Vertinsky erklärt, als »der Preis dafür, einen weiblichen Körper zu besitzen«.

Männliche Organisatoren und Veranstalter hinderten Frauen an der Teilnahme an Sportereignissen. Sie enthielten ihnen angemessene Trainingsmöglichkeiten vor, machten ihre sportlichen Bestrebungen lächerlich und drohten denjenigen, die sich widersetzten, mit dem Gespenst des »Rassenselbstmords«.[25] Wenn Frauen all ihre Energie in den Sport steckten, würden sie nicht nur ihre eigene Gesundheit gefährden, sondern »die Zukunft der weißen Rasse«.[26] Um die Fortpflanzungsorgane schwarzer Frauen brauchten sich die Herrschenden keine Sorgen zu machen, denn zu jener Zeit waren Schwarze noch durchgängiger vom organisierten Sport ausgeschlossen als Frauen.

In der zweiten Hälfte des 19. Jahrhunderts wurde die Leibesertüchtigung bei allen Frauen, nicht nur Schülerinnen, sorgfältig überwacht. Die Ärzte verordneten besondere Übungsprogramme, damit sich die Frauen nicht verausgabten, aber dennoch robust genug wurden, um zu gebären und Kinder aufzuziehen (eine schwierige Gratwanderung, wie man sich leicht vorstellen kann). Vom Eintreten der Geschlechtsreife bis zum Alter von etwa vierzig Jahren konnte eine Frau damit rechnen, dass sie etwa zwanzig Prozent ihrer Energie für die Fortpflanzungsfunktionen benötigte – Menstruation, Schwangerschaft, Stillen.[27] Die Viktorianer glaubten, dass für jede Menstruation und jede Entbindung eine berechenbare Energiemenge verbraucht würde.

Zu beachten ist, dass diese Mediziner und Autoren von der wissenschaftlichen Grundlage ihrer Ansichten überzeugt waren. Tierversuche hatten gezeigt, dass Männchen einen hochaktiven Stoffwechsel (katabolisch) hatten, der nach Meinung der Evolutionstheoretiker ihr größeres Gehirn erklärte.[28] Das biologische Schicksal des weiblichen Organismus war es, »zu Trägheit und Passivität (anabolisch) [zu neigen] und einen trägeren Stoffwechsel mit weniger Schwankungen sowie eine Tendenz zu emotionalem und irrationalem Verhalten zu besitzen«, wie zwei äußerst einflussreiche Anhänger der Evolutionstheorie schrieben. Patrick Geddes und J. Arthur Thompson behaupteten in ihrem Buch *The Evolution of Sex,* dass der hierarchische Unterschied der Geschlechter (das heißt, der Unterschied, der auf der Überlegenheit der Männer über die Frauen gründete) »fest in der anabolisch-katabolischen Biologie gründete, die sich nicht umkehren ließ«, Frauen waren vom Schicksal auf ewig zur Unterlegenheit bestimmt. Viele Ärztinnen stimmten hinsichtlich der physischen Einschränkung ihrer Patientinnen mit ihren Kollegen überein. »Die meisten Frauen bekommen ausreichend Bewegung durch das Wirken im Haushalt«, meinte Dr. Elizabeth Scovil in ihrem populären Handbuch *Preparation for Motherhood Manual,* »und ein langer Spaziergang bringt nicht genügend Ausgleich für die Ermüdung, die er hervorruft.«[29]

Die Vorstellungen über den weiblichen Körper bekamen zunehmend Züge von Verschrobenheit. Ein Mediziner schrieb in der Zeitschrift *Popular Science Monthly* über die Pubertät:
»Das Becken verändert seine Form ... und dies hat zur Folge ... dass die Knie sich einander annähern und dass sich Knieschwäche und eine unbeholfene Bewegungsweise beim Rennen entwickeln, wie sie Frauen eigentümlich ist.«[30]
(Offensichtlich kam niemand auf den Gedanken, dass schwache Knie und linkischer Gang hauptsächlich auf Bewegungsmangel zurückzuführen sein könnten.) Mediziner auf beiden Seiten des Atlantiks begriffen die Menstruation als Gebrechen, was das Stereotyp von Frauen als dem schwächeren Geschlecht noch verschärfte. Schließlich betrachteten die Frauen selbst die Menstruation als behindernd, wenn nicht sogar als krankhaft. In eben der Zeit jedoch, in der die Gesellschaft den Frauen vorschrieb, brav zu Hause zu bleiben und Bonbons zu essen, propagierte eine Gruppe moralbewegter Gesundheitsreformer genau das Gegenteil. Sie hielten den »Madames Matt« der eleganten Gesellschaft vor, sie sollten sich schämen, dass sie so außer Form waren. Und da soll man nicht von Zwickmühle reden. Diese bösen viktorianischen Frauen wurden verdammt, wenn sie es taten, und sie wurden verdammt, wenn sie es nicht taten! Eine der ersten und einflussreichsten Reformerinnen war Catharine Beecher (die Schwester von Harriet Beecher Stowe, der Verfasserin von *Onkel Toms Hütte*). Beecher erfand eine bestimmte Form von Gymnastik, schrieb ein Anleitungsbuch dazu und gründete 1824 eine Mädchenschule in Hartford in Connecticut. Sie war jedoch keine feministische Umstürzlerin. Beecher glaubte daran, dass die Frau dem Manne untertan und zur Hausfrau und Mutter ausersehen sei. Das von ihr entwickelte Übungsprogramm sollte die Frauen in Form bringen, und zwar für die Hausarbeit. Beechers Gymnastik war typisch für die Bestrebungen des 19. Jahrhunderts, den Frauen das Gefühl von Wichtigkeit zu geben und sie zugleich an den ihnen zugewiesenen Platz zu binden.
Ein Jahrhundert, nachdem die britische Feministin Mary Wollstonecraft öffentlich die ersten Zweifel an der physischen Überlegenheit des Mannes geäußert hatte, griff eine amerikanische Fe-

ministin die Sache der körperlichen Entfaltung von Frauen erneut auf. Charlotte Perkins Gilman, geboren 1860 in Rhode Island, zeigte schon sehr früh lebhaftes Interesse an körperlicher Betätigung. Noch als Jugendliche überredete sie den örtlichen Turnlehrer, eine Sportanlage nur für Mädchen einzurichten. Sie hielt sich dort jeden Tag stundenlang auf, hob Gewichte, machte Gymnastikübungen und lief die Meile in sieben Minuten.[31] Gilman war ihrer Zeit auch darin voraus, dass sie auch nach einer eventuellen Eheschließung nicht in einer langweiligen, eingeengten Existenz versauern wollte. Sie spürte wohl intuitiv, dass körperliche Stärke ihr diesbezüglich von Nutzen sein konnte. Wie sich herausstellte, neigte sie zu melancholischen Verstimmungen, was vielleicht ein weiterer Grund dafür war, dass sie sich täglichem Training unterzog. Sie heiratete schließlich und bekam ein Kind, woraufhin sie in eine tiefe Depression stürzte. Sie nahm das körperliche Training wieder auf, in der Hoffnung, ihren Gemütszustand zu verbessern. Jeden Morgen um sechs Uhr suchte sie die Turnhalle auf. Auch ruderte sie gern und verblüffte ihren Mann damit, dass sie ohne zu ermüden mehr als sechs Kilometer in weniger als fünfzig Minuten zu rudern vermochte. Dennoch war irgendetwas nicht in Ordnung. Obwohl sie jetzt ganz bewusst ihren düsteren Anwandlungen mit ausgiebiger körperlicher Betätigung abzuhelfen versuchte (wie es auch die Frauen des ausgehenden 20. Jahrhunderts taten), verfiel sie ihnen trotz aller Anstrengungen immer wieder. Offenbar lag es nicht in ihrer Hand, und angesichts dessen, was wir durch die Neurowissenschaften über affektive Störungen wissen, ist dieses Wiederauftreten sehr wahrscheinlich. Gilman durchlitt jedenfalls ihr Leben lang schwere depressive Phasen. Doch keine Behandlung war für sie schrecklicher – oder typischer für die »Behandlung« der Mediziner für die befreite »neue Frau« – als die so genannte Ruhekur. Verordnet wurde sie ihr von S. Weir Mitchell, der den Ruf des hervorragendsten Neurologen Amerikas genoss.

Die Ruhekur, die in zunehmendem Maße verordnet wurde, bestand in extremer Bewegungslosigkeit und war speziell für Frauen gedacht. Welche Symptome eine Frau ihrem Arzt auch schilderte, sie musste »resozialisiert« werden, damit sie ihre Ambitionen aufgab und sich allein mit ihren häuslichen Verpflichtungen beschied. Dies belegt die Historikerin Patricia Vertinsky, die durch ihre Studien über die Auswirkungen der Medizin auf die Sozialisation der Frauen im 19. Jahrhundert bekannt geworden ist. Eine nervöse »neue Frau« wurde ins Bett gesteckt und durfte sich weder aufsetzen noch ihre Hände betätigen, noch lesen. Die »Behandlung« dauerte bis zu acht Wochen. Man stelle sich das einmal vor: weder lesen noch schreiben dürfen, keinerlei Aktivität und keine Besuche von Freundinnen.

Die feministische Literatur nimmt häufig Bezug auf Charlotte Perkins Gilmans Geschichte, weil sich darin so drastisch niederschlägt, welche Macht die Medizin über das Leben von Frauen ausübte – eine Macht, die sich während des 20. Jahrhunderts nur allmählich verringert hat. Die Frauen zu Gilmans Zeit befolgten alles, was die Ärzte ihnen vorschrieben, gleich wie einschränkend oder schlichtweg unverschämt es scheinen mochte. Dr. Mitchell wies Gilman an, sich nach Hause zu begeben, alle körperlichen Aktivitäten und sozialen Kontakte aufzugeben und sich auf ihr häusliches Leben zu konzentrieren. »Behalten Sie Ihr Kind stets in Ihrer Nähe ... Legen Sie sich nach jeder Mahlzeit eine halbe Stunde hin. Gehen Sie täglich nicht mehr als zwei Stunden einer geistigen Beschäftigung nach. Und rühren Sie, so lange Sie leben, niemals Feder, Pinsel oder Stift an«, wies er seine Patientin an.[32] Gilman befolgte die Anweisungen monatelang, doch ihre Depression blieb.

Mitchell fand viel Zustimmung zu seinen restriktiven Maßnahmen. Unter den Medizinern jener Zeit herrschte Konsens, dass die körperlichen und seelischen Beschwerden von Frauen darauf zurückzuführen seien, dass sie allmählich größere Freiheit errangen. Immer mehr männliche Ärzte gründeten Praxen für die reichlich vorhandenen Frauen, deren Menstruation, Schwangerschaft und Wechseljahre sie anfällig für »nervöse Reizbarkeit« machten. Auf einer Tagung der amerikanischen Gynäkologengesellschaft im Jahr 1867 verkündete ein Arzt dogmatisch: »Als Gruppe, die an Frauen praktiziert, haben wir uns sozusagen selbst zum Hüter ihrer Interessen ernannt und – in vielen Fällen – zum Hüter ihrer Ehre. Wir sind die Stärkeren und sie die Schwächeren. Sie sind verpflichtet, alles zu glauben, was wir ihnen sagen, und man kann daher mit Recht sagen, dass sie unserer Gnade ausgeliefert sind.«[33]

Charlotte Perkins Gilman schrieb schließlich eine Geschichte über eine Frau, die die Untätigkeit in den Wahnsinn trieb; ihr Arzt, dem sie auf Gedeih und Verderb ausgeliefert war, hatte sie ihr aufgezwungen. Gilmans erstes Buch *The Yellow Wallpaper*, das ihre krank machende Erfahrung mit Dr. Mitchells Ruhekur verarbeitete, wurde berühmt.[34] Alle Schriften, die sie danach verfasste, unterstrichen die Bedeutung von körperlicher Mobilität für Frauen. In ihrem wichtigsten Werk *Women and Economics* wetterte sie gegen die patriarchalische Einschränkung der geistigen und körperlichen Entfaltung von Frauen; es erregte Aufmerksamkeit auf beiden Seiten des Atlantiks. Gilman wurde zu einer der führenden Intellektuellen der frühen Frauenbewegung. Man kann nur spekulieren, wie lange der »Kult der schwachen Gesundheit«, wie die Historiker ihn schließlich nannten, uns noch schwach gehalten hätte, wenn nicht hie und da vereinzelte Feministinnen eine Bewegung gegen das System ins Leben gerufen hätten – Frauen, die den Weitblick besaßen, es als System zu *sehen*, und die erkannten, wie es sie behinderte.

Ein Furcht erregend einflussreicher Teil des Systems war die Eugenikbewegung. Einer ihrer wichtigsten Verfechter war der amerikanische Psychologe Granville Stanley Hall, eine pädagogische Großkapazität, ein Buch- und Artikelschreiber, ein Redenhalter höchsten Ortes. Als Begründer der so genannten Kinder- und Entwicklungspsychologie behauptete Hall, über Fragebögen, Studien, *Fakten* zu verfügen, mit denen er seine Verkündigungen untermauern könne. Und er verkündigte reichlich. 1903 verfocht er in einem Vortrag vor der *National Education Association*, dem Verband der Schulleiter öffentlicher Schulen, nicht nur die Meinung, dass die wichtigste Pflicht der Frauen im Kinderkriegen bestünde, sondern ging noch einen großen Schritt weiter. Durch ein nationales Programm zur Leibesertüchtigung und eine Politik der selektiven Fortpflanzung, so erklärte er, könnten die Frauen die Spezies auf der Stufenleiter der Evolution eine Sprosse höher heben. Doch zuvor müssten sie sich in »das bestmögliche Instrument zur rassischen Verbesserung«[35] verwandeln. Sie dazu zu bringen stelle eine Riesenverantwortung dar. Weder Ärzte noch Geistliche waren Halls Ansicht zufolge im Stande, die Frauen zu diesem evolutionären Zauberkunststück zu bewegen. Diese Aufgabe fiele allein ihm und seinesgleichen zu. Nur der erfahrene Psychologe, durchdrungen von »genetischem Gefühl« und dem Wissen um die Bedeutung eines gesunden, muskulösen Körpers, könne die körperliche Entwicklung und Erziehung der Frau auf »die Beschränkung und Freude der reinen Pflicht« hinlenken. Die Frau wiederum habe etwas Wunderbares auf Lager. Ihr komme eine ganz besondere Rolle zu – sie sollte nichts Geringeres sein als »der Kanal, durch den die ›Menschenseele‹ eines Tages zu einem ›Übermenschen‹ in einem ›Überstaat‹ werden könnte«.[36]

War zu erwarten, dass die Frauen ihre eigene Gesundheitspflege auf dieses überirdische Unternehmen abstimmten? Natürlich nicht. Es oblag dem Wissenschaftler, dem Psychologen, dem Pädagogen, so Hall, die Methoden »zuerst in Erfahrung zu bringen und dann zu kontrollieren«, vermittels deren die Frauen eine neue, fortgeschrittenere Rasse von Menschen hervorbringen konnten. Eine bedeutende Triebfeder bildete in diesem Zusammenhang das Ziel der nationalen Vormachtstellung. Diese würde, da war sich Hall ganz sicher, »an das Land [gehen], das am fruchtbarsten ist, [denn] ... die Nation, die den besten Nachwuchs hervorbringt, sei sie mongolisch, slawisch, germanisch oder angelsächsisch, wird die Welt in Zukunft beherrschen«.[37]

Die Macht der Medizin über die Frauen war so felsenfest zementiert, dass fast ein ganzes weiteres Jahrhundert vergehen musste, bevor der Mythos der weiblichen Schwäche gestürzt wurde. Selbst in den fünfziger und sechziger Jahren noch ermahnten Mütter ihre Töchter, sich während der Menstruation zu schonen. Im Monat bevor ich aufs College ging, machte meine Mutter einen kleinen Strandurlaub nur mit mir allein. Das war eine nette Idee; getrübt wurde sie nur durch ihre ständige Ermahnung, nicht im Meer zu baden, weil ich im Wasser auskühlen könnte (ich hatte gerade meine Periode), und das würde mir, so warnte sie mich, lebenslang schreckliche Krämpfe eintragen. Natürlich begehrte ich auf und stürzte mich in die Wellen. Meine erste Periode auf dem College war so schlimm, dass ich dachte, meine Mutter hätte mich verflucht – oder noch schlimmer, sie hätte vielleicht Recht. Auf einen einfachen Nenner gebracht, wurden Frauen im 19. Jahrhundert und bis weit in das 20. hinein daraufhin sozialisiert, »ihren Körper und ihre natürlichen Funktionen in absonderlicher Weise wahrzunehmen«, wie Vertinsky schließt. Sie beurteilten die Risiken und den Nutzen körperlicher Betätigung genauso wie die viktorianischen Mediziner, Psychologen und Pädagogen. »Die Frauen wurden einem System unterworfen, das gefügige Wesen hervorbringen sollte«, glaubt Vertinsky, »und die Methoden, die Gefügigkeit förderten, setzten bereits in der Kindheit ein.«

Die Krise der Männlichkeit

»Zum Wohl der Rasse« lautete die Begründung, mit der Hall und Konsorten eine Angst verschleierten, die so beunruhigend war, dass die Gesellschaft sie nicht zur Kenntnis nehmen konnte: Würden die Frauen nicht an ihrer physischen Entfaltung gehindert, würde die »Männlichkeit« der Männer gefährdet. Der Begriff der Männlichkeit stand genauso sehr auf tönernen Füßen wie der der Weiblichkeit; er musste dringend gestützt werden, nachdem die industrielle Revolution und die Frühstadien der weiblichen Emanzipation die Männer ins Grübeln über den Sinn ihrer Existenz gebracht hatten. In England wie in Amerika führten Veränderungen in Arbeit und Familie, Verstädterung und die wachsende Vorherrschaft der Frauen an den Schulen zu der von Historikern und Soziologen so genannten »Krise der Männlichkeit«.[38] Während die männliche Identität zu Beginn des Jahrhunderts relativ gut in Form war (die geographische Expansion und das schnelle industrielle Wachstum hatten »einen männlichen Optimismus gespeist«, wie es ein Autor ausdrückte), war die Verstädterung Mitte des ersten Jahrzehnts außer Kontrolle geraten, vernichtete Farmer und kleine Geschäftsleute und beraubte die Männer ihrer mannhaften Rolle des Versorgers. Was die Sache noch verschlimmerte, war der Aufstieg der Frauenbewegung beiderseits des Atlantiks. Die »neue Frau« – ehrgeizig, feministisch gesinnt, sexuell aktiv – signalisierte »das Ende des Männermonopols an der Wahlurne, im College-Vorlesungssaal und in der Berufsschule«. Die Vorstellung des 19. Jahrhunderts von der Überlegenheit des Mannes war eindeutig in Gefahr.

Die Gründung der amerikanischen Pfadfinder, der *Boy Scouts*, im Jahr 1910 war ein Versuch, »den gefürchteten Niedergang der Männlichkeit umzukehren«[39] – einen Niedergang, den der amerikanische Regierungsbeauftragte für das Erziehungswesen in feinsinniger Würdigung der zentralen Rolle körperlicher Gewalt für Männlichkeit so erklärte: »Der Junge in Amerika wird nicht so großgezogen, dass er einem anderen Jungen in gesunder, anständiger Weise eins auf die Nase gibt oder standhält, wenn er eins auf die Nase kriegt ... Etwas Seltsames, Undefinierbares bricht über die Männer herein: eine Neigung zu einer gewöhnlich ... geschlechtslosen Tönung des Denkens.«

Mit »geschlechtslos« meinte der Beauftragte »geschlechterneutral«. Das Denken selbst verlor angeblich seine vitale, maskuline Schärfe, weil die Männer in einen Zustand intellektueller Schlaffheit gerieten, die seit langem als »feminin« galt. Sport sollte nicht nur den Intellekt der Männer schärfen, sondern auch den »Charakter« stärken. Durch Sport sollten Männer »Mut, Männlichkeit und Selbstbeherrschung« entwickeln. Als eine Bastion der Differenz – soziale, ökonomische, intellektuelle – nach der anderen einstürzte, besaßen die Männer wenigstens noch ihre körperliche Stärke, auf die sie sich zurückziehen konnten. Körpergröße, Muskelkraft und der Mut, sich im Sport körperlich zu messen, waren männlich – in Großbuchstaben. Doch gegen Ende des 20. Jahrhunderts sollten auch diese Unterschiede den Bach hinuntergehen.

Bei dem Versuch, ihren taumelnden 19.-Jahrhundert-Egos wieder aufzuhelfen, fuhren die Männer sogar Gott auf, um sich mit dem Allergrößten identifizieren zu können. (Frauen konnten sich schließlich nicht mit Gott identifizieren, nicht wahr?) Eine Bewegung, die sich selbst »muskuläres Christentum« nannte, gestaltete das Bild von Jesus um: »von einem glückseligen, zarten, freundlichen Heiland der Armen zu einem muskelbepackten, betont virilen Mann, dessen Botschaft die Starken dazu aufforderte, über die Schwachen zu herrschen«.[40] Stanley Hall, da können Sie sicher sein, unterstützte die Bewegung des muskulären Christentums. »Wir sind Soldaten Christi, kräftigen unsere Muskeln nicht gegen einen fremden Feind, sondern gegen die Sünde in uns und außer uns«, verkündete Hall großspurig in einem Artikel über Christentum und Körperkultur.[41]

Britische und amerikanische Protagonisten des muskulären Christentums setzten Männlichkeit mit stoischem Gleichmut, Tapferkeit, dem Ertragen von Schmerz und schnellem Denken unter Druck gleich. Die Männer begannen mit Gewichten zu trainieren, und bald war der Mythos des virilen Muskelmachos (»*He-man*«) begründet. Wenn die Frauen schon entschlossen waren, wie Männer zu handeln, dann erhöhten die Männer eben den Einsatz: Eine Frau konnte *niemals* ein Muskelmann sein. Ein Mann konnte sich *immer* mehr Muskelmasse antrainieren. Und diese Muskelmasse diente als verschleierte Drohung, erinnerte alle, die die männliche Vorherrschaft infrage stellten, an den altehrwürdigen Spruch: Wer die Macht hat, hat Recht. Und die Männer würden immer mehr Macht haben.

Bei all dieser gesellschaftlichen Fixierung auf den männlichen Körper war das Wissen über die Gesundheit der Frauen aberwitzig primitiv, insbesondere wenn man bedenkt, dass das alles nur hundert Jahre her ist. Die Frauen selbst wussten wenig über ihre Körperfunktionen – über ihre Physiologie, nicht einmal über ihre Sexualität. Die vorhandene Information befand sich fest in der Hand der Ärzte. Oft trauten die Frauen diesen Ärzten nicht, insbesondere bei gynäkologischen Problemen, und ließen ihre Krankheiten lieber unbehandelt als sich zu entblößen – buchstäblich und metaphorisch. Dass die Mediziner auf ihre Vormachtstellung pochten und die Frauen zudem unsensibel und arrogant behandelten, ließ diese schließlich aufbegehren. Ein Artikel von Mary Putnam Jacobi wurde 1877 (ohne Nennung ihres Namens!) mit dem angesehenen *Bolyston Medical Prize* ausgezeichnet; die Autorin wies darin empirisch nach, dass die Menstruation keineswegs von Natur aus bei den meisten Frauen eine periodische Ruhephase erforderte.[42] Den Frauen gingen allmählich die Augen auf. Viele warfen dem männlichen Medizin-Establishment vor, »fachliche Autorität einzusetzen, um Frauen durch Übertreiben, Verlängern und sogar Fördern ihrer realen oder eingebildeten Leiden zu unterdrücken und sie in ihren Aktivitäten zu beschneiden«.[43] Dies schreibt Patricia Vertinsky in *The Eternally Wounded Woman*, ihrer Untersuchung über Medizin und Frauen im 19. Jahrhundert.

Der Schwächemythos war einer anderen Falle seltsam ähnlich: derjenigen, die aus der institutionalisierten Sklaverei hervorging. Die Sklaven wurden von ihren Herren abhängig *gemacht* und infolgedessen als schwachsinnig und hilflos hingestellt. Wenn man sich die Mediziner des späten 19. Jahrhunderts anstelle der Sklavenhalter denkt, kann man sich gut vorstellen, dass sie wohl kaum die Frauen in ihr Revier einbrechen lassen wollten. Doch die Frauen strebten nach Zugang zu Information, und auf die eine oder andere Weise verschafften sie ihn sich auch.

Seit Mitte des 19. Jahrhunderts hatten vereinzelte Frauen in die Medizin einzubrechen versucht, ohne dass sie, wie man sich denken kann, viel Unterstützung gefunden hätten. In Amerika bemühte sich Harriet K. Hunt als erste Frau um Zulassung zum Medizinstudium. Sie machte Praktika bei Ärzten, um etwas zu lernen, und ließ sich auch dann nicht abschrecken, als das *Harvard Medical College* ihre Bewerbung zweimal, 1847 und 1851, ablehnte. Die Frauenbewegung begann Fahrt aufzunehmen. Die Frauen waren fasziniert von der Aussicht, sich von Ärztinnen behandeln lassen zu können. Auf dem ersten amerikanischen Frauenkongress im Jahr 1874 unterstrich Mary Putnam Jacobi, welchen »enormen Einfluss« Ärztinnen hätten, um »die törichten Vorurteile zu zerstreuen, die den Frauen schon so lange das physiologische Allgemeinwissen, das doch für sie so überaus wichtig wäre, vorenthalten«.[44]

»Törichte Vorurteile?« Die Sache bekam allmählich Aufwind.

Die Schranken durchbrechen

Die Feministinnen und die Ärzte des späten 19. Jahrhunderts vertraten entgegengesetzte Positionen hinsichtlich der körperlichen Entwicklung und Gesundheit von Frauen, und die Feministinnen protestierten offen gegen all die absurden Einschränkungen. »Körperlich etwas schwächer als die Männer sind wir unzweifelhaft«, bemerkte die Viscountess Harberton trocken, »doch warum diese Schwäche noch übertreiben, indem wir uns buchstäblich so einschnüren, dass die Muskeln in manchen Körperteilen verkümmern, bis sie nutzlos werden?«[45] »Reformkleidung« war das neue Motto von Neuerinnen wie Harberton. Sie beanstandeten, dass lange Röcke, schwere Stoffe und Korsetts nicht nur die Gesundheit von Frauen bedrohten, sondern auch die Unfallgefahr erhöhten. Pumphosen, Knickerbocker und andere Fahrradkleidung wurden populär, aber bald von kurzen Röcken abgelöst.

Auf dem Gipfel seiner Popularität Ende der 1890er Jahre versprach das Radfahren der »neuen Frau« eine faszinierende Freiheit. »Es bricht eine neue Morgendämmerung an, eine Morgendämmerung der Emanzipation, und sie wird herbeigeführt vom Fahrrad«, ließ die Zeitschrift *Lady Cyclist* verlauten.

»Die junge Frau von heute ist frei zu radeln, frei, geschwind über das herrliche Land zu sausen, unbehindert von einem Begleiter oder einem noch entmutigenderem Bewunderer. So kann sie wirkliche Unabhängigkeit erfahren, und während sie ihre Konstitution stärkt, stärkt sie zugleich ihren Geist.«[46]

Das Radfahren erlaubte es den Frauen, ihr Korsett loszuwerden und ihre Bauchmuskeln zu stärken. Kräftige Beinmuskeln, so belehrte man sie jetzt, würden die Spannkraft im Becken verbessern. Sogar die Gebärmuttermuskeln würden unterstützt, was das Gebären erleichtere. Das jedenfalls versprachen seinerzeit – zumindest eine Zeit lang – die Ärzte. Plötzlich konnte man auf das Fahrrad zählen, um »Tausende Frauen zu retten, denen ansonsten Gebrechlichkeit bestimmt gewesen wäre«, wie ein Mediziner verkündete.[47] Vertinsky kommentiert dies so: »Das Radfahren, so scheint es, war als Rehabilitationsmaßnahme für die britischen und amerikanischen Frauen gerade rechtzeitig aufgekommen.« Doch die viktorianische Gesundheitspolizei hatte das Radfahren für Frauen kaum abgesegnet, als dessen Popularität auch schon wieder Beunruhigung auslöste. Wieder äußerten die Ärzte Besorgnis ob des altbekannten Hangs der Frauen zur Übertreibung. Die Mediziner lasteten Wirbelsäulenverkrümmungen und Herzschwächen nun dem Fahrradfahren an. Manche behaupteten sogar, Frauen seien zu schwach, um ihr Gewicht auf die Handgelenke zu stützen oder es auf die Pedale zu übertragen.

Die heftigste medizinische Debatte aber kreiste natürlich um die Auswirkungen des Radfahrens auf die Fortpflanzungsfähigkeit der Frauen. Radfahren während der Menstruation war ein »nicht kalkulierbares Risiko«.[48] Uterusverlagerung und Wirbelsäulenprellung konnten traurige Realität werden. Falsche Sättel bedeuteten potenzielle Schädigung von Perineum und Vulva. Starke Bauchmuskeln galten plötzlich als geburtserschwerend, nicht -erleichternd. Auch moralisch stiegen die Mediziner aufs hohe Ross; sie äußerten die Sorge, die Reibung am Sattel könnte die Damen zur Masturbation verleiten.[49]

Eine weitere mit der körperlichen Betätigung verbundene Gefahr war das grässliche »Fahrradgesicht« – eine angespannte, finstere Grimasse, alles andere als das »liebreizende und sanfte Antlitz«, das die Männer so angenehm fanden.[50] Doch mittlerweile war es wirklich zu spät für solche Unheil schwangeren Warnungen. Nicht einmal die Angst vor dem Fahrradgesicht vermochte noch etwas gegen das erregende Gefühl auszurichten, sich auf ein Fahrrad zu schwingen und davonzusausen. Die Technik trug zur körperlichen Emanzipation der Frauen bei. 1885 ersetzte das niedrigere »Sicherheitsrad« das Hochrad mit seinem riesigen Vorderrad und verhalf den Frauen zum ersten Mal zu Mobilität aus eigener Kraft. Bald warfen sie die behindernden Röcke fort, zogen Pumphosen an und legten los.

Es dauerte nicht lange, bis die Frauen sich an anstrengendere Unternehmungen machten. 1890, nur zwei Jahre nach der Erstbesteigung des Mount Rainier, bezwang Fay Fuller als erste Frau den Gipfel. Bald nach der Gründung des *Sierra Clubs* im Jahr 1892 machten Frauen fast die Hälfte der Mitgliederzahl aus. 1905 gelang es einer Gruppe des *Sierra Clubs*, darunter sechsundvierzig Frauen, den Mount Rainier zu ersteigen. Ein Gipfel nach dem anderen fiel bei den Erstbesteigungen durch Frauen, die alle gebührend in Vereinsblättern und Publikumszeitschriften vermerkt wurden.

Der Reiz des Entdeckens hatte die Frauen gepackt. 1910 stieg die erste Gruppe Frauen auf dem *Bright Angel Trail* in den Grand Canyon hinab; sie trugen gemietete Hosenröcke, um auf Maultieren reiten zu können. Die neuen Ruhmestaten der Frauen beschworen alte Ängste herauf – vor Frauen, die sich Schwäche verweigerten. »Macht Sport Mädchen maskulin?«, fragte das *Ladies' Home Journal* 1912. Die zu Grunde liegende Annahme war klar: »Maskulin« (das heißt stark und abenteuerlustig) zu sein bedeutete das Risiko, nicht mehr heiratsfähig zu sein. Sogar das Cheerleading, das organisierte Anfeuern von Sportmannschaften, das Ende des 19. Jahrhunderts aufkam, galt als zu wild für Frauen. Ursprünglich betätigten sich Männer als Cheerleader. Als die Frauen sich etwa um die Zeit des Ersten Weltkriegs herum erstmals darin versuchten, sah man sie als Eindringlinge in eine männliche Domäne und fürchtete, sie könnten »vermännlichen«. In den 1940er und 1950er Jahren gaben die Männer das Cheerleading scharenweise auf, höchstwahrscheinlich, weil das Auftreten von Frauen ihr Machotum infrage stellte. An diesem Punkt – *voilà!* – wurde Cheerleading »von Natur aus« weiblich. Dass eine beliebige Sportart einmal als dem einen Geschlecht und dann wieder als dem anderen angemessen betrachtet wird, offenbart nur, wie künstlich die Vorstellung eines geschlechterspezifischen Sports in Wirklichkeit ist. Leichtathletik galt einmal als *die* männliche Sportdomäne schlechthin, als fast so machomäßig wie Football. Damit sie »männlich« blieb, mussten die Frauen draußen bleiben. Und sie blieben es. Ich werde den systematischen Ausschluss der Frauen aus dem »Männer«sport im fünften Kapitel eingehender besprechen. An dieser Stelle mag der Hinweis genügen, dass es die Angst um ihre männliche Identität ist, die die Männer dazu treibt, mit allen erdenklichen Mitteln zu verhindern, dass Frauen körperlich gleich befähigt erscheinen.

Die Extreme, auf die sie verfielen, wirken heute, wo wir gesehen haben, zu welch dramatischen sportlichen Höchstleistungen Frauen im Stande sind, nur noch lächerlich. Alles und jedes wurde als »Beweis« dafür herangezogen, dass Frauen körperlich einfach nicht mithalten konnten. Beispielsweise wurden ständig die angeblich verderblichen Auswirkungen von Sport auf die Gebärfähigkeit ins Feld geführt. Hockeyspielen (und damit war nicht einmal Eishockey, sondern nur Feldhockey gemeint) konnte den Mädchen ihre künftige Fähigkeit zum Stillen rauben. *Wie* das zugehen sollte, wurde nicht dargelegt; wir dürfen aber mutmaßen, dass es wohl mit möglichen Treffern der Brust durch Schläger oder Bälle zu tun hatte.

Die Brüste der Frauen mussten in allen Zeitaltern als Standardsymbol für ihre Zerbrechlichkeit herhalten. Das Wort »Amazone« soll sich vom griechischen *a-mazos*, »brustlos«, ableiten und bezieht sich auf den Mythos von Amazonenkriegerinnen, die sich angeblich eine Brust abnehmen ließen, um den Bogen besser spannen zu können.[51]

Unglücklicherweise fielen die Frauen selbst auf den Mythos herein, dass Brüste die sportliche Leistungsfähigkeit behindern. Die Siegerin im Kugelstoßen bei den französischen nationalen Meisterschaften Violette Gouirand-Morriss hatte sich in der Hoffnung auf eine Leistungsverbesserung beide Brüste amputieren lassen.

Gegen Ende des 19. Jahrhunderts erfreuten sich die Frauen dennoch eines aktiveren und vielfältigeren sportlichen Lebens, als es sich noch ein Jahrhundert zuvor irgendjemand hätte träumen lassen. Sie lebten länger und hatten weniger Kinder, eine bessere Gesundheit und eine bessere Medizin. Trotz des dämpfenden Effekts der »wahren Fraulichkeit« und des Kults der schwachen Gesundheit – oder vielleicht gerade weil diese Kulte so behindernd und extrem waren – machte die erste, im frühen 19. Jahrhundert einsetzende Welle des Feminismus einer zweiten Platz, die im 20. Jahrhundert anrollte; diese schrieb sich »ein neues Modell körperlich leistungsfähiger Frauen« auf die Fahnen.[52]

Mit Anbruch des neuen Jahrhunderts traten soziale Mächte auf den Plan, die die Angst der Männer vor der Bedrohung ihrer Männlichkeit durch die Frauen zeitweise bezwangen: insbesonde-

re der Krieg als der große Gleichmacher der Geschlechter. Wenn die nationale Sicherheit auf dem Spiel steht, werden Frauen nicht nur dazu ermutigt, die Arbeit der Männer zu übernehmen, sondern man erwartet es sogar von ihnen. Das gilt als ihr »Fronteinsatz«. Der Erste Weltkrieg stellte die Frauen vor Möglichkeiten, die sie niemals zuvor gehabt hatten. Mit einem Mal waren sie Aufgaben gewachsen, die auszufüllen ihnen zuvor angekreidet worden wäre. Wenn die Männer im Krieg waren, wer sonst sollte dann in den Fabriken arbeiten und das Land – und die Kriegsmaschinerie – am Laufen halten? Die Notwendigkeit der Landesverteidigung überschattete die Geschlechterfrage; das erlaubte den Frauen, hinaus in die Welt zu treten und sich neue Fähigkeiten anzueignen, ohne die Sicherheit der Männer zu bedrohen. Schwäche als Maß der Weiblichkeit löste sich in Rauch auf. Dennoch wurde das kriegsbedingte Bild der Frau als Bauarbeiterin und Maschinenbauerin bestenfalls notdürftig auf das Bild der Madonna (etwa der Madonna mit dem Kinde) aufgepfropft. Das amerikanische Nationalsymbol der braven Patriotin – »Rosie, die Nieterin« – wurde dargestellt als kleine Hausfrau, deren blonde Ringellocken unter ihrem Kopftuch hervorlugten, während sie ihren Nietenhammer schwang. Mit anderen Worten, im Notfall waren die Frauen gut, aber körperlich keine Bedrohung.
So verwischte der Erste Weltkrieg zeitweise die Bedeutung der Geschlechterdifferenz. Auch nicht kriegsbezogene Posten, die zuvor nur Männer innegehabt hatten, standen den Frauen plötzlich offen. Die riesigen Nationalparks, die bis dato selbstherrlich von Männern verwaltet und überwacht worden waren, wurden zum ersten Mal Frauen anvertraut. Als Parkrangerinnen und Campleiterinnen verwalteten und überwachten sie selbstverständlich perfekt. Zudem hatte die Erfahrung, da draußen ganz auf sich allein gestellt zu sein, einen radikalisierenden Effekt. Es dauerte nicht lange, und erfahrene Kennerinnen der Wildnis führten Mädchen in die Herausforderungen des rauen Lebens außerhalb des Hauses ein, um sie »Unabhängigkeit und Furchtlosigkeit« zu lehren. Mädchencamps, tief versteckt in den Wäldern der amerikanischen Nationalparks, galten als »soziale Brutkästen« für die Entwicklung eines »neuen Frauentyps«. Doch als der Krieg vorüber war,

wurden die Frauen schnell ihrer Posten enthoben, damit die Männer sie wieder einnehmen konnten.
Solche radikalen Projekte wie Mädchen Unabhängigkeit und Furchtlosigkeit beizubringen wurden nicht eher wieder aufgegriffen, als bis in den späten sechziger und frühen siebziger Jahren die dritte Welle des Feminismus einsetzte.

Mitte der 1880er Jahre boten Lehrpläne zur Leibeserziehung an allen U.S.-amerikanischen Frauen-Colleges und -Universitäten des Ostens und einigen des Mittelwestens Sport oder Gymnastik an. Die Sportlehrer befanden, dass *ihnen* die Entscheidung zustand, was im Interesse der Mädchen war. Ihre Macht (»ähnlich dem Regiment einer Mutter über ihre Töchter«, wie eine Historikerin bemerkte) durfte nicht unterschätzt werden. Sie stellten sich eine Welt des »Frauensports« vor, die sich von der der Männer unterschied – eine Welt, die nicht ganz zufällig *sie* erschufen und beherrschten. Auch Lehrerinnen für Leibeserziehung trugen, wie unbeabsichtigt auch immer, zum Fortbestehen des Schwächemythos bei. Aus verschiedenen Gründen, von denen manche nicht ganz uneigennützig gewesen sein dürften, wollten diese Pädagoginnen nicht, dass die Mädchen ihr volles Potenzial ausschöpften. Sie wollten einen *Unterschied* zwischen Männer- und Frauensport sehen, nicht etwa Gleichheit – teilweise um sicherzustellen, dass ihre Aufgabe einzigartig blieb und nicht von Männern übernommen wurde. »Mädchenregeln« wurden erfunden. Basketball, eine der Lieblingssportarten junger Frauen, wurde auf eine verkleinerte Form des Männerspiels zurückgestutzt. »Hartes und unfaires Spiel wirkt bei Frauen schlimmer als bei Männern«, bemerkte die Trainerin Senda Berenson vom Smith College, wo 1892 die Geburtsstunde des Frauen-Basketballs schlug, »... und die egoistische Zurschaustellung eines Stars durch Dribbeln und Spielen über das gesamte Feld«[53] wurde nicht geduldet. Mädchen durften nur auf dem halben Feld spielen und beim Dribbeln den Ball nur dreimal aufprallen lassen, bevor sie ihn abgeben mussten. *Stars* durfte es nicht geben.
Von 1880 an verfügten die Sportlehrerinnen über »eine dicht geknüpfte Organisationsstruktur«, die Jahrzehnte lang an den

Schulen überdauerte. Wie die Historikerin Joan Hult erklärt, gelang ihnen die Sicherung »einer fast monopolistischen Kontrolle über den Mädchen- und Frauensport an den weiterführenden Schulen und in geringerem Maße an den High Schools und im öffentlichen Bereich«.[54] Ihre Zielsetzung? Den Wettkampf zu begrenzen, Frauen in den Sportabteilungen in Spitzenpositionen zu bringen und ein »weibliches Modell« des Sports durchzusetzen.

Nicht dass die Sportlehrerinnen prinzipiell gegen Wettbewerb und Konkurrenz waren, wie sie sagten – nur gegen die »falsche Art«. 1923 ergab eine Befragung, dass dreiundneunzig Prozent von ihnen Spiele von Frauenteams verschiedener Colleges gegeneinander ablehnten. Viele Frauen behaupteten, nicht für den Wettstreit geschaffen zu sein; auch pochten sie darauf, dass das »Spiel um des Spielens willen« höherwertig sei als die männliche Form des sportlichen Wettstreits, die Sieg und Elitedenken auf Kosten der Mehrheit betonte.

Es ist schwer zu unterscheiden, inwieweit der Protest gegen das aggressive »Männermodell« des Sports auf die menschenfreundlichere Philosophie des Frauensports zurückging und inwieweit auf das Bestreben der Sportlehrerinnen, ihr Revier zu verteidigen. Diese Frauen »sahen sich als diejenigen, denen die alleinige Zuständigkeit für Leibeserziehung und Sport der Frauen an allen Colleges zustand«, schreibt Hult. »Mit missionarischem Eifer versuchten sie, die Frauen zu beeinflussen und von Schul- und Universitätsmannschaften und der Olympiateilnahme abzulenken.«

Es ist eine Ironie, dass gerade dann, als der Sport für Mädchen und Frauen immer wichtiger wurde, die Männer ihn zu unterwandern begannen – genau dem hatten die Sportlehrerinnen vorbeugen wollen. Trainer der *Amateur Athletic Union* (AAU) der Männer riefen Sportprogramme für Frauen ins Leben. Die Sportlehrerinnen und andere weibliche Führungspersonen, darunter Lou Henry Hoover, die Frau Präsident Hoovers, waren alarmiert. 1928 trat die Frauenabteilung der *National Amateur Athletic Federation* unter Leitung von Mrs. Hoover aktiv gegen die Teilnahme von Frauen an den Olympischen Spielen ein. Diese Gruppe hegte Befürchtungen wegen potenziell »schädlicher« Trainingsmethoden und hielt die Sportlehrerinnen dazu an, den Mädchen einzuschärfen, sich an ihre Warnungen zu halten. Sie veröffentlichte Publikationen gegen die Teilnahme am Universitätsmannschaftssport und an Olympia und befürwortete das Alternativmodell des »Freizeitsports«.[55]

Aus heutiger Sicht scheint es merkwürdig, dass Pädagoginnen sich so stark gegen Wettbewerb bei Frauen eingesetzt haben. Man muss sich jedoch vor Augen halten, wie tief sich der Schwächemythos eingeprägt hatte. Wenn Ärztinnen ihm sogar bis ins 20. Jahrhundert hinein anhingen, wie soll es da überraschen, dass es auch Lehrerinnen taten? Doch der Versuch, Frauen vom Wettkampfsport fern zu halten, gleichgültig aus welchen Gründen, sollte sich als vergeblich erweisen. In den Jahren des Zweiten Weltkriegs vollzog sich in den Einstellungen der Frauen zum Sport eine tief greifende Veränderung. Da der Arbeitsmarkt Bedarf an kräftigen, gesunden Frauen hatte, unterstützte die amerikanische Regierung wettkampfbetonte Fitnessprogramme. Das Verteidigungsministerium förderte direkt den Leistungssport, der weibliche wie männliche Elitesportler hervorbrachte. Junge Rekrutinnen maßen ihre Kräfte im Armeesport. Gegen Ende der vierziger Jahre traten die Sportlehrer, die Amateursportverbände und die breite Öffentlichkeit für den Frauenleistungssport ein. Sogar in die altertümlichen Turnhallen der Privatschulen für Mädchen hielt der Wettkampf Einzug.

In den fünfziger Jahren traten High-School-Schülerinnen in Ligen und Turnieren gegeneinander an. In der katholischen High School für Mädchen, die ich besuchte, fand mehrmals in der Woche Turn- und Schwimmunterricht statt. Es gab Feldhockeyspiele für Schulmannschaften und Jugendschulmannschaften, für die wir unsere Schläger mit Tape umwickelten, um die Schläge zu dämpfen. Wir hatten Schwimmwettkämpfe und Basketballturniere. Über all das gebot eine einzige Sportlehrerin/Trainerin. Mit ihren kurzen, stämmigen Beinen und ihrem plumpen Stampfschritt war Miss Smits anders als alle, die wir kannten. Dass sie dieselbe Uniform trug wie wir – eine kastanienbraune, knielange Tunika mit Pumphosen darunter –, verstärkte nur unseren Wunsch, keinesfalls so zu werden wie sie. Miss Smits war, wie wir herausfanden, unverheiratet. Manchmal dachten wir uns recht unfreundliche Dinge über sie aus. Wir wussten damals nichts vom Lesbentum; unsere schlimmste Unterstellung ging dahin, dass sie in ihren Tennisschuhen schlief. Unser eigentliches Problem mit ihr war, dass sie sich nicht wirklich für uns zu interessieren schien. Wenn sie mit schrillen Pfiffen als Schiedsrichterin herumrannte und uns zurief, wir sollten »vorwärts machen«, war sie nicht als einfühlsame Erwachsene, als Förderin junger Talente *bei* uns. Sie lebte in ihrer eigenen Sportlehrerinnenwelt. Alles in allem vermute ich heute, dass wir mit Miss Smits noch Glück gehabt hatten. An einigen anderen katholischen Schulen der Region unterrichteten Nonnen Leibeserziehung. »Als ich jung war, damals im finsteren Mittelalter«, wie die Mutter einer neunjährigen, Fußball spielenden Tochter die erstaunliche Wandlung des Frauensports in den letzten Jahrzehnten kommentiert, »steckte die Nonne, die uns trainierte, ihre langen blauen Ärmel hoch, hielt ein Anleitungsbuch vor sich und betete.«[56]

Miss Smits kannte wenigstens die Regeln. Sie und Tausende ihrer Kolleginnen an den Schulen im ganzen Land repräsentierten eine kulturelle Kraft in Amerika, eine Kraft für eine professionelle, wenn auch »verweiblichte« Leibeserziehung für Mädchen. Zugegebenermaßen befand sich die Leibeserziehung von Mädchen zu jener Zeit im Umbruch. Weitere Veränderungen standen bevor. Wir bekamen einen Vorgeschmack. Er weckte den Wunsch nach mehr.

Um 1960 setzte eine kulturelle Revolution ein, die schließlich die Einstellung der Gesellschaft zu Frauen und Sport insgesamt veränderte. Die Gegenkultur trat für körperliche Befreiung, sinnliches Vergnügen und aktive Freizeitgestaltung ein, was dem Sport und den Fitnessaktivitäten von Frauen indirekt Auftrieb gab. Zugleich bescherte das Fernsehen dem Sport eine Popularität wie nie zuvor. Eine wachsende Konsumgüterindustrie machte mit und aus dem Sport ein Multimilliardengeschäft. Praktisch all diese Milliarden flossen in den Männersport. Doch es gab deutliche Anzeichen für eine Änderung. Ein Artikel in der Zeitschrift *Ms.* aus dem Jahr 1973 brachte unter der Überschrift »Die muskuläre Lücke schließen« sportliche Leistungen von Frauen mit einem revolutionären Wandel in den Geschlechterbeziehungen in Zusammenhang: »Wenn sie die Kraft voll zur Entfaltung bringt, kann jede Frau, ob Olympiastar oder Wochenendtennisspielerin, jedem Mann, mit dem sie es aufnehmen möchte, ebenbürtig sein. Was noch wichtiger ist, sie bekommt Anteil an der unentbehrlichen Quelle menschlichen Selbstvertrauens – Stolz auf und Kontrolle über einen geschmeidigen Körper. Das allein wäre schon eine Revolution.«[57]

Der Gedanke, jede Frau könne jedem Mann körperlich ebenbürtig sein, war eine Vorahnung, doch es sollte fast ein weiteres Vierteljahrhundert dauern, bis sich die Frauen tatsächlich daran machten, die »muskuläre Lücke« zu schließen. Überreste des Schwächemythos hielten sich weiter – selbst dann noch, als in den 1970er Jahren die Mädchen mit Macht in den Mannschaftssport drängten, als Athletinnen bei den Olympischen Spielen der Achtziger groß herauskamen und als in den Neunzigern die ersten Frauen bei Marathonläufen Männer übertrumpften und sich erfolgreich in die Kontaktsportarten – Eishockey, Football, Rugby – stürzten, die so lange als »unbeschreiblich männlich« gegolten hatten. Wie ich in den folgenden Kapiteln nachweisen werde, brachten die Männer der zunehmenden körperlichen Kompetenz der Frauen und ihrer Teilnahme am Leistungssport oft bestenfalls zwiespältige Gefühle entgegen.

Auf einer Party im Sommer 1999 schwärmte ich gerade von den neuen physischen Entfaltungsmöglichkeiten für Frauen – die Party fand eine Woche nach dem Gewinn der Weltmeisterschaft im Frauenfußball durch das amerikanische Team statt, und so hielt ich das nicht für ein strittiges Thema –, als der Gastgeber, ein Gynäkologe, die Brauen runzelte und sagte: »Ja, schon, Colette, aber diese Frauen werden alle Osteoporose kriegen.«

Wie bitte? »Diese« Frauen? *Alle?*

»Nur Frauen, die extremen Ausdauersport betreiben«, korrigierte ich ihn. »Und von denen auch nicht *alle.*« Er merkte, dass er dabei war, eine Diskussion vom Zaun zu brechen, und machte aus Rücksicht auf seine Frau, die Gastgeberin der Party, einen Rückzieher. Doch eine derart globale Befürchtung zu äußern und alle Frauen pauschal in die medizinische Gefahrenzone zu rücken, zeugt von

Übereifer und In-die-Schranken-weisen-wollen – eine Haltung, die durch und durch 19. Jahrhundert ist. Auf dem Heimweg dachte ich bei mir: Mein Gott, der Kult der schwachen Gesundheit lebt weiter.

Der Sturz des Menstruationsmythos

Das Märchen, dass Frauen ihre körperliche Aktivität einzuschränken hätten, um ihre Gebärfähigkeit nicht zu gefährden, hielt sich bis weit ins 20. Jahrhundert hinein. Bemerkenswerterweise erarbeitete die Medizin jedoch erst, als sich schon Millionen Frauen der neuen Sportbewegung angeschlossen hatten, offizielle Empfehlungen. 1985 legte ein Ausschuss des *American Colleges of Obstetricians and Gynecologists* zum allerersten Mal Richtlinien für Sport während der Schwangerschaft vor. Das Dokument riet Schwangeren, ihre Pulsfrequenz hundertvierzig Schläge pro Minute nicht überschreiten zu lassen: Anstrengende Aktivitäten sollten nicht länger als fünfzehn Minuten dauern; nach dem vierten Monat sollten keine Übungen mehr in der Rückenlage ausgeführt werden; das Valsalva-Manöver (Herauspressen des Atems bei zugehaltener Nase und zugehaltenem Mund) sollte vermieden werden; und die mütterliche Kerntemperatur sollte achtunddreißig Grad nicht überschreiten. Zwar behauptete der Ausschuss, dass die Richtlinien in medizinischem Faktenwissen gründeten, doch wie Kritiker einwandten, fußten die Richtlinien nicht auf empirischen Daten. Dass die Herzfrequenz einer Schwangeren hundertvierzig nicht überschreiten sollte, schien besonders unsinnig und nicht durch kontrollierte Laborexperimente oder klinische Studien erhärtet.
Wie in der Medizin üblich, diente das Dokument nicht als Leitfaden für Betroffene (wie es nach späterem Bekunden der Standesorganisation ursprünglich beabsichtigt gewesen war), sondern wurde zum Maßstab, der an alle Trainingsprogramme angelegt wurde. Allerdings sorgte die Kontroverse neun Jahre lang für rege Forschungstätigkeit und zahlreiche Studien. Am Ende räumte die

medizinische Fachwelt ein, dass sie nichts in der Hand hatte, das gegen eine sportliche Betätigung während einer normal verlaufenden Schwangerschaft sprach. Die neuen Daten belegten, dass sportlich aktive Frauen kein größeres Risiko für Komplikationen in der Schwangerschaft tragen als unsportliche Frauen, vielleicht sogar eher ein geringeres. 1994 publizierte dieselbe Organisation ein »Fachbulletin«, das alle seine früheren Empfehlungen aufhob und erklärte: »Es liegen keine an Menschen gewonnenen Daten vor, wonach Schwangere wegen eventueller nachteiliger Effekte die Intensität sportlichen Trainings einschränken und niedrigere Pulsfrequenzen anstreben sollten.« Dies betreffe auch zuvor befürchtete »schädliche Auswirkungen auf den Fötus«. Vielmehr sei (raten Sie mal) sportliche Betätigung nützlich, um schwangerschaftsbedingten Gesundheitsproblemen vorzubeugen – übermäßiger Gewichtszunahme, Insulinresistenz und beeinträchtigter Glukosetoleranz, Haltungsschäden und Rückenschmerzen sowie Anfälligkeit für Angst und Depressionen.[58]

Das Märchen der Anfälligkeit der Fortpflanzungsfunktionen – das körperliche Betätigung während und nach der Schwangerschaft und während der Menstruation ausschloss – hätte nicht dramatischer widerlegt werden können als durch die deutsche Läuferin Uta Pippig während des Boston-Marathon von 1996. Das Rennen war von vornherein ein spannungsgeladenes Ereignis, denn Pippig, die es bereits zweimal gewonnen hatte, galt als Anwärterin auf den dritten Sieg in Folge, was ein Novum gewesen wäre. Die Dramatik steigerte sich noch durch die »noch nie da gewesene Offensichtlichkeit« ihrer schmerzhaften Menstruationsblutung, wie Elizabeth Kissling im *Sociology of Sport Journal* schrieb. »Die Periode der Läuferin setzte in der Anfangsphase des Rennens ein, und sie litt während seines gesamten Verlaufs unter Krämpfen und schwerem Durchfall.«[59]

Kissling, Soziologin an der Eastern-Washington-Universität, richtete ihr besonderes Augenmerk auf die Presseberichte nach dem Rennen – vor allem darauf, wie die (in der Mehrzahl) männlichen Sportberichterstatter sich wanden, was sie denn nun schreiben sollten und was nicht und wie sie sich ausdrücken sollten. Pippigs Rennen walzte das uralte Tabu, offen über die Menstruation zu sprechen, einfach nieder. Wie konnten die Zeitungen darüber hinwegsehen? Pippig – die so häufig als blond, hübsch und »weiblich« beschrieben worden war – hörte nicht zu laufen auf, als die Blutung einsetzte. Sie hörte auch nicht auf, als sie Krämpfe und Durchfall bekam. An jedem Verpflegungspunkt säuberte sie sich notdürftig und lief dann weiter. Sie lief bis zum Schluss.

Sie lief weiter, als der kenianische Hitzkopf Tegla Loroupe sie überholte. Dann, nach der 38-Kilometer-Marke, zog Pippig von hinten heran und überholte Loroupe und gewann, gewann zum dritten Mal in Folge, gewann »völlig versaut«, wie ein Reporter sie beschrieb.

Kissling analysierte die Sportseiten von fünfundvierzig Zeitungen, wobei sie »genau auf den Tonfall achtete, um unterschwellige Einstellungen, Annahmen und Werte zu taxieren«.[60] Dadurch konnte sie drei grundlegende Umgangsweisen der Presse mit Pippigs Menstruation ermitteln. Eine war, gar nicht darauf einzugehen, dass sie Pippigs Schwierigkeiten verursacht hatte. Eine andere bestand in einer so deutlichen Wortwahl, dass der Bericht schon klinisch distanziert wirkte. Die dritte übertrieb und überbetonte die »beeinträchtigenden« Auswirkungen der Menstruation. Interessanterweise erwähnte fast die Hälfte der Zeitungen die Menstruation in ihrer Berichterstattung überhaupt nicht – wie in dieser fast beiläufigen Schlagzeile der *Los Angeles Times*: »Uta Pippig am Montag fast 25 Meilen lang krank, dann wieder gesund gepflegt von einigen lautstarken Bostonern.«[61]

Andere Berichte (darunter des *Boston Herald* und der *Washington Post*) gebrauchten Ausflüchte und schrieben Pippigs Schwierigkeiten Problemen mit dem »Magen« zu. *Newsday* und *The Detroit News* meldeten, Pippig habe erwogen, das Rennen aufgrund von Krämpfen abzubrechen, unterließen es jedoch zu erwähnen, dass die Ursache der Krämpfe die Menstruation gewesen war. Schließlich gab es noch die Hysteriker, die das Ereignis als Sieg Pippigs über die Menstruation statt über die anderen Läuferinnen und Läufer feierten. Michael McGee bezeichnete in seinem Artikel im *Boston Herald* Pippigs Körper als »gestört« und ihre Menstruationsbeschwerden als »Kernschmelze«. Dieselbe Zeitung, ein anderer Journalist: »Es gibt keine dezente Art und

Weise, dies zu umschreiben. Pippig hatte Frauenprobleme zur denkbar ungeeignetsten Zeit. Sie hatte Schmerzen. Sie war völlig versaut.«[62]

Frauenprobleme. Ist dieser scheinbar saloppe, aber dennoch abschätzige Ausdruck denn nicht genauso herabsetzend wie der »träge Stoffwechsel« mit der »Tendenz zu emotionalem und irrationalem Verhalten«, den die Autoren von *The Evolution of Sex* hundert Jahre früher, 1889, konstatierten? Elizabeth Kissling zog den Schluss, dass der Großteil der Berichterstattung über Uta Pippigs Lauf den Menstruationsmythos perpetuierte, nicht nur in der Sprache, sondern auch in der Konsequenz, die Michael McGee formulierte: Pippig hätte besser »das Vernünftige ... [tun] und am Straßenrand anhalten« sollen.

Den Wettkampf abbrechen, heißt das: der Kernschmelze im Interesse des weiblichen Anstands nachgeben.

Dennoch stellten sowohl Pippigs Leistung *als auch* die Berichterstattung der Medien einen Sieg für die Frauen dar. Alle fünfundvierzig Zeitungen betonten, dass ihre Schmerzen Uta Pippig nicht davon abhielten, den Boston-Marathon zu gewinnen. *Das* war ein echter Durchbruch. »Pippigs Sieg macht es ein klein wenig schwerer zu behaupten, dass die Menstruation eine Behinderung sei oder dass Frauen deswegen sportlich nicht mithalten könnten«, schrieb Kissling.[63]

Die Frauengeneration vor Pippig – meine Generation – lehrte man nicht nur, sich während der Menstruation körperlich zurückzuhalten, sondern auch jedes Anzeichen davon zu verbergen, um sich nicht tiefer Beschämung auszusetzen. Diese Lektion lernten wir gründlich; die Lektion der Scham schwächte uns vielleicht noch mehr als die der Einschränkung. Denn die Menstruationsscham hängt, wie ich glaube, zutiefst mit dem Minderwertigkeitsgefühl der Frauen zusammen – und mit der Akzeptanz ihres untergeordneten Status. Die Scham über die Menstruation ist keine körperliche oder geschlechtliche Scham; sie ist eine Identitätsscham. Zu lesen, wie Uta Pippig alle Zurückhaltung in den Wind schoss, um ihr Ziel zu erreichen, erschüttert den Mythos in seinen Grundfesten. Sich vorzustellen, wie sie Kilometer um Kilometer blutbeschmiert und schmutzig an Zuschauern, Reportern und Fernsehkameras vorüberlief, haute mich fast um. Ich hätte sie am liebsten umarmt.

Mit sechzehn spielte ich in der Badminton-Schulmannschaft meiner katholischen Mädchen-High-School oben auf einem Hügel außerhalb Baltimores. Bei einem denkwürdigen Spiel gegen eine Gastschule sprang ich in meinen weißen Shorts umher, schwelgte in Schmetterbällen und Volleys und hinterhältigen Stoppbällen, begeistert von der Bewegung, dem Schweiß, schließlich dem Sieg. Dann, nach dem Spiel in der Umkleidekabine, der Absturz – das leuchtend rote Blut auf der Rückseite meiner Shorts. Meine Gedanken schossen zurück zur Empore der Sporthalle mit ihrer Zuschauergalerie, anderen Schülerinnen, Jungs – und noch schlimmer als Jungs, Nonnen. Und die ganze Zeit hatte ich mit dem Mal des Ungeheuers auf der Rückseite gespielt. Nichts hätte demütigender sein können. Ich konnte mit niemandem über den Vorfall reden. Das hätte bedeutet, eine solche Schwäche, einen solchen Makel, etwas so Blödes zuzugeben. Wenn Mädchen in dieser Welt nichts anderes fertig brachten, dann sollten sie wenigstens vor ihr verbergen können, dass sie bluteten. Die Peinlichkeit speiste sich aus den kulturellen Implikationen der Menstruation, nicht aus Schamgefühl. Jeden Monat zu bluten. Was konnte ein deutlicheres Zeichen von Schwäche sein?

Der Mythos der weiblichen Schwäche hatte tief greifende Auswirkungen – physiologische, psychologische, emotionale. Viele Frauen sind ihrem Körper entfremdet herangewachsen, haben nie das Ausmaß ihrer Kraft und Ausdauer auszuloten gewagt. Doch so wie körperliche Schwäche gelernt wird, kann sie auch verlernt werden. Genau dies geschieht heutzutage, weil die Frauen erkennen, welchen Preis sie für ihren geschwächten Körper bezahlen – und weil sie nicht länger gewillt sind, ihn zu bezahlen.

Gegen Ende des 20. Jahrhunderts war der Menstruationsmythos – mit Hilfe von Frauen wie Uta Pippig, der Ärztin Mary Jacobi und der feministischen Autorin Charlotte Perkins Gilman – weitgehend ausgerottet. Es bedurfte der Proteste von Frauen, bis sich die Medizin dazu bequemte, die Auswirkungen der Menstruation auf den Körper ernsthaft zu erforschen. Wie schon erwähnt stell-

ten die Wissenschaftler bei der Untersuchung des Zusammenhangs zwischen Menstruationszyklus und sportlichem Training fest, dass körperliche Aktivität den Menstruationsvorgang *nicht* beeinträchtigt, dass sie im Gegenteil sogar einen regulierenden Einfluss hat.
Sport während der Schwangerschaft gefährdet *weder* Mutter *noch* Kind. Die Schwangere setzt sich eher durch Untätigkeit gesundheitlichen Problemen aus, die sie vermeiden kann, wenn sie sich fit hält.
Der Zusammenhang zwischen durch Hochleistungssport bedingter Amenorrhö (abnormes Nichteintreten oder gänzliches Ausbleiben der Regel) und Knochendichte (auf den sich der Gynäkologe mit seiner Bemerkung auf der Party bezog) ist kompliziert und nicht zur Gänze aufgeklärt. Das Problem geht man am besten durch die Bestimmung von Hormonspiegel und Knochendichte bei der einzelnen Athletin an, nicht durch summarisches Ächten des Leistungssports. Sport bringt Frauen erwiesenermaßen viele gesundheitliche Vorteile, deshalb dürfen die Fälle von Frauen, die sich durch extreme Leistungen schaden, nicht überbewertet werden. Körperlich aktive Mädchen tragen, wie wir im nächsten Kapitel sehen werden, ein geringeres Risiko, später einer chronischen Krankheit zum Opfer zu fallen. Sie senken ihr Brustkrebsrisiko. Und sie erreichen das entscheidende Ziel, während der Adoleszenz die Spitzenknochenmasse zu entwickeln.

Heutzutage entdecken die Frauen, wie sich körperliche Kompetenz und Stärke langfristig auf ihr Leben auswirken. »Durch den Sport habe ich gelernt, dass ich zu Boden gestoßen werden und sofort wieder aufstehen kann«, sagte eine dreißigjährige College-Dozentin und Lacrosse-Spielerin. »Dieses Wissen gibt mir eine ausgeprägte, schon fast unheimliche Durchsetzungsfähigkeit.«
Zähigkeit und Mumm sind vielleicht der größte Gewinn, der sich aus dem Sturz des Schwächemythos ziehen lässt. Die Frauen *fühlen* sich eindeutig stärker, wenn ihr Körper stärker ist. Sie sind nicht mehr zu ihrem Schutz auf Männer angewiesen. Sie sind selbst Kämpferinnen, fähig, sich selbst zu verteidigen, fähig, je-

dem Paroli zu bieten, fähig, dahin zu gehen, wo sie wollen. Gleiche Chancen auf körperliche Selbstentfaltung und die Möglichkeit, uns nicht weniger sicher – nicht ängstlicher – in der Welt zu bewegen als Männer, ist die letzte Grenze für Frauen. Es scheint eine Binsenweisheit zu sein, doch vielleicht nur, weil sich die Frauen zum ersten Mal körperlicher Gleichheit nähern: Solange wir körperlich unterdrückt bleiben, können wir nicht frei sein.

Zwei
Wie Frauen sich klein machen (lassen)

Die Zeitungen berichteten genüsslich. Die First Lady hatte das ganze Wochenende mit dem Präsidenten im Rose Garden trainiert, doch als sie den ersten Ball der Chicagoer Baseball-Saison 1994 warf, trat die toughe, clevere Hillary, die ihren Mann stets in den Schatten stellte, auf den falschen Fuß und patzte. Dass ihr Wurf so schwach ausfiel, war schlichtweg peinlich, insbesondere im Vergleich zu dem ihres Mannes. Und die Medien stellten Vergleiche an. Sowohl die *New York Times* als auch die *Washington Post* brachte die beiden Fotos nebeneinander auf der Titelseite. Das eine zeigte Bill beim Zurücktreten, bevor er den ersten Ball für Cleveland übers Feld pfefferte; das andere zeigte Hillary am selben Tag, die in Chicago eine erbärmliche Figur machte.

Eine sachkundige, faire Beurteilung des dynamischen Duos im *Atlantic Monthly* beschrieb den Präsidenten bei seinem linkshändigen Wurf. Er »hatte seine Schulter zur Vorbereitung des Wurfes seitlich zum Homeplate gedreht«, schrieb James Fallows. »Er brachte den Ball in einer sauberen Wurfaktion von hinter seinem Kopf nach vorn.« Hillary dagegen stand, wie der gnadenlose Vergleich enthüllte, mit der Front zum Plate. »Als Rechtshänderin hielt sie den Ellbogen ihres Wurfarms direkt nach vorn. Ihr Unterarm wies zurück auf ihre Schulter. Der Ball lag auf ihrer nach oben gedrehten Handfläche.«

O Gott, dachte ich, als ich das las. Ich konnte mir vorstellen, wie es von da an weiterging: Die First Lady vereiert ihren armseligen Wurf, ein kaum verhohlenes Grinsen geht durch das Stadion, die amüsierte, überlegene Einhelligkeit der Männer. Fazit, denken sie: Hillary ist eben doch nicht so tough. Fazit: Sie wirft wie ein Mädchen.

Ich nahm dieses Buch in Angriff, um herauszufinden, wie die Schwäche der Frau zu einem so tief verankerten Gedanken werden konnte, dass sie als selbstevident galt – und in hohem Maße noch gilt –, als Tatsache, die nicht weniger offensichtlich ist als Hillary Clintons schwacher Wurf. Wie wurde dieser Mythos den Mädchen vermittelt und von wem? Ich wollte das wissen, weil mir dämmerte, wie sehr der Schwächemythos mein eigenes Leben beeinträchtigt hatte. Ich gehöre zu der ersten Frauengeneration, die Zugang zu intellektueller Bildung bekam (im Rahmen der Massenbewegung zum College, die in den 1950er Jahren einsetzte). Ich gehöre *nicht* zu der ersten Frauengeneration, die Zugang zu *körperlicher* Bildung bekam. Meine Töchter gehören dieser Generation an. Ihre »Leibeserziehung« ging über mechanische Gymnastik und Basketball übers halbe Feld hinaus – weit hinaus. Sie eröffnete den Zugang zu Spitzensport, Wettkampf und voller Entwicklung der Muskulatur. Einen solchen voll entwickelten Körper bekam die Welt zu sehen, als Brandi Chastain in dem Moment, in dem das amerikanische Weltmeisterschaftsteam das Siegtor gegen China schoss, sich das Trikot von ihrem, mit einem schwarzen Sport-BH bekleideten Oberkörper riss. Das war ein Körper, der die Titelseite zieren konnte, beschloss die Chefredaktion von *Newsweek*, ein Körper mit Quadriceps, Bizeps und Latissimus dorsi.[1] Ein Körper, der nicht vom Stepper geformt war, sondern vom Hin- und Herlaufen auf einem Fußballfeld und vom Krafttraining. Ein Körper, der sich dem Versuch, ihn zum Objekt zu machen, entzog. Eine Balkenschlagzeile prangte auf der *Newsweek*-Titelseite: MÄDCHEN GANZ OBEN!

In meiner Generation wäre ein Körper wie der von Brandi Chastain undenkbar gewesen. Selbst wenn man sich eine solche Muskulatur bei einer Frau hätte vorstellen können, hätte sie als Abnormität gegolten. Wir fügten uns den Weiblichkeitsgeboten unserer Ära und nahmen Abstand von körperlicher Entfaltung. »Klein« zu bleiben war unser Erbe aus dem 19. Jahrhundert. Der Kult des virilen Mannes, der den Mann definierte, und der Kult der Schwäche, der die Frau definierte, mochten zwar im 19. Jahrhundert entstanden sein, doch sie blühten und gediehen bis weit in das 20. hinein.

Damit sie praktisch wirksam wurden, mussten die Männer sich selbst stark und die Frauen sich selbst schwach *machen*. Damit der Unterschied zwischen Mann und Frau deutlich ins Auge sprang, damit das ganze Geschlechterverhältnis kristallklar hervortrat, musste eine Kluft zwischen den jeweiligen Fähigkeiten geschaffen werden. Im 19. Jahrhundert hielt man das Gehirn der Frauen für schwächer als das der Männer, ebenso wie ihren Körper. Selbstverständlich trifft keine dieser Vorstellungen zu. Die intellektuelle Ebenbürtigkeit der Frauen wurde im Verlauf des letzten Jahrhunderts allmählich anerkannt. Ihre physische Gleichstellung ist eine andere Sache.

Was meine ich mit physischer Gleichstellung? Ich meine gleiche Chancen zur Entfaltung des körperlichen Potenzials, gleiche Chancen auf sportlichen Wettkampf, gleiche Chancen zur Entwicklung von Muskelkraft. Und nicht zu vergessen, ich meine gleiche Chancen zu lernen, wie man sich selbst verteidigt. Wir sollten uns nichts vormachen: Der Widerstand der Gesellschaft gegen die physische Gleichstellung der Frauen ist enorm. Hier tobt eine Art Grabenkampf. Sollten die Frauen je beweisen, dass sie genauso stark, behände und ausdauernd sind wie die Männer, würden die Karten ganz neu gemischt.

Weiblich werden: Soziales Geschlecht und Vergeschlechtlichung

Das soziale Geschlecht (*gender*) ist ein faszinierendes Thema, weil so vieles von dieser im Wesentlichen sozialen »Konstruktion« beeinflusst wird. Die gesellschaftlich definierten Rollenerwartungen an die Geschlechter wirken sich auf alles Mögliche aus: von der Bewertung unseres Verhaltens bis hin zu der Frage, wer die Puppen tanzen lässt. Niemand weiß wirklich, welche und ob es überhaupt Unterschiede gibt zwischen dem, was Weiblichsein und Männlichsein ausmacht. Doch schon die Dürftigkeit der Unterscheidungen, die wir aufgrund unserer geschlechterrollenspezifischen Lerngeschichte machen (wie ich noch zeigen werde), bringt uns in die Bredouille. Wir fühlen uns gedrängt, männlich und weiblich als möglichst entgegengesetzt – als »grundverschieden« – zu sehen.

Nach der industriellen Revolution schwand die Bedeutung von Kraftunterschieden zwischen Männern und Frauen, und zugleich erlebte die Gesellschaft (wie im vorigen Kapitel dargestellt) den Aufstieg des virilen Mannes und der schwächlichen Invalidin. Dieses verzerrte Verständnis von maskulin und feminin herrschte durchgängig bis ins 20. Jahrhundert, bis in die 1960er Jahre, als der Plastikmutterleib von Mattel Barbie und Ken gebar, und darüber hinaus. Feministischen Müttern waren schon immer der macho- und der weibchenhafte Charakter von Ken und Barbie zuwider: sie wollten sie nicht im Hause haben. Vergessen Sie's. Ihre kleinen Mädchen *wollen* diese Karikaturen des erwachsenen »Mannes« und der erwachsenen »Frau« – Ken, den Supermann, und Barbie, die Schwache (wie frech sie auch zurechtgemacht sein mag). Gerade die übertriebene äußere Ausformung ihres biologischen Geschlechts gibt ihnen etwas irgendwie Tröstliches. Doch in den ausgehenden 1990ern gingen einige Sozialwissenschaftler (wenn schon nicht die kleinen Mädchen) dem ganzen Konzept der »Differenz« an den Kragen. Wenn sie ihm nicht völlig den Garaus machten, stellten sie zumindest alte Annahmen infrage. Haben Männer und Frauen wirklich unterschiedliche Wesenszüge, unterschiedliche Empfindungs- und Denkweisen?, fragten sie. Haben Männer und Frauen unterschiedliche körperliche Fähigkeiten? Ermüden und erholen sie sich unterschiedlich schnell? Sind die einen ausdauernder als die anderen? Sind die einen wagemutiger, tollkühner, risikofreudiger? Allein schon, dass solche Fragen gestellt wurden, kam mir anfangs seltsam vor – übertragen auf den psychologischen Bereich wäre das etwa so gewesen, als hätte eine katholisch erzogene Frau ein Dutzend Kinder in die Welt gesetzt, und dann würde der Papst verkünden, dass Geburtenkontrolle erlaubt sei. Was? Das sagt man mir *jetzt*? Jahrelang hatte meine Generation sich bemüht, sich den unserem Geschlecht vermeintlich angemessenen Beschränkungen anzupassen. Und jetzt behaupteten die Sozialwissenschaftler, dass Weiblichkeit und Männlichkeit, zumindest als Herrscher über das Sozialverhalten, relativ bedeutungslos seien. Samen und Ei, *da* besteht ein Unterschied. Doch Weiblichkeit und Männlichkeit? Das sind ganz und gar künstliche Konstrukte.

Als junge Frau in den sechziger Jahren fürchtete ich, nie wirklich zu *begreifen*, was Weiblichkeit eigentlich ausmachte.

Kleidung, Verhalten und Gefühle waren für meine Generation genauso streng reglementiert wie Sex, doch die »Regeln« für Weiblichkeit änderten sich ständig. Die Mode diktierte, dass Hosenanzüge in waren; die Tradition (und viele männliche Chefs) gebot, sie seien out. Befriedigende Arbeit für Frauen war in – aber nicht auf Kosten des zerbrechlichen männlichen Egos. Es wurde viel über Sex diskutiert und darüber, ob Frauen »richtige« Orgasmen hatten oder nicht. Das Spielchen hielt uns ständig auf Trab.

Diese so schwer zu fassende Weiblichkeit war hauptsächlich deshalb wichtig für uns, weil wir sie für ein notwendiges Attribut hielten, um passende, voll entwickelte, reife, erwachsene Männer anzuziehen. (Es war eine der alles andere als tröstlichen Enthüllungen der feministischen Bewegung, dass solche Männer elend rar waren.) Hinreichend »weiblich« zu sein war ein Leitbild, mit dem meine Generation gezahnt hatte, erwachsen geworden war und nach dem sie ihr ganzes Leben ausgerichtet hatte. (Hinreichend »männlich« zu sein war natürlich eine gleichermaßen durchgängige und sie einschränkende Erwartung an Männer.) Von einer Frau ließ sich nicht sagen, sie sei eine reife Erwachsene, bevor sie nicht diesen rätselhaften Wesenszug erworben hatte. Doch sie konnte sich nie sicher sein, *wann* oder *ob* er Wurzeln geschlagen hatte. Dennoch war der Auftrag klar: Weiblichkeit bedeutete, sich seinem Schicksal zu beugen, mit all seinen Einschränkungen. Die Sache hatte mit Hierarchie, mit Status zu tun, und sie war mit einer Gegenleistung verbunden: Die Frauen mussten sich damit abfinden, die Nummer zwei zu sein, sonst konnten sie keinen »richtigen« Orgasmus kriegen. Ein »richtiger« Orgasmus war ein vaginaler Orgasmus, die Vagina der letzte Vorposten der »wahren Fraulichkeit«. Sie glauben, dass der klitoriale Orgasmus genauso gut ist?, fragten manche Therapeuten ihre Patientinnen. Ist er nicht. Durch Klitorisstimulation herbeigeführte Orgasmen galten als krankhaft infantil. Der Urheber dieser schauerlichen sexuellen Drohung, die enormes Stehvermögen besaß, war Freud. Originalton: »Es kommt für die Weibwerdung des kleinen Mädchens viel darauf an, dass die Clitoris diese Empfindlichkeit rechtzeitig und vollständig an den Scheideneingang abgebe.«[2]

Der bombastische »richtige« Orgasmus war Frauen vorbehalten, die ihre klitoriale Empfindlichkeit auf ihre Vagina »übertrugen«. Dazu musste eine Art psychologischer Trick ins Werk gesetzt werden. Im Wesentlichen hatten die Frauen jeden Gedanken daran, die Nummer eins zu sein, aufzugeben. Sie hatten Männer zu mögen – und ihnen zu vertrauen –, und sie hatten damit aufzuhören, ihnen ähnlich sein zu wollen. Dieses »Kleinmachen« ihres sozialen Status und ihres Machtpotenzials war der Preis, den sie für sexuelle Erfüllung zu zahlen hatten.

Erst in den sechziger Jahren, als die Feministinnen – und die Sexualforscher William Masters und Virginia Johnson – endlich die Bedeutung der Klitoris für die weibliche Sexualität erkannten, wurden der Orgasmus der Frau und dessen Herbeiführung plötzlich weniger rätselhaft. Mit Hilfe winziger, in die Vagina eingeführter Kameras untersuchten Masters und Johnson in ihrem Labor an der Washington-Universität in St. Louis erstmals die Physiologie des weiblichen Orgasmus. Und wissen Sie was? Die kleine Klitoris (in den Augen der Freudianer eine Art geschrumpftes Gegenstück des Penis) besaß mehr Nervenendungen als der Penis! In ihrem bahnbrechenden Werk *Die sexuelle Reaktion* formulierten Masters und Johnson den welterschütternden Satz: »Frauen scheinen … über eine qualitativ und quantitativ größere Reaktionskapazität als der Mann zu verfügen.«[3] Daher war 1966 ein Jahr des Durchbruchs für Nummer zwei. Die Frau war, wie sich herausstellte, die Königin des multiplen Orgasmus – oder konnte es sein (wenn die Männer nur etwas von Sex verstehen würden). Sie konnte die ganze Nacht lang. So wird verständlich, warum die Männer sie zu zähmen trachteten. Verständlich wird auch, warum die Klitoris, als sie erst einmal in ihrer Bedeutung erkannt war, für Feministinnen zu einem Organ mit politischen Implikationen wurde: Sie begriffen, dass nicht bloß mangelnde Information die sexuelle Erfüllung der Frauen äonenlang

gefährdet hatte. Hinter dem Mythos von der »frigiden« Frau steckte die Machtfrage. In manchen Gesellschaften ist die chirurgische Entfernung der Klitoris die Methode, mit der die sexuelle Reaktion der Frau unter Kontrolle gebracht (und ihre potenzielle Macht beschnitten) wird. Eine »zivilisiertere« Methode bestand darin, die Wahrheit über die weibliche Sexualität einfach zu ignorieren oder sie wegzuerklären.
Worum es in jedem Falle geht, ist Differenz. Ohne Differenz gibt es keine Hierarchie – kein unten und oben, kein besser und schlechter, kein stark und schwach, kein überlegen und unterlegen. Hierarchie bedeutet die Aufrechterhaltung sozialer und gesellschaftlicher Ungleichheit, und »Männlichkeit« und »Weiblichkeit« haben mit Hierarchie zu tun. Angeblich »natürliche« Unterschiede zwischen Männern und Frauen dienen zur Rechtfertigung der Machtunterschiede zwischen ihnen. Der *Körper* – der »stärkere« Körper des Mannes und der »schwächere« der Frau – soll Verhaltensunterschiede erklären, die wiederum als Begründung dafür herhalten müssen, dass Männer von Natur aus mehr Macht besitzen und benötigen. Machthierarchien waren und sind die Schreckgespenster, an denen sich ein Großteil des wissenschaftlichen Interesses am sozialen Geschlecht und an der so genannten »Gender-Theorie« entzündet. Heutzutage platzen die »Geschlechtsunterschiede«, mit denen die Hierarchie (gemeinhin auch als »Patriarchat« bezeichnet) so lange begründet wurde, einer nach dem anderen wie Luftballons. Dabei erfahren wir viel darüber, wie und warum der Körper der Frau unterworfen und ihre körperliche Entfaltung eingeschränkt wurde und wird – nur um die Interessen der Männer als dem »stärkeren Geschlecht« zu wahren.

Bei dem Versuch, die so schwer zu fassende »Männlichkeit« beziehungsweise »Weiblichkeit« in den Griff zu kriegen, entwickeln die Sozialwissenschaftler – wie Astronomen auf der Suche nach Schwarzen Löchern – ständig neue Skalen und Fragebögen. Das *BSRI*, die *Sex-Role-Behavior-Scale* oder der *MSC/FMN*, um nur einige zu nennen, sollen die Position eines bestimmten Individuums auf einem vermuteten Männlichkeits-Weiblichkeits-

Kontinuum bestimmen. Da diese Skalen wenig signifikante Daten ergeben, suchten die Forscher nach immer »neuen, ›sensibleren‹ Methoden, um Männlichkeit und Weiblichkeit zu messen«, wie die Yale-Psychologin Anne Beall erklärt.[4] Doch wenn Forscher mit Vorannahmen arbeiten, besteht die Gefahr, dass sie nachlässig werden. Als die Geschlechterrollenskalen eines viel benutzten Persönlichkeitsfragebogens, des *Minnesota Multiphasic Personality Inventory (MMPI)*, auf Vordermann gebracht wurden, dachte niemand daran zu prüfen, ob sie überhaupt noch für ein neues Jahrzehnt gültig waren. Unabhängige Wissenschaftler, die diese Überprüfung schließlich vornahmen, gelangten zu dem Schluss, dass die viel gerühmten neuen Geschlechterskalen weit mehr über Persönlichkeitszüge enthüllten als über Männlichkeit und Weiblichkeit. »Alles in allem halten sie nicht so viel, wie man sich von ihnen versprochen hatte«, räumten die Forscher mit wissenschaftlicher Untertreibung ein.[5]

Du meine Güte. Aber *worin* bestand denn nun das magische Versprechen, das diese Tests einlösen sollten? Mehr als vierzig Prozent der Männer erreichen bei als weiblich geltenden Eigenschaften Werte über dem Median oder Zentralwert (er teilt die Verteilungskurve eines Merkmals so in zwei Hälften, dass fünfzig Prozent der Probanden darüber und fünfzig Prozent darunter liegen, d. Ü.); ebenso erreichen mehr als vierzig Prozent der Frauen bei als männlich geltenden Eigenschaften Werte über dem Median – es gibt also eine beträchtliche Überlappung bei den Weiblichkeit und Männlichkeit definierenden Eigenschaften. Beall zufolge hatten die Wissenschaftler auf ihrer Suche nach geschlechterspezifischen Differenzen diese Skalen folgendermaßen konstruiert: Sie wählten Fragen aus, die Männer und Frauen unterschiedlich beantworteten, und stellten daraus eine entsprechende Skala zusammen. »Die Antworten von Männern wurden als maskulin bezeichnet und die von Frauen als feminin«, schreibt Beall und zeigt den Skalenkonstrukteuren damit die rote Karte, denn im Prinzip hatten sie den Unterschied *erzeugt*, den sie doch eigentlich spezifizieren sollten. Die Vorstellungen des 19. Jahrhunderts von »männlich« und »weiblich« blieben im 20. erhalten, so erklärt sie, weil die Forscher »die theoretische Rechtfertigung für solche Merkmale« *nie hinterfragten* und »die Existenz von Männlichkeit und Weiblichkeit einfach voraussetzten, obwohl viele der Skalen quantitativ nicht zuverlässig waren«. Auf diese Weise können Psychologen Theorien aufstellen und sie dann gleich noch begründen.

»Messinstrumente zur Erfassung der Geschlechtsrollenorientierung«, wie die Sozialwissenschaftler diese Skalen nennen, sagen konstruktionsbedingt nicht viel über psychologische Mechanismen aus. Dennoch werden sie weiterhin zur Diagnose von psychischen Störungen eingesetzt. So wird der tatsächliche psychische Gesundheitszustand von Menschen anhand solcher Artefakte beurteilt. Die psychische Gesundheit von *Frauen* galt fast das gesamte 20. Jahrhundert lang als abhängig von der Ausprägung ihrer Weiblichkeit – und *diese* hing davon ab, welche Bedeutung die Frauen dem Besitz eines Penis beimaßen. Erinnern Sie sich noch an die alte Penisneidtheorie? Sie spukt immer noch in den Köpfen herum. Und sie ist eng verknüpft mit dem Schwächemythos, insofern sie postuliert, dass Frauen weniger potent seien als Männer. *Penis* war in der Penisneidtheorie ein Codewort für körperliche Überlegenheit und damit praktisch gottgegebene Macht. Der Männerkörper war besser als der Frauenkörper. Die zentrale psychologische »Aufgabe« der Frau, wie die Psychoanalytiker (und später die Entwicklungspsychologen) dachten, bestand darin, ihren geringeren Status zu akzeptieren, den Männern ihre größere Macht nicht mehr zu neiden und einzusehen, dass sie wahre Erfüllung dann – und nur dann – erlangen würde, wenn sie ihr Schicksal annahm und sich der einen großen Möglichkeit, die sie tatsächlich besaß, mit Hingabe widmete – nämlich der, Mutter zu werden.

Wie leicht zu sehen ist, unterschied sich dieses Denken kaum von der Theorie der Frau als Nachwuchsproduzentin, die den Eugenikern des 19. Jahrhunderts so am Herzen lag. Im 20. Jahrhundert spielten die Psychologen das Supermann-Gerede von G. Stanley Hall und Konsorten herunter, doch Anzeichen der weiter bestehenden Ideologie der Überlegenheit des Mannes waren immer noch überall zu lesen, zu sehen, zu spüren, in jeder Nuance der Beziehungen von Frauen und Männern, ob persönlichen oder beruflichen.

Nietzsche beschrieb in seinem Werk *Der Wille zur Macht* Stärke als ein bis in die Muskeln spürbares Gefühl von Wagemut, Abenteuerlust und Gleichgültigkeit gegenüber Leben und Tod.[6] Er hatte nicht unbedingt Frauen im Sinn, als er dies schrieb. Die männliche Identität beruht nicht nur auf Stärke, sondern auch auf der Fähigkeit, den Eindruck von Stärke zu vermitteln: auf der Fähigkeit, »eine physische Präsenz auszustrahlen, die latente Macht signalisiert«, wie es einer der neuen, von der Gender-Theorie beeinflussten Sportsoziologen ausdrückt.[7] Im Laufe des Prozesses, weiblich zu werden, lernen Mädchen dagegen, eine physische Präsenz auszustrahlen, die latente Verletzlichkeit signalisiert. Heute beschäftigen sich Wissenschaftler mit dem eigentümlichen Phänomen, dass die physische Kompetenz heranwachsender Mädchen so abnimmt. Manche führen diesen Rückgang auf die von ihnen so genannte »betonte Weiblichkeit«[8] zurück. Sie meinen übertriebene Weiblichkeit. Selbst auferlegte Beschränkung. Falsche Schwäche.

Was mich in diesem Kapitel beschäftigt, ist die Folgewirkung des Schwächemythos – das Erleben und Verhalten von Mädchen und jungen Frauen heutzutage –, die sie auf dem Pfad der gelernten Schwäche hält. Die nicht nur ihre körperlichen Ambitionen gefährdet, sondern sogar ihr Leben. Die von ihnen verlangt, sich selbst klein zu machen – *und dann behauptet, es läge in ihrer Natur, klein gemacht zu werden.*

Gelernte Schwäche

»Betonte Weiblichkeit« beginnt in der Wiege, und sie wird Mädchen antrainiert. Wie eine Studie zum Umgang von Eltern mit ihren zwanzig bis vierundzwanzig Monate alten Kindern ergab, behandelten die Eltern Jungen und Mädchen signifikant unterschiedlich. Die Jungen durften selbständiger spielen, oder die Eltern beteiligten sich in neutraler Weise an ihrem Spiel. Das

Spiel der Mädchen wurde ständig lobend oder kritisierend kommentiert, als ob es den Eltern unangenehm gewesen wäre, die Mädchen ihrem Erkundungsdrang frei nachgehen zu lassen. In der Regel erfolgte eine positive Reaktion, wenn ein Junge mit Bauklötzchen spielte, und eine negative, wenn er mit Puppen spielte. Bei Mädchen erfolgten positive Reaktionen, wenn sie mit Puppen spielten, um Hilfe baten oder passiv fernsahen. Es folgten *negative Reaktionen, wenn sie herumrannten, sprangen und kletterten.* Wie kann da der Befund überraschen, dass schon bei zweieinhalbjährigen Kindern Jungen mehr Kraft und Stärke zeigen?[9] Den Eltern war nicht klar, dass sie bei ihren Mädchen Passivität belohnten. »Eltern sind sich der Methoden, die sie zur Sozialisation von Kleinkindern einsetzen, nicht in vollem Umfang bewusst«, resümierten die Autorinnen dieser Studie.[10] Wenn kleine Mädchen nicht die gleichen Spielmöglichkeiten erhalten – oder sie nicht nutzen, weil sie gelernt haben, was »angemessen« ist –, fallen sie in ihrer motorischen Entwicklung zurück. Kraft und Beweglichkeit beruhen schließlich auf Übung. Der französische Philosoph Maurice Merleau-Ponty hat einmal geschrieben, dass sich das Empfinden seiner selbst als aktiver Person durch die Erfahrungen entwickele, seinen Körper zu beherrschen und die eigenen Absichten in körperlichen Bewegungen in und durch den Raum zu realisieren. *Ich, ich kann* und *ich kann nicht,* sind allesamt »verkörperte« Erfahrungen.[11] In Ihrem Körper *spüren* Sie, dass Sie etwas zu tun vermögen, und in Ihrem Körper *spüren* Sie, dass Sie es nicht vermögen. Und diese Gefühle erleben Sie nur, wenn Sie die dazu nötigen Bewegungen vollziehen.
Vielen Mädchen wird schon früh vermittelt, dass man von ihnen keine sportliche Kompetenz erwartet. Sie fühlen sich schon von vornherein nicht körperlich kompetent, und wenn sich nicht jemand die Mühe macht, sie vom Gegenteil zu überzeugen, halten sie ihre Schwäche für angeboren. Jungen sind stärker, wendiger, sportlich talentierter. Das macht die »Natur« – nur ein weiterer Unterschied zwischen Mädchensein und Jungesein.

Ist es angesichts der Machtdynamik der Geschlechterdifferenz in unserer Gesellschaft ein Wunder, dass Kinder lernen, ihr Sozialstatus verlange es, an strengen Grenzen zwischen weiblich und männlich festzuhalten – Grenzen, die äußerer Erscheinung, Stimme, Kleidung und Verhalten Restriktionen auferlegen? »Die Medien, Eltern, Lehrer und Altersgenossen vermitteln Kindern auf vielfältige, offensichtliche und unterschwellige Weise, dass Jungen das eine und Mädchen dessen Gegenteil sind«, sagte Margaret Carlisle Duncan, Professorin an der Universität von Wisconsin, vor dem *President's Fitness Council on Girls and Sport.* Bereits ab einem Alter von einundzwanzig bis vierundzwanzig Monaten benutzen Kinder zuverlässig geschlechterspezifische Etiketten.[12] Kinder verinnerlichen die ihnen vorgesetzten geschlechterspezifischen Kategorien und »üben« das entsprechende Verhalten; sie ahmen die Rollen nach, die die Gesellschaft als weiblich oder männlich kennzeichnet. Im Alter von drei Jahren kennen sie die Regeln des geschlechterspezifischen Verhaltens und halten es für falsch, wenn Menschen Aktivitäten des jeweils anderen Geschlechts nachgehen. Im Alter von vier Jahren betrachten sie Puppenspielen, Blumenpflücken, Seilhüpfen und Tanzen als angemessen für Mädchen und Sport und Kämpfen als angemessen für Jungen. Erst neuerdings untersuchen Forscher, welchen Preis insbesondere Mädchen für die extreme »Vergeschlechtlichung« zahlen. Duncan weist warnend darauf hin, dass dies die physischen Erwartungen von Mädchen an sich selbst unweigerlich senkt – *wenn nicht* Eltern, Lehrer und andere für die Mädchen bedeutsame Menschen stärker gegen diese Konditionierung angehen.

Im Durchschnitt sind Mädchen zwei Jahre älter als Jungen, wenn sie sportliche Aktivitäten aufnehmen. Das heißt, dass sie beim Erlernen der für körperliche Kompetenz nötigen Fertigkeiten schon von Beginn an hinterherhinken. Dieser Nachteil – der wiederum als »naturgegeben« wahrgenommen wird – genügt, um manche Mädchen von weiteren Bemühungen abzuhalten. Siebzig Prozent der Kinder unter dreizehn Jahren lehnen organisierten Sport ab, doch unter ihnen sind sechsmal mehr Mädchen als Jungen.[13]

Diese »Bedrohung durch Stereotype«, wie die Soziologen sagen, kann potenziell die Leistungsfähigkeit untergraben. Wenn man beispielsweise eine junge Frau mit guten mathematischen Fähigkeiten dazu bringt, sich ihres sozialen Geschlechts deutlicher bewusst zu werden, zeigt sie schlechtere Leistungen in Mathematiktests. Ethnische Stereotypen funktionieren genauso. Um den Testwert eines intelligenten schwarzen Kindes in einem Schulleistungstest zu senken, braucht man ihm nur vor dem Test einen kurzen Fragebogen vorzulegen, in dem die Frage nach der Hautfarbe vorkommt. Die »Bedrohung durch das soziale Geschlecht«, wie ich sie nennen würde, funktioniert ähnlich.[14] Man muss einem Mädchen nur sagen, es benehme sich wie ein Junge, und es wird seine Bewegungen zurücknehmen, wie eine Schildkröte sich in ihren Panzer zurückzieht. Da kraftvolle Bewegung und ausgreifender Raumanspruch »männlich« codiert sind, vermeiden Mädchen beides. Sie übernehmen eigene, spezifische Gesten und Bewegungen – eine Art Schwächerepertoire: sanfte, eingeschränkte Bewegungen (Beine übereinander schlagen, Arme verschränken) – und nehmen unbewusst möglichst wenig Raum ein.

Jungen im Vorschulalter benutzen immer noch *häufiger* Werkzeuge, werfen *häufiger* Bälle, bauen *häufiger* Lego-Brücken und Bauklötzchentürme und hantieren *häufiger* mit mechanischen Objekten als Mädchen. Zum Zeitpunkt der Einschulung sind die Beschäftigungen der Kinder sauber entlang der Geschlechtergrenze geteilt. Eine Untersuchung der Spielplatzaktivitäten von fast dreihundert Jungen und Mädchen in der ersten bis vierten Klasse ergab, dass die Jungen raumgreifende, selbstorganisierte Spiele wie Basketball spielten, während die Mädchen in Grüppchen zu zweien oder dreien zusammenstanden und miteinander redeten.[15] Es erstaunt mich, dass sich in den zwanzig Jahren, in denen ich jetzt derartige Studien lese, so wenig geändert hat. Doch heutzutage sehen die Forscher immerhin ein, dass diese Unterschiede nicht »naturgegeben«, keine Auswirkungen irgendeiner biologisch determinierten hierarchischen Struktur sind. Und zum ersten Mal vermuten sie, dass die geschlechterspezifische Diskriminierung die motorische Entwicklung von Mädchen beeinträchtigt.

Die Forschung liefert viele Belege dafür, dass Mädchen häufig kaum zu körperlicher Bewegung ermuntert werden. Schon lange ist bekannt, dass Väter mit Söhnen im Säuglingsalter mehr physischen Kontakt haben als mit Töchtern. In den 1990er Jahren beobachteten Forscher, dass Väter sich mit ihren Söhnen immer noch balgten und rangen, während sie mit ihren Töchtern schmusten. Beide Elternteile neigen nach wie vor dazu, ihren Töchtern übermäßig zu helfen. In einer Studie wurden die Eltern von Kleinkindern mitten im Raum platziert, umgeben von einer Barriere aus Kissen.[16] Die Kinder saßen außerhalb der Barriere und versuchten hineinzukommen. Wie die Forscher beobachteten, forderten die Eltern die Jungen eher dazu auf, die Barriere zu überklettern. Die Mädchen hoben sie einfach darüber. »Die Entwicklung unterschiedlichen Spielverhaltens setzt bei Jungen und Mädchen schon in sehr frühem Alter ein, hauptsächlich durch Lenkung von Eltern und Pflegepersonal«, bemerkten die beiden Professorinnen für Bewegungswissenschaften Tonya Toole und Judith Kretzschmar in einem Übersichtsartikel über geschlechterspezifische Vergleichsstudien der motorischen Fertigkeiten bei Kindern. »Bereits im Säuglingsalter ermuntern Eltern eher ihre Söhne als ihre Töchter zu grobmotorischem Verhalten.«

Auch noch in der Vorschule bekommen Jungen signifikant mehr positive Rückmeldung für lebhaftes Spiel. Weil Jungen nicht gelernt haben, kleinräumig zu spielen, initiieren sie von sich aus raumgreifende motorische Aktivitäten, wie die Forscher glauben. Dagegen meiden Mädchen im Vorschulalter eher Raum beanspruchende motorische Aktivitäten. Gegenwärtig setzt sich endlich die Erkenntnis durch, dass Mädchen nicht die nötige Stimulation der großen Muskeln erhalten, wenn diese Aktivitäten nicht in den schulischen Lehrplan eingebunden werden. Mädchen müssen ermutigt werden, wenn sie die für eine normale Entwicklung erforderliche Anregung bekommen sollen. Doch sie werden nicht ermutigt – zumindest nicht in der Schule. Mehrere Studien wiesen in den 1990er Jahren geschlechterspezifische Benachteiligung im Turnunterricht nach: Die Lehrer zollten der körperlichen Kompetenz von Jungen mehr Anerkennung und Lob als der von Mädchen. Die Wahrnehmung der Lehrer, so falsch sie auch sein mag, mindert das Selbstwertgefühl von Mädchen und ihre Vorliebe für körperliche Aktivität. Sheila Scraton stellte 1992 in einer Studie in Großbritannien fest, dass trotz des offiziellen Grundsatzes für den Schulunterricht von Mädchen »Verschieden, aber gleich« Leibeserziehung für Mädchen immer als weniger wichtig erachtet wurde als für Jungen.[17] Scraton wollte herausfinden, ob die historischen Vorurteile hinsichtlich der körperlichen Entfaltung von Mädchen (der Kult der schwachen weiblichen Gesundheit grassierte wie erwähnt zu beiden Seiten des Atlantiks) im heutigen Unterricht immer noch spürbar sind. Ihre offenen Interviews mit Sportberatern, Leitern der Abteilungen für Mädchensport und anderen Schulmitarbeitern führten sie zu der düsteren Schlussfolgerung, dass die Inhalte und Methoden des heutigen Sportunterrichts »traditionell« geblieben sind – das heißt immer noch orientiert an vermeintlichen »Normen« des weiblichen Verhaltens und körperlichen Erscheinungsbildes. Die von ihr befragten Lehrkräfte vertraten klare Standpunkte hinsichtlich der wahrgenommenen Unterschiede der »natürlichen« physischen Fähigkeiten von Jungen und Mädchen – Standpunkte, die unmittelbar in ihren Unterricht einflossen. Sie akzeptierten meist eine geschlechterspezifische Arbeitsteilung und waren im Grunde überzeugt davon, dass die »natürliche« Bestimmung der Frau die Mutterschaft sei, wie Scraton feststellte. Dem Weltbild der Befragten zufolge sind Frauen weniger kraftvoll, aggressiv, aktiv und stark als Männer – und das ist ihres Erachtens entweder »natürlich« oder einfach kulturell unabdingbar. Dementsprechend schrieben sie die Neigung der Mädchen, Sport abzuwählen, deren sich veränderndem Körper zu.

Entsetzt über die weiterbestehende Allgegenwart dieser einschränkenden Überzeugungen ließ Scraton ihre Studie in einen Appell zur Umgestaltung des Sportunterrichts münden; unter anderem forderte sie Fortbildungen, um die Sportlehrer für die geschlechterspezifischen Vorurteile zu sensibilisieren, die das Interesse von Mädchen an körperlichen Aktivitäten einschränken und ihre Leistung beschneiden.

Eltern wie Lehrkräfte neigen dazu, Aggression bei Mädchen zu unterbinden und bei Jungen zu ermutigen. Dadurch entwickeln die Jungen ein Vorrechtsgefühl und zunehmende Neigung zur Dominanz. Bereits in der vierten Klasse ist das Selbstwertgefühl von Jungen nachgewiesenermaßen mit aggressiven Akten verknüpft, und sie empfinden weniger Schuldgefühle über Aggression als Mädchen.

Der Sport lehrt Jungen, ihren Körper geschickt einzusetzen, und dies vermittelt ihnen ein gutes Gespür für ihre körperlichen Fähigkeiten und Grenzen. Sie entwickeln die Fähigkeit zu kraftvollen Bewegungen, weil sie Koordination, Durchzug und den Einsatz der Hebelkraft lernen. Die Bewegungsmuster von Mädchen sind häufig unvollständig, weil sie nicht lernen, beim Werfen, Schlägerschwingen oder Tackling Drehmoment zu erzeugen. Weil sie nicht den gesamten Körper in die Bewegung einbeziehen, zeigen sie oft mangelnde Drehung (was den »mangelnden Durchzug« im Wesentlichen ausmacht). Mädchen hindern sich oft selbst an der vollständigen, ganzen Bewegung. Zwar sind sie sich dessen in aller Regel nicht bewusst, doch im Grunde lernen sie regelrecht, ihre eigene Bewegung zu hemmen, und entwickeln eine »körperliche Zaghaftigkeit, die mit dem Alter zunimmt«. In ihrer häufig zitierten Aufsatzsammlung *Throwing Like a Girl* bezeichnet Iris Young diese Zurückhaltung als »gehemmte Intentionalität«. Wenn Mädchen zu jungen Frauen heranwachsen, werden ihre eingeschränkten Bewegungsmuster verstärkt.

»Einengende Kleidung und ›damenhafte‹ Haltung«, Verweise für lautes Sprechen und Lachen – all dies »trägt zu ›klein machendem‹ Verhalten bei Frauen bei«, schrieb eine Motologin in einem Fachbuch über die Geschichte der Frauen im Sport.[18]

In den Vereinigten Staaten nehmen zwei von drei Mädchen nicht am schulisch organisierten Sport teil, wie das *National Council on Research of Women* feststellte. Und nur die Hälfte nimmt in der High School am Sportunterricht teil. Darauf trainiert, in der Pubertät ihre körperliche Entfaltung zu hemmen, weil kulturelle Vorschriften Frauen Stärke verbieten, schwächen sich die Mädchen selbst in unnatürlicher Weise. In der Adoleszenz hören die meisten ganz mit körperlicher Betätigung auf und fangen an, nur noch über die äußere Erscheinung auf die Welt Einfluss zu nehmen. Die Mehrheit der High-School-Mädchen zeigt nunmehr Interesse für eine andere Art Körperkultur. Zum Nachteil ihrer Gesundheit ergreifen sie »Disziplinarmaßnahmen«, um einen Körper mit einem bestimmtem Volumen zu erzielen. Einen Körper mit einer bestimmten Gestalt. Einen Körper, der sagt: »Ich bin leicht umzuwerfen.« Unglückseligerweise haben diese Mädchen keine Ahnung, auf welchen Handel sie sich da einlassen, von seinen Folgen ganz zu schweigen.

Das Weiblichkeitstraining treibt die Frauen dazu, »klein und schmal, harmlos« sein zu kultivieren, wie die feministische Philosophin Sandra Lee Bartky schreibt, die sich beruflich ganz dem Studium der geschlechterspezifischen Differenzierung verschrieben hat. Sie verweist auf die faszinierenden Aufnahmen der deutschen Fotografin Marianne Wex aus den 1980er Jahren, die mit Vorliebe die Körperhaltungen von Männern und Frauen in alltäglichen Situationen dokumentierte.[20] Frauen, die im Bahnhof auf den Zug warten beispielsweise: Wex zeigte sie im Sitzen, die Arme eng an den Körper gelegt, die Hände gefaltet auf dem Schoß und die Zehen gerade nach vorn weisend oder einwärts gekehrt. Ihre Beine waren gewissenhaft zusammengepresst. Die Frauen auf Wex' Fotos sind angespannt, ihr Körper nimmt wenig Raum ein, wie Bartky kommentiert, während die Männer in den Raum um sich herum »expandieren«, mit weit von sich gestreckten Armen und Beinen, der Schritt sichtbar, in der, wie sie sagt, »Pose des Sichanbietens«. Frauen suchen ihre Sexualität zu verbergen, Männer sie offen zu zeigen.

Ähnliche Vergleiche stellen Wissenschaftler, die Körpersprache untersuchen, auch hinsichtlich der Gehweise von Männern und Frauen an. Ein Mann zeigt »mehr Elastizität und Rhythmus in seinem Gang; er geht mit auswärts gedrehten Zehen, hält seine Arme in größerem Abstand zum Körper und lässt sie weiter ausschwingen; er weist meist mit der ganzen Hand in die Richtung, in die er sich bewegt«. Im Gegensatz dazu hält die defensive Frau ihre Arme dichter am Körper, Handflächen diesem zugewandt. »Wenn sie sich der zusätzlichen Einschränkung durch hochhackige Schuhe unterworfen hat«, schreibt Bartky, »wird ihr Körper nach vorne und aus dem Gleichgewicht gebracht: Die Anstrengung, unter diesen Bedingungen zu gehen, verkürzt ihren Schritt.«

Es ist das geschlechterspezifische Training, das Mädchen sich zwanghaft auf »Weiblichkeit« fixieren lässt, das sie des natürlichen Gebrauchs ihres Körpers und des Vergnügens an ihm beraubt. Bei Anbrechen der Adoleszenz fühlen sich Mädchen

gezwungen, den Unterschied zwischen sich und Jungen zu übertreiben, weil sie glauben, davon hinge es ab, sozial akzeptiert zu werden. Da ein sozial ranghoher Junge durch Stärke, körperliche Präsenz und sportliche Begabung definiert ist, vermeidet es so manches Mädchen, diese Fähigkeiten zu entwickeln. Die gelernte Schwäche, die wie dargestellt zum geschlechterrollenspezifischen Training der viktorianischen Frauen gehörte, bestand im vorigen Jahrhundert weiter, wenn auch in weniger extremer Form. Sie hat die körperliche Entfaltung allzu vieler Mädchen behindert, was wiederum ihre sonstige Entwicklung beeinträchtigt hat.
»Sport und andere Aktivitäten mit viel Körpereinsatz betreiben junge Mädchen nicht einfach *zusätzlich* zu ihren sonstigen Beschäftigungen. Diese Betätigungen stellen vielmehr miteinander verflochtene physiologische, psychologische und soziale Prozesse dar, die das Wachstum und die Entwicklung von Mädchen beeinflussen und in unterschiedlichem Maße unterstützen können«, berichtet das *Center for Research on Girls & Women in Sport* der Universität von Minnesota.[21]
Die motorische Entwicklung regt, wie wir noch sehen werden, die kognitive Entwicklung an. Das Gehirn braucht körperliche Aktivität, um die neuronalen Schaltkreise für komplexe Denkvorgänge anzulegen. Es braucht zwar keine eine Elitesportlerin zu werden, um ein schnell schaltendes Gehirn zu bekommen, doch kraftvolle Bewegung und tiefes Atmen *sind* dazu nötig. Kurzum, der Körper muss benutzt werden. Das Gehirn kann sich nicht in einer ausgehöhlten Schale entwickeln.

Werfen wie ein Kerl: Das Märchen von der angeborenen Fähigkeit

Frühen Ansichten über motorische Fähigkeiten zufolge – die unter mit der Forschung nicht vertrauten Menschen noch weit verbreitet sind – sollten motorische Fertigkeiten das Ergebnis einer einzigen, alles umfassenden Fähigkeit sein – eine Art Körper-IQ. »Sportliche Begabung«, »Koordination«, »motorische Fähigkeiten« – welcher dieser Begriffe auch verwendet wurde, ihnen lag eine gemeinsame Annahme zu Grunde: Besaß ein Mensch eine stark ausgeprägte *allgemeine* motorische Begabung, sollte er fast alle motorischen Aufgaben gut bewältigen können. Das bedeutete, wenn Johnnie werfen konnte, war es ausgemacht, dass er auch ausgezeichnet schlagen, fangen, kicken und einem Gegner, falls nötig, die Fresse polieren konnte. Wenn ein Junge das eine gut machte, dann hieß es, er habe »die Power«, und er wurde ermutigt, auch andere Fertigkeiten zu entwickeln. Das Umgekehrte galt für Mädchen. Wenn Jenny *nicht* werfen (oder schlagen oder fangen) konnte, schloss man, bei ihr sei in jedem Bereich körperlicher Betätigung Hopfen und Malz verloren. Jenny bekam nicht die Chance, andere Sportarten auszuprobieren – zum Teil, weil die Lehrer sie als hoffnungslosen Fall abschrieben, und zum Teil, weil sie sich selbst abschrieb. Die Vorstellung einer »allgemeinen« motorischen Fähigkeit ging aus derselben Forschung hervor, die in den 1930er Jahren im Zusammenhang mit der Untersuchung der kognitiven Fähigkeiten den Begriff der »allgemeinen« Intelligenz prägte; dieser stand für die Fähigkeit, zielgerichtet zu handeln, rational zu denken und erfolgreich mit der Umwelt zu interagieren. Diese hypothetische »allgemeine« intellektuelle Begabung – die sich angeblich quantitativ bestimmen und durch den »Intelligenzquotienten« oder »IQ« ausdrücken ließ – sollte für den Erfolg in jedem geistigen Bereich bedeutsam sein. Bekanntlich hielt die Theorie des IQ nicht stand, als die Forscher zu einem differenzierteren Verständnis der Funktionsweise des Geistes gelangten. »Statt einer einzigen Dimension namens Intellekt, nach der sich Individuen ordnen lassen, gibt es riesige Unterschiede zwischen den Individuen hinsichtlich ihrer intellektuellen Stärken und Schwächen sowie ihrer Herangehensweise an kognitive Aufgaben«, schreibt Howard Gardner in seinem Buch *Multiple Intelligence*. Gardner, kognitiver Psychologe an der Harvard-Universität, entdeckte als Erster die von ihm so genannte »körperkinästhetische Intelligenz« – ich nenne sie physische Intelligenz. Der Begriff ist dadurch gerechtfertigt, dass unser Körper lernt und dass wir durch ihn lernen.

Die starre, eindimensionale Sicht der Intelligenz begann sich in den 1950er und 1960er Jahren aufzulösen. Damals setzte sich die Erkenntnis durch, dass sowohl der Begriff der allgemeinen intellektuellen Begabung *als auch* der der allgemeinen motorischen Fähigkeit unzutreffend und zu eng gefasst waren. Wie der Psychologe Franklin Henry von der Universität von Kalifornien in Berkeley entdeckte, sind verschiedene motorische Fähigkeiten für bestimmte Aufgaben spezifisch und operieren unabhängig voneinander.

Beispielweise können Sie prima im Werfen, aber miserabel im Nähen sein. Oder es geht Ihnen wie dem genialen Neurochirurgen Charli Wilson (1999 portraitierte ihn der *New Yorker*): Er hatte dreitausend Resektionen von Hypophysentumoren mit einem Durchmesser von gerade mal achtzehn Millimetern durchgeführt und brachte trotzdem kein anständiges Tennisspiel zu Stande. Wilson ist gut in anderen Sportarten, doch bei Tennis hat er aus irgendeinem Grund Probleme mit dem Vorstellungsvermögen. Es gelingt ihm einfach nicht, das Spiel vor dem geistigen Auge zu *sehen*.[22]

Diejenigen wiederum, die dazu im Stande *sind*, stellen sich das Spiel nicht unbedingt alle in derselben Weise vor.

Teilweise hat das mit den individuellen Fertigkeiten zu tun, die jede Person entwickelt hat. Den Wind einzukalkulieren beispielsweise ist etwas, das der/die eine Tennisspieler/in gelernt hat und der/die andere nicht. Martina Hingis war dazu fähig, sich in »einem virtuellen Windkanal« zu »rekalibrieren«, wie es ein Zuschauer ausdrückte, als sich die Bälle bei den U.S. Open in den Nachwehen von Hurrikan Dennis wie Lenkdrachen benahmen. Ihre Gegnerin Anke Huber besaß diese Fertigkeit nicht. Hingis schreibt ihr raffiniertes Windmanagement ihrer Trainerin und Mutter Melanie Molitor zu, die sie von Kindesbeinen an trainierte. Diese eingeübte Fertigkeit verleiht Martina das Können, sich auf die unregelmäßige Flugbahn eines vom Winde verwehten Balls einzustellen. »Man wird nicht damit geboren«, erklärte sie einem Reporter. »Man lernt es.«[23]

Die Organisation von Bewegungen durch das Zentralnervensystem und die anschließende Ausführung durch den Körper heißt »motorische Steuerung«. Die wissenschaftliche Erforschung dieser Fähigkeit reicht in das frühe 20. Jahrhundert zurück, als Wissenschaftler mittels Zeitstudien untersuchten, wie sich die Produktivität von Fließbandarbeitern steigern ließ. Dann wurden die Sportpädagogen auf die ersten Theorien über die motorische Steuerung und mögliche Folgerungen für sportliche Leistungen aufmerksam. Wachstum, Reifung und motorische Leistung wurden untersucht, und ein neues Teilgebiet mit der Bezeichnung »motorische Entwicklung« entstand; es befasste sich speziell damit, wie Bewegungen *gelernt* werden. Dennoch arbeiteten Verhaltenswissenschaftler, die sich für komplexe Formen der motorischen Leistung interessierten, und Neurophysiologen, die die Steuerung von Bewegungen durch die Nervenzellen des Gehirns erforschten, viele Jahrzehnte lang in völlig voneinander getrennten Lagern.

Fusionen zwischen der Forschung zur neuronalen Steuerung und der zur Motorik kamen erst in den 1970er Jahren in Gang. Mit Blick auf den grundlegenden Zusammenhang zwischen *körperlichen Bewegungen von Menschen und den Vorgängen in ihrem Gehirn* begannen die Forscher zu untersuchen, wie Personen Bewegungsdaten codieren und speichern, wie das Gehirn Bewegungen im Gedächtnis repräsentiert und wie Personen Information über motorische »Irrtümer« im Sinne eines Lernzuwachses verarbeiten. Schließlich brachte die Erforschung der motorischen Entwicklung die Wissenschaftler zu der verblüffenden Schlussfolgerung, dass die besseren körperlichen Fertigkeiten von Männern in erster Linie auf Lernen und Übung zurückzuführen waren. Sie hatten nichts mit einer »überlegenen« Physiologie zu tun.

In den 1980er Jahren begannen sich die Fachleute für geschlechterspezifische Unterschiede beim Erwerb von motorischen Fertigkeiten zu interessieren. Die Unterscheidung zwischen der Fähigkeit zum *Erlernen* einer Bewegung und der zu ihrer *Ausführung* schien für Vergleiche der motorischen Fertigkeiten von Männern und Frauen bedeutsam. Da bereits bekannt war, dass Ausführungsfertigkeiten gelernt werden, stellte sich jetzt eine drängende Frage: In welchem Maß wurden die Ergebnisse von Motoriktests von Unterschieden der *Lerngeschichte* der Probanden beeinflusst, und in welchem Maße spiegelten sie »naturgegebene« Unterschiede zwischen männlichen und weiblichen Fähigkeiten wider? Zunächst einmal mussten die Fachleute klären, was eigentlich eine Fähigkeit ist. Sie kamen zu dem Schluss, dass es sich um ein relativ stabiles Merkmal handelt, das mit biologischen Wachstums- und Reifungsprozessen zu tun hat und von Übung mehr oder weniger unbeeinflusst bleibt. Eine *Fertigkeit* dagegen lässt sich durch Übung beeinflussen. Sie ist im Wesentlichen gelernt. Die von so viel Tamtam begleitete Fertigkeit, einen Baseball zu werfen, ist *gelernt.* Jungen werden nicht damit geboren.

Als das Märchen der motorischen Genialität schließlich entlarvt war, konnte ein demokratischeres Verständnis der Leistungsfähigkeit von Menschen beispielsweise auf einem Baseball-Feld entstehen – ob diese Menschen nun männlich oder weiblich, schwarz oder weiß waren. Die Durchschnittsperson, die nicht richtig werfen gelernt hat, zeigt ein »ipsilaterales Muster«, das heißt, sie benutzt nur eine Körperseite. Als Rechtshänder neigt sie dazu, beim Werfen auf den rechten Fuß vorzutreten. Die meisten Jungen wie auch Mädchen werfen am Anfang ipsilateral. Es kommt drauf an, was man ihnen dann beibringt, sagt der Sportpsychologe Marty Ewing von der staatlichen Universität von Michigan. »Wenn Mädchen zu werfen beginnen, heißt es eher: ›Na ja, sie ist ein Mädchen, und da ist es nicht so wichtig.« Aber wenn ein Junge es so macht, sagt der Vater: ›O mein Gott, er wirft wie ein Mädchen!‹« Und dann macht sich Papa ans Werk und verbessert die Wurffertigkeit seines Sohnes. »Tritt vor auf den entgegengesetzten Fuß und leg dein Gewicht darauf« – diesen so überaus wichtigen Rat bekommt der Sohnemann. Damit kann er sich das »kontralaterale« Muster angewöhnen, das kraftvolle, blitzschnelle Bewegungsabfolgen ermöglicht. Wie man das kontralaterale Muster ausführt, ist *nicht* etwa Teil eines rein männlichen Geheimnisses. Es ist eine gelernte Fertigkeit – eine Fertigkeit, die jede/r erwerben kann, die/der sie gezeigt bekommt und sie übt.

Studien aus den 1950er Jahren ermittelten bei Jungen eine ausgeprägtere Fähigkeit, sich beim Werfen, Fangen und Kicken »mit einem integrierten Körpermuster zu bewegen«. Wie wir heute wissen, wird dies den Jungen beigebracht; es gehört nicht zu ihrer genetischen Ausstattung. Zwar lassen sich bei den Wurfmustern von Jungen und Mädchen schon im Alter von drei Jahren Unterschiede feststellen, doch in den 1980er Jahren interpretierten die Forscher diese dahingehend, dass Mädchen einfach langsamer »gut in Form« kamen. In den 1990ern schließlich stellte sich heraus, dass diese »langsamere Entwicklung« darauf zurückzuführen war, dass man den Mädchen keine gute Form *beibrachte*. Wenn eine rechtshändige Werferin lernt, den linken Fuß zu belasten, merkt sie, dass ihr Körper automatisch mitschwingt, wenn sie den Arm durchzieht, und so die Energie aus dem Unterkörper durch den Oberkörper und zu Bizeps, Unterarm und Handgelenk leitet. Was für ein Durchbruch!

Bei der Entwicklung der motorischen Kontrolle spielt die Lösung eines bestimmten Problems eine Rolle, das der einflussreiche russische Physiologe Nikolai Bernstein als das »Problem der Freiheitsgrade«[24] bezeichnete: Man muss herausfinden, wie man die verschiedenen Körperteile so organisiert, dass die Aufgabe bewältigt werden kann. Stellen Sie sich vor, Sie sollen einen Wurf mit durchgestrecktem Arm über die Schulter machen, sodass der Ball so weit wie möglich weg, aber so dicht wie möglich an einer Geraden in Wurfrichtung zu Boden fällt. Wenn Sie das mit Ihrem dominanten Arm versuchen, wird es Ihnen wahrscheinlich gelingen. Werfen Sie jedoch mit Ihrem *nicht*dominanten oder ungeübten Arm, nutzen Sie wahrscheinlich die Öffnungswinkel Ihrer Armgelenke nicht mehr voll aus. Das war Hillarys Problem.[25] Für sie – nicht aber für Bill, weil er Übung hatte – stellte der Eröffnungswurf des Baseball-Spiels ein Problem der Freiheitsgrade dar. Erinnern Sie sich, dass sie den Ellbogen direkt nach vorne hielt und ihr Unterarm zurück auf ihre Schulter wies? Eine solche eingeschränkte Geste kommt heraus, wenn man die Bewegung »einfriert«, die man sich selbst erlaubt. So versuchen Neulinge das Problem zu lösen, eine ungewohnte körperliche Bewegung oder Bewegungsfolge auszuführen. Durch Einschränkung der Freiheitsgrade (was unbewusst geschieht) simplifiziert man die Aufgabe, damit das Gehirn nicht eine überwältigende Masse motorischer Information organisieren muss. Mit fortschreitender Übung der Fertigkeit vereinfacht sich die mentale Organisation, und die Spielerin kann die unbewussten Einschränkungen ihres Bewegungsumfangs aufgeben. Hillary tat gut daran, ihren Wurf vorher zu üben, doch ein Wochenende reichte einfach nicht aus, um das lebenslange Einfrieren »aufzutauen« (wie die Experten sagen), das dieses erbarmungswürdige, unterentwickelte Würfchen gebar.

Da haben wir es also. Werfen »wie ein Mädchen«, rennen »wie ein Mädchen« oder den Schläger führen »wie ein Mädchen« ist nichts anderes als Einfrieren. Frauen bleiben in dieser Unbeholfenheit stecken, weil das kulturelle Verbot der Benutzung ihres Körpers sie an ausreichendem Üben hindert, um das »Auftauen« zu erreichen. Die Annahme, dass irgendein grundlegender Unterschied – beispielsweise im Bau ihrer Schultern oder in ihrer allgemeinen muskulären Entwicklung – es Frauen erschwere, einen Baseball richtig zu werfen (oder eine sonstige sportliche Bewegung auszuführen), ist Teil des Mythos der weiblichen Schwäche. Man macht die Kleine glauben, sie könne nicht werfen; eines Tages probiert sie es und versagt; dann *weiß* sie, dass sie es nicht kann, und lässt den Versuch sein. In unserer Kultur ist dies bei Mädchen eine klassische Abfolge. Dennoch gibt es keinen biologischen Grund, warum Mädchen nicht genauso weit oder schnell oder kraftvoll werfen können sollten wie Jungen. Nun gut, aber was ist mit den Muskeln der Jungen; was ist mit ihrem Körperbau? Sind Jungen nicht von Anfang einfach größer und kräftiger als Mädchen? Nein, sind sie nicht, und dass wir das glauben, spiegelt nur unsere vorgefassten Meinungen über die männliche Stärke wider. Jungen sind vor der Pubertät weder größer noch schwerer als Mädchen. Manche Studien ermittelten größere Ellbogen- und Kniegelenksdurchmesser und prognostizierten dickere Arm- und Beinmuskeln bei Jungen. Doch die Forscher stellen sich heute die Frage, ob diese Unterschiede wirklich biologisch bedingt sind oder ob sie nicht vielmehr in der Tatsache gründen, dass Jungen schon früh mit grobmotorischem Training beginnen – und Mädchen *nicht.*

Es gibt eine bemerkenswert umfangreiche Literatur über Vergleiche des Werfens bei Mädchen und Jungen. Erst kürzlich gingen Sportwissenschaftler möglichen *umweltbedingten* Ursachen für die Leistungsunterschiede nach. Eine faszinierende Studie von

1996 suchte nach einem möglichen Trainingseffekt zur Erklärung der Unterschiede zwischen den Geschlechtern. Die Forscherinnen wollten wissen, welchen Einfluss der Faktor *Übung* darstellte. Dazu stellten sie einen Vergleich zwischen Würfen mit dem dominanten und dem nichtdominanten Arm an.[26] Sie nahmen Videos von Kindern dreier Altersgruppen (sieben bis acht Jahre, neun bis zehn Jahre und elf bis zwölf Jahre) auf, die kraftvolle Würfe mit gestrecktem Arm über die Schulter ausführten, sowohl mit der dominanten als auch der nichtdominanten Hand. Die Ergebnisse für die dominante Hand entsprachen durchweg denen früherer Studien.

Eine von diesen meldete beispielsweise, dass Jungen in der zweiten Klasse zu um zweiundsiebzig Prozent schnelleren Würfen fähig waren als gleichaltrige Mädchen. Als jedoch der Gebrauch der nichtdominanten Hand verglichen wurde, was glauben Sie, passierte da? Es gab *keine* Unterschiede in der Wurfgeschwindigkeit zwischen Jungen und Mädchen!

Was könnte das bedeuten? Einfach, dass die Jungen ihre überlegene Wurffertigkeit durch *Übung* erwerben. Wenn geschlechterspezifische Leistungsunterschiede tatsächlich »eng mit biologischen Faktoren zusamenhängen« würden, so argumentierten die Forscherinnen, »sollten geschlechterspezifische Unterschiede auch dann auftreten, wenn die Kinder mit ihrem nichtdominanten Arm werfen«. Die Leistungsunterschiede zwischen dominanter und nichtdominanter Hand bei den Jungen waren so riesig, dass sie die Theorie der Autorinnen erhärteten, wonach Übung und nur Übung den Jungen den Vorteil verschafft.

Bevor man uns erlaubte, unsere geistigen Fähigkeiten in den heiligen Hallen der höheren Bildung zu entwickeln, glaubte man allgemein, unser Gehirn sei schwächer als das der Männer. Heute glaubt man noch, unser Körper sei schwächer.

Sportsoziologen, die sich für die Frage interessieren, wie geschlechterspezifische Unterschiede in der körperlichen Entwicklung tradiert werden, diskutieren die politischen Folgen der *»gelernten Schwäche«* und stellen pointierte Fragen. *Warum* wird Mädchen das Werfen nicht beigebracht? Wer hat denn eigentlich Angst davor, dass man ihm damit ins Gehege käme?

Die meisten glauben heute immer noch, dass Männer mehr physisches Potenzial besäßen als Frauen. Gestützt wurde dieses Vorurteil von der Literatur der 1970er, 1980er und sogar noch der frühen 1990er Jahre, die angeblich belegte, dass Männer Frauen bei verschiedenen sportlichen Fähigkeiten überlegen sind – Kraft, Folgebewegungsregelung, auf Leitern klettern, werfen, springen und laufen. Doch gegen Ende der 1990er erkannte man, dass viele der alten Studien nicht schlüssig waren. »Es ist schwierig zu ermessen, ob diese Unterschiede etwas mit dem sozialen Geschlecht als solchem zu tun haben«, schrieben zwei Experten für motorisches Lernen.

»Statt einfach zu dokumentieren, dass Männer sich bei einer bestimmten Aufgabe von Frauen unterscheiden oder auch nicht, ist ein aussichtsreicherer Ansatz, nach den möglichen Ursprüngen dieser Effekte, sofern vorhanden, zu fragen.«

Einverstanden. Das *wäre* aussichtsreicher. Verursacht das biologische Geschlecht die Unterschiede in den sportlichen Leistungen von Männern und Frauen oder sind andere Faktoren am Werk? Dieser Frage widmet man sich erst jetzt mit etwas mehr Nachdruck, hauptsächlich mit der traditionellen Annahme im Hintergrund, dass jeder geschlechterspezifische Unterschied in den physischen Fertigkeiten auf männliche Stärke und weibliche Schwäche zurückzuführen sein müsse. Was *sonst* sollte dahinterstecken? Eine Menge, wie die neuere Forschung enthüllt.

Vergleiche
(Oder: Ist es unser Schicksal, schwächer zu sein?)

Beim Vergleich der körperlichen Fähigkeiten von Männern und Frauen ist die Berücksichtigung einer einzigen Variablen entscheidend – der Grad der Übung von Fertigkeiten. Was als unterschiedliche Begabung von Jungen und Mädchen erscheint, ist oft nicht mehr als ein Trainingsunterschied, wie immer mehr Studien belegen. Das Geheimnis wird gelüftet.

Zwei Sozialwissenschaftler verfolgten in den 1990er Jahren ge-

meinsam die Entwicklung der sportlichen Fertigkeiten von Mädchen und Jungen vom Kindergarten bis zur achten Klasse.
Sie gelangten zu interessanten Ergebnissen. Im Verlauf der mehrjährigen Studien zeichnete sich immer deutlicher ab, dass die Frage, welches Geschlecht bessere Fertigkeiten aufweist, sich nicht so einfach beantworten lässt – und angesichts der Sozialisation von Jungen und Mädchen vielleicht nicht einmal relevant ist.
In dieser Arbeit verglich ein Wissenschaftlerteam erstmals eine Reihe motorischer Fertigkeiten von Jungen und Mädchen *unter Berücksichtigung der alles entscheidenden Variablen, wie viel Sport jedes Kind vor der Studie betrieben hatte!* Diese eine Variable gibt bei der Beurteilung von Fertigkeiten den Ausschlag – aus dem simplen Grund, dass sich diese Fertigkeiten mit dem Ausmaß der Übung *verändern*. Wenn ein Kind nie zuvor einen Ball geworfen hat, ist es gar keine Frage, dass es sich unbeholfener anstellt als ein Kind, dessen Vater mit ihm seit seinem dritten Lebensjahr im Garten Baseball gespielt hat.
Zuerst analysierten die Forscher S. A. Butterfield und E. M. Loovis den Einfluss von Alter, biologischem Geschlecht, Gleichgewicht und sportlicher Praxis auf die Entwicklung der Wurffertigkeit von Kindern.[27] Wie sie fanden, warfen die Jungen in jedem Alter vom Kindergarten bis zur achten Klasse besser als die Mädchen. Als die beiden einflussreichsten Variablen erwiesen sich »Sportpraxis« (oder Grad der Erfahrung) und (biologisches) »Geschlecht«. Das heißt, wer ein Junge war, zeigte bessere Leistungen, *und* wer mehr Erfahrung im Werfen hatte, zeigte bessere Leistungen. Die Frage, die die Studie nicht berücksichtigte, lautete: Jungen verfügen im Allgemeinen über mehr Sportpraxis als Mädchen – hatte ihr besseres Abschneiden dann damit zu tun, dass sie Jungen oder dass sie geübter waren? Waren die Mädchen möglicherweise nur deshalb ungeschickte Werferinnen, weil sie es nicht gelernt und geübt hatten? Als Nächstes untersuchten die Forscher das Fangen. Wiederum erwies sich eine »ausgereifte Fangbewegung« als beeinflusst vom Geschlecht: »Die Jungen schnitten in allen Altersstufen besser ab, außer in der achten Klasse, wo alle Mädchen und Jungen ausgereifte Bewegungsmuster beim Fangen zeigten.«[28] Moment mal. Wenn die Mädchen vom Kindergarten

bis zur siebten Klasse hinterherhinkten, wieso zogen sie dann plötzlich in der achten Klasse beim Fangen mit den Jungen gleich? Hatten sie endlich die erforderliche ausreichende Gelegenheit zum Üben bekommen – etwa in den Sommerferien zwischen der siebten und der achten Klasse? Noch eine wahrhaft bedeutsame Frage bleibt: Wenn die Mädchen vom Kindergarten an dasselbe Ausmaß an Training und Übung erhalten hätten wie Jungen, wäre dann ihre Fertigkeit im Fangen die ganze Zeit der der Jungen ähnlich gewesen? Wahrscheinlich. Nichts in der physiologischen Ausstattung von Mädchen und Jungen ist derart unterschiedlich, dass es die Unterschiede beim Überkopfwerfen – oder überhaupt bei irgendeiner körperlichen Fertigkeit – erklären würde.

Niemand hat bislang geprüft, wie sich Geschlechterrollenerwartungen auf die Entwicklung bestimmter motorischer Fertigkeiten auswirken. Vielleicht nehmen Mädchen das Fangen als weniger machohaft wahr als das Überkopfwerfen, sodass sie nicht glauben, ihre Weiblichkeit in Frage zu stellen, wenn sie gut fangen. Man gebe ihnen nur genug Training – und sie fangen wie die Weltmeister. (Die Tests von Loovis und Butterfield endeten mit dem achten Schuljahr, deshalb wissen wir nicht, wie sich diese Fertigkeit bei den Mädchen weiterentwickelte.)

Kicken war die dritte untersuchte Fertigkeit[29], und stellen Sie sich vor: Diesmal übertrafen die Jungen die Mädchen bis zur sechsten Klasse *nicht*! Einen Ball zu treten hat viel mit Football, der Macho-Sportart schlechthin, zu tun; so sollte man meinen, dass die Mädchen diese Fertigkeit meiden wie die Pest. In der sechsten Klasse kommen die meisten in die Pubertät, und ihre geschlechterspezifischen Identitätsprobleme wachsen ihnen über den Kopf. Dies könnte den Ehrgeiz von Mädchen, genauso gut wie Jungen zu kicken, verständlicherweise dämpfen. (Andererseits hat sich die kulturelle Wahrnehmung vom Kicken als einer ausschließlich männlichen Fertigkeit seit der Veröffentlichung dieser Studie dramatisch gewandelt, bedingt durch die Popularität des Mädchen- und Frauenfußballs und die wachsende Anzahl Fußball spielender Mädchen. Man kann nur spekulieren, wie Mädchen in einer heute durchgeführten Studie dieser Fertigkeit abschneiden würden.)

Nicht zuletzt untersuchten Loovis und Butterfield das vorhändige Schlagen (wie beim Tennisvorhandschlag) mit dem Baseball-Schläger.[30] Auch hier trat das bemerkenswerte Phänomen auf, dass die Mädchen den Jungen fünf Jahre hintereinander bis zur fünften Klasse hinterherhinken; dann liegen sie plötzlich mit einer »ausgereiften Schlagentwicklung« gleichauf. Gleichermaßen bemerkenswert ist, dass ihr Vorhandschlag nur ein Jahr lang gleich gut *blieb.*

In der sechsten, siebten und achten Klasse gerieten die Mädchen wieder ins Hintertreffen. Ein kleines Zeitfenster, in dem die Entwicklung der Fertigkeit parallel verläuft, und dann – rumms – machen sie sich wieder klein, als ob sie die Erfahrung der körperlichen Ebenbürtigkeit nicht ertragen könnten. Nicht nur das Gehirn entscheidet darüber, wann und ob ein Individuum einen Ball erwischen oder ein Bein kraftvoll schwingen kann. Die Entwicklung der Muskeln selbst trägt zu motorischer Geschicklichkeit und Geschwindigkeit bei. Ein muskulär unterentwickeltes Kind trägt das Risiko motorischer Entwicklungsverzögerungen, wie sich aus solchen Studien ableiten lässt. »Die muskuläre Reifung kann alle motorischen Aufgaben in ein verlangsamendes Korsett zwängen, was besonders bei schnell alternierenden Bewegungen auffällt«, schrieben drei Wissenschaftler in einem Artikel in der britischen medizinischen Fachzeitschrift *Lancet.*[31] Das heißt, der *Schnelligkeit,* mit der eine Person eine physische Aufgabe ausführen kann, sind durch die muskuläre Entwicklung Grenzen gesetzt. Die Studie trug den Titel »Die Reifung der motorischen Geschicklichkeit: Oder warum Johnny nicht schneller sein kann«.

Worüber wir aber viel eher mehr in Erfahrung bringen müssen, ist, wie *Jennys* motorische Geschicklichkeit reift. Eine einschlägige Studie stellte beispielsweise fest, dass sechsjährige Mädchen über Langstrecken 3,5 Prozent langsamer waren als sechsjährige Jungen. »Mit erstaunlich genauer Vorhersagbarkeit fielen die Mädchen in jedem folgenden Jahr um weitere 2,7 Prozent zurück«, resümiert Jackie Hudson, Motologin an der Staatlichen Universität von Kalifornien. Die Hälfte dieser jährlichen Leistungsverschlechterung ging auf das Konto einer Verbesserung der

Jungen, die andere Hälfte war bedingt durch eine Verschlechterung der Mädchen. Doch warum wurden die Jungen besser?, fragt Hudson.

Ich halte eine andere Frage für wichtiger: Was bewirkte, dass die Mädchen sich verschlechterten? Lag das Problem in einem zunehmendem Unterschied im Anteil des Körperfetts? Nein. Ein zentimetergenauer Vergleich der Fitnessnormen für Kinder ergab, dass Jungen und Mädchen zwischen sechs und zwölf Jahren in etwa dieselbe Menge Fett ansetzen.[32] Also stellt sich Hudson die Frage: Lernen vielleicht die Jungen effektive Techniken und die Mädchen uneffektive?

Rekapitulieren wir auf dem Hintergrund dieser Muskel- und Fertigkeitsvergleiche, was sehr kleinen Mädchen widerfährt.

Könnte es sein, dass Mädchen mit drei, vier, fünf Jahren in der Puppenecke bleiben, weil sie glauben, dass sie dorthin gehören – und weil ihnen sonst nichts geboten wird? Und wenn sie ihre gesamte Zeit in der Puppenecke zubringen, wie wirkt sich das auf ihre muskuläre Entwicklung aus? Der Verdacht liegt nahe, dass ihre Muskeln sich dann vielleicht später oder schwächer entwickeln als die von Jungen – und aus dem nicht sehr erquicklichen Grund, dass man sie davon abgebracht hat, sie zu *benutzen*. Das ist die Frage, deren Beantwortung noch nicht direkt in Angriff genommen wurde: Wird die motorische Entwicklung von Mädchen durch ihre geschlechterspezifische Konditionierung verzögert oder sogar beschnitten?[33] Erzeugt mangelnde Praxis einen Bonsai-Effekt?

Die 1970er Jahre brachten die wissenschaftliche Untersuchung der Bewegung voran. Die psychischen oder neuronalen Ereignisse, die hinter einer Bewegung stehen und sie unterstützen (oder erzeugen), waren das aktuelle Thema. Als die fortgeschrittenen Bildgebungsverfahren entwickelt wurden, rückte die Kooperation von Körper und Gehirn in den Mittelpunkt der wissenschaftlichen Aufmerksamkeit. In den 1990ern konnten die Wissenschaftler dem Gehirn gewissermaßen dabei zusehen, wie verschiedene motorische Fertigkeiten ausgeübt werden. So beobachteten sie beispielsweise, dass bestimmte Fähigkeiten nicht unbedingt von nur einem Teil des Gehirns gesteuert wurden und dass manche Koordinationsprobleme im Kleinhirn und andere in den Basalganglien wurzeln. Jedenfalls hatte sich das wissenschaftliche Verständnis des außergewöhnlichen Menuetts von motorischem Verhalten und Gehirn gegen Ende des Jahrhunderts weit über die relativ groben Methoden der Sportpädagogen zur Einschätzung der Fähigkeiten ihrer Spieler hinausentwickelt. Die Trainer suchten potenzielle Football-Spieler immer noch nach den Leitfragen aus: Wie hoch kannst du springen? Wie viele Kilo schaffst du beim Bankdrücken? Wie schnell kannst du sprinten? »Der Summe dieser Testwerte wird Vorhersagekraft für die sportliche Leistung zugeschrieben«, schreibt Malcolm Gladwell im *New Yorker* über »das physische Genie«. Doch er weist auch darauf hin, dass die Motorik, je näher man sie betrachtet, sich »umso weniger ... durch solche Routinemaße für Sportlichkeit beschreiben« lässt.[34] Dennoch benutzten die Wissenschaftler bis vor gar nicht langer Zeit eben diese Maße, wenn sie motorische Fertigkeiten untersuchten. Wenn es um die Bestimmung von geschlechterspezifischen Unterschieden ging, die uns ja hier interessieren, führten diese groben Testmethoden natürlich zu groben Ergebnissen – Ergebnisse, die wenig zu tun hatten mit der tatsächlichen Fähigkeit, eine Sportart zu erlernen. Wer vermochte weiter zu werfen, ein Junge oder ein Mädchen? Wer konnte fester schlagen? Wer legte den besten feierlichen ersten Pitch am Eröffnungstag der Baseball-Saison hin? Diese Fragen stellten nicht nur die Zeitungen und die breite Öffentlichkeit, sondern auch diejenigen, die sich um wissenschaftliche Antworten bemühten. Doch die Forscher kniffen vor dem Problem, welche Voraussetzungen erfüllt sein müssen, um diese Fertigkeiten zu *erlernen,* und – was am wichtigsten war – ob Mädchen und Frauen diesbezüglich die gleichen Chancen hatten.

Die Kultur oder die Umwelt ist ein gewichtiger Einflussfaktor für die Entwicklung von Fertigkeiten. In Tests der Beweglichkeit, der Koordination und der statischen und dynamischen Kraft an fast viertausend Personen zwischen drei und achtzig Jahren erklärten die Lebensumstände zweiundzwanzig Prozent der Varianz (der Merkmalsvariation. d. Ü.). Die Kultur erklärte sechsundzwanzig

Prozent. Diese Tests berücksichtigten das Geschlecht nicht, doch die Daten geben uns auf jeden Fall Anlass zu der Frage: Wie würde sich Jenny motorisch entwickeln, wenn die Zeit, die sie in der Puppenecke verbringt, begrenzt würde, genau wie Eltern die Fernsehzeit ihrer Kinder begrenzen, damit sie nicht zu passiven, hirntoten Sofahockern heranwachsen? Würde Jenny dann möglicherweise mehr Zeit mit körperlicher Aktivität zubringen? Vielleicht ist es nicht gut für Mädchen, so viel Zeit in ihrer Phantasiewelt der Mama-und-Babyspiele zu verbringen. Die Beschäftigungen von Kindern prägen sich den neuronalen Bahnen in ihrem Gehirn ein. Wir wollen nicht, dass unsere Kinder sich einfach passiv vor die Glotze lümmeln. Doch wir glauben, dass Mädchen still in der Puppenecke sitzen, weil das »natürlich« ist. Das ist es nicht. Rennen und Kicken und Werfen sind »natürlich«, und Mädchen werden von diesen Aktivitäten ab- und in die Puppenecke hineingebracht, noch bevor sie den Windeln entwachsen sind.

Vor einigen Jahren brachte mir der dreijährige Sohn einer Freundin bei, wie man richtig Frisbee wirft. (Es ist niemals zu spät.) Er analysierte meinen Wurfstil und zeigte mir, wie ich es anstellen musste. Als ich es dann richtig machte, riss er seinen kleinen Arm hoch und rief: »Ich *gab* dir die Power!« In diesem Ausruf schlug sich seine Verehrung der Power Rangers nieder, doch ich war trotzdem entzückt, denn es war so klar wie Kloßbrühe – er wusste es, und ich wusste es: Ein Frisbee dazu zu bringen, dass es in hohem Bogen über eine Sommerwiese segelt, mag wie Zauberei wirken, ist es aber nicht. Es verlangt nur, dass man weiß, was man mit dem eigenen Körper anzustellen hat – eine bestimmte Haltung von Schulter und Ellbogen, ein geschickter Schlenker aus dem Handgelenk. Wenn man über diese Information verfügt, hat man »die Power«. Sonst nicht.

Wenn Lehrer und Trainer Leistungsunterschiede zwischen Jungen und Mädchen erspähen, nehmen sie sie meist als physiologisch bedingt hin. Dann ändern sich ihre Erwartungen an die beiden Geschlechter, und gleichzeitig ändern sich Art und Menge ihrer Instruktionen. »Mädchen erhalten im Allgemeinen weniger (oder einfachere) Anleitungen, Ermutigungen und Gelegenheiten zum Üben und Ausführen ihrer motorischen Fertigkeiten; infolgedessen sinken im Allgemeinen ihre persönlichen Erwartungen«, bemerken Toole und Kretzschmar.[35]

Das Geschlechterrollentraining, dem Mädchen unterworfen werden, macht sie unfähig – wie Duncan dem *President's Council of Physical Fitness and Sports* mitteilte, »sowohl absolut gesehen als auch im Vergleich zu Jungen«. In schlichten Worten: »Mädchen bekommen nicht die Entwicklungserfahrungen, die sie brauchen«, wenn sie ihren Körper kraftvoll benutzen können sollen. Wenn sie sie allerdings bekommen, schütten sie die Kluft zwischen den Geschlechtern im Handumdrehen zu. Ich berichte jetzt die Geschichte einer Rettung. Ein kranker Mann fährt in Begleitung seiner siebenjährigen Tochter zur Arztpraxis und wird plötzlich am Steuer ohnmächtig. Die Fahrer der Autos neben ihm müssen entsetzt mit ansehen, wie der Honda-Geländewagen rückwärts zu rollen beginnt. Dann gelingt es der Kleinen erstaunlicherweise, ihren Vater so weit zur Seite zu schieben, dass sie mit den Füßen an Brems- und Gaspedal herankommt. Sie fährt vier Häuserblocks weit auf einer vierspurigen Schnellstraße bis zum Howard Universitätskrankenhaus, wo sie den Wagen anhält und in die Notaufnahme rennt, um Hilfe zu holen. Ihr Vater, der mit über vierzig Grad Fieber zusammengebrochen war, ist überzeugt, dass er ihr sein Leben verdankt.

Das Magazin *People* fotografierte später dieses kleine Mädchen, Latia Robinson, stolz lächelnd hinter dem Lenkrad des Familienautos.[36] Sie saß da mit geradem Rücken, aufrecht, offenen Blicks. Wie sie einem Reporter erzählte, hatte sie fahren können, weil ihr Vater sie schon mit fünf Jahren vor sich sitzen und lenken ließ. Die Geschichte, wie Latia ihren Vater rettete, ist eine Geschichte von physischer Intelligenz in Aktion. Man bedenke, welche Leistungen ihre Tat voraussetzte: die vielfältigen Koordinationen von Auge, Hand, Fuß und Gehirn, die winzigen Kalkulationen und die ununterbrochenen Rückkoppelungen, die ihr es möglich machten, das Auto sicher durch den Verkehr zu steuern. Howard Gardner, der oben erwähnte Urheber der Theorie der multiplen Intelligenz, würde die Leistung Latias als »Lösen eines körper-kinästhetischen Problems« bezeichnen.

Physisches Problemlösen mag auf den ersten Blick mental nicht so anspruchsvoll erscheinen wie das Lösen einer mathematischen Gleichung, doch man sollte Folgendes bedenken: Schon einen Tennisball zu schlagen erfordert komplexes körper-kinästhetisches Problemlösen. Das Gehirn muss nicht nur die Anfangsgeschwindigkeit des Balls einkalkulieren, sondern auch die Wirkung des Windes (wovon Martina Hingis Ihnen ein Lied singen kann) und die kontinuierliche Abnahme der Geschwindigkeit des Balls nach dem Aufprallen. Das Gehirn schickt auf der Grundlage immer genauerer und aktualisierter Informationen unablässig Befehle an die Muskeln. Beim Return eines Aufschlags mit Durchschnittsgeschwindigkeit bleibt für all diese Vorgänge nur eine Sekunde. Man muss sich daher einmal vorstellen, aus welch komplexen körper-kinästhetischen Prozessen Autofahren besteht und was Latia alles einkalkulieren musste, als sie das Auto zwischen den anderen Fahrzeugen hindurchlenkte, die Geschwindigkeit regulierte, Verkehrszeichen beachtete und Abstände im Spiegel schätzte – und all das, während ihr Körper die zum Beschleunigen, Bremsen und Lenken erforderlichen Bewegungen ausführte.

Als ich auf Latia Robinsons Geschichte stieß, beschäftigte ich mich bereits eingehend mit der Frage, wie es sich auswirkt, wenn Frauen lernen, ihrem Körper zu vertrauen. Ich wusste, dass die jungen Frauen, die in den beiden vergangenen Jahrzehnten aufgewachsen waren, von einem anderen Erbe profitiert hatten als diejenigen, die vor den 1970ern groß geworden waren: Sie hatten ein völlig anderes Körpergefühl. Das Foto der siebenjährigen Latia – selbstbewusst, stark und selbständig – machte augenfällig, um wie viel anders. Es illustrierte zudem, in welch »zartem« Alter ein Mädchen eine Fülle komplexer motorischer Fertigkeiten reibungslos und automatisch zu beherrschen vermag – wenn es die entsprechende Übung und Erfahrung bekommen hat. Wie Martina Hingis sagte: »Man wird nicht damit geboren. Man lernt es.« Latia hatte mit ihrem Vater immer wieder geübt. Sie hatte die verschiedenen, zum Autofahren nötigen Bewegungen so gut gelernt, dass ihr Körper sie automatisch auszuführen vermochte; ihr Gehirn beherrschte diese Aufgaben in- und auswendig. Gibt es während der frühen Kindheit überhaupt geschlechterspezifische Unterschiede in der motorischen Leistung? Zusammenfassend gesagt, ja. Doch so lange das Erziehungssystem so bleibt, wie es ist, ist schwer zu sagen, in welchem Ausmaß diese Unterschiede nur sozial oder umweltbedingt sind. Toole und Kretzschmar äußern wichtige Vorbehalte.[37] Die Unterschiede zwischen den motorischen Leistungen von Jungen und Mädchen werden *weiter existieren*, so lange die folgenden Bedingungen *fortbestehen*:

1. Die Unterschiede gelten als *biologisch* bedingt und werden daher als unvermeidlich und unveränderbar hingenommen.
2. Es werden verschiedene *Erwartungen* hinsichtlich Spielverhalten und Leistungsmaßstäben gestellt.
3. Es erfolgt eine unterschiedliche *Behandlung*, was Ansporn zur Leistung, technische Anleitung und Übungsgelegenheiten betrifft.
4. Aktivitäten werden durch Bezeichnung oder Vorbild als »geschlechterangemessen« oder »geschlechterunangemessen« *etikettiert*.
5. Die systematische *Belohnung* bleibt für Jungen bestehen und endet für Mädchen gegen Mitte oder Ende der Kindheit.

Leider besteht ein Zusammenhang zwischen der mangelnden Gelegenheit und Übung körperlicher Fertigkeiten für Mädchen und ihrem späteren Schicksal. Vergleichende Untersuchungen des Werfens über Kopf mit gestrecktem Arm bei Männern und Frauen wurden bis zum Alter von neunzig Jahren durchgeführt. Das Wurfmuster der Frauen bleibt meist »unreif«. In einer Gruppe zwischen fünfundsechzig bis sechsundsiebzig Jahren zeigten siebenundsiebzig Prozent der Frauen und elf Prozent der Männer unreife Bewegungsmuster von Rumpf und Arm, wie Toole und Kretzschmar berichten.[38] Diese unreifen Muster waren vermutlich der Grund, dass Männer dieses Alters schneller warfen als Frauen. Wenn also ein Kind in der frühen Kindheit keine reifen Bewegungsmuster entwickelt hat, gelangt es dann schließlich als älterer Erwachsener zu einem reifen Muster? Auf der Grundlage der relativ wenigen Querschnittsstudien mit älteren Erwachsenen muss man dies wohl verneinen. »Frauen benutzen im späteren

Leben immer noch unreife Muster und erzielen geringere Wurfgeschwindigkeiten und -weiten als Männer«, berichten Toole und Ketzschmar, weisen aber auf den Umstand hin, dass keine Daten darüber vorliegen, ob die älteren Frauen seit ihrer Kindheit jemals ein Wurftraining erhalten hatten.

Allerdings verbessern sich Frauen mit fortschreitendem Alter beim Laufen. Zwar erreichen Jungen früher als Mädchen ein reifes Laufmuster, doch im Alter von fünfzig Jahren haben sich die Leistungsunterschiede ausgeglichen. Frauen mit fünfzig unterscheiden sich in Schrittgeschwindigkeit und Schrittlänge beim Sprint kaum von Männern. Für die eben zitierten Wissenschaftlerinnen warf dies die interessante Frage nach der Übung auf. »Üben junge Mädchen das Laufen (oder Spiele, die Laufen erfordern) genauso ausgiebig wie Jungen?«, fragen sie. »Falls nicht, könnten umweltbedingte Faktoren die geschlechterspezifischen Unterschiede in der frühen Kindheit zur Gänze erklären.«

Zumindest ist das Faktum, dass sich die Geschlechterunterschiede beim Laufen in höherem Alter durch Üben reduzieren lassen, überaus positiv. In derselben Weise beeinflusst das, wie sie es nennen, »Nichtgebrauchsphänomen« die Qualität des hohen Alters radikal. Ältere Frauen haben einen schlechteren Gleichgewichtssinn als ältere Männer; infolgedessen stürzen sie häufiger und erleiden weitaus öfter Oberschenkelhals-, Knöchel- und Handgelenksbrüche. Doch als Mädchen schneiden sie bei Gleichgewichtsaufgaben besser ab als Jungen! Was also geschieht mit diesem Vorteil, wenn Frauen älter werden? Wahrscheinlich verursacht Nichtgebrauch – oder mangelnde Bewegung – die Verschlechterung des Gleichgewichtsgefühls bei älteren Frauen. Im Verlauf ihres Lebens versäumen sie es, das Spielverhalten und die alltäglichen Fertigkeiten, die das Gleichgewicht schulen, weiter zu praktizieren.

Aus der Geschichte der Leibeserziehung von Frauen im vergangenen Jahrhundert wissen wir, dass die heutigen älteren Frauen in diskriminierender Weise am vollen Einsatz ihres Körpers gehindert wurden. Doch Toole und Kretzschmar sehen hier eine Veränderung im Gange und schließen ihren Bericht mit einem optimistischen Ausblick. »Mit der Akzeptanz von körperlicher Be-

tätigung, Fitness und Sport für alle Individuen aller Altersstufen werden die geschlechterspezifischen Unterschiede in den Bewegungsmustern während der Lebensspanne hoffentlich verschwinden und die quantitativen Unterschiede in Kraft, Stärke, Schnelligkeit und Reaktionszeit sich allmählich verringern.«
Bei der Lektüre dieser Studien wuchs meine Aufregung zusehends. Alles, was mit Leistung zu tun hat, lässt sich quantifizieren, messen, sichtbar machen. Das Märchen der angeborenen Unfähigkeit ist durchschaut und die Wahrheit enthüllt: Frauen sind in vielen Fällen zu Höchstleistungen im Stande. Je objektiver die verwendeten Instrumente zur Leistungserfassung und -messung, desto klarer schälte sich das heraus. Die Studien zeigen klar, dass das Geschlecht als Vorhersage- oder Begrenzungsfaktor für die sportliche Leistung kaum relevant ist. Was wirklich zählt, sind erworbene Fertigkeiten, trainierte Muskeln und in verfeinerter Technik begründete Bewegungseffizienz.

Schrumpfender Körper, schrumpfendes Gehirn

Man braucht sich nicht erst wissenschaftlich mit geschlechterspezifischer Diskriminierung zu beschäftigen, um sich vorstellen zu können, wie das Verhaltensrepertoire der Schwäche das Gefühl körperlicher Kompetenz bei Mädchen beeinflusst. In einer Studie an Dritt- bis Sechstklässlern erzielten die Mädchen einen nur um zwei Prozent geringeren Punktwert als Jungen in einer Testbatterie der motorischen Fertigkeiten, beurteilten jedoch ihre eigenen Fertigkeiten als um vierzehn Prozent geringer. Schon zum Zeitpunkt der Einschulung halten sich Mädchen im Vergleich mit Jungen für sportliche Nullen. Neunjährige Jungen und Mädchen sind hinsichtlich ihrer anaeroben Leistung praktisch identisch, wie eine Studie belegt.[39] Und dennoch sehen es die Mädchen nicht so. Die falsche Wahrnehmung ihrer körperlichen Kompetenz entspricht der falschen Wahrnehmung ihres Gewichts. Das Fundament eines gestörten Verhältnisses zum Körper – und dazu gehört nicht nur das Körperbild, sondern auch der

Gebrauch des Körpers – wird früh gelegt. In der Pubertät zieht sich der Vergeschlechtlichungseffekt dann zusammen wie ein Schraubstock.

Die Auswirkungen der gelernten Schwäche sind ebenso tief greifend wie unterschätzt. Sport fördert schließlich die Identitätsentwicklung von Mädchen. Er führt zu besserem Selbstwertgefühl, positiveren Einstellungen zur Schule und weniger selbstzerstörerischem Verhalten. Er reißt sie aus der Passivität. »Ich merkte, dass ich viel glücklicher war, als ich aufhörte, Modemagazine zu lesen und fernzusehen«, erzählt Nicole Zaharko, Weltmeisterin im Freestyle-Kayak, über die Veränderungen, als sie sich in der High School für Sport zu interessieren begann. »Ich kam mehr ins Freie, las mehr und merkte, dass die Entwicklung meiner Persönlichkeit viel wichtiger war als in Größe sechsunddreißig zu passen.[40]

Eine 1994 durchgeführte Studie an Mädchen ergab signifikante Korrelationen zwischen Teilnahme am Wettkampfsport in der High School und besseren Noten, besserem Selbstbild, höheren schulischen Ambitionen und weniger Disziplinarproblemen.[41]

Mädchen, die Sport treiben, rauchen und trinken seltener. Sie zeigen mehr Selbstvertrauen, positivere Einstellungen zur Schule und weniger selbstzerstörerisches Verhalten.[42] 1997 fand eine vom *U. S. Department of Health and Human Services* durchgeführte Studie, dass weibliche Jugendliche ihren ersten Sexualverkehr auf einen umso späteren Zeitpunkt verschoben, je mehr Tage pro Woche sie sich sportlich betätigten. Im westlichen Staat New York (ein Gebiet mit einer der höchsten Zahlen von Teenager-Schwangerschaften in den Vereinigten Staaten) ergab eine Studie Indizien, dass mehr sportliche Betätigung bei weiblichen Jugendlichen *signifikant* mit weniger sexueller Aktivität und weniger Schwangerschaften zusammenhing.

High-School-Schülerinnen, die sich am Mannschaftssport beteiligen, brechen mit einer um vierzig Prozent geringeren Wahrscheinlichkeit die Schule ab und werden mit einer um dreiunddreißig Prozent geringeren Wahrscheinlichkeit schwanger. Dennoch stellte der *Surgeon General's Report on Physical Activity and Health* von 1996 fest, dass fast die Hälfte der jungen Menschen zwischen zwölf und einundzwanzig Jahren sich nicht körperlich bewegte – wobei die Mädchen und junge Frauen doppelt so häufig inaktiv waren wie Jungen und junge Männer.

Kinder müssen herumtoben und sich verausgaben, wenn sie gegen chronische Krankheiten gefeit sein sollen. Die Mädchen gefährden ihr Immunsystem, wenn sie jegliche körperliche Aktivität einstellen. Wie die Forschung zeigt, steigert leichtes bis mittleres Training die Ausschüttung von Interleukin-1, Interferon und »natürlichen Killer-Zellen«. »Es scheint also, dass mäßig intensives Training eine positive, hinausschiebende Wirkung auf Krankheiten wie Krebs oder Viruserkrankungen und Grippe besitzen könnte«, erklärten Patty Freedson und Linda K. Bunker dem *President's Council on Physical Fitness and Sports* in dem Sonderbericht »Körperliche Aktivität und Sport im Leben von Mädchen«. Chronische Krankheiten, von denen einige oft in der Kindheit und Adoleszenz einsetzen und später im Erwachsenenalter zum Ausbruch kommen, etwa Krebs, Diabetes, Osteoporose und Herzerkrankungen lassen sich durch körperliche Bewegung beeinflussen.

Bewegung ist auch für die Gewichtskontrolle von weiblichen Jugendlichen wichtig – und mit Sicherheit gesünder als Diäten, die die Gefahr von Essstörungen heraufbeschwören. Übergewicht ist laut Bunker und Freedson die häufigste chronische Krankheit unter nordamerikanischen Kindern. Heute sind fast doppelt so viele Kinder übergewichtig wie in den 1960er Jahren; besonders gefährdet sind Mädchen in den Städten. Kinder mit überdurchschnittlich viel Körperfett tragen ein erhöhtes Risiko für Bluthochdruck, erhöhtes Gesamtcholesterin und erhöhtes LDL-Cholesterin. Dies ist besonders gravierend, weil Kinder mit hohem Cholesterinspiegel im Erwachsenenalter fast dreimal häufiger zu viel Cholesterin im Blut haben als der Durchschnitt.

Sportlich inaktive Mädchen leiden stärker unter Menstruationsbeschwerden und Zyklusunregelmäßigkeiten. (Das ist interessant, wenn man sich ins Gedächtnis ruft, dass die Mediziner des 19. Jahrhunderts glaubten, Bewegung beeinflusse die Menstruation negativ.) Allerdings kann der Menstruationszyklus von Mädchen, die *zu viel* trainieren – etwa Hochleistungssportlerinnen oder Mädchen, die aus einer Zwangsstörung heraus trainieren – durcheinander geraten.

Der Körper braucht eine gewisse Menge Fett zur Östrogenproduktion, und ohne Östrogen findet keine Menstruation statt. Dem übertrainierten Körper mangelt es nicht nur an Fett, sondern auch an dem kostbaren Östrogen, was die Betroffenen dem Risiko eines Knochendichteverlusts aussetzt. »Triade der Sport treibenden Frau« ist ein Ausdruck für das Dreigespann aus Essstörung, Amenorrhö und Knochenmasseverlust, die häufig miteinander einhergehen. Eine Studie an Turnerinnen ergab, dass hundert Prozent von ihnen Diät hielten, zweiundsechzig Prozent eine extreme Gewichtskontrollmethode anwandten und trotzdem noch fünfundsiebzig Prozent von ihren Trainern zu weiterem Abnehmen gedrängt wurden. Balletttänzerinnen sind ähnlich anfällig für extreme Gewichtskontrollmethoden und für Essstörungen. Diese Krankheiten werden jedoch nicht durch Sport »verursacht«. Sie können vielmehr von psychischen Problemen ausgelöst werden; auch Appetit regelnde Neurotransmitter im Gehirn wie Serotonin, zu deren Verstoffwechselung Östrogen erforderlich ist, spielen eine Rolle.[43] In letzterem Fall ist der extreme Fettverlust verantwortlich. Endokrinologen empfehlen, bei Hochleistungssport treibenden Mädchen regelmäßig den Hormonspiegel zu überprüfen, um einem Östrogenmangel vorzubeugen.
Jungen legen nach der Pubertät an Kraft und kardiovaskulärer Fitness zu. Mädchen nicht. Der vierzehnte Geburtstag ist für sie ein einschneidendes Datum. Bis dahin nimmt die reifungsbedingte Kraft linear zu. Danach verlangsamt sich die Zunahme – und bei sportlich inaktiven Mädchen kann die Kraft sogar wieder abnehmen. Ohne regelmäßige sportliche Betätigung *verringert* sich bei heranwachsenden Mädchen die aerobe Kraft *stetig bis ins Erwachsenenalter*.[44] Bei Jungen derselben Altersspanne wurde dieser Trend nicht beobachtet. Doch die Abnahme der Ausdauer lässt sich durch aerobes Training umkehren, weshalb dieses für heranwachsende Mädchen *unabdingbar* ist. Ohne dieses Training verringert sich ihre kardiovaskuläre Fitness.
Die anaerobe Kraft – die Fähigkeit, eine anstrengende Aktivität in kurzen, explosiven Momenten auszuführen (beispielsweise die Fähigkeit zu einem Sprung in der Senkrechten) – nimmt bei Mädchen während der frühen Kindheit ebenfalls zu und dann in der

Adoleszenz und dem frühen Erwachsenenalter *ab*. Doch auch die anaerobe Kraft lässt sich durch Training steigern. Studien an Mädchen von zehn bis dreizehn Jahren ergaben, dass sie ihre anaerobe Kraft durch Training um bis zu zwanzig Prozent steigern können.

»Für ein angemessenes Knochenwachstum ist es wichtig, dass Kinder, insbesondere Adoleszente, regelmäßig (vorzugsweise täglich) eine körperliche Aktivität ausüben«, konstatiert der Fitness-Bericht des *President's Council*.[45] Die Knochendichte von Mädchen, die keinen Sport betreiben (und das sind wie erwähnt die meisten) fällt dramatisch. Mit sechzehn Jahren hat die Knochendichte von unsportlichen Mädchen in der Wirbelsäule bereits abgenommen! In der kurzen Zeit zwischen vierzehn Jahren, wenn die meisten mit dem Sport aufhören, und sechzehn Jahren verwandeln sich die Mädchen in Osteoporosekandidatinnen. Zu einer Zeit, in der sie Knochenmasse *gewinnen* sollten, verlieren sie sie – und warum? Weil sie Angst haben, groß und breit zu werden. Weil sie sich scheuen zuzunehmen, sich Muskeln zuzulegen, unweiblich zu erscheinen. Und wenn nicht etwas oder jemand gegen diese Furcht und diesen Schrecken einschreitet, erreichen sie vielleicht niemals die Spitzenknochenmasse.

Die Bedeutung von sportlichem Training für das Erreichen der maximalen Knochenmasse ist ein riesiger Faktor für die Knochengesundheit während der gesamten Lebensspanne, wie Spezialisten für die Endokrinologie des Fortpflanzungssystems versichern. Frauen, die während der Adoleszenz die Spitzenknochenmasse erreichen, tragen möglicherweise ein geringeres Fraktur- und Osteoporoserisiko im späteren Leben.

Eine im *Journal of Bone and Mineral Research* veröffentlichte Studie ergab, dass von zwei Gruppen – eine mit hoher und eine mit geringer Knochendichte – diejenige, deren Knochenmasse in der Pubertät einen geringeren Spitzenwert erreicht hatte, mehr Knochenbrüche im späteren Lebensalter aufwies. »Diese Befunde sprechen dafür, dass das Erreichen einer hohen Spitzenknochenmasse während der beiden ersten Lebensjahrzehnte wesentlich für die Verringerung des Frakturrisikos im späteren Leben ist«, wie Endokrinologen über Bewegung und Knochengesundheit schrieben.[46]

Wie Avery Feigenbaum, Professor für Sportphysiologie an der Universität von Massachusetts in Boston, erklärt, reagieren Knochen *hoch empfindlich* auf ein Belastungstraining während der Kindheit und Adoleszenz. Diese Phase ist der »ideale Zeitraum, um die Knochenmineraldichte zu steigern und die so genannte Knochenbank aufzubauen«.[47]

Das schrumpfende Mädchen trägt ein hohes Risiko, zur schrumpfenden Frau zu werden. Studien zufolge werden aus sportlich inaktiven Mädchen wahrscheinlich sportlich inaktive Frauen. Dies könnte durchaus der Grund dafür sein, dass Frauen so anfällig für Osteoporose sind: Sie waren einfach ihr Leben lang nicht ausreichend körperlich aktiv. Im Interesse der »Weiblichkeit« halten sie sich unterentwickelt und körperlich anfällig. Ihre Knochen sind poröser, als sie sein müssten.

Mit sechzehn Jahren sind Mädchen bereits auf dem »besten« Weg zu Knochenbrüchen, eingebrochenen Rückenwirbeln und dem gefürchteten »Witwenbuckel«, der nicht etwa (wie man lange glaubte) Ausdruck des normalen Alterungsprozesses ist, sondern eine Skelettdeformation. Mädchen blüht dieses Schicksal nicht etwa, weil sie von Natur aus schwächer wären als Jungen, sondern weil sie sich selbst dazu *machen*.

College-Sportlerinnen tragen ein fünfmal höheres Risiko für schwere Knieverletzungen beim Fußball, Volleyball und Basketball als Männer. Sie erleiden zudem häufiger Belastungsfrakturen und Verletzungen der Rotatorenmanschette.

Jo Hannafin, Leiterin der Orthopädie an der *Women's Sport Medicine Clinic* des *Hospital for Special Surgery* in New York, fordert Krafttraining für Mädchen, um solchen Verletzungen vorzubeugen. Kurzum, sie brauchen mehr sportliche Förderung in früherem Alter, besseres Training, bessere Trainer und bessere Ausstattung.

Mädchen, die in der Adoleszenz mit dem Sport aufhören, nehmen sich möglicherweise auch intellektuell die Butter vom Brot.

Neuere Forschungsarbeiten weisen gegenwärtig auf dramatische Veränderungen der kognitiven Gehirnfunktionen im Zusammenhang mit körperlicher Bewegung hin.[48] Eine 1997 erschienene »Meta-Analyse« der Ergebnisse von hundertvierunddreißig Studien spricht dafür, dass sich sowohl einzelne Trainingseinheiten als auch Trainingsprogramme über längere Zeit günstig auf die kognitive Leistung auswirken.[49]

Als einer der ersten Psychologen vermutete Jean Piaget, dass die motorische Entwicklung eine wichtige Determinante der intellektuellen Entwicklung ist.[50] Seit seinen Untersuchungen in den 1930er Jahren wurden zahlreiche Theorien über den Einfluss des Körpers auf den Geist entwickelt, doch bis vor kurzem waren die Mechanismen hinter einem möglichen Kausalzusammenhang unbekannt. Durch die Fortschritte der Neuropsychologie sind die Forscher gegenwärtig den Mechanismen auf der Spur, die einen solchen Zusammenhang erklären könnten. Einer hängt mit der Gehirndurchblutung zusammen. Forschungsarbeiten an Menschen zeigten, dass mittel- bis hochintensives Training die Durchblutung des Gehirns massiv steigert. Dies wiederum kann die kognitive Leistungsfähigkeit fördern, weil das Gehirn besser mit Nährstoffen versorgt wird.

Die Neurotransmitter des Gehirns beeinflussen ebenfalls die Verbindung Gehirn-Körper. Unmittelbar nach einer intensiven Trainingseinheit werden stimmungshebende Endorphine ausgeschüttet. Häufiges oder so genanntes chronisches Training steigert nachgewiesenermaßen die Ausschüttung von Noradrenalin, einem Neurotransmitter, der mit besseren Gedächtnisleistungen zusammenhängt.

Einem weiteren verblüffenden Befund zufolge kann körperliche Betätigung zu *dauerhaften strukturellen Veränderungen im Gehirn* führen. Studien an körperlich aktiven Ratten zeigen ein Ansteigen der Blutgefäßdichte im Cortex. Die Kosten dieser neurophysiologischen Forschung sind hoch, und weitere Arbeiten sind nötig, doch die ersten Ergebnisse sprechen dafür, dass Training Veränderungen entweder im Gehirn selbst oder im Gehirnmilieu herbeiführen kann und dass diese Veränderungen die Hirnleistung höchstwahrscheinlich positiv beeinflussen. Anderen Studien zufolge erbringen mehrjährige Trainingsprogramme die größten kognitiven Leistungszuwächse.

Im Gegensatz zu dem Stereotyp vom »dummen Muskelprotz« deuten die meisten Studien seit Jahren auf eine Korrelation zwischen sportlichem und schulischem Erfolg hin. Zahlreiche Untersuchungen bestätigten, dass sportliche Mädchen eine längere Schulbildung absolvieren und bessere Leistungen zeigen als körperlich inaktive Mädchen. Viele High-School-Sportlerinnen erzielen bessere Noten bei standardisierten Tests, ihre Schulabbrecherquote ist geringer, und sie wechseln häufiger aufs College über als ihre nichtsportlichen Altersgenossinnen.[51] Wenn man nun bedenkt, was die gelernte Schwäche allein schon der Gehirn- und Knochenentwicklung der Mädchen antut, dann ist die Inaktivität heranwachsender Mädchen kaum weniger als eine nationale Gesundheitskrise. Ursache dieser Krise ist geschlechterspezifische Diskriminierung.

Worauf ich in diesem Kapitel hinauswill, ist nicht bloß, dass Mädchen fähig sind zu sportlicher Aktivität, sondern dass sie fähig sind zu *Aktivität*. Punktum. Ich rede von der Entwicklung von Knochen und Muskeln und Bändern, der Fähigkeit des Gehirns, mit den Gliedmaßen zu kommunizieren, sie reibungslos und im Einklang miteinander funktionieren zu lassen. Und schließlich rede ich von den körperlichen, geistigen und emotionalen Verlusten, die eintreten, wenn Körper und Gehirn niemals zu dem komplexen Tanz aufgefordert werden, der die physische Intelligenz hervorbringt.

Die Idee von »Mädchenspielen« und »Jungenspielen« ist reichlich strapaziert worden. Jungen lernen, hart zu sein, Gangsta-Rapper zu werden, Muskeln anzusetzen, Sex mit Gewalt zu verwechseln. Wenn sie in die Pubertät kommen, beschäftigt sie für ihr Selbstbild nichts so sehr wie Körpervolumen. Sie wollen *groß und breit* sein. Mädchen lernen, passiv zu sein, von der Zeit zu träumen, wenn sie Mütter mit Babys oder Barbies mit Verabredungen sein werden. Sie wollen *klein und schmal* sein. Deshalb machen sie schon mit sieben oder acht Jahren Diäten. (Einer Studie zufolge halten fünfzehn Prozent aller neunjährigen und achtzig Prozent aller elfjährigen amerikanischen Mädchen Diät, um abzunehmen.)

Eltern werden jeden Eid darauf leisten, dass all dies natürlich und unvermeidlich ist, dass ihre Jungen schon mit achtzehn Monaten Sattelschlepper fahren wollten und dass ihre Mädchen sich nichts sehnlicher wünschten als mit Babypuppen zu spielen, die in die Windel machen können. Doch diese geschlechterspezifischen Extreme bei kleinen Kindern sind kulturell bedingt. Es ist für Eltern oft schwer zu verstehen, wie tief greifend unsere geschlechterspezifischen Fixierungen uns beeinflussen und dass wir sie so fest verankern, dass sie sich noch in die Träume unserer Kinder schleichen. Die Vorstellung, dass Mädchen klein und zart zu sein hätten, um weiblich zu sein, schadet ihnen – physisch, emotional und intellektuell.

Drei
Die Mädchen aus der Puppenecke holen

Die Kleine ist kaum über das Kleinkindalter hinaus. Sie nähert sich einem 2,70 Meter hohen Maschendrahtzaun, der den Spielplatz umgibt, steckt einen Turnschuh in eine Drahtmasche und beginnt Hand über Hand zu klettern, bis sie über der Kopfhöhe ihrer Mutter ist, dann aus deren Reichweite, bis sie schließlich dem Himmel ganz nahe ist. Die Szene hat etwas Merkwürdiges, sogar für die Mutter des Kindes. Sie hat noch nie ein Mädchen in diesem Alter so was machen sehen. Sie hat noch nie einen Jungen in diesem Alter so was machen sehen. Sie steht unter ihrem Kind, den Kopf zurückgelegt, versucht sich einzureden, dass dem Mädchen nichts passieren wird. Sie rechnet sich aus, dass bei einem Abgleiten nichts außer ihr seinen Sturz bremsen könnte. »Guck mal! Mama! Guck!« Das kleine Mädchen ist ganz begeistert von seiner Klettertour, und seine Mutter möchte weder Angst noch Zweifel zeigen. Sie möchte ihr Kind in seiner Abenteuerlust bestärken, sich dabei aber auch nicht unklug verhalten. Was soll sie tun? Sie überlegt, dass sie ihre Tochter aufzufangen im Stande wäre, sollte diese fallen. Sie braucht nur den Mut, nicht in Panik zu geraten.

Die Woche war noch nicht herum, und das Mädchen kletterte auf den oberen Rand des Zaunes und wollte auf der anderen Seite hinunterklettern. Keine Spur von gehemmter Intentionalität.

Die Zaunbezwingerin war Rachel. Ich ließ sie Dinge tun, die mir als Kind nie erlaubt worden wären. Ich tat das aus dieser besonderen Ambivalenz hinsichtlich der Kindererziehung heraus, die jungen Eltern in den 1970er Jahren zu schaffen machte, und genauso sehr aus der feministischen Überzeugung heraus, dass ein Mädchen das Recht auf die Entwicklung gleicher Stärke hatte. Wir wollten unsere Kinder nicht den Einschränkungen und dem Gehorsamsgebot unterwerfen, die uns unsere Eltern auferlegt hat-

ten, aber wir waren uns nicht sicher, wie weit wir unsere Sprösslinge gehen lassen konnten.
So kam es, dass wir uns oft auf die Zunge bissen und die Nägel in die Handballen gruben, wenn wir uns hinter das Recht des Mädchens stellten, sich zu entfalten, seine Interessen zu verfolgen – »ihre eigene Persönlichkeit zu entwickeln«, wie wir im damaligen Jargon sagten.
Wir waren die Generation der Mütter, die sich den Kopf darüber zerbrach, ob sie ihren kleinen Mädchen erlauben sollte, mit Barbie zu spielen, und ob GI Joe unsere kleinen Jungen in Macho-Monster verwandeln würde. Die Geschlechterdifferenz, die diese Spielzeuge sinnfällig machten, war lächerlich und beunruhigend zugleich. Wir wollten unsere Kinder zu einem breiteren Verhaltensspektrum ermutigen. Mädchen sollten mit Lastern spielen können, und Jungens sollten weinen dürfen. Marlo Thomas' beliebte Schallplatte für Kinder *Free to Be You and Me* und Fernsehsendungen wie *Sesamstraße* spiegelten die neuen, lockereren Einstellungen hinsichtlich geschlechterspezifischer Eigenschaften wider. Und diese Einstellungen trugen zu einem unvorhersehbaren, aber tief greifenden Wandel bei. In den 1990er Jahren beobachteten die Mütter, dass sich ihre Töchter für die kräftezehrendsten Aktivitäten ihrer Brüder zu interessieren begannen: Football, Eishockey und Fußball. Gegen Ende des Jahrhunderts gehörten diese Sportarten nicht mehr allein den Jungen. Die Mädchen waren über so altertümliche Aktivitäten wie das Cheerleading hinaus, weit hinaus. Toreschießen, Tackling und Kopfstöße machten mehr Spaß.

Wahrgenommene körperliche Kompetenz

Selbstachtung, Selbstvertrauen und Wahrnehmung von Kompetenz – all dies spricht für gute Leistungen bei körperlicher Aktivität und Sport. Umgekehrt gilt dasselbe: Körperliche Aktivität ist ein Vorhersagefaktor für psychisches Wohlbefinden – bei Kindern wie bei Erwachsenen. Neuere Studien ergaben, dass körperliche Betätigung die Selbstachtung von Mädchen in Kindheit und Adoleszenz steigert. »Es scheint ein zyklischer Zusammenhang vorzuliegen«, urteilt der *President's Council on Physical Fitness and Sports*. »Eine bessere Wahrnehmung der eigenen Person und der eigenen Fähigkeiten führt zu gesteigerter Anstrengung, Ausdauer und Leistung, wovon wiederum die Selbstwahrnehmung profitiert. Die Rolle von Bezugspersonen trägt entscheidend dazu bei, diesen Zyklus positiv zu beeinflussen.«[1]

Heute stellen fast alle kognitiven Motivationstheorien die Bedeutung von *Erwartungen*[2] und der Situationsinterpretation der Person heraus. »Das heißt, was die Person für wichtig hält, *ist* wichtig«, meint Diane Gill, Professorin für Trainings- und Sportwissenschaften. »Wenn Sie erwarten, vom Schwebebalken zu fallen, tun Sie es wahrscheinlich.«[3]

Von seinen ersten Tagen an lernt das Kind, ein Repertoire angemessener Verhaltensweisen aufzubauen und Verhaltensweisen zu unterdrücken, die als nicht geschlechterrollenkonform gelten. Schon vierjährige Jungen nehmen sich als körperlich stärker wahr als Mädchen, und Mädchen nehmen sich als schwächer wahr als Jungen, obwohl in Wirklichkeit keinerlei diesbezüglicher Unterschied besteht.

Ein Forscher verfolgte zehn Kindergruppen vom Kindergarten bis zur vierten Klasse und stellte fest, dass in neun der zehn Gruppen die Jungen ihre Kompetenz höher einschätzten. Eine andere Studie ermittelte die Leistungserwartungen von Dritt- bis Siebtklässlern bei Aufgaben mit geschlechterspezifischem Einschlag. Die Mädchen sagten niedrigere Punktzahlen sowohl bei tanz- als auch footballbezogenen Aufgaben voraus, obwohl ihre tatsächlichen Leistungen denen der Jungen gleichkamen.

Mehr Mädchen als Jungen erwarten, beim Sport und in Wettkämpfen schlecht abzuschneiden, und mehr Frauen als Männer glauben, keine sportlichen Fertigkeiten entwickeln oder ein Trainingsprogramm durchziehen zu können. »Dieser geschlechterspezifische Einfluss auf die Erwartungen und das Selbstvertrauen ist einer der wichtigsten Faktoren, die im Hinblick auf die Leistung zu berücksichtigen sind«, meint Gill, »insbesondere im Bereich der physischen Aktivität.«[4]

Ein niederschmetternder Einflussfaktor für die Erwartungen von Jungen und Mädchen sind die unterschiedlichen Maßstäbe, die an ihre Fitness angelegt werden. Die Messlatte liegt bei den Jungen höher. Eine Forschergruppe ging der Frage nach, ob es tatsächlich ausreichend Unterschiede in den Leistungen von Jungen und Mädchen zwischen zehn und dreizehn Jahren gab, die eine solche allem Anschein nach diskriminierende Praxis rechtfertigten. Ganz kurz gesagt: Sie fanden *keine* signifikanten Unterschiede. Der maximale Sauerstoffverbrauch beispielsweise gilt als der beste Einzelindikator für kardiovaskuläre Ausdauer. Unter Berücksichtigung des Körpergewichts war der Sauerstoffverbrauch von präpubertären Jungen und Mädchen ähnlich. Ebenso gab es kaum Unterschiede bei der maximalen Herzfrequenz sowie der muskulären Kraft und Ausdauer. Die größte Kraftveränderung tritt bei Jungen zwischen dreizehn und vierzehn Jahren ein; sie wird der in der Pubertät einsetzenden Testosteronproduktion zugeschrieben. Doch der Einfluss dieses Hormonschubs auf die körperliche Leistungsfähigkeit der Jungen gegenüber der von Mädchen wird möglicherweise überbewertet. Erst kürzlich wurde entdeckt, dass auch bei Mädchen in der Pubertät eine relativ zur Östrogenproduktion deutliche Steigerung der Testosteronproduktion stattfindet.[5] Ein gewichtigerer Faktor für das mädchentypische körperliche Zurückfallen in der Adoleszenz ist das fehlende Ausdauer- und Krafttraining. Mädchen verfügen in allen Altersstufen über größere Elastizität, über einen größeren Bewegungsspielraum der Gelenke als Jungen. Die Autoren der einschlägigen Studie wollten jedoch Jungen und Mädchen einer Middle School in Illinois mit der »Physical Best«-Testbatterie testen. Die Sportlehrer lernen in ihrer Ausbildung und Praxis, dieses Fitness-Messinstrument anzuwenden. Die Testbatterie umfasste ursprünglich fünf Einzeltests: eine Meile gehen / laufen, Sit-ups, Klimmzüge, Strecken im Sitzen und körperliche Konstitution. Letzterer wurde schließlich herausgenommen, weil er sich als unzuverlässig erwies. Die Anweisungen für die verbleibenden vier Tests verlangen von den Probanden, sich »so sehr wie möglich anzustrengen« – mache so viele richtige Sit-ups und Klimmzüge wie du kannst; gehe oder laufe so schnell du kannst; beim Elastizitätstest: strecke dich so weit du kannst. Da es zu jeder Aufgabe Kriterien für Jungen und für Mädchen gibt, erhoben die Autoren die individuellen Punktzahlen und erstellten zusätzlich eine Tabelle der prozentualen Anteile der Jungen *und* der Mädchen, die die (höheren) Kriterien für Jungen erreichten oder übertrafen.

Die Ergebnisse ihres Tests waren erhellend, gelinde gesagt. Beim Gehen / Laufen bewiesen die Mädchen durchgängig, dass sie die Jungenkriterien zu erreichen oder zu übertreffen vermochten. Bei den Sit-ups unterschieden sich die zehn- und elfjährigen Jungen und Mädchen nicht signifikant. Mit zwölf Jahren lagen beide Geschlechter zu Schuljahresbeginn gleichauf, doch gegen Ende des Jahres zogen die Jungen vorbei und blieben mit dreizehn Jahren vorn. (Es wäre eine Spekulation wert, warum der Fortschritt der Mädchen in der Bauchmuskelausdauer sich mit dreizehn abzuflachen beginnt – zumindest wenn sie ihre Bauchmuskeln *gebrauchten*.) Bei den Klimmzügen waren die Jungen signifikant besser als die Mädchen *außer in der Altersgruppe der Elfjährigen,* wo beide gleichauf lagen. (Die Studie zeigte, dass sehr wenige Kinder beider Geschlechter überhaupt Klimmzüge zu Stande brachten.) Bei dem Strecktest der Elastizität waren die Mädchen den Jungen weit voraus (wie schon erwähnt).

Doch dann kommt das außergewöhnliche Fazit: Bei den Prozentsätzen der Kinder, die die Jungenkriterien erreichten, lagen die Mädchen vor den Jungen! Mit zwölf und dreizehn fielen sie bei den Sit-ups zurück, und nur eine Hand voll schaffte das Jungenkriterium bei den Klimmzügen, doch ihre Gesamtwerte waren so hoch, dass sie mit Abstand die Siegerinnen wurden. Es liegt also, mit den Worten der Forscher, folgende Frage auf der Hand: »Wenn präpubertäre Mädchen physiologisch leistungsfähig sind und Daten mehrerer Studien keine signifikanten Unterschiede zwischen der Leistung von Jungen und Mädchen in Fitnesstests ergeben haben, *warum weichen dann die Standards amerikanischer Fitness-Tests für Jungen und Mädchen desselben Alters so deutlich voneinander ab?*«[6]

Zu ergänzen wäre die viel beunruhigendere Frage: Was vermitteln diese unterschiedlichen Fitnessmaßstäbe Mädchen hinsichtlich ihrer Fähigkeiten? Die Unterschiede zwischen dem Leistungsniveau von Jungen und Mädchen könnten auch noch *nach* der Pubertät stark von gesellschaftlichen Erwartungen beeinflusst sein. 1988 riefen zwei Sozialwissenschaftler zur Veränderung auf: »Viele Eltern, Lehrer, Trainer und Altersgenossen tun nach wie vor so, als sollten Mädchen nicht im selben Umfang und auf demselben Niveau trainieren und Sport treiben wie Jungen«, bemerkten sie. »Mädchen engagieren sich, bringen Leistung, trainieren, konkurrieren und verhalten sich exakt so, wie es die Gesellschaft erwartet. Das Ergebnis sind verringerte körperliche Aktivität und Bewegung, was wiederum zu geringerer gesundheitsrelevanter Fitness und schlechteren sportlichen Fertigkeiten führt.«[7] Dennoch wurden die diskriminierenden Fitnesstests in den Turnhallen der Middle Schools Amerikas acht Jahre später immer noch angewandt. Die unzweifelhafteste »wahrgenommene Ursache« von sportlichem Versagen bei Mädchen ist der Umstand, ein Mädchen zu sein und zu glauben, konstitutionell weniger leistungsfähig zu sein als ein Junge.[8] Psychologen zufolge leisten Menschen, die ein Versagen mangelnden Fähigkeiten zuschreiben, meistens weniger – hauptsächlich, weil sie zu rasch aufgeben. Sehr erfolgreiche Menschen, die diesen Erfolg ihrem eigenen Bemühen zuschreiben, strengen sich meist besonders an, um ihre Ziele zu erreichen. Mädchen wachsen in dem Glauben auf, dass körperliche Anstrengungen bei ihnen zwecklos sind.

Der Coaching-Faktor

Die Basketball-Trainerin Mariah Burton Nelson muss sich sehr ins Zeug legen, um Mädchen und Frauen über ihre gelernten Einschränkungen hinauszuschieben. Ein Beispiel: Sie zeigen große Abneigung gegen die Abwehrstellung; dabei muss die Basketballspielerin tief in die Hocke gehen, die Beine gespreizt, die Knie weit geöffnet, die Hände in Bereitschaft, um einen Pass oder Schuss abzuwehren – aus dieser Haltung heraus kann die Spielerin auf jeden Zug des Angreifers rasch reagieren. Frauen hassen die Abwehrstellung von Anfang an, erklärt Nelson. »Es sind die gespreizten Beine. Es ist nicht damenhaft, seine Beine so breit zu machen.«

Frauen haben Probleme mit dem »Großsein«. Ihnen ist es unangenehm, sich lang und breit zu fühlen und laut zu schreien. Es ist ihnen unangenehm, viel Raum einzunehmen. Doch Raum ausfüllen und aggressiv sein ist im Sport wichtig – im Basketball beispielsweise, wo man im Stande sein muss, »einen Rebound zu schnappen, als wäre man am Verhungern und der Ball die letzte Kokosnuss am Baum«, wie Nelson sagt. Mädchen, die zur Weiblichkeit erzogen wurden, fällt aggressives Draufgängertum während des Spiels nicht leicht. »Man muss entscheiden, wo man hinwill, dann dorthin kommen und sich von niemandem aus dem Weg stoßen lassen. Man muss laut schreien, um den Teamkameradinnen mitzuteilen, wer die Linie durchbricht oder wer für einen Wurf frei steht.«

Die Mädchen stehen heute an einem Scheideweg. Ausschlaggebend ist, wie Eltern und Coachs auf ihre körperliche Entwicklung reagieren. Mädchen brauchen noch immer mehr Lob und Ermunterung seitens der Erwachsenen als Jungen, und bis sie über dieses Bedürfnis hinauswachsen (und der Sport wird ihnen dabei helfen), lässt sich die Qualität des erhaltenen Coachings gar nicht überschätzen. Trainereinstellungen beeinflussen nicht nur, *wie* sich Mädchen körperlich entwickeln, sondern sogar *ob* sie sich körperlich entwickeln.

Bei jüngeren Mädchen gründet das durch Sport erwerbbare Selbstwertgefühl in der Herausforderung, der Leistung, der erfahrenen Risikobewältigung und der Entwicklung von Fertigkeiten, wie Studien zeigen. Adoleszente Mädchen nennen dieselben Quellen für ihr Selbstwertgefühl, geben jedoch zusätzlich an, sich aufgrund der Bestätigung durch andere für gute Sportlerinnen zu halten. Adoleszente Jungen dagegen zeigen relativ wenig Interesse an der Anerkennung anderer; sie messen ihre körperliche Kompetenz eher an Wettkampfergebnissen und daran, wie leicht ihnen das Erlernen einer Fertigkeit fällt. Eltern, Lehrkräfte sowie Trainer und Trainerinnen müssen sich bewusst sein, dass es beim Training von Mädchen ganz wichtig ist, das Leistungsfeedback mit Lob zu verknüpfen. Und sie müssen sich bewusst sein, dass sie sie fordern müssen und sie nicht verhätscheln dürfen.

Was Mädchen als mangelnde Ermutigung wahrnehmen, stellt sich häufig als Kritik und sogar verbale Misshandlung durch Trainer und Eltern dar. Beim Tee Ball, einer Abart des Baseballs für fünf- bis sechsjährige Jungen und Mädchen, machen Trainer und Eltern in manchen Gemeinden deutlich, dass sie nicht übermäßig an den spielenden Mädchen interessiert sind. Und nicht, weil sie nicht werfen könnten. Mädchen, die im Umgang mit Jungen Stärke, Kraft oder Körpereinsatz zeigen, laufen Gefahr, an den Rand gedrängt zu werden. »Ich weiß, dass es den Jungen nicht gefällt, dass ich schneller laufe als sie«, sagte Amanda, die schnellste Läuferin in der siebten Klasse. »Aber ich tue es.«

»Unsere ursprüngliche Erwartung war, dass Tee Ball den Mädchen eine beschützende Umgebung bieten könnte, in der sie ihre sportlichen Fertigkeiten entwickeln können«, erklärte Melissa A. Landers von der Universität von Georgia, die eine Tee-Ball-Gruppe des YMCA während der Frühjahrssaison 1993 beobachtete. »Dies war nicht der Fall.«[9] Die meisten Mädchen besaßen beispielsweise keinen eigenen Baseball-Handschuh – nach Vermutung der Forscher ein Zeichen, dass die Eltern die Betätigung ihrer Töchter nicht ernst nahmen. Noch schlimmer war, dass die Trainer ihre kleinen Schützlinge nicht ernst nahmen, nicht einmal die Trainerinnen. »Keines der Mädchen will mitmachen«, äußerte eine Trainerin zu Landers, »nicht ein einziges. Würde ich einen Maltisch in die Ecke stellen, wären alle Mädchen dort … Die Väter nehmen ihre Söhne mit nach draußen, um mit ihnen Werfen zu üben. Die Mädchen bleiben drinnen und spielen mit Puppen.«

In diesem Jahrzehnt fand der Aufsehen erregende Einbruch der Frauen in den Basketball, das Eishockey und den Fußball statt, und nicht eines der kleinen Mädchen wollte Tee Ball spielen? Sie *alle* wollten drinnen bleiben und mit Puppen spielen? Dass diese Äußerung von einer Trainerin stammte, machte sie zu einem noch traurigeren Zeugnis für das anhaltende Denken in Stereotypen. »Die Einstellungen der Trainer zu Baseball spielenden Mädchen hinderte sie daran, aktives Interesse an der sportlichen Entwicklung der Mädchen zu nehmen und fixierte ihr Augenmerk stattdessen auf die Aufmerksamkeits- und Verhaltensdefizite, die sie bei den Mädchen wahrnahmen«, fasst Landers zusammen.[10] In der untersuchten Tee-Ball-Gruppe maßregelten die Trainer die Mädchen häufiger und strenger als die Jungen – und oft für dasselbe Verhalten, das sie den Jungen durchgehen ließen. Wenn sie nicht einzelne Mädchen kritisierten, gaben sie globale Urteile über Mädchen ab, die diesen Inkompetenz unterstellten. Als einer der männlichen Trainer einen Ball fallen ließ, den er hatte werfen wollen, sagte er: »Guckt mal, ich werfe wie ein Mädchen.« Offensichtlich war ihm sein Missgeschick so peinlich, dass er sich gezwungen fühlte, die Szene ins Lächerliche zu ziehen: »Er verdrehte seine Arme und warf den Ball unbeholfen Helen zu [einem Kind], die vor ihm stand.« Dieser erwachsene Mann lenkte die Aufmerksamkeit von seinem eigenen Fauxpas ab, indem er eines der Mädchen als »Requisite zur Veranschaulichung dessen eigener Inkompetenz« in die Szene einbrachte, wie Landers in ihren Feldnotizen schrieb.

Dieser Trainer hätte besser daran getan, seine eigenen Fertigkeiten zu schulen, stattdessen benutzte er die Mädchen, um über sein Ungeschick hinwegzutäuschen. Als er den Ball ein weiteres Mal fallen gelassen hatte, sagte er zu einem der Mädchen: »Ich bin ein kleines Mädchen. Ich kann den Ball nicht fangen.« Ein derartiges Nachäffen vermittelt Mädchen offensichtlich eine eindeutige Botschaft – nicht nur hinsichtlich ihrer Fähigkeiten, sondern vor allem hinsichtlich ihres persönlichen Wertes. Dieser Trainer gab seinen Mädchen zu verstehen, dass sie minderwertig und schwach waren, nicht zu verwechseln mit starken, kraftvollen Jungen. Die Gehirnwäsche funktionierte. Die Behandlung durch den Trainer und die ablehnende Einstellung der Jungen im Team trugen dazu bei, dass das Interesse der Mädchen im Verlauf der Saison schwand.

»Schon mit neun Jahren lernte ich meinen Körper kennen, wie ihn sonst nur ein Athlet oder ein Tänzer kennen lernt«, schrieb Michael Oriard, ehemaliger Kansas City Chief und jetziger Englischprofessor. »Durch Football lernte ich ... dass sich mein Körper als Kraft einsetzen ließ, dass meine Schultern, mein Rücken, meine Hüften und Beine, in gerader Linie gegen die Beine eines Ballträgers eingesetzt, ihn ganz leicht zu Fall bringen konnten.«[11]

Der Entwicklungspsychologe John Shotter stellte diese Art typischer Jungenerfahrungen in einen kulturellen Kontext und spricht von einer »politischen Ökonomie der Entwicklungsmöglichkeiten«. Nicht jede/r hat Zugang zu Wachstumschancen, will er damit sagen. Sowohl das soziale Geschlecht als auch die soziale Klasse machen etwas aus. Die Entwicklung »persönlicher Kräfte«, die Oriard schon mit neun Jahren begeisterte, erfordert die entsprechende Gelegenheit. Sie erfordert Training und Anleitung, und sie erfordert, dass andere Menschen »anerkennen, was an dem Tun eines Kindes geschickt und wertvoll ist, und es hochhalten, damit das Kind sich selbst Anerkennung zollen und Freude daran haben kann«.

Aus dieser Quelle, so meint Shotter, speist sich der Wunsch eines Jungen oder eines Mädchens, seine natürlichen Anlagen zu persönlichen Fertigkeiten weiterzuentwickeln.

Sehen wir uns an, welche Wirkung ein positives Coaching auf eine Achtklässlerin in Georgia hatte. Tonya Butler, Kapitänin eines Fußballteams der Zwölf- bis Vierzehnjährigen, sah eines Nachmittags beim Football-Training zu. Ein Junge nach dem anderen scheiterte an der scheinbar einfachen Aufgabe, den Ball zwischen den Torstangen durch zu kicken, also einen Extra Point zu machen. Einer der Trainer rief zu ihr herüber: »Tonya, du spielst doch Fußball. Komm doch bitte mal rüber!«[12]

»Ich dachte, er würde nur Witze machen«, sagte Tonya. »Deshalb ging ich in einer Getränkepause aufs Feld, um zu kicken – und ich traf. Da sagte der Trainer ganz überrascht: ›Geh mal weiter zurück!‹ Erst von der 35-Yard-Linie schoss ich schließlich daneben.« Er sagte bloß noch: »Geh dir eine Ausrüstung holen.« (Dies fand entscheidende fünf Jahre nach den demütigenden Erfahrungen der kleinen Mädchen auf dem Tee-Ball-Spielfeld statt.)

In der zehnten Klasse, nachdem sie im Football-Team der Riverdale High School sieben von acht Field-Goal-Versuchen und 28 von 31 Extra Points gemacht hatte, wurde Tonya das erste Mädchen, das es je in die Staatsauswahl schaffte. Mit 1,65 Meter und 56 Kilo ist Tonya bereit, »Neuland zu erschließen«, wie ihr

Trainer sagt. Das außer Tonya nur aus Jungen bestehende Team liebt sie. Der Quarterback bemerkt stolz, dass sie keine Pausen bekommt, nur weil sie ein Mädchen ist. »Sie tut, was sie tun muss«, sagt er. »Ich wünsche mir niemand anderen, der für uns kickt.« Dass Tonya von ihren Mannschaftskameraden akzeptiert wurde, war eindeutig auf die Begeisterung zurückzuführen, die ihr männlicher Trainer ihr entgegenbrachte.

Nicht alle Trainer wissen diese geschlechterbezogene Neutralität in jeder Lage zu wahren. Tawana Hammond aus Union Bridge in Maryland war eines der hundertneun Mädchen, die 1989 in den Vereinigten Staaten High-School-Football spielten. Bei einem Tackling in einem Spiel erlitt sie schwere innere Verletzungen; ihr mussten die Milz und die halbe Bauchspeicheldrüse entfernt werden. Obwohl Football spielende Mädchen nicht häufiger verletzt werden als Football spielende Jungen, erhob die geschlechterspezifische Diskriminierung anlässlich dieses Zwischenfalls erneut ihr hässliches Haupt.

Tawana erfuhr wenig Sympathie von »vielen Leuten«, die der Meinung waren, »sie hätte ohnehin nicht dabei sein sollen«, wie der Bürgermeister von Union Bridge sagte. »Eine Frau, die ein Männerspiel spielt – das hat in dieser Gemeinde viel böses Blut gegeben.«[13] Sogar der Trainer konnte sich Tawana gegenüber nicht die Bemerkung verkneifen: »Du weißt, dass du ein großes biologisches Handicap hast, weil Frauen nicht so kräftig sind wie Männer.«

Na ja, nicht so kräftig wie *manche* Männer vielleicht. Niemand spricht von den »großen biologischen Handicaps« der kleineren, schwächeren Jungen und Männer, die sich tagtäglich beim Football Verletzungen zuziehen. In der Saison 1992 erlitten einundzwanzig Prozent der Spieler in der National Football League Verletzungen, die sie für mindestens ein Spiel außer Gefecht setzten.[14] Bei diesem Sport sind Verletzungen an der Tagesordnung; schließlich muss der Körper, ob männlich *oder* weiblich, etliche Schläge einstecken. Sechsundfünfzig Prozent der ehemaligen Footballspieler leiden unter dauerhaften Folgeschäden. Die durchschnittliche Lebenserwartung eines Profifootballspielers beträgt sechsundfünfzig Jahre! »Um die Wahrheit zu sagen, die *Männer* sind zu schwach, um Football zu spielen«, findet Mariah Burton Nelson. Doch abgesehen von der Frage, ob Football noch etwas mit gesundem Menschenverstand zu tun hat, deutet die Tatsache, dass immer mehr Mädchen in die Schulmannschaften eintreten, darauf hin, dass die geschlechterspezifische Diskriminierung zusammenbricht.

Manchen Trainern ist bewusst, dass die motorischen Defizite von Mädchen darauf zurückzuführen sind, dass sie an sportlichen Aktivitäten gehindert werden. Sie organisieren deshalb Programme, um die Kluft zwischen den Geschlechtern zu schließen. In seinem Trainingszentrum in Orlando in Florida bietet der Kraft- und Konditionstrainer des amerikanischen Frauenfußballteams, Dave Oliver, Ausdauertraining für Mädchen ab acht Jahren an. Dazu gehören Übungen, die sich das eigene Körpergewicht zu Nutze machen, etwa Liegestütze. Bei Mädchen zwischen acht und elf Jahren legt Oliver das Schwergewicht auf neuromuskuläre Aktivität und Schnelligkeitstraining, »um ihnen schnelle Stopps und Wendungen beizubringen, um ihr Gleichgewicht und ihre Wendigkeit zu schulen«.[15]
Sportinteressierte Mädchen sollten laut Oliver mit zwölf Jahren anfangen, mit Gewichten zu trainieren. Zwischen zehn und zwölf sollten sie draußen auf dem Spielfeld Sprunglauf, Hochweitsprünge mit Landen in der Hocke und Kniehebelauf üben.
In ihrem Bericht an den *President's Council* mit dem Titel »Physische Aktivität und Sport im Leben von Mädchen« betonte Professor Margaret Carlisle Duncan von der Universität von Wisconsin die Notwendigkeit, Mädchen Gelegenheit zur Entwicklung ihrer körperlichen Fertigkeiten zu geben. Dies wird nur zu realisieren sein, wenn wir die geschlechterspezifische Diskriminierung abschaffen. Duncan stellte die folgenden Leitlinien für Lehrkräfte, Eltern, Sportlehrer und Trainer zusammen:

1. Es ist unabdingbar, geschlechterspezifische Etikettierungen zu beseitigen, wo immer möglich. Aktivitäten sollten niemals als »Mädchenspiele« oder »Jungenspiele«, als »weiblich« oder »männlich« bezeichnet werden.

2. Die Anleitenden sollten es vermeiden, Übungsgruppen nach dem Geschlecht einzuteilen. Mädchen und Jungen willkürlich zu trennen kann zu Feindseligkeit führen und Kräfteungleichgewichte zementieren.
3. Wenn Erwachsene Ungerechtigkeiten oder Geschlechterstereotypen auf dem Spielfeld oder im Klassenzimmer beobachten, empfiehlt es sich meist, Probleme wie Sexismus, Vorurteile oder Diskriminierung offen anzusprechen.
4. Trainer und Sportlehrer sollten Mädchen gleiche Möglichkeiten und Aufmerksamkeit geben. Mädchen und Jungen sollten gleichermaßen die wichtigen und interessanten Positionen in einem Spiel einnehmen (beispielsweise Pitcher, Torwart, Stürmer).
5. Wir alle müssen Stereotypen in Frage stellen, wann immer möglich. Wenn Lehrkräfte eine Spielauswahl treffen und Aktivitäten anleiten, könnte eine Lehrerin Football spielen, ein Lehrer Seil springen.

Die Gesellschaft setzt der Gleichberechtigung von Mädchen im Sport nach wie vor Widerstand entgegen. Von der Gründung der Little League im Jahre 1939 an wollten kleine Mädchen mitspielen. Jahrzehntelang sagten die Organisatoren nein, in den 1970er Jahren, als der bundesstaatliche Druck gegen die Diskriminierung von Mädchen im Sport massiv zunahm (teilweise aufgrund von *Title IX*), wendeten die Offiziellen der Little League fast zwei Millionen Dollar auf, um die Mädchen draußen zu halten. Noch empörender als dieser Betrag waren die aufgefahrenen Gründe, darunter die erschreckende Möglichkeit, es könnten Mädchen belästigt werden. »Es wäre nicht richtig, wenn Trainer Mädchen einen Klaps auf das Hinterteil geben, wie sie es bei Jungen ganz selbstverständlich machen«, meinte Dr. Creighton Hale, der Präsident der Little League. »Und stellen Sie sich mal vor, ein Mädchen wird am Bein verletzt! Also, das geht einfach nicht – ein erwachsener Mann, der einem kleinen Mädchen das Bein massiert.«[16] Dieses Bild, das Dr. Hale offenbar so lebhaft vor Augen steht, war nicht der Grund für den Widerstand in New Jersey, wo die Mannschaften schließlich beschlossen, lieber ihre Aktivitäten einzustellen, als Mädchen zuzulassen. Ganze Familien marschierten protestierend zum Kapitol des Bundesstaates, um gegen diese grässliche Eventualität zu protestieren. Eine Petition gegen die Integrationsversuche zu Gunsten von Mädchen brachte fünfzigtausend Unterschriften zusammen.

»Diese Streitfrage ist genauso sehr vom Backlash getragen wie jede andere, die ich erlebt habe«, sagte die Anwältin, die die Mädchen vertrat. »Wir erleben dieselbe Aggressivität und denselben Fanatismus zu Gunsten des nach Geschlechtern getrennten Baseballs wie bei den Abtreibungsgegnern.«[17]

»Je früher kleine Jungen begreifen, dass kleine Mädchen ebenbürtig sind und dass es viele Gelegenheiten gibt, bei denen ein Junge von einem Mädchen übertroffen werden kann, desto näher sind sie einer guten psychischen Gesundheit«, verkündete die Verhandlungsvorsitzende Sylvia Pressley in ihrem Urteil, in dem sie den Mädchen das Recht zu spielen zusprach.[18]

Man kann sich kaum vorstellen, was jene Bollwerker der Little League davon halten würden, dass heute Mädchen im Fußball, Eishockey und Football die Jungen an die Wand spielen. Das Verblüffende ist, dass die ersten Mädchen in den Kontaktsportarten mit Jungen spielen *mussten*. Zum einen gab es niemanden sonst, mit dem sie hätten spielen können. Bei den Ohio Games beispielsweise meldete sich nur ein Mädchenfußballteam in der Kategorie der unter Zehnjährigen an; also spielten die Mädchen gegen die Jungenmannschaft. Das war 1993. Die Jungen wehrten sich – »Ich würde mich lieber erschießen lassen, als gegen Mädchen zu spielen«, sagte einer –, und bald stellte sich heraus warum: Die Mädchen gewannen den Pokal, siegten gegen alle vier Mannschaften, gegen die sie antraten, und das dreimal ohne Gegentor.

Wenn eine »Nur für Jungen«-Sportart fällt, tritt eine andere an ihre Stelle, um die ramponierten Geschlechtergrenzen zeitweise zu flicken. Die Jungen einer Skateboardgruppe in einem Ort in Colorado erklärten der Soziologin Becky Beal, dass dieser Sport eine »von Natur aus« männliche Aktivität sei, dass die Fähigkeiten von Jungen und Mädchen anlagebedingt verschieden seien und dass Mädchen nicht über die zum Skateboardfahren nötige Begabung verfügten. Als Beal darauf hinwies (die Begegnung fand in den 1990ern statt), dass Frauen in vielen Sportarten, die Gleichgewichtsgefühl und Koordination erfordern (sie nannte Turnen und Eiskunstlaufen als Beispiele), erfolgreich seien, konnten die Jungen nichts anderes vorbringen, als dass Skateboarden etwas anderes sei. Vier Mädchen, die in ihrer Gruppe mitmachen wollten, wiesen sie mit der Begründung ab, sie würden »doch nur probieren herumzuskaten« oder »bloß auf dem Brett zu balancieren versuchen«. Sie bezeichneten sie als »Skate-Tussis« und unterstellten ihnen, sie wollten in erster Linie Jungen kennen lernen.[19] Gegen Ende des Jahrzehnts hatten die Mädchen hieb- und stichfest bewiesen, dass sie ernsthafte Skateboarderinnen waren. Die ersten Mädchen-Landesmeisterschaften im Skateboarding in San Diego (1999) demonstrierten, wie stark, gewandt und mutig junge Sportlerinnen sein können. Extremsportarten sind für Mädchen genauso geeignet wie für Jungen, wie diese Skateboard-Meisterinnen bewiesen.

Der Vater-Faktor

Heutzutage ist der Vater oft der erste Trainer, den ein Mädchen hat. Vielen Vätern macht es Freude, ihre Töchter dazu zu ermuntern, körperliche Risiken einzugehen und sich selbst zu vertrauen. Als Kevin McMurray seine Zehnjährige zum Klettern in die White Mountains im nördlichen New Hampshire mitnahm, engagierte er einen guten Kletterlehrer, der sie beide gemeinsam unterrichtete. Zwei Stunden lang arbeitete Joe mit Vater und Tochter, informierte sie über Knoten, Haken, Techniken und half der kleinen Kelly, sich ihrer Angst zu stellen. »Wir sollten vier Seillängen eines 70-Meter-Seils den Berg hochklettern und uns wieder abseilen, erinnert sich McMurray.[20] Mit den ersten beiden Seillängen hatte Kelly kein Problem, doch als der Anstieg langsam steiler wurde, begann sie sich mit Händen und Armen am Fels festzuklammern. Joe erklärte ihr, Angst zu haben sei normal, und redete ihr gut zu, sich selbst und der Ausrüstung zu vertrauen. Allmählich traute sie sich, sich in ihren Tritten auf die Beine zu

stützen. Drei Stunden später saßen sie auf einem Gesims hundertzehn Meter über der Einstiegsstelle. »Kelly strahlte, als sie über die herrlichen Berge hin blickte, so hoch über der Erde, dass sie Falken auf Beutejagd unter uns schweben sehen konnte.«
Am nächsten Tag nahmen sie eine steilere Route, und Kelly erstarrte mehr als einmal während der zweieinhalbstündigen Kletterpartie zum Gipfel. Doch der Erfolg des vorigen Tages hatte ihr Selbstvertrauen eingeflößt, und sie schaffte es. »Ich könnte viel über all das erzählen, was auf der Hand liegt – die durch eine gemeinsame Herausforderung gestärkte Bindung von Vater und Tochter, einen dramatischen Reifungsschritt des eigenen Nachwuchses mitzuerleben und sich gemeinsam an den Wundern der Natur zu freuen«, sagt ihr Vater. »Doch ich glaube, was ich am meisten genieße und schätze, waren einfach der Spaß an der Sache und das simple Vergnügen, mit einem geliebten Menschen den Gipfel eines Berges zu erreichen.«

Ila Borders, die erste Frau in einem Profi-Baseballteam, war zehn Jahre alt, als ihr Vater, ein Minor-League-Pitcher, sie zu ihrem ersten Baseballspiel mitnahm. »Gleich da habe ich ihm gesagt, dass ich Pitcher werden wollte«, erinnert sich Borders. »Er sagte: »Wenn du das wirklich willst, dann gehen wir an die Arbeit.« Jeden Samstag und Sonntag warfen wir von sechs Uhr morgens bis nachmittags Bälle. Ich verdanke ihm viel.« Der Vater-Faktor in Aktion. Phil Borders wusste, dass er die Kraft seiner Tochter, insbesondere in ihren Schultern und Handgelenken, aufbauen musste, genau wie er es bei einem Jungen hätte tun müssen. Väter im Profisport lassen keinen Zweifel daran, wie viel Arbeit und Mühe der Sport von ihrem Mädchen verlangt. Sie kennen die Fertigkeiten, die sich trainieren lassen, und sie kennen den Lohn der Mühe: Geschicklichkeit, Stolz und Spaß. Bei Ila war der Lohn größer, als irgendjemand hätte ahnen können. Mit zwölf Jahren trat sie gegen achtzehn Schlagmänner hintereinander an und machte alle »Aus«. Mit vierzehn spielte sie semiprofessionell Baseball. Es ist jedoch zweifelhaft, ob die Väter wirklich voll und ganz auf die Feindseligkeit gefasst sind, die ihren sportbegabten Töchtern entgegenschlägt. Grundschuljungen bewarfen Ila in der Little League mit Steinen. In der High School war sie die wertvollste Spielerin in der Jungenmannschaft, doch das wurde nicht immer anerkannt. Als sie einmal einen männlichen Gegner »Aus« machte, bedrohte dessen Freundin sie mit einem Messer.

1993 gewann sie als erste Frau ein Baseball-Stipendium für das College der Universität von Südkalifornien in Costa Mesa. Sie spielte drei Saisons in der Männermannschaft der USC. Beim Üben von weich geworfenen Bällen zielten ihre Teamkameraden mit hart geworfenen Bällen auf ihr Gesicht. Spott und Hohn konnten sie nicht brechen. Sie häufte einfach weiter »erste Male« an. Als sie für die Duluth Dukes, ein Team der Minor League in Minnesota, ausgewählt wurde, war das ein erstes Mal. Mit dreiundzwanzig wurde sie dann die erste Frau, die ein Männer-Profispiel gewann. Wenn Borders spielte, stieg die Zuschauerzahl sprunghaft um achthundert Fans. Die Leute liebten sie, obwohl manche männlichen Gegner schwer daran zu kauen hatten, gegen sie anzutreten. Mit ihren 1,72 Meter besaß sie größere Hände als ein 1,80 Meter großer Teamkamerad. Die Dukes nannten sie »Paws« (Tatzen). »Meine Hände sind größer als die meines Vaters«, sagt sie selbst, »und ich kann den ganzen Tag lang werfen.« Dennoch ist alles Übrige an ihr nicht besonders groß. »Die Leute sind immer ganz überrascht davon.«

Vor zwei Jahren warf sie den Ball mit hundertdreiunddreißig Kilometern pro Stunde, »doch er kam gerade rein«, erzählt sie. »Jetzt ist mein schneller Ball runter auf hundertdreiundzwanzig, aber es geht voran. In der Saisonpause möchte ich sechs Kilometer pro Stunde zulegen, aber es soll noch weiter vorangehen.« Sie hat sich zum Ziel gesetzt, es in eine Major-League-Mannschaft zu schaffen. Dort werfen die Pitcher mit über hundertvierzig. Wird sie das schaffen? Das hat noch nie eine Frau geschafft, also wer weiß? *Darf* eine Frau einen Wurf mit hundertvierzig Kilometern pro Stunde schaffen?

Borders hat ihre Fähigkeiten als Pitcher schon so weit entwickelt, dass ich darauf wetten würde, dass sie noch schneller als das werden wird. Sie ist erst vierundzwanzig und hat schon einen langen Weg zurückgelegt, seit ihr Vater sie zu ihrem ersten Baseballspiel mitnahm. Sie hat ein sicheres Auge, trainiert zielsicher ihre Fertigkeiten und hat Siegeswillen. Und sie arbeitet weiter an sich. Mittlerweile hängt ihr Trikot in der *Baseball Hall of Fame* in Cooperstown im Staat New York, in Anerkennung ihrer Leistung als erster Frau im Profi-Baseball der Männer.

Manche Väter beginnen ihre Töchter in noch viel jüngerem Alter zu trainieren als Ila. Allison Jaime Mleczko, eine der ersten weiblichen Eishockeystars Amerikas (bekannt als A. J.), war erst zwei, als ihr Vater, ein Eishockeycoach, sie mitten auf einem zugefrorenen Teich absetzte, ihr Schlittschuhe anzog, dann vom Eis ging und sie dort sitzen ließ. Sie weinte, doch es gelang ihr, sich zurück ans Ufer des Teichs zu arbeiten. Das war eine harte Initiation, aber sie wirkte. Mit vier bat sie ihren Vater, die Zacken von ihren Schlittschuhkufen abzufeilen, damit sie Eishockey spielen konnte. Als A. J. verkündete, sie sei bereit für eine Mannschaft, ging ihr Vater zu einem Treffen der Organisatoren der lokalen Eishockeyliga für Jungen und erklärte, seine Tochter wolle mitspielen. Die Offiziellen gestatteten es. Von Anfang an spielte A. J. mit Jungen, da noch kein organisiertes Frauen- und Mädchen-Eishockey existierte. Jahrelang war sie das einzige Mädchen in der Mannschaft und sogar in der Liga. Mit neun, vor den Auswahlspielen für das »Bambiniteam« im vorstädtischen Connecticut, wo die Familie wohnte, war sie nervös. Kein Mädchen hatte je an Probespielen teilgenommen. Als sie die Auswahl schaffte, fragte der Trainer ihre Mutter: »Sind Sie sicher, dass Sie möchten, dass sie das macht?«[21]

»Ist sie gut genug?«, fragte die Mutter zurück.

»Fähigkeitsmäßig ist sie hier richtig«, erwiderte er. »Aber das *ist* ein Jungenspiel.«

»Na wenn sie gut genug ist und in der Mannschaft mitspielen will, dann möchten wir, dass sie mitspielt«, sagte A. J.s Mutter. In den niedrigeren Ligen waren Bodychecks nicht erlaubt, doch als A. J. in die höheren aufstieg, äußerten einige Erwachsene Besorgnis, ob sie damit wohl zurechtkäme. Bei ihrem letzten Spiel ohne Bodychecks lief ein gegnerischer Junge herbei und versetzte ihr ohne Grund einen harten Schlag. Sie wirbelte herum, schlug mit aller Kraft zurück und warf ihn aufs Eis.

Mit vierzehn merkte A. J., dass die Jungen ihres Alters stärker wurden als sie. Sie sah darin jedoch nicht etwa ein Zeichen, dass diese ihr körperlich überlegen waren, sondern dass sie mehr an sich arbeiten musste. Sie begann Trainingsstunden zu nehmen, um ihre Kraft und Schnelligkeit zu verbessern. Als sie auf eine private High School ging und gegen andere Mädchen spielte, ragte sie heraus, doch einige Jahre später, als sie beschloss, für die Winterspiele in Nagano 1996 zu trainieren, erlebte sie einen Schock: Sie war viel schwächer, als sie geglaubt hatte. Sie schaffte beim Bankdrücken nur dreißig Kilo und Hantelkniebeugen und Klimmzüge lagen jenseits ihrer Möglichkeiten. Um kraftmäßig weiterzukommen, würde sie sich einem mörderischen Training unterziehen müssen, doch A. J. entschloss sich dazu.

Sie ließ sich in ihrem Abschlussjahr in Harvard beurlauben. Viermal pro Woche ging sie in den Universitätssport-Kraftraum der Boston University und trainierte unter Anleitung von Michael Boyle, einem Kraft- und Konditionstrainer der BU, gemeinsam mit einem Dutzend weiterer talentierter Frauen, die auf die Aufnahme in das erste olympische Eishockey-Frauenteam der Vereinigten Staaten hofften. Die dreistündigen Trainingseinheiten waren aufregend für die Frauen, auch wenn sie ihnen das Letzte abverlangten; sie hatten stets nur eingeschränkten Zutritt zu den Krafträumen ihrer eigenen Colleges gehabt und waren dort eher geduldet als gefordert. Sie mussten ihre Jobs und ihre Ausbildung unterbrechen, um das harte Programm zu absolvieren. Das Training nahm sie so in Anspruch, dass sie nicht einmal Teilzeitjobs schafften. Allerdings konnten sie an der BU Seite an Seite mit den Besten trainieren – nicht nur mit College-Sportlern, sondern im Frühjahr und Sommer auch mit einer Gruppe von NHL- und NFL-Spielern, die sich mit Hilfe von Boyle für die anstehende Saison in Form brachten.

Diese Frauen verwirklichten ihren Traum gegen alle Hindernisse, die männlichen Athleten nicht in den Weg gelegt wurden; jahrelang hatten sie kämpfen müssen – gegen männliche Offizielle, die sie nicht in der Mannschaft haben wollten, und gegen Jungen, deren Hohn ihnen auf dem Eis entgegenschlug.

Volle Klimmzüge fielen A. J. besonders schwer, die mit 1,77 Meter groß für eine Frau war. Im dritten Monat spürte sie allmählich eine Verbesserung. Im Sommer schaffte sie drei Serien von je acht Wiederholungen auf der Bank mit siebenunddreißig Kilo und drei Serien von je fünf Klimmzügen. Was sie anspornte, war ihr Traum, eine Eishockey-Olympionikin zu werden. »Was sie ebenfalls anspornte«, äußerte David Halberstam in einem Porträt von ihr in der Zeitschrift *Condé Nast Sport for Women*, »war die Aufmerksamkeit von Boyle, einem Trainer, der seine Zeit leicht anders hätte nutzen können, der jedoch offenbar geschlechterblind war. Boyle nahm die Sportlerinnen genauso ernst wie einige seiner meistgefeierten Athleten.«

Für Boyle war es eine neue Erfahrung, mit Frauen auf diesem Niveau zu arbeiten, mit Elitespielerinnen, die nicht kaputt waren, kein Einstellungsproblem hatten, die genauso motiviert waren wie jeder männliche Spieler, wenn nicht sogar mehr.

»Trainer, die noch nie Frauen betreut haben, wissen nicht, was sie versäumen«, meint er.[22] Diese Frauen hatten hart und lang gearbeitet, doch immer in dem Wissen, dass sie ihren Erwartungen Grenzen setzen mussten, die es für Männer nicht gab. Sie waren eine Pioniergeneration. Und unzweifelhaft gelang ihnen der Durchbruch unter der Ägide von »geschlechterblinden« Männern wie Boyle. Seine Erwartungen an A. J. waren nicht geringer als die ihres Vaters an jenem lange verflossenen Tag, als er sie auf dem zugefrorenen Teich aussetzte, damit sie sich durchschlagen lernte.

Heutzutage werden jüngere Mädchen härter trainiert. 1998 entschloss sich der Fußballtrainer Ashley Hammond, ein Team von Mädchen unter acht Jahren genauso hart ranzunehmen wie Jungen. Er wollte sehen, was geschah, wenn sie mehr trainierten, härter trainierten, bei miesem Wetter trainierten. Er glaubte, dass sie noch nicht an ihre Grenzen geführt worden waren.

Sogar die Eltern waren skeptisch. Doch nach einer Saison mit hervorragendem Einsatz und druckvollem Spiel seiner Mädchen erlebte Hammond große Veränderungen. Seine Empfehlung an andere Trainer: »Setzen Sie keine Grenzen. Wenn Sie [Mädchen] als Fußballspieler behandeln, dann legen sie los und strengen sich genauso sehr, wenn nicht mehr an als die Jungenmannschaften.«[23]

Es ist außergewöhnlich, dass landesweit zweiundvierzig Prozent der Fußball spielenden Kinder Mädchen sind, wie der Sportjournalist Harvey Araton in seiner wöchentlichen Kolumne in der *New York Times* bemerkt hat.[24] Der Mädchenfußball bietet als Graswurzelbewegung den Eltern eine wichtige Chance – nämlich »Jungen eine neue Sichtweise von Mädchen zu vermitteln und in der Folge auch eine neue Sichtweise von Jungen«. Die Mütter tragen zu dieser Umgestaltung bei, wenn sie selbst zu Spielerinnen werden. Araton ist stolz darauf, dass seine eigene Frau mit vierzig Jahren Fußball zu spielen begonnen hat, und in seiner Kolumne stellte er Überlegungen an, welchen Nutzen ein Junge daraus ziehen könnte, eine Fußballspielerin zur Mutter zu haben: »Junior sonnt sich dann vielleicht weniger in seiner sportlichen und körperlichen Überlegenheit, wenn er oft genug gehört hat, dass er an diesem Nachmittag nicht über das Spielfeld verfügen kann, weil seine Schwester um zwei Uhr spielt, und wenn er Pech hat, um vier Uhr seine Mutter dran ist.«[25]

Die schwankende Hängebrücke: Modellprojekte zur Veränderung

»In unserer Gesellschaft herrscht immer noch eine enorme Ambivalenz gegenüber Mädchen, die Konkurrenzverhalten zeigen«, erklärte M. Burche Tracy Ford, die Leiterin der Miss Porter's School in Farmington in Connecticut einem Reporter. »Aber ich meine, wenn Mädchen in ihrem Privatleben, im Beruf, in der Politik oder sonst wo wirklich erfolgreich sein sollen, müssen sie von den Jungen und Männern lernen, ihre Stärke und Kraft zu üben, und der Sport bietet sich dafür geradezu an.«[26]

Als eine der ältesten Schulen des Landes (ihre Gründung datiert in den 1800er Jahren) vollzog Miss Porter's kürzlich eine Abkehr von ihrer althergebrachten Tradition, den Schülerinnen mittels Sport zu »Anmut« und »Figur« zu verhelfen, und warf den Lehrplan über den Haufen. Anmut und Figur, das war glasklar, genügten nicht mehr. In den späten 1990er Jahren schien es wichtiger, den Mädchen zu Chancengleichheit beim Wettlauf um Machtpositionen zu verhelfen. Wenn sie dabei jemals einen Stich machen sollten, mussten sie aufhören, ihre Aggression zu unterdrücken, und lernen zu konkurrieren.

Wie die meisten privaten Mädchenschulen hatte Miss Porter's seit vielen Jahren Sport angeboten, doch hauptsächlich aus Gründen, die ins 19. Jahrhundert gehörten: um die Wirbelsäule der Schülerinnen zu begradigen und um Farbe auf ihre Wangen zu bringen. Mit einem Wort, um sie heiratsfähig zu machen. Die Sportteams waren so schlecht, dass die Schule die ewigen letzten Plätze schließlich satt hatte und ihre Mitgliedschaft in der angesehenen Founders League aufgab. 1997 jedoch, nur im zweiten Jahr nach Einstellung einer neuen Leiterin der Sportabteilung, die die neue Vision der Schuldirektorin für ihre Mädchen verwirklichen sollte, meldete sich Miss Porter's wieder in der Founders League zurück – und machte sich gut. Nötig gewesen waren dazu ein rigoroserer Trainingsplan und entschlossenes Vorgehen gegen den Widerstand der alten Garde im Lehrkörper. Bei einer der ersten Konferenzen eröffnete eine leitende Verwaltungskraft der neuen Sportdirektorin Kathy Noble: »Kathy, wir sind eine Mädchenschule. Das ist nicht unser Stil.« Noble war verwirrt. War sie nicht eingestellt worden, um die sportliche Seite des Bildungsprogramms aufzupolieren? Die stellvertretende Schuldirektorin erklärte Noble, dass Miss Porter's zwar sehr »pro-Mädchen« sei, dass aber viele Lehrkräfte immer noch glaubten, es gebe Dinge, die Mädchen unterlassen sollten, und Dinge, vor denen sie geschützt werden müssten.

Die Kontroverse begann mit der Verbesserung des Ruderinnenteams; es war so gut geworden, dass es sogar die Neuengland-Meisterschaften gewonnen hatte. So etwas ist nicht mit Anmut und Figur zu schaffen. Es erfordert Kampfgeist, Kraft und Ausdauer. Der Rudertrainer, der das Team zum Sieg geführt hatte, trainiert an einer anderen Schule auch Jungen. Wie er sagt, wendet er bei Mädchen und Jungen die gleiche Methode an – er trainiert sie auf Sieg.

Das war ein erschütterndes Konzept für die alte Garde von Miss Porter's, deren Autorität rasch dahinschmolz. Die neuen Trainer der Schule sahen in der Aufgabe, die Mädchen zum Wettkampf anzuspornen, keine geringere als die, ihnen die Angst vor der Differential- und Integralrechnung zu nehmen. Das neue Ziel lautete, das Konzept der »geschlechterspezifischen Angemessenheit« über Bord zu werfen und die Mädchen in die reale Welt zu führen. »Man muss ihnen beibringen, das zu tun, was für den Sieg nötig ist«, sagte eine der Tennislehrerinnen der *New York Times*, »oder sie werden später im Berufsleben ernsthaft im Nachteil sein.«

Nun mögen fortschrittliche Eliteschulen ihr Konzept der körperlichen Bildung von Mädchen ändern, doch was geschieht mit Mädchen an öffentlichen Schulen, die das Niveau der Sportkurse für weibliche Schüler oft immer noch runterfahren? Glücklicherweise sprießen allerorten Modellprojekte, um auch diesen Mädchen zum Starkwerden zu verhelfen. Als ich Elizabeth McLeod zum ersten Mal traf, war sie unterwegs nach San Francisco, um ein Zentrum für Mädchen am Beginn der Pubertät zu eröffnen. Sie hatte in Harvard studiert und sich als Graduierte gründlich mit dem Absinken von Motivation und Selbstvertrauen bei Mädchen dieses Alters befasst. Und sie hatte einen Plan: Durch Vermittlung körperlicher Kompetenz sollten sich die psychischen Probleme, mit denen sich so viele Mädchen in der Zeit des Erwachsenwerdens herumplagen, abfangen lassen. Als sie so in meinem Wohnzimmer saß und die matte Wintersonne auf ihrem blonden Haar und ihren glatten, modischen Stiefeln spielte, konnte man sich kaum vorstellen, dass Elizabeth jemals anders als selbstsicher gewesen sein sollte.

Keineswegs, versicherte sie mir. Absolut nicht. In den Eingangsklassen der High School war auch sie in den schmerzlichen Abspaltungsprozess von sich selbst geraten, der unter Mädchen so alltäglich geworden ist. In der siebten Klasse hatten sie und mehrere enge Freundinnen mit Entsetzen bemerkt, dass sie mit ihrem Einfallsreichtum und ihrem wachen Verstand so aus der Masse herausragten, dass sich andere bedroht fühlten und sie zur Zielscheibe des Spotts machten.

Die Mädchen ruderten zurück, ganz schnell – und zimmerten sich eine regelrechte Alternativwelt. Diese verschaffte ihnen Spielraum für ihre ganz individuellen Interessen und baute ihnen eine Brücke in die anbrechende Welt der Sexualität. Wie Elizabeth mir erzählte, sorgte diese Alternativwelt dafür, dass sie sich in der Schule als »normale«, harmlose, passive Mädchen geben und verbergen konnten, was sie eigentlich waren: munter, hochoriginell, risikobereit, witzig. Sie nannten sich die *Popular Recreation Association* (etwa: Bund für populäre Freizeitgestaltung), schlüpften in andere Rollen und dachten sich neue Namen für sich aus, kleideten sich in einem bestimmten Stil, zeichneten in einem bestimmten Stil, entwickelten eine Geheimsprache und verbrachten ihre gesamte Freizeit miteinander. Drei Jahre später gaben sie ihre nachschulische Phantasiewelt auf. In deren Schutz hatten sie zwischenzeitlich an Stärke gewonnen, und nun wussten sie sich ihren Klassenkameraden zu stellen und trotzdem ihren Ambitionen treu zu bleiben. Sie hatten einen Weg gefunden, sich vor dem Schrumpfen auf ödes Normalmaß zu bewahren.

Für Mädchen in solchen Pubertätskrisen wollte sich Elizabeth McLeod beruflich engagieren. Zu der Zeit, als ich sie kennen lernte, war sie körperlich wie intellektuell bestens in Form. Sie konnte segeln, klettern, sich in der Wildnis durchschlagen. In Harvard hatte sie den Initiator eines erlebnispädagogischen Sport- und Freizeitprogramms für zwölf und dreizehnjährige Mädchen kennen gelernt. Bei solchen »Outward Bound«-Programmen lernen die Teilnehmerinnen nicht nur, sich in der freien Natur zurechtzufinden, sondern auch Streitigkeiten zu schlichten und Ehrlichkeit gegenüber sich selbst und Nähe zu anderen zu entwickeln. Das Programm nennt sich *Connecting with Courage* (etwa: Den eigenen Mut spüren) und verbindet Klettern, Sichern am Seil, Segeln und andere körperliche Herausforderungen mit künstlerischen Tätigkeiten.

»Das Modellprojekt setzte auf Aktivitäten im Freien und auf Gruppendynamik, um zu Führungsstärke und zur Entdeckung der eigenen Persönlichkeit anzuregen«, erläuterte Elizabeth.

Als Graduierte betreute Elizabeth in einem Sommer einen der *Connecting with Courage*-Kurse als Assistenzinstruktorin. Ihre erste Gruppe bestand aus zehn weißen Mädchen im Alter von zwölf bis dreizehn Jahren; die meisten von ihnen hatten schon Erfahrung mit Wandertouren oder Segeln, wünschten sich jedoch mehr Selbstvertrauen. Bei der Abschlusszeremonie berichteten die Mädchen von neuem Mut, gewachsener Bereitschaft, körperlich wie künstlerisch Risiken einzugehen, und geschärftem Bewusstsein ihrer Fähigkeiten. Auf Wandertouren in die Wildnis hatten die Instruktoren ihnen die Verantwortung für die Organisation übertragen, die sie in Form eines Vertrages ausarbeiten sollten: Durch diesen Prozess der Festlegung von Normen bestimmten die Mädchen selbst, was sie für eine sichere Erlebnis- und Lernumgebung für nötig hielten. Eines sagte: »Zum ersten Mal in meinem Leben fragte mich jemand, der zu bestimmen hatte: ›Möchtest du das so oder so machen?‹«

Kaum den Kinderschuhen entwachsen, machen Mädchen dieses Alters Riesenschritte auf das Erwachsenwerden und eine andere Beziehung zu ihrem Körper zu. »Wir möchten, dass sie merken, dass ihr Körper einem Zweck dient«, sagte eine Instruktorin. »Aber nicht dem, in Klamotten gezwängt und angestarrt zu werden.« Eine andere hob hervor, wie wichtig es sei, sie zu fordern, ohne dass Jungen dabei sind. »Wenn man Jungen und Mädchen zusammensteckt«, sagte sie, »endet es damit, dass die Jungen die schweren Sachen tragen und die Mädchen sich zurücklehnen und ihnen dabei zuschauen.«[27]

Ziel ist das Verlernen der selbstverkrüppelnden Einstellungen à la Prinzessin auf der Erbse. Das »Sichern mit dem Seil« lehrt die Mädchen, Verantwortung für sich selbst zu übernehmen sowie einander zu vertrauen, erklärte mir Elizabeth McLeod.[28] Das Sichern ist eine wichtige Fertigkeit beim Klettern. Die Kletterin trägt einen Gurt, an dem ein Seil befestigt ist. Dieses Seil läuft am oberen Ende einer achtzehn Meter hohen Kletterwand (die zum Üben dient) durch einen Karabiner und wird von der sichernden Person auf dem Boden gehalten. Wenn die kletternde Person den Halt verliert, verhindern das Seil und die sichernde Person, dass sie mehr als ein paar Handbreit tief fällt. »Meiner Gruppe schärfte ich die Kommandos ein und wies sie darauf hin, wie wichtig der verbale Kontakt zwischen Kletternder und Sichernder ist«, erinnerte sich Elizabeth. »Da die eine das Leben der anderen buchstäblich in der Hand hat, sind Vertrauen und Kommunikation unabdingbar. Dass diese Situation *real* ist, macht sie zu einem wertvollen Lehrinstrument.«[29] Die Realität ist es, die die Mädchen wieder in Berührung mit ihrem eigentlichen Selbst bringt. »Draußen in der Wildnis merkst du, was du wirklich brauchst«, erzählte ein Mädchen. »Lass das Make-up und die angesagten Klamotten zu Hause. Du brauchst Toilettenpapier! Du würdest dein ganzes Make-up dafür hergeben!«[30]

Die Überquerung einer schaukelnden Hängebrücke erforderte mindestens genauso viel Überwindung, wie ungeschminkt herumzulaufen. Ein Mädchen fürchtete sich so sehr, dass sie die Instruktoren beinahe überzeugt hätte, dass sie sich nicht über die Brücke hangeln konnte. Doch dann hatte eines der Mädchen aus der Gruppe die Idee, zurückzugehen, den Rucksack des ängstlichen Mädchens zu übernehmen und ihr über die Brücke zu helfen. »Ohne jedes Zutun der Instruktoren fanden sie eine Lösung, die auf gegenseitige Hilfe baute und den Zusammenhalt der Gruppe sicherte«, resümiert McLeod.

Jungen lernen systematisch, mit der Angst im Zusammenhang mit körperlichen Risiken fertig zu werden. Sie wachsen zu Männern heran, die immer wieder mit der Angst flirten – um sie zu besiegen. Mädchen lernen systematisch, Risiken und die damit einhergehende Angst zu *vermeiden*. Die heikle Frage, wie man Mädchen dazu bringt, Risiken einzugehen – wohlgemerkt aus den richtigen Gründen (um Selbstvertrauen zu gewinnen, nicht soziale Anerkennung) –, ist für psychologisch geschulte Pädagogen wie McLeod der entscheidende Punkt, wenn Mädchen möglichst viel von körperlichen Herausforderungen haben sollen. Um ein furchtsames Mädchen namens Alicia anzuspornen, erzählte McLeod ihr von einem Tagebuch, das sich auf halber Höhe der Kletterwand in einem Plastikbehälter auf einer Plattform befand. Alicia strengte sich an und schaffte es schließlich bis dahin, nur damit sie etwas in das Tagebuch schreiben konnte. Und was schrieb sie? »Mir ist schlecht.« Doch von all den aufgeregten und stolzen Mädchen an diesem Tag war Alicia das stolzeste.

Bevor die sechzehnjährige Helena einen von Elizabeth McLeods *Project Courage*-Kursen am *Bay Area Center for Girls* in San Francisco belegt hatte, war es ihr nach eigenen Angaben schwer gefallen, anderen Menschen zu vertrauen, sogar ihrem geliebten Vater. Er versicherte ihr zwar, er habe das Seil fest in den Händen, doch sie dachte: »Was wäre, wenn ich genau in der Sekunde, in der er sich an der Nase kratzen muss, abstürze und er mich nie wieder in den Arm nehmen kann?« Helena beschrieb metaphorisch genau die psychologische Aufgabe, die in der Übergangsphase der Adoleszenz bewältigt werden muss. Im Kurs machte sie jedoch die körperliche Erfahrung, die sie auf die nächste Stufe des Reifungsprozesses hob – sich selbst zu vertrauen. »Ich musste begreifen, dass man die Leiter des Lebens nur dann hochklettern kann, wenn man das Risiko auf sich nimmt und herausfindet, dass immer das Seil da ist, um dich aufzufangen, wenn sonst niemand da ist.«

Sportsbridge (Motto: »Mädchen durch Sport stark machen«) heißt ein Mentoring-Programm in San Francisco, das Athleten der Region mit jungen, sportlich aktiven Mädchen zusammenbringt. »Wir wissen, dass wir in der Altersgruppe acht oder neun Jahre anfangen müssen«, sagt die Initiatorin Ann Kletz. »In diesem Alter bilden sich bereits alle Vorstellungen über sich selbst.«[31] Wie sie sagt, beginnen die meisten Jungen mit vier oder fünf Jahren, ihre sportlichen Fertigkeiten zu entwickeln. Die Mädchen nicht.

Gegenwärtig kommt eine regelrechte soziale Bewegung ins Rollen, um Mädchen bei der Entwicklung von Kraft und Vertrauen in ihren Körper zu helfen. In Chicago hat sich die Nonprofit-Organisation *A Sporting Chance Foundation* zum Ziel gesetzt, Mädchen durch Sport stark zu machen. *StartSmart,* ein landesweites Programm der *National Alliance for Youth Sports,* will die grundlegenden Fertigkeiten der Drei- bis Sechsjährigen fördern und die Eltern als Trainer ihrer Jungen und Mädchen einbeziehen. Sogar die *Girl Scouts* sind mit einem *Girl-Sports*-Programm mit von der Partie.

Ein bemerkenswertes Projekt ist *Eureka!,* eine kreative Idee seiner verstorbenen Erfinderin Alice Miller. Es kombiniert sportliches Training mit Naturwissenschaften und Mathematik speziell für Mädchen. Das 1987 ins Leben gerufene Programm erstreckt sich über drei Jahre und beginnt im Sommer nach der achten

Klasse. Es hat zum Ziel, verbreiteten Einstellungen zu Mädchen in den Naturwissenschaften und im Sport entgegenzuwirken. Wie eine Absolventin berichtete, hatte ihr das Lernen selbst die Augen geöffnet. »Jede kann es. Es hängt nicht davon ab, wie du aussiehst. Alle Mädchen in *Eureka!* lernen Basketball oder Volleyball oder 100-Meter-Lauf oder sonst was.«[32] Größe und Gewicht spielen keine Rolle. Das ist eine wichtige, in *Eureka!* immer wieder wiederholte Lektion: Es spielt keine Rolle, welche Figur du hast; du kannst jeden Sport betreiben, den du willst.

Physische Mädchen-Power ist ein Graswurzelphänomen: Kleine, aber starke Organisationen kämpfen gegen die Diskriminierung von Mädchen. Cindy Peterson, die Leiterin des Sportprogramms der *Atlanta Northside Methodist Church* für fünfhundert Mädchen zwischen drei und zehn Jahren, erklärt den Eltern der Kinder: »Heutzutage lernen die Mädchen zu werfen wie Jungen. Es gibt keinen Grund, weshalb ein Mädchen sich nicht die richtige Technik aneignen sollte. Wenn ein Junge sie erlernen kann, dann weiß ich, dass auch ein Mädchen das kann. Wir werden diesen Mythos über Bord werfen. In sechs oder acht Wochen gehen die Mädchen hier raus und haben die richtige Technik drauf.«[33]

Zwei Monate vor der Jahrtausendwende gab ein Bericht über Schulkinder im *Boston Globe* Anlass zur Hoffnung. Bei Jungen und Mädchen, die gemeinsam – statt getrennt – Schulsport betreiben, ändern sich allmählich die wechselseitigen Vorstellungen voneinander. Es begann vor zwei Jahren, als Dan Cullen, damals in der fünften Klasse, etwas noch nicht Dagewesenes machte: Er lud Mädchen ein, mit den Jungen Kickball zu spielen. »Wir hatten nicht genug Spieler«, erinnert er sich, »und sonst wollte keiner spielen.«

»Dan fragte Emily, und wir haben es einfach nachgemacht«, erzählt Jamie Connor, der heute zwölf ist und Dan mit seinen 1,60 Meter weit überragt.

Ein Jahr später, in der sechsten Klasse, war es normal geworden, dass Jungen und Mädchen miteinander Kickball spielten. Die Reporterin Anne Driscoll schildert, was sich heute in der großen Pause abspielt: »Etwa zwanzig Jungen und Mädchen spielten auf dem leicht abschüssigen Gelände beim Seiteneingang der Schule

Kickball in gemischten Teams. Als eines der Mädchen den Ball hoch in die Luft drosch, schrien mehrere seiner Teamkameraden – Jungen und Mädchen – spontan vor Begeisterung.«[34]
Dann erinnert Driscoll daran, wie die große Pause vor einer Generation aussah: Das war diese kurze Unterbrechung des Tages, während der die Mädchen Seil sprangen, wenn sie sich überhaupt körperlich bewegten, und die Jungen sich balgten, rannten und sich mit Bällen bewarfen. Heute jedoch käme Sechstklässlern eine »nach Geschlechtern getrennte Pause [...] total verrückt vor«, wie sie bemerkt. Die Jungen schauen sogar bewundernd zu starken, sportlichen Mädchen auf.
Ryan Spinney, Schüler der Abschlussklasse an der Newburyport High School und Kapitän des Gelände-, Hallen- und Aschenbahnlaufteams der Jungen, bestätigt das: »Die Mädchen sind alle so zielstrebig; ich bewundere das. Sie sind nicht anders als die Jungs – wer Sportler ist, ist eben Sportler ... Ich verstehe einfach nicht, wie man glauben kann, dass Mädchen den Männern unterlegen seien.«
Mehr und mehr Mädchen wagen den Sprung über die »Geschlechterkluft«, pochen auf ihr Recht, Baseball, Softball, Basketball, Football und Fußball zu spielen. Eine Befragung von siebentausend ergab, dass die körperlich aktivsten von ihnen als Kinder vorwiegend mit Jungen oder in gemischtgeschlechtlichen Gruppen statt hauptsächlich mit Mädchen gespielt hatten.
Wie der stete Tropfen, der den Stein höhlt, zwingt eine veränderte Gesetzeslage die Schulen gegenwärtig dazu, dem Mädchensport genauso viel Aufmerksamkeit – und Finanzen – zu widmen wie dem Jungensport. Dadurch keimt allmählich ein Gefühl von Gleichberechtigung unter den Schulmädchen. Solche Veränderungen, auf die ich in Kapitel fünf näher eingehen werde, verlaufen nicht ohne Widerstand. Die meisten Mädchen in diesem Land werden in physischer Hinsicht immer noch diskriminiert und in schädlicher Weise bevormundet. Doch so viel scheint klar: Das *Einzige*, was die althergebrachte Dominanz der Jungen über die Mädchen schließlich brechen wird, ist die wachsende Stärke der Mädchen. »Ich glaube, die Jungen kommen deswegen damit klar, dass wir mit ihnen spielen, weil wir sie schlagen können und sie

uns – es geht in beide Richtungen«, meinte eine zwölfjährige Wettkampfschwimmerin, Fußball- und Basketballspielerin.
Es geht in der Tat in beide Richtungen. »Die Mädchen sehen uns aus einem anderen Blickwinkel«, sagt Dan jetzt aus der Warte seiner Siebtklässlerweisheit, »und wir sehen sie ebenfalls aus einem anderen Blickwinkel. Sie wissen, was mit uns los ist und warum wir immer besser sein wollen als die anderen, und wir wissen, dass sie auch besser sein wollen als die anderen. Ich glaube, das hat sozusagen die Mauern zwischen den Jungen und den Mädchen eingerissen.«
Das Pendel schwingt eindeutig in die andere Richtung aus.
»Die Mädchen sind anscheinend selbstbewusster geworden«, sagt Carol Snow, Sozialkundelehrerin für die sechste Klasse an der Newburyport High School seit den 1970er Jahren; damals spielte sie dort Hockey in einem ziemlich zerschlissenen Dress und ohne Schutzausrüstung. Heutzutage sind die Mädchen im Unterricht viel aktiver, wie sie sagt: »Sie sind selbstsicherer, äußern ihre Ideen freimütiger, sind mehr mit sich im Reinen. Sie bewegen sich freier in der Welt.«
Diese Mädchen gehören zur Avantgarde einer physischen Revolution – einer Revolution, die schon lange überfällig ist und die letztlich die Lebenswelt aller Frauen verändern wird. Als starke Mädchen werden sie zu Frauen heranwachsen, die sich körperlich nicht mehr in die Opferrolle drängen lassen. Der bedrohte Körper der Frau ist das letzte Hindernis auf dem Weg zu psychologischer Freiheit. Wie die folgende historische Betrachtung zeigt, setzt das chronische Gefühl des Bedrohtseins bei Frauen bereits in der frühen Kindheit ein. Es ist ein lebenslang wirksames Erbe, dem bisher kein Mädchen entfliehen konnte.

Vier
Bedrohte Körper

Vor hundert Jahren noch war der Zyklus der Frau den Medizinern weitgehend ein Rätsel. Stanley Hall, dessen eugenische Theorien über die Rolle der Frau ich im ersten Kapitel erwähnte, gestand 1904: »Was genau die Menstruation ist, entzieht sich weitgehend unserer Kenntnis.«[1] Albert F. King, Medizinprofessor an der Columbia-Universität in Washington, D.C., behauptete, die menstruelle Blutung sei als Phänomen »neu« und seiner Vermutung nach die Folge moderner Einflussfaktoren wie höherer Bildung für Frauen, späterer Heirat und gezielter Familienplanung. Nichts davon hielt er für gesund oder der Fortpflanzung förderlich. (Als die Frauen mehr und früher Kinder bekamen und sie länger stillten, hatten sie auch seltener ihre Periode – so selten, dass sie manchen Ärzten offenbar völlig entging.)

Im viktorianischen Zeitalter entstand eine Bewegung, die die Historikerin Joan Jacobs Brumberg als »ovariellen Determinismus« bezeichnet. Ein einflussreicher Vertreter war der bekannte und hoch angesehene Edward Clarke, Professor an der *Harvard Medical School*. Er sprach sich gegen höhere Bildung für Frauen aus, weil seiner Ansicht nach ihr Körper »komplizierter« sei als der des Mannes. In Clarkes Augen gerieten heranwachsende Mädchen physisch und emotional in Gefahr, wenn durch intellektuelle Herausforderungen »Energie zum Gehirn gelenkt und von den Eierstöcken abgezogen« würde.

Brumberg formuliert die erhellende historische Erkenntnis: »Im viktorianischen Denken galt das Alter beim Eintreten der Menarche eher als ein Kennzeichen der moralischen Qualität der Zivilisation denn als Ausdruck wirtschaftlicher Bedingungen.« Statt den Zeitpunkt der Menarche mit materiellem Wohlstand, wie er sich in Ernährung und allgemein guter Gesundheit niederschlägt, in Verbindung zu bringen (wie wir heute), sahen die Amerikaner des 19. Jahrhunderts die Sache ganz anders: »Je niedriger das Alter, desto triebhafter oder sexuell zügelloser die Gesellschaft, Nation oder Rasse; je höher das Alter, desto ›zivilisierter‹.« Aus Sorge, ihre Töchter könnten beim Eintritt der Menarche zu jung sein, verboten viktorianische Eltern und Ärzte Mädchen manchmal den Verzehr bestimmter Nahrungsmittel, die als sexuell »stimulierend« galten und dadurch die gefürchtete Menarche herbeiführen sollten. Zu den rätselhaften Störenfrieden der gewünschten Stagnation zählten Gewürznelken, saure Gurken und Fleisch. Der Reifungsprozess der Mädchen musste verzögert werden, bis die Zeit reif war. Diese Sorge schloss ein, ihre Jungfräulichkeit bis zur Heirat zu bewahren. Als die Menarche immer früher eintrat und immer später geheiratet wurde (beides in Folge des wirtschaftlichen Fortschritts), stellte sich die Frage der Schwangerschaftsverhütung bei unverheirateten Mädchen immer dringlicher. Doch statt die Mädchen zu stärken, indem man sie aufklärte und ihnen beibrachte, selbst auf sich aufzupassen, entschied sich die Gesellschaft dafür, sie so lange als Kinder zu behandeln, bis man sie der beschützenden Umarmung ihrer sie anbetenden Ehemänner übergeben konnte.

Selbstverständlich bekamen die Mädchen kaum Information – weder über ihren Körper noch über Sexualität. Das war Sache ihrer Ehemänner, in deren Hände ihr ganzes Wohlergehen gelegt wurde – ob ein solches Vertrauen nun gerechtfertigt war oder nicht.

Eines Gedankens kann ich mich nicht erwehren: Würde die Menstruation zur Fortpflanzungsfähigkeit der Männer gehören, hätte die Medizin bestimmt nicht so lange gebraucht, um sich Klarheit über diesen Vorgang zu verschaffen. Das 20. Jahrhundert hatte schon etliche Jahre auf dem Buckel, als das Östrogen isoliert und identifiziert wurde (1920). Es dauerte weitere anderthalb Jahrzehnte, bis die Rolle des Hormons in der Fortpflanzung aufgeklärt war. Das bedeutet, dass ich zu einer Zeit im Leib meiner Mutter herumschaukelte, als die Menschen sich gerade erst ein vollständiges Bild davon zu machen begannen, wie ich dorthin gekommen war! Kein Wunder, dass meine Mutter kaum ein Jahrzehnt später nicht so recht wusste, was sie mir über meine eigene bevorstehende Regel erzählen sollte. Nicht Prüderie verschloss ihr den Mund, wie ich immer geglaubt hatte, sondern vielmehr schlichter Informationsmangel.

Vor einem Jahrhundert setzte die Menarche üblicherweise mit fünfzehn oder sechzehn Jahren ein, und die meisten Mädchen blieben Jungfrau, bis sie mit Anfang zwanzig heirateten. Wie wir wissen, menstruieren sie heute manchmal schon mit zehn Jahren (im Durchschnitt mit elf bis dreizehn); dann bekommen sie die Botschaft vermittelt, dass die Gesellschaft hauptsächlich deswegen Interesse an ihnen zeigt, weil sie sexuell »bereit« sind. Ihre anderen Persönlichkeitsaspekte scheinen – in ihren Augen – über Nacht bedeutungslos geworden zu sein.

Ich trete keinesfalls für eine Rückkehr zum viktorianischen Gefängnis der frühen Heirat ein, doch die meisten Mädchen sind heutzutage zu jung, wenn sie sich in die gefährliche Welt der erwachsenen Sexualität geworfen sehen. Mädchen sollen sich nicht sexuell *betätigen,* erfahren aber überall – aus Filmen, Zeitschriften, Musikvideos und auch von ihren Eltern –, dass »sexy« zu sein soziale Wertschätzung einbringt. Und die Regeln bezüglich Sexualität und Jungfräulichkeit sind viel lockerer geworden. Während die Viktorianer mit ihrer Gängelung der Mädchen weit übers Ziel hinausschossen, werfen heute manche Erwachsene alle Regeln über Bord, weil sie selbst unfähig sind, die Welt zu verstehen, in die ihre Töchter eintreten. Ob bewusst oder nicht tragen Eltern heute oft selbst zu vorzeitiger sexueller Aktivität bei ihren Töchtern bei. Sie finden »sexy« Kleidung niedlich. Schärfer als scharf brachte es eine Zehntklässlerin einer vornehmen Nonnenschule in Manhattan. Sie inszenierte bei einer Geburtstagsfeier um Mitternacht einen großen Auftritt, angetan mit langen, schwarzen Abendhandschuhen, Stöckelschuhen und einem tief ausgeschnittenen, pinkfarbenen Kleid, das vorne so hoch geschlitzt war, dass man ihren Slip sehen konnte. Verführung war das Ziel – visuelle Verführung, wenn nicht reale Verführung. Diese Hollywoodaufmachung war auch keineswegs atypisch für ein New Yorker Mädchen auf einer Privatschule, das die süßen Sechzehn feierte. Fotos von solchen Partys erscheinen regelmäßig in der *New York Times.*

Die Mädchen tanzen provokativ miteinander, stellen ihren Körper für die Jungen zur Schau. Mom hilft dabei, spendiert Champagner (auf dieser Party »zahllose Flaschen«, wie die Zeitung schrieb). Bald lösen sich eventuelle Bedenken hinsichtlich sexuellen Verhaltens im Alkoholnebel auf. »Das Prinzip bei der ganzen Sache ist, dass es den Erwachsenen völlig wurscht ist und dass sie sowieso nichts von dem, was abgeht, verhindern können«, erzählte ein Junge auf der Mädchenparty einem Reporter. Wenn die Mädchen elf, zwölf und dreizehn sind, werden sie in unserer Gesellschaft grob und abrupt aus der Welt der Kindheit herausgerissen. Sie fühlen sich hinausgeworfen aus der Sicherheit, treiben gefährlich orientierungslos dahin. Da sich die Gesellschaft nur für die weiblichen sexuellen Merkmale interessiert – ein im Prinzip voyeuristisches Interesse –, werden die Mädchen qualvoll unsicher und gehemmt. Sie verinnerlichen das Bild von sich, das ihnen eine männerdominierte Kultur präsentiert, und lernen so, ihr Äußeres überzubewerten. Der Körper wird zum Fetisch, von dem sie in derselben verdinglichenden Weise besessen sind wie die Kultur. Doch natürlich schaffen es die Mädchen nicht, den vermeintlichen Erwartungen an sie zu entsprechen.

Schrumpfendes Selbstbild

Was wir mit unserem Körper *machen* oder nicht machen – wie wir in ihm leben –, sagt viel über den Zustand unseres Ichs aus. Ob wir unsere Brüste zur Schau tragen oder sie verbergen, oder ob wir sie mit Hilfe von Wonderbras und Silikon neu formen oder im Stil von Madonnas atavistischen Metallkegeln martialisieren, hängt unmittelbar mit dem Körperbild zusammen. Allgemein gesagt ist immer dann, wenn ein Körperteil Vorrang vor allen anderen erhält, das Körperbild verzerrt. Wenn Beine durch Miniröcke offen zu dem Zweck, die Reaktionen eines anderen zu manipulieren, entblößt werden, verliert das Körperbild Integrität oder Ganzheit. »Das Ich ist vor allem ein körperliches«, schrieb Freud.[2] Eine Beziehung zum eigenen Körper zu haben war seiner Ansicht nach zentral für ein gesundes Ich. Weibliche Teenager haben oft kein Verhältnis zu ihrem Körper (ungeachtet ihrer auffälligen Kleidung). Innerlich mögen sie vor den Blicken anderer zurückschrecken. Zu viel von der falschen Sorte Aufmerksamkeit für ihren Körper weckt in ihnen Unbehagen. Ich erinnere mich noch, dass ich mich am Tag meines High-School Abschlusses in meiner langen, weißen Organdyrobe wütend dagegen wehrte, dass meine Mutter ihre Kamera auf mich richtete. Ich war sechzehn, und meine Mutter schien irgendwie in den Verlust meiner Kindheit verwickelt zu sein. Ich hasste meinen Körper, und auch damit schien sie etwas zu tun zu haben. Sie wollte ihn fotografieren? Ich würde sie dafür bezahlen lassen. Ich verzog keine Miene: Ihren Schwestern im Westen würde sie nur das Bild eines dünnen, ungelenken Mädchens mit einem lächerlich riesigen Blumenstrauß und Wut in den Augen schicken können.

Es ist wichtig zu erkennen, in welchem Maß unsere psychische Körperlandkarte von anderen beeinflusst wird. Die »imaginäre Anatomie«, wie der französische Philosoph Jacques Lacan diese Karte bezeichnet, »variiert mit den Ideen (klaren oder verworrenen) über körperliche Funktionen, die in einer bestimmten Kultur vorherrschen«.[3] »Verworren« ist offenbar das Wort, auf das es im Zusammenhang mit den »körperlichen Funktionen« von Frauen ankommt. Die Gesellschaft überträgt ihre Ambivalenz Frauen gegenüber auf die Mädchen, bevor diese irgendetwas davon mitbekommen. Sie werden einerseits überbehütet, andererseits schutzlos gelassen.

Meine Mutter bemühte sich sehr, mir während jener Jahre Verständnis entgegenzubringen. Sie nahm sogar an einem Kursus über die Psychologie von Jugendlichen teil, jedoch ohne großen Nutzen. Es gab kaum Literatur über heranwachsende Mädchen, an der sie sich hätte orientieren können. Warum zum Beispiel regte sich ihre Tochter so über ihren Körper auf? War das normal? Meine Mutter merkte, wie elend es mir ging, sah mich mein Gesicht im Spiegel inspizieren, hörte mich jammern, dass mein spindeldürrer Körper formlos und daher unannehmbar sei. (In jenen Tagen war Dünnsein verboten.) Als Kind war ich noch aktiv und lebhaft gewesen. Ich verwandte keinen Gedanken an meinen Körper. Mein Körper war einfach eine Selbstverständlichkeit. Dann erschienen wie über Nacht die kleinen Knubbel der Brüste. Ich hatte sie nicht bemerkt, wohl aber jemand anders. Eine Nachbarin, die mich in meinem dünnen Blüschen auf meinem Besenstielpferd umherjagen sah, setzte mich als Erste davon in Kenntnis, dass ich zu alt sei, um ohne Unterhemd herumzulaufen.

Ich war erst elf, doch an jenem Tag begann meine Adoleszenz. Es war nicht die Pubertät, die mich hineingeführt hatte (ich bekam weitere drei Jahre lang keine Menstruation), es war »das Aussehen«. Das Aussehen spaltete mich von meinem Körper. Das Aussehen trennte mich von mir selbst – und führte mich direkt ins Kriegsgebiet. Es ist unbeschreiblich, dieses Phänomen, weil es unbegreiflich ist. Eine mir bekannte Publizistin erzählte mir, dass ihre vierzehnjährige, schmerzlich dünne Tochter mit einem BH unter dem Nachthemd schlafen geht. Sie trägt sogar unter der Dusche einen BH. Sie will ihre eigenen Brüste nicht sehen müssen. Ihre Mutter versucht mit ihr darüber zu reden. Ihre Tochter will nicht reden. Das Thema »Körper« ist für sie schmerzhaft und verwirrend, etwas, worüber sie mit ihrer Mutter nicht sprechen kann, etwas, das diese, wie sie meint, nicht verstünde. Nur wenige Jungen quälen sich wegen ihres Körpers so, wie es Mädchen tun. Sie schlüpfen morgens vor der Schule rasch in Hemd und Jeans, ohne einen Gedanken an das Mädchen nebenan, das hinter ihrer Zimmertür hektisch »Outfits« probiert. Oder sie reagieren verächtlich, wenn sie ihre Schwestern bei deren morgendlichem Kampf beobachten. Es ist ein Mädchenritual, seltsam, zwanghaft, dumm. Sie danken Gott, dass sie keine Mädchen sind.

Jungen sind sich des hier aufbrechenden Dualismus genauso bewusst wie Mädchen. Sie halten das ganze Sichaufhübschen, die Panik, das Ausstechenwollen der Konkurrenz für unter ihrer Würde, und sie wissen nicht, warum die Mädchen das machen. In den Augen der Jungen wird alles, was mit dem Mädchensein zu tun hat, irgendwie aufgebauscht oder zu Besonderem gemacht. Als Rachel aus dem Sexualkundekurs für die vierte Klasse einen Schnellhefter mit dem Aufdruck »Meine Menstruation«, verziert mit selbstgemalten Herzchen und Blümchen, mit nach Hause brachte, johlte ihr zwei Jahre älterer Bruder los: »Mein Gott, Rachel, merkst du nicht, wie blöde das ist?« Sie merkte es nicht, nicht gleich. »Stell dir mal vor, ich brächte einen Schnellhefter von der Schule mit nach Hause, wo ›Meine Ejakulation‹ draufsteht und wo lauter kleine Football-Bälle und -Helme draufgemalt sind!«

»Die Lehrerin hat gesagt, wir sollen das machen«, erwiderte Rachel mit einer Stimme, aus der jede Überzeugung gewichen war. Ich erinnere mich noch heute an diese Episode. Ich erinnere mich noch an den Streifen spätnachmittäglichen Lichts, der durch das Küchenfenster fiel. Natürlich war etwas dran an dem, was ihr Bruder sagte. Die Lehrerin hatte mit ihrem halb garen Versuch, in der vierten Klasse über die weiblichen Fortpflanzungsfunktionen aufzuklären, diese bis zur Unkenntlichkeit verklärt. Die Sexualerziehung von Jungen erfolgte nicht in dieser Weise. Rachel war plötzlich zur Zielscheibe der verwirrenden kulturellen Botschaften über ihre körperlichen Funktionen geworden. Als Mutter begriff ich zwar, was Rachel da widerfuhr, doch mir fehlten die Worte: Die Falle schnappte zu.

Die moderne Auffassung des Körperbilds ist eindimensional. »Sie hat ein schlechtes Körperbild«, beschreibt umgangssprachlich, dass das innere Bild einer Frau von ihrer eigenen Erscheinung so verzerrt ist, dass ihr Selbstwertgefühl beeinträchtigt ist. Doch das Körperbild hat eine komplexere psychologische Funktion. Unter anderem dient es als inneres Modell für die Ausführung motorischer Aktivität; dies jedenfalls sagt der Psychiater Alexander Lowen, der besonderen Nachdruck auf die Beziehung zwischen Körper und psychischer Gesundheit legt. Wir »üben« motorische Aktivitäten unbewusst, bevor wir sie ausführen, visualisieren die bevorstehende Bewegungsabfolge und nutzen dazu das innere Bild unseres Körpers als Modell. Wenn dieses Bild verzerrt ist, wird unsere Bewegungsfähigkeit beeinträchtigt. Stellen Sie sich vor, Sie spielten Softball und schickten sich an, den Schläger zu schwingen. Wenn Sie mit einem zusammenhanglosen inneren Bild Ihrer selbst an das Schlagmal treten, werden Sie wahrscheinlich keine gute Beziehung zum Ball finden. Sie werden sich wahrscheinlich auch als schwach beurteilen.

Dass die Probleme von Mädchen mit ihrem Körper auf die Illustriertenfotos von mageren Models zurückgingen, ist in Bezug auf das Körperbild eine simplifizierende Vorstellung. Sie kam in den 1970er Jahren auf und setzte sich bis in die Neunziger fort. Der Twiggy-Effekt, so könnte man es nennen. Unser Körperbild gilt als »gut« oder »schlecht«, je nachdem, ob wir unseren Körper, gemessen an von den Medien gesetzten Idealmaßstäben, für akzeptabel halten oder nicht. Doch wenn der Begriff »Körperbild« so eingeschränkt benutzt wird, beraubt man ihn seines wahren Reichtums und seiner deskriptiven Bedeutung. Über ein heranwachsendes Mädchen zu sagen: »Ihr Körperbild ist nicht gut« und damit nur zu meinen, dass es seinen Körper nicht mag, heißt das Ausmaß seiner Verwirrung verkennen. Wenn Sie beobachten, wie eine Jugendliche morgens vor der Schule drei-, vier-, fünfmal zurück zu ihrem Kleiderschrank rennt, um sich umzuziehen, das Hemd in den Hosenbund steckt, sich dreht und wendet, um den Pullover im Spiegel zu betrachten, unglücklich an Saum und Halsausschnitt herumzupft, alles in dem Bemühen, einen Zusammenhang zwischen ihrem Spiegelbild und dem Bild in ihrem Kopf herzustellen – dann wissen Sie, dass etwa Schwerwiegendes und Schreckliches vorgeht: Ihre Tochter kämpft um ihre psychische Integrität.

Gemeinhin gilt, dass das A und O einer gesunden Beziehung zum eigenen Körper die Mutter ist – wie sie ihren Säugling betrachtete und mit ihm umging, ob sie unter Stress stand, ob sie ihr Baby als anspruchsvoll oder aufreizend empfand, ob seine Körperfunktionen sie abstießen. Wenn die vollkommene, nicht neurotische, bis über beide Ohren in ihren Gatten verliebte, junge Mutter ihr Kind zärtlich in die Zehen kniff und seinen Leib sanft säuberte, wuchs es in dem Gefühl der eigenen Stärke und mit einer positiven Einstellung zu seinem Körper in die Welt hinein. Wenn das Kind einen Ausbund an mütterlicher Empathie zur Mutter hatte, konnte es aus dem Nest und in die Welt fliegen, wie von einem Talisman gegen alles Feindliche oder Herabsetzende geschützt, was ihm dort begegnen mochte. »Ein unvollkommenes oder unzulängliches Körper-Ich« einer Person »lässt immer auf eine gestörte Mutter-Kind-Beziehung schließen«, schrieb Alexander Lowen in den fünfziger Jahren.[4] So eindimensional sah man das damals. Das Körperbild sollte bereits mit Beginn des Lauflernalters mehr oder weniger fixiert sein. Abgesehen von extremen physischen Träumen wie Verbrennungen oder Unfällen sollten spätere Lebensereignisse keinen großen Einfluss mehr auf das innere Bild von sich selbst ausüben. Doch sie tun es. Heute wissen die Psychologen, dass nicht nur die »nichtempathische« Mutter die Macht hat, das innere Selbstbild eines kleinen Mädchens zu zerstören. Die widersprüchliche und oftmals feindselige Einstellung der Kultur gegenüber Mädchen, insbesondere wenn sie die sexuelle Reife erreichen, ist Stück für Stück genauso schädlich. Zu der psychischen Verletzbarkeit der Mädchen kommt überdies noch der Schwächemythos. Sie werden nicht nur von ihrer Umwelt bedroht, sondern sie stecken obendrein in der Zwangsjacke ihrer Überzeugung, die Gefahr nicht abwehren zu können. Diese Opferhaltung wird vom System bestätigt und gestützt. Trotz des neuen Interesses der Öffentlichkeit an starken, aggressiven Sportlerinnen lernen Mädchen immer noch, dass körperliche Schwäche und Passivität ihrem Geschlecht angemessen seien. Athletinnen dürfen ruhig Kraft entfalten, da Sportler in eine eigene Kategorie fallen. Sie sollen heldenhaft und überlebensgroß sein, weil man ihnen Unterhaltungswert zuschreibt. Doch normale Mädchen? Sie sollen immer noch »weiblich« sein – und das bedeutet alles Mögliche, nur nicht körperlich stark. Weiblich bedeutet schwach sein. Weiblich bedeutet Opfer sein.

Adoleszenz: Die Krisenjahre

In der Zeit, wenn Jungen Stolz auf ihren Körper entwickeln – auf ihre Muskeln, ihren Penis, den eindrucksvollen Bogen beim Pinkeln –, treten Mädchen voller Scham den Rückzug an. Sie haben ein Leitbild von einem perfekten, femininen, hinreißenden Körper, das sich niemals realisieren ließe. Unbewusst haben Mädchen in dieses Ziel der Perfektion eine emotionale Investition getätigt: Diese verhindert, dass sie sich selbst aufraffen und durchschlagen müssen. Sie erlaubt ihnen, passiv zu bleiben. Sie erlaubt ihnen, in einer starren Illusion über Jungen und Mädchen, Männer und Frauen, Schönheit und Nichtschönheit festzuhalten. Die Illusion ist derart zwingend, dass sie sie gefangen hält, ihnen für lange Zeit kaum mehr gestattet, als Wasser zu treten. Indem sie die Illusion von Vollkommenheit aufrechterhalten, wehren sich die Mädchen dagegen, das riesige, scheinbar unmögliche Risiko des *Machens*, des *Seins* auf sich zu nehmen.

Es ist ein trauriges Erbe, das Erbe des Schwächemythos.

Manchen Psychologen zufolge erreicht das Selbstwertgefühl von Mädchen heutzutage mit neun Jahren seinen *Höhepunkt*. Dann sind sie so unbeschwert und mit sich selbst im Reinen wie vielleicht niemals wieder. Mit neun Jahren haben die meisten Mädchen noch ein ganzheitliches Körpergefühl. Dann, mit zehn oder elf, bekommt ihre Beziehung zum Körper Risse, und ihr Selbstwertgefühl beginnt steil abzufallen. Plötzlich reden sie nicht mehr über das, was sie wirklich denken und fühlen. Alles kreist nur noch um *Größen* und darum, nicht zu dick auszusehen. Sie stürzen sich in Diäten. Mädchen, die mit zwölf und dreizehn Jahren Diäten machen, setzen sich der Gefahr unkontrollierbarer Essstörungen mit fünfzehn oder sechzehn aus. Die Wissenschaftler sind heute sicher, dass eingeschränkte Nahrungsaufnahme der Auslöser, wenn nicht sogar die Ursache für diese Krankheiten ist.

Bis zu fünfundzwanzig Prozent der Jugendlichen – neunzig Prozent davon Mädchen – nehmen regelmäßig Abführmittel zur Gewichtskontrolle, wie eine Umfrage des *Commonwealth Fund* ergab. Fast jede fünfte Neuntklässlerin gab zu, Fress- und Brechanfälle gehabt zu haben. (Bulimie hängt dem Diagnoseschlüssel *Diagnostisches und Statistisches Manual Psychischer Störungen* zufolge mit Zwangsstörungen zusammen. Anorexie ist die gefährliche Hungerkrankheit, die mit einer extremen Verzerrung des Körperbildes einhergeht.)

Unglücklicherweise sind Essstörungen häufiger als je zuvor. Schätzungsweise fünf bis sieben Prozent der zwölf Millionen amerikanischen Schüler und Studenten leiden an Anorexie, Bulimie oder Esssucht, wie eine in Seattle ansässige Organisation zur Aufklärung über und Prävention von Essstörungen erklärt. Die Sterblichkeitsrate von Magersüchtigen beträgt zwanzig Prozent

und ist damit die höchste aller psychischen Störungen. Was könnte dahinter stecken?
Gewiss ist diese Epidemie nicht mehr Twiggy und all den mageren Models, die nach ihr kamen, zuzuschreiben. Die Psychologen sprechen von »biopsychosozialen« Ursachenzusammenhängen der Essstörungen. Das ist der hochtrabende Sammelbegriff, mit dem heutzutage viele psychische Erkrankungen belegt werden. Und wer würde an einem so allumfassenden Ausdruck Anstoß nehmen? Doch gerade in seiner Breite schafft er Unklarheit, weil er zu wenig aussagt. *Was* für ein bio? *Was* für ein psycho? *Was* für ein sozio? Jede tiefgründigere Diskussion wird so durch ein bequemes Modewort abgewürgt.
Extremes Einschränken der Nahrungsaufnahme führt zu gefährlichem Absinken der Hormonspiegel, was wiederum die Serotoninmenge im Gehirn reduziert. Wenn Mädchen oder Frauen zu viel Körperfett verlieren (was sie durch extremes Diäthalten oder extreme sportliche Betätigung bewirken können), dann macht ihr erniedrigter Östrogenspiegel ihrem Serotonin den Garaus. Ein niedriger Serotoninspiegel im Gehirn hängt mit zwanghaftem Verhalten und mit Zwangsgedanken zusammen. Hier zeichnet sich ab, was sich bei Diät haltenden Mädchen auf biochemischer Ebene abspielt; ihre Gedanken kreisen pausenlos ums Essen und um ihr Gewicht (weil der niedrige Serotoninspiegel die zwanghafte Komponente der Krankheit aktiviert hat), und schließlich sitzen sie in der Falle eines unkontrollierbaren selbstzerstörerischen Verhaltens, das in hohem Maße durch den destabilisierten Gehirnstoffwechsel bedingt ist. Die Einschränkung der Nahrungsaufnahme muss ziemlich drastisch sein, um diese Kaskade biochemischer Ereignisse auszulösen. Doch viele Mädchen verlieren *tatsächlich* Maß und Ziel beim Maßhalten und treiben obendrein oft noch zwanghaft Sport. Doch trotz dieser Erkenntnisse bleibt immer noch die Frage, was dieses übermächtige Bedürfnis von Mädchen, klein und schmal zu sein, wohl verursachen könnte. Ich glaube, es gibt einen Zusammenhang zwischen der diätbedingten Epidemie von Essstörungen unter Mädchen und ihrer Angst, in einer Welt leben zu müssen, die für sie eindeutig immer gefährlicher wird, je älter sie werden.

Das Gefühl von Bedrohung steigert sich, wenn die Mädchen in die Pubertät kommen. Sogar schon vor der Adoleszenz fallen viele einem Inzest und anderen Formen des sexuellen Missbrauchs zum Opfer. Mit der Adoleszenz steigt die Wahrscheinlichkeit für sexuelle Belästigung sprunghaft. Zwei Studien zufolge wird eine von vier Jugendlichen sexuell missbraucht oder körperlich misshandelt oder von einem Rendezvouspartner gegen ihren Willen zum Sex gezwungen.

»Obwohl diese Zahlen erschütternd hoch sind, decken sie sich in hohem Maße mit den Ergebnissen früherer Studien«, sagt Robert Blum, der Vorsitzende der Abteilung für Kinder- und Jugendlichenmedizin der Universität von Minnesota. »Der Zusammenhang zwischen Missbrauch und anderen Problemen ist so eklatant, dass wir im Bildungs- und Gesundheitssystem alle unsere Antennen für Missbrauch ausfahren müssen, wenn wir ein Kind mit Problemen vor uns haben, ob sich diese als emotionale Schwierigkeiten oder Suizidgedanken oder Schulversagen ausdrücken.«[5]

Eine wichtige Studie mit fast siebentausend Schülern der fünften bis zwölften Klasse ergab, dass der Missbrauch in den *meisten* Fällen von einem Angehörigen oder Freund der Familie, in der eigenen Wohnung und mehr als einmal begangen wird. Dieselbe Studie fand heraus, dass eines von vier Mädchen depressiv ist. Diese 1998 vom *Commonwealth Fund* publizierte Untersuchung rief großes Aufsehen hervor. Es war allgemein bekannt, dass junge Mädchen oft zu Trübsinn neigen, doch dieses, durch eine staatlich finanzierte Untersuchung ermittelte, epidemische Ausmaß von Depressivität war erschreckend – es übertraf alle Vorstellungen über die Lebenssituation von Mädchen. Alarmierende neunundzwanzig Prozent »berichteten von Suizidgedanken, siebenundzwanzig Prozent gaben an, ›oft‹ oder ›ständig‹ traurig zu sein, und ein Drittel der älteren Mädchen sagte, ihnen sei ›an vielen Tagen‹ oder ›jeden Tag‹ zum Weinen zumute«. Ein Viertel der Mädchen gab an, sie hätten wegen der Gewalt irgendwann einmal von zu Hause fortlaufen wollen. Eine von drei High-School-Schülerinnen hatte in den beiden Wochen vor der Befragung an Selbsttötung gedacht!

Dennoch wird der Zusammenhang zwischen Depressionen bei Mädchen und ihrer sexuellen Gefährdung häufig übersehen. Was den meisten Mädchen widerfährt, wenn es nicht Vergewaltigung oder Inzest ist, sind subtilere, zuweilen allerdings kaum weniger abträgliche Erfahrungen (insbesondere in ihrer Gesamtheit) sexueller Machtausübung. Sich auszumalen, wie es ist, in einer solchen Umwelt zu leben, bleibt Künstlern und Schriftstellern überlassen. Simone de Beauvoir schilderte die endlosen sexuellen Grenzüberschreitungen, die ein Mädchen zu erdulden hat, sehr plastisch: Es »findet sich wohl auch ein Knie, das sich im Kino gegen das des kleinen Mädchens gedrückt hat, eine Hand, die nachts im Zug an seinem Bein entlanggestrichen ist, finden sich junge Burschen, die bei ihrem Vorbeigehen gegrinst haben, Männer, die ihr auf der Straße nachgegangen sind, Umarmungen, flüchtiges Vorbeistreifen«.[6]

Die erniedrigenden Gesten, die de Beauvoir in den 1940er Jahren in ihrem Buch *Das andere Geschlecht* beschrieb, wirken nach gegenwärtigen Maßstäben fast sanft. Heutzutage müssen sich Mädchen in einem voll besetzten Aufzug mit Samen bespritzen lassen oder sich im Bus die entblößten behaarten Genitalien eines Fremden anschauen. Derartige Verhaltensweisen sind nicht einfach ein extremer Ausdruck des männlichen Sexualtriebs, wie manche behaupten. Sexuelle Belästigung soll der anvisierten Adressatin Angst einjagen, und das funktioniert auch. Sexuelle Einschüchterung drückt einen Alarmknopf im Gehirn, was eine Erhöhung der Herzfrequenz, einen Anstieg des Blutdrucks und die massive Ausschüttung von Adrenalin und anderen Stresshormonen auslöst. Erinnerungen an frühere Übergriffe werden aktiviert. Sogar »geringfügige« Aggression kann diese intensive Furcht auslösen. Und Mädchen werden mit Aggressionen, geringfügigen und starken, förmlich bombardiert. Ihr bedrohter Körper macht sie psychisch verletzlich. Die »Krisenjahre«, wie die *New York Times*-Autorin Jane Brody in einem Artikel über die pandemische Rückentwicklung mit Beginn der Pubertät formuliert, sind keine Jahre des so genannten normalen emotionalen Durcheinanders von Jugendlichen; es sind die Jahre, in denen die Wahrscheinlichkeit sexueller Übergriffe am höchsten ist.

Carol Gilligan veröffentlichte als Erste die Beobachtung einer »inneren Trennung oder Spaltung« bei heranwachsenden Mädchen. Mit diesem Ausdruck bezeichnete sie eine »Unverbundenheit« zwischen Geist und Körper, Gedanken und Gefühlen. In einer berühmten Studienreihe, die sie zur ersten Leiterin der *Gender Studies* in Harvard machte, erklärte Gilligan, dass das Phänomen der Spaltung sich so weit verbreitet habe und die Identität von Mädchen so nachhaltig bedrohe, dass sie nichts Geringeres als eine »Entwicklungskrise« darstelle. Natürlich waren sich auch andere der psychischen Probleme von jungen Mädchen bewusst – dass sie stärker zu Selbstherabsetzung neigen und unsicherer in ihrem Körperbild sind als Jungen. Mit Beginn der Pubertät tragen Mädchen ein doppelt so hohes Risiko wie Jungen, an einer Depression zu erkranken. Seit Freud gilt die so genannte Flucht vor sich selbst bei weiblichen Adoleszenten als vorhersehbar – und sogar unvermeidbar. Jedoch hatte niemand vor Gilligan je untersucht, was genau sich psychologisch in Mädchen abspielt, wenn der Übergang zur Geschlechtsreife erfolgt. Was bei Mädchen so lange als eine Zeit des »Auseinanderfallens« gegolten hatte, wurde als Teil ihrer normalen Entwicklung angesehen – und abgetan.

Die vordem glücklichen, lebhaften und selbstsicheren Mädchen verlieren »ihre Vitalität … ihre Widerstandskraft, ihre Immunität gegen Depressionen, ihr Gefühl für sich selbst und für ihren Charakter«, wenn die Pubertät zuschlägt, schrieben Gilligan und ihre Kollegin Lyn Mikel Brown in ihrem Buch *Die verlorene Stimme.*[7] Allerdings lenkten diese und andere Forscherinnen auf dem neuen Gebiet der weiblichen Entwicklungspsychologie zwar bedeutende Aufmerksamkeit auf die dramatische Rückentwicklung von Mädchen in der Adoleszenz, nahmen jedoch nie den dahinter stehenden Zusammenhang ins Visier: den zwischen der feindlichen sexuellen Umwelt, in die Mädchen mit der Geschlechtsreife eintreten, und der gleichzeitig einsetzenden, frappierenden Verschlechterung ihrer Verfassung.

In den 1990er Jahren war ans Licht gekommen, dass Unmengen von Mädchen sexuellen Attacken oder sexueller Belästigung ausgesetzt waren – oftmals in der Schule. Die amerikanische Frauenorganisation *American Association of University Women* (AAUW) berichtete in ihrer Studie *How Schools Shortchange Girls* (etwa: Wie die Schulen Mädchen übers Ohr hauen), dass viermal mehr Mädchen sexuell missbraucht wurden als Jungen. Sogar Orte, an denen sie sich sicher wähnten, waren es nicht.[8]

»Sexuelle Belästigung kommt im gewöhnlichen Alltag des schulischen Lebens vor: im Chemielabor wie im Werkunterricht, auf dem Verkehrsübungsplatz und an den Schauplätzen außerschulischer sportlicher Aktivitäten«, berichtete Nan Stein vom Bildungsministerium von Massachusetts den AAUW-Forscherinnen. »Doch trotz ihrer Häufigkeit wird sexuelle Belästigung nur selten öffentlich gemacht, registriert oder systematisch dokumentiert.«[9]

Um nun selbst das Ausmaß der sexuellen Gewalt an amerikanischen Schulen aufzuzeigen, führte die AAUW eine weitere Studie durch, deren beunruhigende Ergebnisse sich in ihrem Titel *Hostile Hallways* (etwa: Feindselige Flure) niederschlugen. Dieser Studie zufolge erfahren siebzig Prozent der Mädchen in öffentlichen Schulen sexuelle Belästigung. Fünfzig Prozent erleben ungewollte sexuelle Berührungen. Ein Viertel gibt an, in die Enge getrieben und belästigt worden zu sein.

»Ich war danach ganz durcheinander, ob ich es erzählen sollte oder nicht«, sagte eine Dreizehnjährige. »Ich wusste nicht, ob ich überreagierte, weil es doch ein Lehrer gewesen war, dem ich vertraute und den ich bewunderte.«[10]

»In der Schule stellt der Lehrer einem Mädchen nicht gerade nach, aber ihr wird hinterhergepfiffen; sie hört keine Geschichten von Frauen, die etwas geleistet haben, aber sie hört Gerüchte über ihr sexuelles Verhalten«, sagt Anne Bryant, die Geschäftsführerin der Bildungsstiftung der AAUW. »Sexuelle Belästigung fordert ihren Tribut von allen Schülern, doch die Auswirkung auf Mädchen ist verheerend.«

Fünfmal so viele Mädchen wie Jungen, die belästigt wurden, entwickeln Schulangst. Eines von drei belästigten Mädchen verweigert den Schulbesuch – was kaum überrascht, wenn man bedenkt, wie schutzlos man diese Mädchen lässt und wie allgegenwärtig die Gewalt ist. Allein 1998 zahlte die oberste Schulbehörde von New York fast drei Millionen Dollar, um Klagen wegen sexueller Übergriffe beizulegen. Trotzdem versuchen die Schulen das Problem immer noch zu vertuschen.

»Es gibt Schulen, die Eltern und Kind rundheraus als Lügner bezeichnen und erklären, gar nichts unternehmen zu können«, berichtet die Psychologin Eileen Treacy, die im Auftrag der Staatsanwaltschaft Opfer von sexuellen Angriffen befragt.

Die *New York Post* brachte eine Enthüllungsstory in drei Fortsetzungen über sexuelle Übergriffe zwischen Schülern an den Schulen der Stadt. »Die Öffentlichkeit erfährt selten davon, wenn nicht Eltern die Polizei rufen oder klagen«, wie die *Post*-Journalistin Maria Alvarez feststellte.[11] Sie berichtete (unter anderem) über den Fall einer Zehntklässlerin aus Brooklyn, die drei männliche Schüler mitten am helllichten Schultag schnappten und in eine abgelegene Ecke im Keller der Lafayette High School schleppten, wo sie sie vergewaltigten. »Diese Fälle sind schrecklich – es scheint ein nicht abreißender Strom zu sein«, sagt die Anwältin des Mädchens. »Die Schulbehörde muss etwas unternehmen.«[12] Doch deren ehemaliger Sicherheitsbeauftragte meint: »Die Eltern sollten ihren Kindern einschärfen, nicht allein durch die Korridore zu laufen oder auch nur allein zur Toilette zu gehen.«

Solche Fälle erwartet man doch nur in einer Stadt wie New York, nicht wahr? Nicht wahr. In Duluth in Minnesota, im Frühjahr 1999, hielt es die zuständige Schulbehörde für nötig, eine neue Stelle für einen so genannten »Fachbeauftragten für Belästigung im Schulsystem« zu schaffen. Es hatte Probleme an den Schulen Duluths gegeben. Doch ein geregeltes Verfahren zum Umgang mit diesen Problemen wurde erst nach einem bahnbrechenden Urteil des *Surpreme Court* geschaffen. Das oberste Bundesgericht hatte eine Grundschule in Forsyth in Georgia der Untätigkeit schuldig befunden, als ein Schüler eine Schülerin »schwerer und umfassender sexueller Belästigung« aussetzte. Diese Entscheidung war ein Präzedenzfall und zog enorme Folgen nach sich. Die

Schockwellen spüren wir noch, und wir werden sie noch eine geraume Weile spüren. Die Schulen können nicht länger wegschauen, wenn Schuljungen – sogar noch sehr kleine – brutales sexuelles Verhalten entwickeln.
Das bahnbrechende Urteil in Georgia erwirkte LaShonda Davis, deren Mutter Aurelia durch alle Instanzen das Recht ihrer Tochter erstritt, unbelästigt zur Schule zu gehen. Doch der Kampf war alles andere als leicht. Die Belästigung der kleinen LaShonda (sie war zehn gewesen, der Junge elf) fing im Dezember 1992 an und ging fünf Monate lang fast jeden Tag weiter. Der Junge setzte sie in direkter und expliziter Weise unter Druck, mit ihm zu schlafen. Ein Auszug aus der Klageschrift von Davis an das Gericht: Der Junge »versuchte wiederholt, LaShondas Brüste und Vaginalbereich zu berühren ... gab ihr in vulgärer Sprache zu verstehen, dass er ... mit ihr ins Bett gehen [wollte] ... er steckte sich einen Türstopper in die Hose und führte sich in sexuell belästigender Weise auf.«[13] LaShonda hatte darum gebeten, sich auf einen anderen Platz setzen zu dürfen. Die Lehrer ignorierten sie. Niemand in der Schule half ihr. Da sie sich nicht mehr konzentrieren konnte, verschlechterten sich ihre Noten. Schließlich schrieb sie einen Abschiedsbrief.
In dem Prozess vor dem *Surpreme Court* ging es im Wesentlichen um die Entscheidung, ob im Hinblick auf *Title IX* des *Educational Amendment Act* Klage wegen sexueller Belästigung erhoben werden konnte oder nicht. Dieses Nachtragsgesetz verbietet die Diskriminierung von Mädchen und Frauen. Das Gericht entschied mit fünf zu vier Stimmen, dass solche Klagen *zulässig* waren. Die Entscheidung, über die die *New York Times* auf der Titelseite berichtete, machte die Schulbehörden für sexuelle Belästigung durch Schüler haftbar – im Wesentlichen aus denselben Gründen, mit denen der *Surpreme Court* ein Jahr zuvor die Haftung der Schule im Falle einer Belästigung von Schülerinnen durch Lehrer begründet hatte. Aber *Schüler*, die Schülerinnen belästigten? Das ging einfach zu weit. Der Opponent, der das schwerste Geschütz auffuhr, war der Vorsitzende Richter Anthony M. Kennedy, der die Entscheidung aufgebracht als Einmischung des Bundes in das Klassenzimmer verhöhnte. Das Minderheitsvotum behauptete,

dass das Urteil »Klein Hänschen eine perverse Lektion in Sachen Föderalismus erteilen«[14] würde. Richterin Sandra Day O'Connor belehrte die Abweichler in einer unter Kollegen ungewöhnlich direkten Entgegnung, dass die Entscheidung vielmehr »sicherstellt, dass Klein Hanna den Unterricht besuchen kann«. Richter Kennedy bestand darauf, dass »die verliebten Angebote eines Teenagers an eine Klassenkameradin (selbst wenn sie hartnäckig und unwillkommen sind) ... ein unausweichlicher Teil der Adoleszenz« seien.

Unausweichlich ja, verliebt nein. Und vor allem ging es noch nicht einmal um Teenager. Das vorsintflutliche Denken, das »Verliebtsein« und Aggression verwechselt, ist nach wie vor im Schwange, trotz der explosionsartig angeschwollenen Zahl von Forschungsarbeiten, die belegen, dass Mädchen in den Vereinigten Staaten in der Schule gravierender Schaden zugefügt wird. Schülerinnen sind gesetzlich verpfichtet, rund vierzig Stunden in der Woche in einer nur allzu oft feindseligen, entwürdigenden Umgebung zu verbringen, und bis zu dieser Gerichtsentscheidung standen ihnen kaum Rechtsmittel zur Verfügung, wenn sich die Schule weigerte, ihnen Schutz zu gewähren.

Doch die Zeiten ändern sich allmählich. Wie Judy Gillen, die Fachbeauftragte für Belästigung im Schulsystem von Duluth, erkärt, können sich Jungen heute nicht länger darauf verlassen davonzukommen, wenn sie eine Liste der »25 meistgefickten Weiber« in Umlauf bringen (ein echter Fall, der vor die Menschenrechtskommision von Minnesota gebracht wurde; die Schulbehörde zahlte der Beschwerde führenden Oberstufenschülerin vierzigtausend Dollar Schmerzensgeld). Heute greifen die Schulen eher durch, wenn sich Eltern beschweren.

Der spezielle Fall, der zur Einrichtung von Gillens Stelle führte, war die berühmte Toilettenspruchgeschichte, aus der der Sender ABC einen Fernsehfilm machte. Die reale Protagonistin vor zehn Jahren war die fünfzehnjährige Katy Lyle, Schülerin der Duluth Central High School. Als ihr zu Ohren kam, dass jemand obszöne Sprüche über sie in die Jungentoilette gekritzelt hatte und merkte, dass Mädchen wie Jungen sie in den Korridoren schnitten, ärgerte sie sich und erzählte ihren Eltern davon. Diese beschwerten sich umgehend bei der Schule. Die Schule unternahm nichts. Ihre Eltern ließen nicht locker. Katys Mutter suchte nach Ferienbeginn die Toilette auf, um die Schmiererei selbst in Augenschein zu nehmen. Diese bedeckte einen beträchtlichen Teil einer Kabinenwand. Die Reporterin Cynthia Gorney schrieb: »›Schlampe‹ war noch die mildeste, altmodischste Verleumdung; da standen pornografische Anspielungen auf Hunde, Nutztiere, sexuelle Beziehungen Katys zu ihrem Bruder. ›Mir blieb die Luft weg‹, sagt Carol Lyle. ›Ich brach in Tränen aus.‹«[15]

Teile der Schmiererei blieben bis zu sechzehn Monate lang lesbar. »Am meisten brachte Katys Eltern auf«, berichtete Gorney, »dass in einem Schulbezirk, in dem bereits offizielle Richtlinien zur Bekämpfung der sexuellen Belästigung an öffentlichen Schulen galten, der Zuständige der Schule offenbar nichts zu unternehmen im Stande war – fast anderthalb Jahre lang brachte er es nicht fertig, die in den Augen der Lyles simple Maßnahme zu veranlassen, dass Schmierereien von einer Toilettenwand entfernt wurden.«[16]

Einer von Katys älteren Brüdern ging schließlich mit Eimer und Lappen zu Werke. Die eingekratzten Graffiti blieben.

Katie Roiphe und andere so genannte Power-Feministinnen sind dagegen, *Worte* in den Begriff der sexuellen Belästigung miteinzubeziehen (wenn sie nicht gegen den Begriff der sexuellen Belästigung überhaupt sind). Worte, so behauptet Roiphe, »haben als solche keine Macht zu schaden, zu erniedrigen oder Grenzen zu verletzen«. Vielmehr sei es »der politische Kontext, der sie entstellt und ihnen ihren speziellen Klang gibt«. Ausschlaggebend sei das *Benennen* des Verhaltens: Man nenne es Belästigung, und es ist verletzend. Man nenne es nichts, und es ist nichts. Doch Roiphes Theorie über die Machtlosigkeit der Worte ist in sich widersprüchlich. »Wenn wir Kindern beibringen, sexuelle Belästigung zu ›erkennen‹«, sagt sie, »bringen wir ihnen die Opferrolle bei.«[17] Dass Kinder sich gegenseitig Beleidigungen an den Kopf werfen, habe Tradition und sei daher harmlos: »Deine Mutter ist eine …!« »Deine auch!« Man kann nur annehmen, dass Roiphe sich in letzter Zeit nicht sehr oft in Klassenzimmern aufgehalten hat, sonst wüsste sie, dass das gegenseitige Verhöhnen heutzutage weit über das hinausgeht, was sie nostalgisch als das »Hin und Her des kindlichen Geplänkels« bezeichnet.

Dass sich Institutionen und Individuen so heftig dagegen wehren, den massiven Missbrauch von Mädchenkörpern einzugestehen, ist Teil eines virulenten Backlashs – die moderne Version des alten Schwächemythos, der seit dem 19. Jahrhundert die Köpfe beherrscht. Mädchen sollen nicht für sich selbst eintreten, körperliche Grenzen setzen, »Hände weg!« sagen, Freiheit und Achtung einfordern. Die Reaktionen Konservativer auf die kontinuierlichen Berichte der AAUW – vier in einem Jahrzehnt – sind ein deutliches Indiz dafür, dass der Mythos der weiblichen Schwäche noch immer quicklebendig ist. »Die AAUW ist wieder zugange, gibt einen weiteren überdrehten Opfer-Report heraus«, zeterte John Leo in *U. S. News & World Report.*[18] Er nahm das Erscheinen des Situationsberichts *Gender Gaps: Where Schools Fail Our Children* zum Anlass, gegen die Organisation wegen ihres einflussreichen Berichts von 1992 *How Schools Shortchange Girls* vom Leder zu ziehen, hatte dieser doch ärgerlicherweise (für ihn) zu »finanziellen Rosinen für reine Mädchenförderung im Gleichstellungsgesetz für das Bildungswesen« geführt. Er warf der AAUW vor, ihre Berichte auf »politisierte Forschung« zu stützen – wobei die Politik die des »radikalen Feminismus« sei. John Leos abschließender Kommentar? »Die Wahrheit ist, dass unsere Schulen viele Mängel haben, doch die Unterdrückung von Mädchen gehört nicht dazu.«

Nicht nur männliche Autoren betrachten die Unterdrückung von Mädchen aus diesem Blickwinkel. Christina Hoff Sommers, Wissenschaftlerin am *American Enterprise Institute for Public Policy and Research* in Washington, erhob ähnlichen Protest auf der Kommentarseite der *New York Times.* In einem Artikel, in dem sie die Nase über die Absurdität sexueller Belästigung »unter zehn Jahren« rümpfte, nahm sie sich Fälle wie den von LaShonda Davis vor. Diese »Kinder« bräuchten moralische Führung, keine juristischen Interventionen oder gesetzlichen Schutz, schrieb Sommers in ihrem Kommentar. Sie beklagte, es hätten sich Frauengruppen auf den Fall Davis »gestürzt«, gemeinsam mit dem *American Jewish Congress,* der *National Education Association*

und »Dutzender« anderer Adabeis. Unter diesen Dutzenden befand sich auch die *National Organisation for Women* (NOW). Sommers warf NOW vor, sich zu der Behauptung zu versteigen, »sexuelle Belästigung [sei] eine Form von Gewalt, die gegen Frauen eingesetzt wird, um sie an dem ihnen ›gebührenden Platz‹ zu halten«.
NOW hatte dagegen protestiert, dass die Schulen praktisch zu »Trainingslagern für sexuelle Belästigung« geworden seien: »Jungen werden selten bestraft – während die Mädchen beigebracht bekommen, dass es zu ihrer Rolle gehöre, herabwürdigendes Verhalten zu dulden.« Eine derartige Kombination von »moralischem Eifererturn und Fehlinformation« beharrte Sommers, sei »gefährlich«. Sie vertritt unnachgiebig den Standpunkt, dass Schuljungen in den Vereinigten Staaten Sex *nicht* zur Einschüchterung von Mädchen einsetzen. Welches »plumpe sexuelle Verhalten« auch in den Klassenzimmern vorkommen möge, die »Einschüchterung ist nichtsexuell«, schrieb sie in der *Times*.[19] Ihr Rezept ist die gute, alte Disziplin, Mädchen wie LaShonda bräuchten die schützende Intervention des Gesetzes schlichtweg nicht. Das sei wieder der aufdringliche »Zentralismus« des Bundes – und der ist mehr zu fürchten als die physische Unterdrükkung der halben Menschheit.

Nachdem sie durch eben den »radikalen« Bericht, der John Leo so erzürnt hatte, auf die Lebensumstände von Mädchen aufmerksam geworden war, wollte die Journalistin und Pulitzer-Preisträgerin Peggy Orenstein die Lage aus erster Hand beobachten. Sie verbrachte ein Jahr in zwei achten Klassen in Kalifornien, die eine in einer innerstädtischen Schule, die andere in einer »netten« Vorortschule. Was sie zu sehen bekam und in ihrem Buch *Starke Mädchen – brave Mädchen* so lebendig schildert, war weniger nett. Andrea Murray, die Direktorin der Weston Middle School, beschrieb Orenstein »Zwischenfälle, bei denen Jungen Mädchen beleidigten, Jungen Mädchen behinderten, Jungen die Brüste, Hinterteile und Schambereiche von Mädchen angrapschten«. Ms. Murray war es ein Rätsel, warum sich die Mädchen nicht gegen eine derartige Behandlung wehrten. Sie begegneten ihren

Peinigern sogar weiter mit Respekt, wenn die Jungen auf der sozialen Stufenleiter oben standen. »Sie wollen das nicht als etwas sehen, was Jungen Mädchen [als Gruppe] antun, wie Rassismus«, sagte Ms. Murray. »Wenn sie sich bloß als Gruppe sehen könnten, als mächtig, wenn sie sich bloß gemeinsam entschlössen, diese Jungen anzuschauen, als ob sie Lepra hätten, würden die Jungen ihr Verhalten sofort korrigieren.«[20]

Andrea Murray war erst seit einem Jahr an der Schule, als Orenstein mit ihrer Berichterstattung begann, und sie war entsetzt über das Ausmaß der Belästigungen. Bald jedoch bekam sie Rückendeckung, als sie das Problem in Angriff nahm. Am 1. Januar 1993 schrieb ein neues Gesetz in Kalifornien vor, dass jede Schule des Staates schriftlich Grundsätze gegen sexuelle Belästigung in Lehrkörper und Schülerschaft fixierte, sie öffentlich auf dem Schulgelände aushing und an alle Lehrkräfte und Eltern ein Exemplar verteilte. Das Gesetz erlaubte es der Schulleitung überdies, schon Viertklässler bei einschlägigen Verfehlungen vom Unterricht auszuschließen oder der Schule zu verweisen. Also hatte Andrea Murray etwas in der Hand, das ihren Entschluss zu handeln stützte. Sie wollte jedoch nicht einfach nur, dass die Belästiger bestraft würden; sie wollte, dass die Mädchen selbst anfingen, sich zu wehren. Um deren Problembewusstsein zu schärfen, bat sie Edie Deloria, Psychologin an der Weston School mit halber Stelle, eine Diskussionsgruppe für Mädchen einzurichten, die Belästigungen beobachtet oder erlebt hatten.

Später in ihrem Büro erzählte Ms. Deloria Orenstein, wie sie das Gespräch in Gang gebracht hatte: »Wir möchten die Schule sicher machen ... Wir möchten, dass ihr frei von Bemerkungen und anderen Dingen seid, die euch daran hindern, euch beim Lernen hier wohlzufühlen.« Schließlich rückte eines der Mädchen damit heraus, dass manche Typen zu »anderen Leuten« Schlampe sagten.

»Heute ist was in einer anderen Klasse passiert«, berichtete ein zweites Mädchen. »Dieser Junge nannte dieses Mädchen eine ›Schlampe‹ und ... ähnliche Sachen ...«[21] Sie verstummte.

Eine Weitere beklagte sich, dass die Jungen zu Mädchen sagten, »dass sie halbe Jungen sind, wenn sie Sport mögen«.

»Und heute, als wir Hockey spielten, nahmen sie den Schläger und machten diese Bewegung.« Sie hielt die Hand vor ihren Schambereich und bewegte sie auf und ab.

»Wie onanieren?«, fragte die Psychologin.

Die Mädchen nickten.

»Wer macht das?«[22]

Die Mädchen nannten einige Namen, jedoch taten dies nach ihrer Auskunft sehr viele Jungen. Jetzt war die Katze aus dem Sack. Ein Mädchen berichtete, ein Junge, den sie namentlich nannte, behauptete, mit ihrer Mutter Sex gehabt zu haben und »dass meine Mutter ihm einen geblasen hat«. Jetzt gaben sie die Anwürfe der Jungen detaillierter wieder. Sie erzählten, dass Jungen sagten: »Lutsche meinen fetten Pimmel, du Schlampe«, dass sie sie »Fotze« und »Nutte« nennen. Und es seien »nicht nur ›schlechte‹ Jungen ..., die sie malträtieren; es sind Jungen mit guten Noten, die gute Sportler sind«, berichtet Orenstein.

Die Schulpsychologin versuchte den Mädchen eine neue Betrachtungsweise der Situation nahe zu bringen. »Mädchen denken, dass Jungen ›einfach solche Dinge sagen‹ ... und nach einiger Zeit denkt ihr, dass es normal ist, wenn die Jungen so mit den Mädchen reden. Aber es muss nicht sein ... Wenn ihr Mädchen wollt, dass sie aufhören, müsst ihr ihnen sagen, was ihnen passiert, wenn sie es tun; und dann müsst ihr es auch durchhalten.«[23]

Da senkte ein Mädchen namens Jeanie den Kopf und sagte: »Jeff Bellamy hat meinen Busen angegrapscht.«

Später in ihrem Büro erklärte Ms. Deloria Orenstein: »Viele von diesen Mädchen denken, dass sie das hinnehmen müssen. Sie nehmen es jetzt hin, und wenn sie sechzehn sind, ist es so eingeschliffen, dass sie es einfach akzeptieren werden.«[24]

Die Direktorin Andrea Murray versuchte, an der Weston Middle School klare Signale zu setzen. In den nächsten Wochen schloss sie fünf Jungen, darunter auch den, der Jeanies Brüste begrapscht hatte, wegen sexueller Belästigung vom Unterricht aus. Das gab den Mädchen Auftrieb. Und den Jungen einen Dämpfer.

Manche Jungen klagten, sie wüssten nicht genau, welches Verhalten unangebracht sei. Sexuelle Belästigung sei zu schwierig zu definieren, meinten andere. Einer, der suspendiert worden war, weil er einem Mädchen gegenüber Masturbationsbewegungen

gemacht und sie aufgefordert hatte, seinen »Schwanz zu lutschen«, beklagte sich der Reporterin gegenüber, man könne nicht einmal mehr einem Mädchen ein Kompliment machen.
Sogar Jeffrey Bellamy, der Jeanie an die Brüste gefasst hatte, fiel es schwer, die Vorwürfe gegen ihn zu begreifen. Nicht dass er nicht gewusst hätte, dass sein Verhalten falsch war, nur – die Mädchen hatten es immer hingenommen. »Die Mädchen haben nichts dagegen«, erklärte er Orenstein. »Ich meine, sie wehren sich nicht. Ich würde jeden zusammenschlagen, wenn er mich so anfasste.«[25]

Man möchte meinen, aggressives und entwürdigendes sexuelles Verhalten komme nur an den Schulen der Innenstädte mit ihren armen, sozial deklassierten, ungebildeten Schülern vor. Doch das Phänomen ist nicht klassengebunden. Wenn überhaupt, dann gilt: Je privilegierter die Jungen, desto unverschämter das Verhalten, das sie sich herausnehmen dürfen. Bei seiner sorgfältigen Untersuchung des berüchtigten Falles der Glen Ridge-High-School-Sportler, die ein geistig behindertes Mädchen mit einem Baseball-Schläger und einem Besenstiel vergewaltigt hatten, kam Bernard Lefkowitz, Professor für Journalismus an der Columbia-Universität, zu dem Ergebnis, dass diese Jungen an jenem Nachmittag in ihrem Clubkeller nicht einfach für einen Moment durchgedreht hatten.[26] Ihr abscheuliches Verhalten hatte sich über längere Zeit bedenklich aufgeschaukelt – und war genauso bedenklich übersehen worden. Die Jungen im wohlhabenden Glen Ridge hatten sich weit mehr über alle Grenzen hinweggesetzt als die Jungen, die Orenstein in Kalifornien erlebte. Einer der Täter, Kevin Scherzer, war für seine Gepflogenheit bekannt, den Reißverschluss seiner Hose zu öffnen und zu masturbieren, wenn die Lehrer nicht hinschauten. »Diese Vergewaltigung kam nicht überraschend, wenn man sich die Geschichte dieser Kerle und der Stadt anschaut«, sagte Lefkowitz in einem Interview. »Die Tat war fast ein logisches Ergebnis ihres Verhaltens.«
Diese Jungen begingen die Vergewaltigung nicht zum Spaß. Sie machten es nicht wegen Sex. Wie sexy dürfte es wohl gewesen sein, das dicke Ende eines Schlagholzes in die Vagina eines Mäd-

chens zu rammen? Sie taten es um des Gefühls von Macht willen, das die Demütigung eines anderen Menschen hervorrufen kann. Sie glaubten, für die Macht geboren zu sein. Macht war ihr silberner Löffel.

In den Nachwehen dieses Falls wurde viel Aufhebens darum gemacht, dass das Opfer geistig zurückgeblieben war. Sie habe die Jungen ermutigt, weil sie sich Aufmerksamkeit wünschte, sagten manche. Sie trage nicht gerade Schuld, die Jungen aber auch nicht. Das Problem habe mit ihrer »Behinderung« zu tun. Doch dieselbe Unterstellung könnte jedes beliebige Mädchen treffen: dass ihr nicht klar gewesen sei, was geschah, der unbedarfte Junge ihre Signale »falsch verstanden« habe. Und so weiter, und so weiter. Bis heute sieht der Vorsitzende der zuständigen Stelle in Newark, die den Fall untersuchte, diesen hauptsächlich als Beispiel, dass Menschen mit geistigen Behinderungen »regelmäßig sexuell missbraucht« werden. Doch während der Umstand, dass der IQ des Mädchens bei vierundsechzig Prozent lag, die Gruppenvergewaltigung nur umso beunruhigender macht, geht es weit am Kern der Sache vorbei, *ihren* Geisteszustand in den Mittelpunkt des Zwischenfalles zu rücken. Dahinter steckt die Annahme, dass sie, wäre sie besser im Stande gewesen, Grenzen zu setzen, nicht von den Jungen attackiert worden wäre. Das ist völlig hirnverbrannt. Diese Jungen glaubten sich berechtigt, zu tun, was immer ihnen einfiel, auch zu demütigen und kriminell zu nötigen, wen immer sie aufs Korn nahmen. Andere Mädchen in dieser wohl anständigen Gemeinde in New Jersey wussten das. Sie wussten es sehr gut. Sie sagten zu Bernard Lefkowitz: »Es hätte auch mich treffen können.« Und das traf zu. Das Sicherheitsbedürfnis der Mädchen fand kaum sozialen Rückhalt. Die Stadt stand bis zur Anklageerhebung hinter den Jungen.

Allgemein herrscht verbreitet immer noch die Meinung, dass gegen das Vorrechtsgefühl von Jungen nicht eingeschritten werden sollte, gleichgültig, wer dadurch zu Schaden kommt. Man denke nur an den berühmten Fall der »Spur Posse« in Kalifornien. Die »Posse« war eine Gruppe von in der sozialen Rangordnung hoch stehenden, weißen High-School-Jungen – wiederum Sportler –, die nach einem Punktesystem miteinander um sexuelle »Eroberungen« wetteiferten. Als sich schließlich Mädchen beschwerten, wurden mehrere aus der Gang wegen Vergehen von sexueller Belästigung bis hin zu Vergewaltigung angeklagt. Manche Eltern entschuldigten das Verhalten ihrer Söhne, ja verteidigten es sogar. »Mein Junge hat nichts getan, was nicht jeder saft- und kraftstrotzende amerikanische Junge auch getan hätte«, brüstete sich ein Vater.[27]

Faszinierend ist, dass die Zugehörigkeit zu einer Sportmannschaft bei Jungen (und nur bei Jungen) mit »Identitätsblockierung«[28] oder gehemmter Identität – das heißt vorzeitig abgebrochener psychologischer Entwicklung – in Zusammenhang gebracht wurde. Die amerikanische Gesellschaft sieht sportlichen Erfolg bei Jungen als den ultimativen Triumph, gesteht Athleten noch mehr Aufmerksamkeit und Ruhm zu als Personen des öffentlichen Lebens. »Der hohe Status, der Sportlern zugestanden wird, ist nachteilig für ihre psychologische Gesamtentwicklung«, schlossen die Autoren der Studie.

Zu viel zu früh. Oder vielleicht einfach nur zu viel, Punktum. Sogar erwachsene Berühmtheiten haben Probleme, *nicht* egoman, arrogant und antisozial zu werden. Da kann man sich gut vorstellen, dass die Heldenverehrung jugendlicher Sportskanonen deren psychische und emotionale Fortschritte beeinträchtigen kann.

Die einzige Macht, die Mädchen seit jeher besitzen, ist sexuelle Anziehungskraft. Jungen mögen keine Mädchen, die echte sexuelle Macht ausstrahlen (und natürlich setzt genau dies in der Adoleszenz ein). Deshalb demütigen sie sie sexuell, was die Mädchen im Handstreich von ihrer Macht abschneidet. Anstatt freudiger Erregung über ihre aufblühende Sexualität empfinden die Mädchen Scham. Opferscham. Schlampenscham. Und was vielleicht am verheerendsten ist, völlige Verwirrung darüber, wie ihnen geschieht.

»Es macht mich verrückt; die Vorstellung … dass man mich bloß als meinen Körper sieht«, seufzte eine Dreizehnjährige mit Namen Becca gegenüber Orenstein. Wenn ein Mann Bemerkungen über sie machte, als sie noch jünger war, so das Mädchen, »war er einfach ein Perverser«.[29] Doch mit dreizehn konnte sie sexuelle Demütigungen nicht mehr so leicht übergehen. Innendrin in ihrem dreizehnjährigen Körper spürte sie Gefahr. Als ein Trupp älterer, an einer Straßenecke herumlungernder Jungen Sauggeräusche von sich gab, als sie vorüberging, war sie außerstande, etwas zu sagen, wie sie Orenstein erzählte. Plötzlich kam sie sich vor wie Freiwild. Willkommen in der Welt der Frauen. Es gibt immer noch »Experten«, die glauben, es gehöre zum Erwachsenwerden, sexuelle Entwürdigung zu ertragen – für Frauen. Wardell Pomeroy, Koautor des berühmten *Kinsey-Reports,* ist so ein Experte. Bei ihm suchte so manches Mädchen Rat, um herauszufinden, warum sie, kaum im Teenager-Alter, plötzlich behandelt wurde wie ein Stück Schlachtvieh auf der Fleischauktion. Deshalb las auch Becca Pomeroys 1991 erschienenes Buch *Girls and Sex.* Darin fand sie wenig, das ihr hätte Sicherheit geben können. »So sehr Feministinnen das auch beklagen mögen, anerkennende Pfiffe von Fremden auf der Straße oder von vorbeifahrenden Lastwagenlenkern sind etwas Gewöhnliches«, äußerte Pomeroy. »Die Feministinnen behaupten, dass solches Verhalten Frauen herabwürdige, indem es sie zu Sexobjekten mache, aber das ist schon seit Menschengedenken so.«[30]

Schon wieder das alte Schon-immer-so-Argument: Wenn es seit jeher geschieht, muss es normal sein. Becca zumindest erfasste die Unredlichkeit des Autors von *Girls and Sex*. Belästigung ist »was anderes, als wenn ein netter Junge ›hallo‹ zu dir sagt – dann rutscht dir der Magen runter, aber es ist ein gutes Gefühl; das andere ist nur ärgerlich. Es gibt mir das Gefühl, dass ich nicht erwachsen werden will.«[31]

Wenn Sie sich genügend dieser Geschichten anhören, verstehen Sie, *warum* viele Mädchen nicht erwachsen werden wollen. Sie verstehen, warum sie klein bleiben wollen. An ihrem ersten Tag auf der High School steht Geena – ein Mädchen, das Klarinette spielt und sich mehr für Computer als für Schminke und Designerklamotten interessiert – an ihrem Spind, als ein Junge den Spind neben ihrem aufreißt, sie mit der Schranktür anstößt und sie anschnauzt: »Weg mit deinem dicken Hintern!«

Als Geena nach Hause kommt, erklärt sie ihrer Mutter: »Ich sehe schrecklich aus. Ich muss unbedingt abnehmen.«[32]

Soziologen bezeichnen Vorfälle, die mit Unterwerfung zu tun haben, aber keine spezifisch sexuellen Untertöne haben, mit dem Ausdruck *geschlechtsspezifische Belästigung.* »Weg mit deinem dicken Hintern« wäre vermutlich ein einschlägiges Beispiel. Solche verbalen Formen von Verachtung sind schädlich – insbesondere weil sie meist als unwichtig vertuscht werden, als etwas, das ein Mädchen »wegstecken« können sollte. Man denke an das Schweigen der Weston-Schülerinnen angesichts der Belästigung durch die Jungen. Sie hatten Angst, sich zu beschweren, weil sie sich so verzweifelt wünschten, dass die Jungen sie sympathisch fänden. Die doppelte Botschaft, dass Mädchen verächtlich behandelt werden, *weil* sie Mädchen sind, dass sie sich jedoch als ein bisschen *weniger* verachtenswert erweisen können, wenn sie das locker hinnehmen, steigert die Destruktivität solcher Erfahrungen nur noch.

Die Jungen, nun selbst auf der Suche nach der so schwer fassbaren »Männlichkeit», grenzen sich emotional von den Mädchen ab, machen sie lächerlich, um Distanz zu schaffen, während sie sich mit ihren einander widerstreitenden Gefühlen bezüglich Frauen und sexueller Macht herumschlagen. Diese Lage der Dinge ist schmerzlich destruktiv, noch mehr als zu der Zeit, in der ich heranwuchs. Als sie ihren jungen Klientinnen zuhörte, fand die Psychologin Mary Pipher keinen persönlichen Anknüpfungspunkt mehr, wie sie in *Pubertätskrisen junger Mädchen* schreibt. Die Schikanen sind heute von einem anderen Kaliber als die, die sie in ihrer Adoleszenz erlebte. Heute werden Mädchen »mit allem aufgezogen, angefangen von oralem Sex bis zu ihren Schamhaaren, von ihrer Periode bis zu Phantasievorstellungen über ihre Geschlechtsorgane«.[33]

Pipher benutzt das Wort *Trauma,* um zu beschreiben, was solche sozialen Erfahrungen bei Mädchen anrichten. Sie berichtet von Weinkrämpfen, Essstörungen, fürchterlichen Albträumen. »Sie träumen zu ertrinken, gelähmt zu sein oder im Treibsand stecken zu bleiben, häufig auch, überfallen zu werden und nicht schreien oder sich wehren zu können. ... Die wichtigsten Elemente des Traums sind der Überfall, das Gelähmtsein und die bevorstehende Zerstörung des Selbst.«[34]

Frauen vergessen die erniedrigenden Zwischenfälle nicht, die sie als Mädchen erlebt haben. »Theresa«[35], eine Frau in den Vierzigern, erinnert sich immer noch, welch brennende Scham sie an einem Tag kurz nach dem Eintritt in die sechste Klasse einer neuen Schule empfand. Sie war nach dem Mittagessen in den Garderobenraum gegangen und fand ihren Schal mit Rotz verschmiert; ein Junge, der aus einer Ecke heraus feixend ihre Reaktion beobachtete, hatte ihn als Taschentuch benutzt. Sie steckte das eklige Ding in ihre Manteltasche und rannte nach Hause. »Meine Mutter marschierte mit dem Schal in einer braunen Papiertüte zurück in die Schule, legte ihn dem Direktor vor und sagte: ›Können Sie diese Kinder nicht im Zaum halten?‹« Obwohl Theresa weiß, dass diese Episode vergleichsweise harmlos war, fällt sie ihr ein, wenn sie versucht, die entwürdigenden Schulerlebnisse ihrer zwölfjährigen Tochter zu verstehen. »Wenn ich daran denke, wie lange es gedauert hat, über den Anblick dieses Schals hinwegzukommen, wundere ich mich, wie die Mädchen heute das schaffen.«
Gemeint ist, wie sie es schaffen, die ständigen Attacken zu verarbeiten, denen sie im Klassenzimmer und auf der Straße ausgesetzt sind. Wie wirkt es sich auf sie aus, dass sie dauernd auf Bedrohung, Gefahr und Demütigung reagieren müssen?
In den 1990er Jahren waren mehr als die Hälfte aller von der Bürgerrechtsstelle des U.S.-Bildungsministeriums untersuchten Fälle von sexueller Belästigung an Grund- und Sekundarschulen vorgekommen. »Wir wissen heute, dass sexuelle Belästigung in den Klassenzimmern und Korridoren der amerikanischen Schulen ein großes Problem ist – eines, das zu ignorieren wir uns nicht länger leisten können«, schrieb Alice McKee, die Präsidentin der Bildungsstiftung der AAUW in *Hostile Hallways*. »Wenn wir nichts dagegen unternehmen, wird weiterhin Millionen von Kindern das Bildungsumfeld vorenthalten, das sie brauchen, um zu gesunden, gebildeten Erwachsenen heranzuwachsen.«
Hostile Hallways war der Bericht über die erste Umfrage, wie sich sexuelle Belästigung in der Schule auf Mädchen auswirkt – bildungsmäßig und emotional. Die Mädchen erzählten den For-

schern, dass sie im Unterricht nichts mehr sagen mochten, wenn sie verspottet oder beleidigt worden waren, und dass es ihnen schwer fiel, aufmerksam zu bleiben. Manche erwogen, die Schule zu wechseln. Die meisten gaben an, sich gehemmt, unsicherer und weniger selbstsicher zu fühlen. Nahezu jedes vierte Mädchen hatte Angst. Traurigerweise hatte ein Drittel Zweifel, ob sie, so verängstigt, wie sie waren, jemals eine vertrauensvolle Beziehung zu einem Mitglied des anderen Geschlechts würden aufbauen können.

Die »feindseligen Flure« verschwinden nicht in der Ferne wie die Straße mit den gelben Ziegelsteinen im *Zauberer von Oos,* wenn die Mädchen die Schule abschließen und auf ein auswärtiges College wechseln. Die Geschichte geht weiter. Auf dem College-Campus gewinnt die Feindseligkeit gegenüber Frauen an Fahrt wie eine Achterbahn.

Sport treibende Mädchen müssen sich, wie sich zeigt, vor einer weiteren Gefahrenquelle in Acht nehmen: dem guten alten Trainer. 1998 kam dies endlich ans Licht, als die ersten jungen Sportlerinnen Klage einreichten. Zwei studentische Tennisspielerinnen verklagten die Universität Syracuse und deren Tennistrainer Jesse Dwire auf siebenhundertzweiundsechzig Millionen Dollar. Die Klageschrift warf Dwire vor, zwei Stipendiatinnen massiert, gestreichelt und zum Verkehr aufgefordert zu haben; zudem behauptete sie, sowohl Dwire als auch die Universität hätten die Spielerinnen Repressalien ausgesetzt, nachdem diese über den offiziellen Weg Beschwerde eingereicht hatten. Ein Universitätsausschuss hatte den Trainer der Verletzung der Richtlinien gegen sexuelle Belästigung und Diskriminierung für schuldig befunden und empfohlen, ihn für zwei Jahre von seiner Arbeit zu suspendieren. Die Strafe wurde jedoch auf drei Monate verkürzt. Ein Jahr später, drei Tage vor Beginn des Prozesses, schloss die Universität einen Vergleich über eine nicht genannte Summe.

Gegen den siebenundvierzigjährigen Anson Dorrance, Mitte der 1980er Jahre Coach des amerikanischen Fußballnationalteams der Frauen und gegenwärtig Trainer an der Universität von North Carolina, ist zur Zeit eine Klage von zwei Spielerinnen anhängig. Debbie Keller, eine der Torjägerinnen des Nationalteams, wirft

Dorrance ungehöriges Verhalten, etwa unerwünschte sexuelle Anspielungen vor. Melissa Jennings hält ihm vor, eine feindselige Stimmung gegen sie erzeugt zu haben, bevor er sie ganz aus dem Team warf. Dorrance streitet ab, seine Spielerinnen zu belästigen oder seine Autorität zu missbrauchen. Er hat angekündigt, sich mit allen Mitteln zu verteidigen, und bislang ist es ihm gelungen, den Gerichtsstand von Chicago nach Greensboro, wo er ein Lokalmatador ist, verlegen zu lassen. Ein Antrag auf Abweisung der Klage seitens der Anwälte der Universität von North Carolina wurde abgelehnt.

Mittlerweile ist klar, dass Dorrance zumindest »Probleme mit Grenzen« hat. Er räumte ein, er habe an »Gruppengesprächen mit scherzhaftem oder neckendem Charakter teilgenommen«, die »unangemessen« waren.[36] Überdies entschuldigte er sich dafür, dass er sich vierhundert Dollar von Jennings geliehen hatte, und zahlte das Darlehen zurück. Deborah Keller machte geltend, dass Dorrance zweimal einen »unerwünschten sexuellen Annäherungsversuch« gemacht habe; dass er bei anderen Gelegenheiten »unangemessenen und unerwünschten Körperkontakt« gesucht habe, indem er »seine Hände und Arme um ihren Körper gelegt« habe; dass er Angehörige seines Teams »ständig« nach ihrem Privatleben und sexuellen Aktivitäten »ausfrage«. Der Klage zufolge begann Dorrance, »unerwünschte und unaufgeforderte« Telefongespräche mit ihr zu führen, um ihre persönlichen Aktivitäten zu überwachen. Im Oktober 1996 soll Dorrance sie zu einem Treffen an »einem abgelegenen Ort gezwungen« und »einen unerwünschten sexuellen Annäherungsversuch« gemacht haben. Aus mehreren, in *Sports Illustrated* veröffentlichten Briefen von Dorrance an Keller geht hervor, dass sich der Trainer seiner Spielerin gegenüber nach und nach immer mehr Intimität herausnahm. Es ging von: »Falls du es nicht wissen solltest, ich empfinde große Zuneigung zu dir« im Januar 1994 bis zu:

»Mir wäre nicht einmal im Traum eingefallen, dass ich jemandem wie dir begegnen könnte ... Mein Respekt vor dir reicht tief, und wie dein lieber Brief bestätigt hat, geht er weit über deine Fähigkeiten als Fußballspielerin hinaus bis hin zum Kern deiner Persönlichkeit. Ich bemühe mich sehr, keine Zuneigung in diese

Gedanken einfließen zu lassen, aber wie du weißt, liegt mir viel an dir, Debbie, und an allem, was du machst« im folgenden Oktober.

Bis hin zum Kern deiner Persönlichkeit. »Anson schafft eine Atmosphäre, die die Spielerinnen von ihm abhängig macht«, erklärte eine andere ehemalige Spielerin einem Reporter. »Ich war das Paradebeispiel dafür, als ich in Carolina war. Ich war bald felsenfest überzeugt, dass er der Einzige war, der mich trainieren konnte. Man ist wie auf Droge. Anson ist ein sehr mächtiger und charismatischer Mann – und du verfällst ihm.«[37]

Debbie Keller wurde daraufhin aus dem Nationalteam geworfen. 1998 hatte sie in dreiundzwanzig der fünfundzwanzig Spiele der Vereinigten Staaten mitgespielt und vierzehn Tore erzielt. Trotzdem stellte sie der U.S. Coach Tony DiCicco zu Jahresbeginn nicht mehr auf, mit der Begründung, sie habe sich nicht für einen Einsatz qualifiziert. Keller, eine Kämpfernatur, wollte wieder in das Team hineinkommen und beantragte ein Schiedsverfahren gegen den Verband *U.S. Soccer Federation.* Das Schiedsgericht hörte dreieinhalb Tage lang Zeugen, bevor es ihren Antrag zurückwies. Trainer DiCicco, ein Freund von Anson Dorrance, hatte acht Stunden lang gegen Keller ausgesagt.

»Ich musste mich mit meinen Trainern zusammensetzen und ihnen bewusst machen, dass ein früher vielleicht akzeptables Verhalten, etwa ein Klaps auf den Hintern, jetzt nicht mehr annehmbar ist«, sagte Christine Grant, die Leiterin der Sportabteilung der Universität von Iowa. Männer im Trainergeschäft sprechen oft von der »Gratwanderung« zwischen Freundlichkeit und inakzeptabler Intimität. Doch diese »Verwirrung« in Bezug auf angemessenes Verhalten ihren Studentinnen gegenüber ist bloße Doppelzüngigkeit.

»Ich glaube nicht, dass es überhaupt eine Gratwanderung gibt«, meint die Anwältin von Keller und Jennings. »Ein Betragen, das im Klassenzimmer nicht zu billigen wäre, sollte auch nicht in der Turnhalle durchgehen.«

Das Problem geht über Hinterntatschen und Anzüglichkeiten hinaus. Eine junge Tennisspielerin aus New Jersey brach schließlich zusammen und eröffnete ihren Eltern, dass ihr Trainer sie zu befummeln begonnen habe, als sie zwölf war, und sie mit dreizehn zum Beischlaf gezwungen habe. Das Mädchen war Bezirksmeisterin und gerade in die High School gekommen, als es sich schließlich an seine Eltern wandte.

»Sie zitterte und weinte«, erzählte die Mutter später, »und sie wollte es niemandem sagen, weil sie sich deswegen so furchtbar schämte.«[38] Die Familie ging sofort zur Polizei. Stuart Gerechoff wurde drei Tage später verhaftet und im März 1998 wegen schwerer sexueller Gewalttätigkeit schuldig gesprochen. Im Juni 1999 verurteilte ihn das Gericht zu acht Jahren in einer Strafanstalt für Sexualverbrecher.

Die Mutter des Mädchens wirft sich nun vor, sie »hätte die Signale sehen müssen«. Sie sah sie in der Tat: sie traute nur ihren eigenen Augen nicht. »Er wollte nicht, dass ich mich auch nur in der Nähe des Tennisplatzes aufhielt«, berichtete sie über Gerechoff. »Als ich ihm erklärte, dass ich etwas gegen das ganze Umarmen und Drücken nach dem Training hatte, schnauzte er mich an, dass das völlig in Ordnung sei, dass er alle umarme. Er sagte mir immer wieder, welches Glück ich hätte, dass ich mir keine Sorgen machen müsste, dass Jungen meine Tochter belästigen könnten, dass das Tennis ihr Freund sei.«

Das Mädchen hatte von dreizehn bis fünfzehn – drei Jahre des fortgesetzten Missbrauchs lang – niemandem etwas erzählt. »Sie glaubte, es wäre das Ende ihrer Tenniskarriere, wenn sie es jemandem erzählte«, sagte ihre Mutter. »Er hatte ihr immer eingeschärft, sie würde ohne ihn nie weiterkommen.«[39]

Solche Trainer erhalten beträchtliche Unterstützung von ihrem Umfeld. An einer High School in South Carolina schwang sich der Trainer Joe Sutton regelrecht zum Besitzer einer jungen Sportlerin indianischer Abstammung, Alana Henderson, auf: unablässige Anrufe, Geschenke und Umarmungen nach den Spielen, deren sie sich nicht erwehren konnte. »Ich bekam allmählich richtig Angst vor ihm«, erzählte sie. Ihre Eltern wandten sich an die Schule und schließlich an den Schulinspektor des Bezirks. Als dies keine Wirkung zeitigte, informierten sie die staatliche Schulbehörde von South Carolina. Sutton wurde schließlich suspendiert, und im Januar 1998 nahm die Schulbehörde in einer nichtöffentlichen Sitzung seinen Rücktritt an – unter der Bedingung, dass er sich in South Carolina nie mehr um eine Lehrer- oder Trainerstelle bewarb, auf der er mit Mädchen unter achtzehn Jahren in Kontakt kommen würde. (Die Bedingungen wurden letzten Herbst publik; Sutton hatte erfolglos für einen Sitz in eben der Schulbehörde kandidiert, die ihn suspendiert hatte. Und da soll man nicht von Verleugnung sprechen!)

»Wir stellten ein Muster unangemessenen Verhaltens fest, das seine Suspendierung rechtfertigte«, erklärte der Bezirksschulinspektor später. Dennoch, so behauptete er, sehe er nicht, »wie wir unsere Richtlinien gegen Belästigung durchsetzen sollen, ohne unsere Schulen in so etwas wie Terrorstaaten zu verwandeln«. Dieser Mann hatte den Antrag der Hendersons auf eine Untersuchung so lange ignoriert, bis ihn die vorgesetzte Schulbehörde dazu zwang. Und was seine Befürchtungen hinsichtlich eines Terrorregimes betraf, so war es Alana, die nach ihrer Beschwerde durch eine emotionale Hölle gehen musste. Die Colleges, die ihre Bewerbung positiv beschieden hatten, bekamen anonyme Briefe, die sie »warnten, ich sei eine Unruhestifterin«. Ihre Eltern mussten ihren jüngeren Bruder auf eine andere High School schicken, weil auch er massive negative Auswirkungen des Falls seiner Schwester zu spüren bekam. (Sutton dagegen befand sich bis zum Prozess wegen eines Sexualvergehens, der auf die von den Hendersons angestrengte Untersuchung folgte, gegen Kaution auf freiem Fuß.)

Es gibt Soziologinnen, die von einer »Vergewaltigungskultur« (*rape culture*) sprechen. Mit diesem Begriff bezeichnen sie ein umfassenderes Phänomen als die Vergewaltigung als solche; sie meinen eine Kultur, die sexuelle Gewalt gegen Frauen allgemein toleriert, in der ständig die Bedrohung durch Vergewaltigung schwelt. Besonders bedrohlich schwelt sie auf dem College-Campus. An manchen Universitäten praktizieren die Studentenverbindungen ein entwürdigendes und Angst einjagendes Ritual, das sie »den Schandlauf«[40] nennen. Die jungen Männer versammeln sich auf Balkonen oder im Freien, um spät abends zurückkehrende Frauen mit höhnischen Kommentaren zu überschütten, etwa:

»Fickt diese Fotze!« Oder: »Wer ist diese Schlampe?« Die »hypererotisierte Männerkultur«, die durch das Verbindungsleben etabliert und bestärkt wird, ist so durch und durch geprägt von Gewalt, dass Versicherungen Verbindungshäuser in die drittteuerste Versicherungsklasse nach Sondermülldeponien und Freizeitparks einordnen. Partys in diesen Räuberhöhlen der Niedertracht bieten Gelegenheit, Studentinnen verbal herunterzumachen, wenn nicht gleich körperlich zu attackieren. An der Universität von Rhode Island wurde eine achtzehnjährige Studentin im ersten Semester auf einer Verbindungsfete vergewaltigt, während fünf Männer zusahen.

Manche Verbindungen sind deutlich übler als andere. Eine Studie verglich »Niedrigrisiko«- mit »Hochrisiko«-Häusern. In letzteren bestimmten hoher Alkoholkonsum und strikte Trennung der Geschlechter das Bild; die Männer tranken in einer von den Frauen entfernten Ecke des Raums. Wie die Forscher beobachteten, praktizierten die Männer in Hochrisiko-Häusern »Witze, Gespräche und Verhaltensweisen, die Frauen herabsetzten … [und sie] benahmen sich roher … Ein Verbindungsbruder ließ seine Hosen herunter … ein anderer schlitterte völlig nackt über die Tanzfläche … Die Männer verhielten sich offen aggressiv, was die Hochrisiko-Partys zuweilen fast bedrohlich wirken ließ.«[41]

Fast bedrohlich? Die allgemeine Atmosphäre großer Universitäten ist häufig von extremer Bösartigkeit gegenüber Frauen geprägt. An der Cornell-Universität wurden vier Studenten wegen sexueller Belästigung verklagt, weil sie eine Liste mit dem Titel »Die fünfundsiebzig Gründe, warum Frauen kein Recht auf freie Rede haben sollten« in das E-mail-System des Campus eingeschleust hatten. Unter den aufgeführten Gründen waren: »Wenn mein Penis in ihrem Mund steckt, kann sie sowieso nicht reden« und »Wenn sie nicht sprechen kann, kann sie auch nicht ›Vergewaltigung‹ schreien.«

Manche Colleges schaffen gegenwärtig die Verbindungen ab oder versuchen zumindest, den Alkoholkonsum bei Feten – bekannten Brutstätten sexueller und körperlicher Gewalt – einzuschränken. Warum gehen Studentinnen überhaupt zu diesen Partys?, mögen Sie sich fragen. Vielleicht leugnen sie immer noch die Realität

oder hoffen auf eine Wende zum Besseren. Oder vielleicht wurden sie schon missbraucht und betrachten dieses Verhalten aus ihrem Blickwinkel als mehr oder weniger normal.
Die Schulen helfen in unterschiedlichem Maße, vom Verteilen greller Trillerpfeifen bis zu »Eskorten«, die die Mädchen nachts sicher von Gebäude zu Gebäude geleiten. An einem koedukativen College im Norden des Staates New York mit zweitausend Studenten wird dieser Service zwölfhundertmal pro Woche angefordert. Man könnte Zusatz-Studiengebühren auf eigenes Risiko darin sehen, dass manche Lehranstalten den Eltern zukünftiger Studentinnen schreiben, dass ihr Campus nicht sicher sei und dass sie den Studentinnen vor ihrer Ankunft einen Selbstverteidigungskurs empfehlen. Aufschrei der Eltern: »Zwanzigtausend Dollar Studiengebühren im Jahr, und unsere Tochter muss Judo lernen, bevor sie hinkommt?!«
Besser man geht auf Nummer Sicher und legt noch was auf diese astronomischen Gebühren drauf – schützt sozusagen seine Investition, wenn man heute eine Tochter aufs College schicken will. Eine neuere kanadische Studie ermittelte, dass an sechs Universitäten in Ontario eine von drei Studentinnen *im Jahr vor der Befragung* physisch oder sexuell angegriffen worden war. An drei Universitäten im Mittelwesten der USA berichteten zweiundvierzig Prozent der Studentinnen, bei einer Verabredung auf dem College-Gelände Opfer von sexueller Nötigung geworden zu sein. Siebzig Prozent hatten Überredung und Druck nachgegeben und unerwünschten Geschlechtsverkehr gehabt.
Inzwischen finden das die College-Studentinnen buchstäblich zum Kotzen. Wenn sie schon in der High School gekotzt haben, dann kotzen sie jetzt erst recht. 1999 brachte das Magazin *People* eine so unglaubliche Story, dass sie fast wie eine Ente wirkte. An einer großen Universität im Nordwesten verschwanden aus der Küche einer Studentinnenverbindung plötzlich Plastikfrühstücksbeutel zu Hunderten. Als die Verbindungspräsidentin der Sache nachging, fand sie eine Besorgnis erregende Erklärung: Die Tüten stapelten sich, gefüllt mit Erbrochenem, in einer Toilette im Keller. Später erfuhr sie, dass die Abwasserleitungen des Gebäudes von Gallonen Magensäure angefressen worden waren und

ausgetauscht werden mussten. »Irgendwie war das aber verständlich«, sagte sie zu einem Reporter, weil die meisten ihrer fünfundvierzig Hausgenossinnen sich um ihr Gewicht sorgten.[42]
Manche haben die Frage aufgeworfen, ob Essstörungen bei Frauen mit sexuellem Missbrauch zusammenhängen. Studien sprechen für eine Korrelation, wenn nicht sogar für einen Ursachenzusammenhang. Die Häufigkeit beider Phänomene nimmt sprunghaft zu, wenn die Mädchen von der High School aufs College wechseln, wo sie womöglich noch ungeschützter sind. 1998 fielen laut FBI 11,4 Prozent mehr Vergewaltigungen auf dem Campus vor als im vorangegangenen Jahr. Die Universität von Massachusetts in Amherst meldete 1996 und 1997 mehr »mit Nötigung verbundene Sexualstraftaten« als alle anderen Colleges außer der Staatlichen Universität von Colorado und der Universität von Südkalifornien.[43] Die Universität reagierte kürzlich auf Berichte über zwei vollendete und zwei versuchte Vergewaltigungen innerhalb zweier Wochen: Sie teilte zehntausend Alarmgeräte aus, die beim Auslösen ein »lautes, kreischendes Geräusch« erzeugen. Das muss die Eltern aber ungemein beruhigt haben.
Eine Studie der Universität von South Carolina machte auf »alarmierende Zahlen« nötigender sexueller Verhaltensweisen an den Colleges aufmerksam. In Texas bezeichneten Forscher, die eine große Gruppe von College-Studenten im Mittelwesten untersuchten, die Häufigkeit von sexueller Nötigung auf dem Campus als »phänomenal«. Betrunkenmachen, Erpressung, Lügen, falsche Versprechungen, Drohungen, die Beziehung zu beenden, ständiges Anfassen, Gängeln der Frau, »Freiheitsberaubung« und Androhung oder Einsatz körperlicher Gewalt einschließlich Waffengebrauch – das waren die Strategien, um Willfährigkeit zu erzwingen. (Diese Studie erfasste sowohl männliche als auch weibliche »Täter«. Deren Nötigungsverhalten bestand jedoch zumeist in unerwünschtem Küssen oder Berühren.)
Eines hat sich im öffentlichen Bewusstsein noch nicht durchgesetzt: Mädchen werden in einem Ausmaß physisch bedroht und psychisch traumatisiert, das ihre Lernfähigkeit beeinträchtigt. Nicht nur Mädchen, die eine Vergewaltigung oder Übergriffe hinter sich haben, sondern auch Mädchen, die sexueller Belästigung

ausgesetzt sind – eine Erfahrung, die durch die politische Debatte, abstrakt, keimfrei, wenn Sie so wollen, gemacht wurde –, erleiden kognitive Leistungseinbußen. Während die verschiedenen Lager sich streiten, ob sexuelle Belästigung real oder häufig oder sogar schädlich ist oder nicht, drückt sie dem Leben von Mädchen ihren Stempel auf. Oftmals dient gerade die Häufigkeit solcher Erlebnisse als Grund, sie abzutun. Ach, das schon wieder. Betatschte Brüste, begrapschter Schritt, was haben Sie denn erwartet? Jungs sind eben Jungs.

Doch derweil bewahrt der Körper der Mädchen diese Verletzungen. Ihr Körper – und ihr Gehirn – zählt mit. Traumatisierte Menschen können nicht mehr klar denken. Ihre kognitiven Prozesse werden gestört durch traumatische Erinnerungen und Bilder, die immer wieder in ihre Psyche einbrechen. Ihr vordringliches persönliches Ziel ist nicht Wachstum, sondern Sicherheit. In *Pubertätskrisen junger Mädchen* schreibt Pipher, das Denken von Mädchen sei so »chaotisch und wirr«, dass die Normen psychologischer Tests ergänzt werden sollten, denn »verglichen mit stabilen Erwachsenen scheinen sie alle verrückt«.[44] Doch in welche Richtung werden die Tests überarbeitet? Die Lösung geht wieder einmal nach dem Muster: »Es kommt so häufig vor, dass es normal sein muss.« Es kommt so häufig vor, dass es vielleicht durchschnittlich ist – vielleicht ist aber durchschnittlich und normal nicht dasselbe. Was die Mädchen verrückt macht, ist der Kampf, in einer feindseligen und gefährlichen Umwelt ihre Haut – und sich selbst – zu retten.

Was die Mädchen verrückt macht, sind ihre durch die erlittenen Traumen veränderten neuronalen Bahnen im Gehirn. Wie deutsche Forscher an den Gehirnen von Kindern nachgewiesen haben, gefährdet die veränderte neuronale Aktivität nach starkem psychosozialen Stress die mentale und affektive Stabilität, die Integrität und die zukünftige Entwicklung des Kindes.[45]

Was die Mädchen verrückt macht – und schwer auszugleichen ist – ist Angst.

Nur der Körper kann in Zusammenarbeit mit dem Gehirn (wie wir im letzten Kapitel sehen werden) die Auswirkungen einer

Konditionierung auf Angst rückgängig machen. Das Üben von Kraft und Ausdauer und sogar Yoga können Mädchen helfen, sich gegen die feindliche Umwelt, in die sie in immer jüngeren Jahren hineinindoktriniert werden, zur Wehr zu setzen. Noch immer werden Mädchen darauf trainiert, die Entwicklung ihres Körpers bei Eintreten der Pubertät zum Stillstand zu bringen. Während der Adoleszenz verwandeln die meisten ihren Körper in einen, wie ich ihn bezeichne, Opfer-Körper. Das ist eine Fortsetzung des Sichkleinmachens, der Selbst-Entmachtung, die in der frühen Kindheit einsetzt. Einen Opfer-Körper haben diejenigen, die die bewusste Überzeugung hegen, dass sie *unfähig* sind zu physischer Kraft.

In ihrem Bericht über die feindlichen Flure der Schulen legte die *American Association of University Women* den Schulen nicht etwa nahe, eine risikofreie Umgebung zu schaffen (»eine unmögliche Aufgabe«, wie die Vereinigung betont), sondern empfahl vielmehr die »Förderung der Widerstandsfähigkeit« von Mädchen; deren Bewältigungsfertigkeiten sollten gestärkt werden, damit sie »Stress und Wetterunbilden« standhielten. Das ist immer noch Opfer-Gerede. Wie wäre es mit Bewältigungsfertigkeiten, die ihnen erlauben, sich vor das Homeplate zu stellen. »Weg da!« zu sagen – und es ernst zu meinen?

Körperliche Stärke zu entwickeln – und zwar je früher, desto besser – ist für Mädchen eine entscheidende Voraussetzung, um sich auf die Partizipation in einer sexistischen Welt vorzubereiten und sich für das zu wappnen, was für Leute wie Christina Hoff Sommers, John Leo und Richter Anthony Kennedy eine »normale« weibliche Sozialisation ist. Heutzutage bekommen einige Mädchen die Ermutigung, die sie brauchen, um sich physisch zu entfalten, doch sie sind immer noch die Ausnahmen. Alle anderen entrichten einen schweren Tribut. Mädchen, die zu Beginn der Pubertät und Adoleszenz das Gefühl haben, schwächer und körperlich weniger kompetent zu sein, weniger mit ihrem Körper vertraut, tragen das Risiko von Depressionen, verzögerter mentaler Entwicklung und Anfälligkeit für vorzeitigen Sex und sexuellen Missbrauch. Sie tragen definitiv das Risiko, zum Opfer zu werden.

Fünf

Darf ich mitspielen? – Der Kampf, um ins Spiel zu kommen

»Eines der großen Mankos des amerikanischen Schulsystems ist das Fortbestehen der zerstörerischen und ungerechtfertigten Diskriminierung von Frauen. Für mich liegt auf der Hand, dass die sexuelle Diskriminierung alle Bereiche des Bildungswesens durchdringt – Zulassung, Stipendien, Stellenvergabe und Beförderung, Auswahl des Lehrpersonals und Bezahlung ... Das einzige Gegenmittel ist ein umfassendes Nachtragsgesetz wie dasjenige, das dem Senat jetzt vorliegt.«[1]
Mit diesen Worten kündigte vor fast dreißig Jahren Senator Birch Bayh *Title IX* an, eine Ergänzung zum *Civil Rights Act,* die die Zugangsmöglichkeiten von Mädchen zu körperlicher Bildung tief greifend beeinflussen sollte. *Title IX* verlangt: »Keine Person in den Vereinigten Staaten darf aufgrund ihres Geschlechts ... in einer Bildungsmaßnahme oder -aktivität mit staatlicher Förderung einer Diskriminierung ausgesetzt werden.«[2] Verschiedene Zusatzartikel zur Verfassung beziehen sich auf das Recht auf einen gerechten Prozess *(Fourteenth Amendment)* und das Wahlrecht *(Fifteenth, Nineteenth* und *Twenty-sixth Amendment).* 1964 führte eine bahnbrechende Gesetzesinitiative zur Verabschiedung des *Civil Rights Act. Title VII* dieses Gesetzes widmet sich der Gleichstellung im Arbeitsleben. *Title IX* befasst sich mit der Gleichstellung in Bildung und Erziehung einschließlich der Leibeserziehung; es bedurfte eines schweren Kampfes, um diese Ergänzung der Bürgerrechtserklärung durchzusetzen.

Title IX oder Der Kampf um körperliche Bildung

Viele Schülerinnen und Studentinnen sind sich heutzutage nicht bewusst, welchen Einfluss *Title IX* auf ihren Bildungsweg hatte. Bevor es dieses Gesetz gab, wurden Schülerinnen, die heirateten oder schwanger wurden, von der High School verwiesen. Sogar Lehrerinnen an Grund- und weiterführenden Schulen konnten wegen dieser »Verfehlungen« entlassen werden.[3] Verheiratet oder schwanger zu sein erinnerte an die weibliche Sexualität – und das galt als unziemlich.

Im Sportunterricht und im schulisch organisierten Sport standen den Jungen die Umkleidekabinen, die Turnhalle, die Mannschaften, die finanziellen Mittel zur Verfügung. Sie bekamen Ausrüstung, Trainer und die tolle elektronische Anzeigetafel. Die Mädchen hatten frühmorgens oder abends Mannschaftstraining, damit die Jungen die Anlagen in der begehrten Zeit gleich nach der Schule nutzen konnten. Die Jungen wurden in klimatisierten Bussen zu den Spielen gefahren, während die Mädchen von ihren Eltern oder wem auch immer hinkutschiert werden mussten.

Vor *Title IX* hatten die Frauen schon beim Zugang zum College oft das Nachsehen gegenüber den Männern.[4] Und wenn sie es doch bis dorthin schafften, stellten sie nicht selten fest, dass bestimmte Kurse nur für Männer zugänglich waren, dass es unterschiedliche Verhaltensregeln gab (Frauen mussten auf dem Campus wohnen, Männer durften außerhalb leben) und dass in unterschiedlichem Maße »außercurriculare Aktivitäten« angeboten wurden. *Title IX* formulierte als erstes umfassendes Gesetz das Recht von Schülern und Studenten, nicht dem ausgesetzt zu sein, was wir heute als »geschlechterspezifische Diskriminierung« im Bildungswesen bezeichnen. Das neue Gesetz führte auf, welche Spiele sie spielen durften, welches Training sie erhielten und auf welche Sportausrüstung und Stipendien sie Anspruch hatten.

Der Kampf um eine gleichwertige physische Bildung war für die Frauen länger und härter als der um gleichberechtigten Zugang zu akademischer Bildung. Körperliche Kraft ist für Frauen tabu – noch mehr als geistige Kraft. Die Parallelen zwischen dem Kampf um Bildung unseres Körpers und dem um Bildung unseres Geistes sind frappierend. Mit genau denselben Argumenten wird die körperliche Bildung von Frauen verhindert: dass finanzielle Förderung ihrer Kurse und Equipen Geld von denen der Männer abziehen würde. Dass zu hohe Erwartungen an sie sinnlos seien, weil sie körperlich nicht mithalten könnten – dasselbe, was einst von ihren intellektuellen Fähigkeiten behauptet wurde. Wenn alles andere nicht mehr zieht, kommt das Argument, dass Frauen sich eigentlich gar nicht für Sport interessierten, zumindest nicht in dem Maße wie Männer, und dass alles Geld, das in ihre physische Bildung gesteckt wird, zum Fenster hinausgeworfen sei.

In den Jahren seit der Verabschiedung von *Title IX* hatten diese Argumente immer wieder Konjunktur: währenddessen beschäftigten unterschiedliche Auslegungen des Gesetzes die Gerichte, wechselten die Regierungen nebst ihrer unterschiedlichen Einstellungen zu Frauen und schafften es schließlich immer mehr junge Frauen, sich körperlich zu entfalten und ihre berechtigten Ansprüche und Forderungen höher zu schrauben. Bemerkenswerterweise ließen die Männer nicht davon ab, die Verfassungsmäßigkeit von *Title IX* in Frage zu stellen, selbst dann noch, als schmerzhaft deutlich wurde, dass Institutionen bei Missachtung seiner Vorschriften vor Gericht gestellt werden konnten. Und weil manche vor Gericht gestellt und zu finanziellen Entschädigungen verurteilt *werden* und weil Mädchen und Frauen das Recht zu spielen erfolgreich einklagen, werden die Organisatoren des traditionell »männlichen« Sports immer nervöser. Worum es hier geht, ist nicht einfach Gerechtigkeit, sondern wieder einmal Geschlechteridentität. Sport ist männlich. Muskeln sind männlich, Macht ist männlich. Und weil der Mythos der männlichen Macht langsam, aber sicher durchlöchert wird, spüren die Männer, dass ihnen etwas streitig gemacht wird.

Sie spüren, dass da eine Gefahr heranrollt, dass etwas ganz Unnatürliches vonstatten geht und dass sie der Gnade eines gewaltigen, mächtigen Mechanismus ausgeliefert sind, der voller Ungerechtigkeit steckt – Ungerechtigkeit gegen *sie*. Aber natürlich ist es die Ungerechtigkeit gegenüber Mädchen und Frauen, die *Title IX* beseitigen soll, und dass das Gesetz greift, wenn auch quälend langsam, lässt sich an den Zahlen ablesen. 1971, im Jahr vor Inkrafttreten von *Title IX*, nahmen weniger als dreißigtausend Schülerinnen am Mannschaftssport teil. Heute beträgt die Zahl 2,4 Millionen. 1972 stellten Frauen nur fünfzehn Prozent der College-Athleten – 1995 machte ihr Anteil siebenunddreißig Prozent aus – und nur zwei Prozent des Sportbudgets der Colleges ging in den Frauensport. 1986 war dieser Anteil lediglich auf sechzehn Prozent angewachsen.

Die Bestimmungen von *Title IX* werden in der Praxis immer noch bestenfalls teilweise umgesetzt. Die finanzielle Förderung von Männermannschaften steigt schneller als die von Frauenteams. Zwischen 1992 und 1997 wuchsen die laufenden Gesamtausgaben für den College-Frauensport um nur neunundachtzig Prozent, verglichen mit hundertneununddreißig Prozent bei den Männern. Und 1998 sah die Situation einem Bericht der *National Collegiate Athletic Association* zufolge so aus: Auf College-Sportlerinnen kamen immer noch nur dreiundzwanzig Prozent der einschlägigen Budgets, achtunddreißig Prozent der verfügbaren Stipendiensumme und siebenundzwanzig Prozent der Kosten zur Anwerbung neuer Athleten. Solche armseligen Zahlen scheinen manchem nichtsdestotrotz ermutigend. Die *Washigton Post* überschrieb ihren Bericht mit: NCAA GLEICHSTELLUNGSZAHLEN VERBESSERN SICH.[5]

1997 klagte das *National Women's Law Center* gegen fünfundzwanzig Colleges und Universitäten wegen Verletzung der Bestimmungen von *Title IX* zu Sportstipendien für Athletinnen. Mary Frances O'Shea, die nationale Koordinatorin des *Office of Civil Rights* für das *Title-IX*-Sportprogramm, gab eine »Klarstellung« heraus. Derzufolge durfte ab 2000/2001 die Ungleichheit zwischen den Sportstipendiensummen für Männer und für Frauen ein Prozent nicht mehr überschreiten. Dieses »rigorose Kriterium«, wie der *Chronicle of Higher Education* schrieb[6], rief umgehend zahlreiche Kritiker auf den Plan. Diese wandten ein, dass die Regierung zu viele Probleme für den Männersport schaffe. Die Opponenten zeterten: »Geschlechterquoten!«, und warfen *Title IX* mit der Vorzugsbehandlung in einen Topf, die viele Programme zur aktiven Gleichstellungspolitik *(affirmative action)* vorschrieben. Doch anders als diese Maßnahmen und anders als bei einer »Bevorzugung« will die Regierung mit der Durchsetzung von Mädchen und Frauen nur das zugänglich machen, was den Jungen und Männern schon seit jeher gewährt wird: die Finanzierung ihrer körperlichen Bildung. Das Ziel – so radikal es manchen erscheinen mag – sind *gleiche* Mittel für ihre körperliche Bildung.

»Ich habe mich nie gefragt, warum Baseball für Mädchen verboten blieb«, erinnert sich die Historikerin Susan Cahn. Welche von uns tat das schon? Unsere geschlechterspezifische Konditionierung war viel zu tief eingeschliffen. Wie Cahn erzählt, sehnte sie sich danach, im Footballteam ihrer High School den Halfback zu spielen, doch *diesen* Traum behielt sie für sich. Er war ihr peinlich, als ob sie ein perverses Gelüst hegte. »Ich glaubte, das sei eben das persönliche Dilemma eines Mädchens, das zu Beginn einer neuen Ära geboren war«, schreibt sie.

So persönlich Cahns »Dilemma« scheinen mochte, sie stand damit nicht allein. Viele Frauen, die vor *Title IX* zur Schule gingen, geben jetzt zu, dass sie als Mädchen gern genauso engagiert und hart und häufig gespielt hätten wie die Jungen – richtige Sportskanonen gewesen wären, wenn es dieses Wort damals schon gegeben hätte. Ich hegte den heimlichen Wunsch, Eishockey zu spielen. Andere wollten mit den Jungen Basketball spielen. Es war doch so: Die meisten von uns wollten ins Spiel kommen. Doch dieser Wunsch wurde mehr oder weniger unterdrückt, je nachdem wie unsere Eltern und unsere Schulen dazu standen und uns ermutigten oder nicht. Der große Durchbruch von *Title IX* besteht darin, dass das Gesetz den Mädchen eine Basis für den Kampf um die Realisierung dieses Traums gab. Es machte den Traum legitim.

Viele Jahre lang wurden sportliche Möglichkeiten »für Männer großzügig bereitgestellt«, schreibt Sue Durrant, Professorin am *Department of Physical Education, Sport and Leisure Studies* der Staatsuniversität Washington.[7] »Bewegung ist jedoch eine grundlegende menschliche Aktivität, die wir alle ausüben, *sofern es uns nicht abdressiert wird.*« (Hervh. d. A.) Der Gedanke, dass Frauen und Mädchen darauf *konditioniert* werden, Bewegung zu meiden, ist grundlegend, wenn wir verstehen wollen, was Frauen auf der körperlichen Ebene widerfährt. *Title IX* räumte diese Konditionierung unmittelbar ein. Das Gesetz bestätigte zudem, dass *jeder Mensch* Anspruch auf physische Bildung und Ermutigung zur Teilnahme am Sport hat – nicht nur am Individualsport, sondern auch am Mannschaftssport. »Wenn wir uns so bewegen dürfen, wie wir wollen, steigen unser Selbstvertrauen, unsere Kompetenz und Effektivität«, erklärt Durrant.[8] »Ich kann« und »ich will« werden »zu integralen Bestandteilen unserer Herangehensweise an zukünftige Herausforderungen, im Sport wie in anderen Unternehmungen im Leben«. Könnte man es klarer ausdrücken, dass die Chance, sich sportlich und körperlich zu betätigen, für Männer und Frauen gleichermaßen wichtig ist?

Dem Mythos der weiblichen Schwäche geht es nicht nur darum, Frauen »aus der Welt des Sports« auszuschließen oder ihnen »die Teilnahme am Wettbewerb zu verbieten« oder auch nur Frauen zu diskriminieren. Es geht darum, Frauen vom Gebrauch ihres Körpers abzuhalten – und das mit gutem Grund. Wenn sie körperlich geschwächt sind, werden Frauen auch sozial und politisch geschwächt. Es ist weniger so, dass die Männer die Frauen schwach und inkompetent haben wollten, und sicherlich sind sich die Männer als Individuen eines solchen Wunsches nicht bewusst. Die Männer wollen nur einfach weiterhin diejenigen bleiben, die über die Macht zu den wichtigen Entscheidungen verfügen, und das ist leichter zuwege zu bringen, wenn der Widerpart – die andere Rasse oder das andere Geschlecht – wirtschaftlich geschwächt, intellektuell geschwächt oder physisch geschwächt ist, im Idealfall alles drei.

Im vergangenen Jahrhundert gelang es den Frauen, sich unter großen Mühen aus den beiden ersten Schwächezuständen herauszukämpfen. Gegenwärtig befreien sie sich aus dem dritten. Es beunruhigt die Männer zutiefst, dass die Frauen ihren geschwächten Zustand überwinden und körperliche Macht erwerben, weil dies die letzte Art Macht ist, die ihnen noch fehlt – die Macht, die ihre Gleichheit besiegeln wird. Aus diesem Grund unternimmt die Gesellschaft alles Mögliche, um die körperliche Entfaltung von

Mädchen und Frauen zu kontrollieren und sie aus dem Spiel zu halten – einem Spiel, das viel umfassender ist als nur das sportliche.

Zulassung zum Spiel der Spiele: Die Olympiade

Der schlagendste Beweis, dass Frauen Kraft, Ausdauer und Siegeswillen zu entwickeln im Stande sind, liegt in ihrem Kampf um die Teilnahme an den Olympischen Spielen. Es dauerte nahezu ein Jahrhundert, bis sich die Spitzensportlerinnen Zugang verschafft hatten.

Von Anfang an war die Geschichte der Olympischen Spiele gekennzeichnet von Elitedenken und Schikanen. Der Ausschluss war die Regel, schon bei den Spielen der alten Griechen vor vierzehn Jahrhunderten. Bei der Einrichtung der ersten modernen Spiele gegen Ende des 19. Jahrhunderts herrschte immer noch ein unüberbrückbarer Gegensatz zwischen Männern und Frauen. Baron Pierre der Coubertin, ein französischer Pädagoge und der Neubegründer der Olympischen Bewegung, verkündete, dass die modernen Spiele ein Sportfest für die weiße, männliche Oberklassenjugend sein sollten. Er stellte sich zudem vor, dass sie die französischen Männer auf den Militärdienst und auf Führungsrollen in Regierung und Wirtschaft vorbereiten sollten. Frauen waren den Anforderungen des Wettkampfs auf olympischem Niveau einfach nicht gewachsen (beziehungsweise der Führungsrollen in Regierung und Wirtschaft). »Wie abgehärtet eine Sportlerin auch sein mag, ihr Organismus ist nicht dazu geschaffen, bestimmte Erschütterungen zu verkraften«, erklärte Coubertin. Doch er verriet seine Hintergedanken, als er den Daseinszweck der Olympiade wie folgt beschrieb: Sie sei die »feierliche und regelmäßig wiederkehrende Überhöhung der männlichen Sportlichkeit ... mit weiblichem Beifall als Belohnung«[9].

Gepriesen als eine der erhabensten menschlichen Unternehmungen verbargen die Spiele in ihrem Inneren ein schmachvolles Geheimnis: Vorherrschaft – Männer, die andere Männer draußen hielten, Männer, die andere Länder draußen hielten, Männer, die Frauen draußen hielten. »Bei öffentlichen Wettkämpfen muss die Teilnahme [von Frauen] strikt verboten sein«, forderte Coubertin: Allerdings genügte sein Wille allein nicht, um die Athletinnen davon abzuhalten, sich einen Weg in die Spiele zu bahnen.[10] Zu den ersten modernen Olympischen Spielen im Jahre 1896 in Athen versammelten sich zweihundertfünfundachtzig männliche Athleten aus zwölf Nationen. Kürzlich aufgefundenen Berichten aus dieser Zeit zufolge wurde einer Griechin namens Melopone-me die Teilnahme am Wettbewerb untersagt. Trotzdem lief sie einen, wenn auch nicht offiziell gewerteten Marathon in vier Stunden und dreißig Minuten.

An den Spielen 1900 in Paris nahmen sieben Amerikanerinnen teil, wenn auch nur durch ein Zusammentreffen glücklicher Umstände.[11] Sie waren zufällig alle Golferinnen und gehörten begüterten Familien an, die sich zum Zeitpunkt der Spiele aus verschiedenen Gründen in Europa aufhielten. Margaret Abbott, Mitglied des Chicago Golf Club, besuchte mit ihrer Mutter gerade Paris, als sie auf eine Anzeige für ein internationales Golfturnier aufmerksam wurde. Sie schrieb sich ein und gewann den ersten olympischen Golfwettbewerb für Frauen. Ihre Mutter Mary Abbott belegte den siebten Platz.

1904 bei den Olympischen Spielen von St. Louis nahmen Frauen an einem Bogenschießwettkampf teil.[12] Das Amerikanische Olympische Komitee (AOC) stufte diesen daraufhin umgehend zu einem »Schaukampf« zurück. Auch das AOC war gegen die Olympiateilnahme von Frauen.[13] Ein einflussreicher Vorkämpfer dieser höchst frauenfeindlichen Haltung war James E. Sullivan, ein Mitgründer der *U.S. Amateur Athletic Union* und ein Freund Coubertins.[14] Als Schweden bekannt gab, Frauen zu den Schwimm- und Turmspringwettbewerben der Spiele von 1912 zuzulassen, wollte sich die amerikanische Springerin Ida Schnall nominieren lassen, doch Sullivan machte ihren Plan zunichte. Erst nach seinem Tod im Jahr 1914 öffnete sich für die Frauen das Tor zum Wettbewerb einen Spalt. Doch nur einen schmalen, denn Sullivan war nicht der Einzige, der die Verfügungsgewalt

über die Möglichkeiten von Sportlerinnen in der Hand behalten wollte.
Die meisten Amerikanerinnen, denen es in jenen Jahren gelang, sich in die Olympischen Spiele hineinzuschlängeln, taten dies unter der Schirmherrschaft kleiner, privater Sportorganisationen, die ihnen Trainingsmöglichkeiten boten. An den Schulen gab es das für hochklassige Wettbewerbe erforderliche Training nicht, weil es für Frauen immer noch nicht gebilligt wurde. Die amerikanischen Sportlehrerinnen vertraten (wie wir in Kapitel eins sahen) ein »weibliches Modell« des Sports, das sich Gesundheit und »Weiblichkeit« als Ziele setzte. Der scharfe, schweißtreibende, bis zum Letzten gehende Wettkampf war männlich. Deshalb mussten Mädchen, die in den ersten Jahrzehnten des 20. Jahrhunderts Spitzensport betreiben wollten, dies außerhalb des Schulsystems tun. Amerikanische Frauen durften zum ersten Mal an den Schwimm- und Kunstspringwettbewerben der Spiele von 1920 in Antwerpen teilnehmen. Sechs der fünfzehn Sportlerinnen kamen von der *Women's Swimming Associatian* (WSA) von New York, der ersten amerikanischen Organisation, die Frauen für internationale Wettbewerbe trainierte. Eine dieser Athletinnen war Ethelda Bleibtrey, die in diesem Jahr über verschiedene Strecken Rekorde aufstellte und oft antrat, wenn starker Wind und kaltes Wasser so manchen Konkurrenten zum Rücktritt zwangen. Am 25. August gewann Bleibtrey die Freistil in der Rekordzeit von 1 Minute 13,6 Sekunden und schrieb damit olympische Geschichte. Eine andere Siegerin war die vierzehnjährige Aileen Riggin, die die Goldmedaille im Kunstspringen gewann.
Mittlerweile reichten Frauen aus der ganzen Welt Petitionen ein, um an mehr Wettbewerben teilnehmen zu dürfen. Diese Bewegung missfiel dem Baron de Coubertin sehr. Geradezu fassungslos war er, als eine seiner Landsfrauen, Mme. Alice Milliat, die *Fédération Sportive Féminine Internationale* (FSFI) gründete und internationale Wettkämpfe für Frauen zu organisieren begann. Mme. Milliat wollte Frauen die Gelegenheit verschaffen, sich in einer breiten Palette von Sportarten international zu messen. Weil sie es satt hatte, sie von dem restriktiven, männerbeherrschten Internationalen Olympischen Komitee immer wieder gezü-

gelt zu sehen, setzte sie sich über Coubertins Einwendungen hinweg und veranstaltete unter der Schirmherrschaft der *Fédération* 1922 die ersten Olympischen Frauenspiele. Zwanzigtausend Zuschauer sahen Sportlerinnen in elf Disziplinen zu. Ein Höhepunkt waren die Leichtathletikwettbewerbe für Frauen.

Doch ach, die Sportlehrer und -lehrerinnen in Amerika fanden es überaus geschmacklos, dass die FSFI Leichtathletikwettkämpfe aufgenommen hatte. »Wenn Sport im Allgemeinen den Beiklang von Männlichkeit hatte, dann hatte die Leichtathletik ein besonders männliches Image«, sagt uns die Historikerin Susan Cahn.[15] Leichtathletik hatte mit Kraft und Schnelligkeit zu tun. Sie hatte mit (der Himmel behüte!) Beinahe-Nacktheit zu tun. »Leicht bekleidete, werfende, laufende und springende Athletinnen traten an, um ›nacktes‹ sportliches Können zu demonstrieren; die Anstrengung spiegelte sich in ihren Gesichtern und Muskeln, während ein von der schieren menschlichen Kraftentfaltung hingerissenes Publikum zusah.« Entsetzt über die Vorstellung, dass sich Frauen so offen verausgabten, verschärften die Pädagogen ihre Kontrollmaßnahmen über die körperliche Entfaltung ihrer Schülerinnen. Der höchste Verantwortliche für Leibeserziehung des Staates New York, Frederick Rand Rogers, veröffentlichte eine Kritik an olympischer Leichtathletik für Frauen. Diese Sportarten, die Kraft und neuromuskuläre Fertigkeiten erforderten, seien für die Frau »zutiefst unnatürlich«, wie er 1928 in einer Abhandlung über die Mädchen angemessene Leibeserziehung behauptete. Die Olympischen Spiele »sind im Wesentlichen männlicher Natur und fördern einen ganz und gar männlichen Körperbau sowie männliche Verhaltensweisen«.[16]

Als die Olympischen Frauenspiele näher rückten, tuschelten die Sportpädagoginnen untereinander, dass gesellschaftlich weniger angesehene (sprich »zur Arbeiterklasse gehörige«) Frauen planten, an den Leichtathletikwettkämpfen teilzunehmen. Eine Turnlehrerin schrieb bestürzt an eine andere: »Dieses Pariser Treffen reizt bestimmte Kategorien von Frauen in und um Syracuse. Keine Frauen vom College – und wie ich höre, gilt dies für fast den ganzen Staat.«[17] Ihre Briefpartnerin sorgte sich eher, dass doch einige College-Frauen daran dächten, sich so zu erniedrigen.

»Noch überraschender sind die scheinbar netten Mädchen, die vorhaben, im August hinüber [nach Paris] zu gehen«, erwiderte sie.[18]

1924 verweigerte die *International Amateur Athletic Federation (IAAF)* Frauen das Recht auf die aktive Teilnahme an den Spielen. Doch der Stein war ins Rollen gekommen: Die Frauen hatten zu rebellieren begonnen. In der Folge von Mme. Milliats erfolgreicher Organisation eines qroßen Sportereignisses für Frauen entstanden andere, ähnliche Veranstaltungen, etwa die Internationalen und Britischen Spiele. Aus dem Empfinden heraus, dass die Frauen sich erhoben und ihren eigenen Kurs absteckten, erklärte sich die IAAF 1927 plötzlich bereit, Sportlerinnen zu »organisieren« und empfahl, in die nächsten Spiele großzügige fünf Frauenwettbewerbe aufzunehmen. Mme. Milliat protestierte, dass dies auf keinen Fall als vollwertiges Programm gelten konnte. Die britischen Sportlerinnen, die sich jetzt, da sie ihre eigenen Spiele auf die Beine gestellt hatten, unabhängiger fühlten, boykottierten die restriktiven Olympischen Spiele von 1928. Der wachsende politische Druck auf das monolithisch männliche IOC ließ ganz klar einen Teil seiner Macht schwinden. 1930 revidierte der Olympische Kongress die Entscheidung des Komitees und beschloss, Frauen wieder zuzulassen.

Weiterhin machte man aus den Auswirkungen des sportlichen Wettbewerbs auf die Gesundheit von Frauen ein großes Problem. Insbesondere Ausdauerwettbewerbe galten als jenseits der Fähigkeiten von Frauen. Bei den Spielen 1932 in Los Angeles entschied das Olympische Komitee endlich, einige wenige Leichtathletikwettbewerbe für Frauen zu veranstalten. Eine Pionierathletin war die Amerikanerin Mildred »Babe« Didrikson, die Gold im Speerwerfen und über achtzig Meter Hürden sowie Silber im Hochsprung gewann. Nach dem 800-Meter-Lauf der Frauen zirkulierte jedoch das Gerücht, dass einige der Läuferinnen die Ziellinie taumelnd vor Erschöpfung, »blass« und »ausgepumpt« überquert hätten. Andere Läuferinnen schafften es nicht einmal *bis* zum Endspurt, so hieß es. Wir sprechen hier über eine Distanz von gerade einmal achthundert Metern! Das Gerücht von den verhängnisvollen achthundert Metern wurde schnell zur Tatsache, und die

Meinung der Welt verhärtete sich. »Die Aschenbahn war übersät mit jämmerlichen Maiden am Rande des Zusammenbruchs«, verkündete die *New York Times.*[19] Die in London erscheinende *Daily Mail* zitierte einen Arzt mit der Behauptung, »Frauen, die am 800-Meter-Lauf und anderen derartigen Kraftakten teilnehmen, werden vorzeitig alt werden«.[20] Sogar Knut Rockne, der berühmte Football-Trainer der katholischen Universität Notre Dame bei Chicago, meinte sich einmischen zu müssen und nannte den Frauenlauf »ein erbarmungswürdiges Spektakel«.

Die medizinische Meinung, dass Frauen schwach waren, war noch Allgemeingut. Der 800-Meter-Lauf blieb den Frauen für weitere zweiundddreißig Jahre verboten! Als die Sporthistorikerin Lynne Emery die Daten über jenen umstrittenen 800-Meter-Lauf im Jahr 1932 einer erneuten Prüfung unterzog, stellte sie fest, dass ihn in Wirklichkeit alle neun Finalistinnen beendet hatten. Die olympischen Funktionäre hatten niemals einen Grund gehabt, den Wettbewerb zu streichen. Zum Zeitpunkt der Veröffentlichung von Emerys historischer Revision jedoch war der Schaden angerichtet.[21] Das Wehgeschrei nach den fatalen achthundert Metern hatte den Sieg der sechzehnjährigen Betty Robinson völlig überschattet. Sie war als Erste ins Ziel gekommen und damit die erste Athletin, die bei Olympischen Spielen einen Leichtathletikwettbewerb gewann. Mit ihren sechzehn Jahren wirkte sie kaum den Kinderschuhen entwachsen. Sie war vor dem Rennen so aufgeregt gewesen, dass sie zwei linke Laufschuhe ins Stadion mitgebracht hatte.

Das wachsende sportliche Können der Frauen rief offenbar so etwas wie Hysterie bei den Männern hervor. John Tunis schrieb 1929 im *Harper's Monthly Magazine*, die Olympiade sei ein »animalisches Martyrium für Frauen«.[22] Und manche sahen in Frauen, die sich dieses Martyrium selbst auferlegten, wenig mehr als Tiere: »Männliche Frauen … stellen vielleicht den größten Irrtum der Natur dar; er sollte vielleicht mit denselben drastischen Mitteln korrigiert werden wie die abscheulichsten Missbildungen.«[23] Wiederum ergriff hier Frederick Rand Rogers das Wort, der Mann, der das Vetorecht über die sportlichen Möglichkeiten von Mädchen im Staat New York besaß. Sogar Papst Pius XI griff ein.

In einem Brief an den Vikar von Rom legte er dar, dass er den Mädchensport ablehnte – oder, wie es schien, jede weibliche Tätigkeit, die nicht im Dienste des spirituellen Lebens stand: »Wenn die Frau je eine Hand rühren muss, so hoffen wir, sie tut es nur im Gebet oder zu Taten der Barmherzigkeit.«[24]
Mittlerweile missionierten in den Vereinigten Staaten bestimmte einflussreiche Gruppen gegen die Teilnahme von Frauen an internationalen Wettkämpfen. Die *American Physical Education Review,* die Bibel der Sportlehrer, publizierte einen kritischen Artikel nach dem anderen gegen den organisierten Frauensport. Die Frauenabteilung der *National Amateur Athletic Federation* widersetzte sich nach wie vor einer Olympiateilnahme von Frauen. Sie befürchtete, dass »in Ermangelung einer festen Leitung durch kluge Pädagogen begeisterte junge Frauen es riskierten, vom Glanz und dem Vergnügen des Wettkampfsports verführt zu werden«, wie die Historikerin Susan Cahn uns mitteilt.[25] Doch so sehr sie sich auch bemühten, die amerikanischen Sportlehrer konnten das wachsende Interesse der Frauen am Spitzensport nicht im Zaum halten. Das überzeugende Können der Olympionikinnen grub althergebrachten Vorstellungen über die körperlichen Fähigkeiten von Frauen das Wasser ab.
Die erste Bildungseinrichtung, die Frauen auf den Spitzensport vorbereitete, war das Tuskegee Institute in Alabama. Unter den amerikanischen Colleges und Universitäten der 1940er Jahre bildete das ausschließlich von Schwarzen besuchte Tuskegee eine bemerkenswerte Ausnahme: Es bot Frauen Training für Sport auf höchstem Niveau an, während die meisten weißen Colleges und Universitäten ihre Studentinnen immer noch mit ausschließlich innerinstitutionellen »Sportspieltagen« infantilisierten.[26] Bei den Spielen von 1948 in London waren drei Frauen aus Tuskegee – Mabel Walker, Theresa Manuel und Nell Jackson – für das olympische Leichtathletikteam nominiert. In diesem Jahr errang Francina (Fanny) Blankers Koen aus den Niederlanden sensationelle vier Goldmedaillen in leichtathletischen Disziplinen. Sie bekam zudem die herzerwärmende Schlagzeile:

DIE WUNDERMAMA:
SCHNELLSTE FRAU DER WELT KANN KOCHEN.[27]

Ob mit oder ohne solche journalistischen Huldigungen an die Weiblichkeit der Athletinnen steigerten sich die Frauen im Verlauf des Jahrhunderts in den Lauf- und Sprungdisziplinen außerordentlich. 1952 gewann Alice Coachman aus Albany in Georgia den Hochsprung und wurde damit die erste schwarze Olympiasiegerin. Sie war überdies die einzige Goldmedaillengewinnerin der Vereinigten Staaten in jenem Jahr.
Die Begründer der neuzeitlichen Olympischen Spiele hatten beabsichtigt, den Wettstreit zwischen einzelnen Sportlern und nicht zwischen Ländern zu fördern, doch als die Welt sich immer stärker aufspaltete, wurden die Spiele zu einer Plattform des Chauvinismus in Reinkultur. Die internationale sportliche Konkurrenz intensivierte sich im Kalten Krieg. Es gelang den verschiedenen Nationen zwar, sich gegenseitig nicht zu bombardieren (die Angst vor einem nuklearen Holocaust hatte eine Entspannungspolitik herbeigeführt), doch sie ersetzten das durch die »Aufrüstung« ihrer jeweiligen Athleten. Wiederum erweiterte der Krieg (auch der so genannte kalte) ironischerweise die Betätigungsmöglichkeiten der Frauen. Da Sportlerinnen zum Prestige eines Landes beitragen konnten, schwächten sich – zumindest zeitweise – die Vorurteile ab, die sie zuvor vom Wettbewerb ausgeschlossen hatten.
Die Panamerikanischen Spiele in Buenos Aires und die Asiatischen Spiele in Neu Delhi im Jahr 1951 verschafften Frauen aus der Dritten Welt Zugang zur internationalen Sportarena. 1964 in Tokio hatten Frauen aus Ghana, Nigeria, Uganda, Iran, Malaysia, der Mongolei, Nicaragua, Peru und Thailand ihr Debüt.

Siegen, wie wir es uns niemals vorgestellt hätten

Die 1960er Jahre markierten einen Wendepunkt in der olympischen Geschichte der Frauen. 1964 fanden erstmalig Volleyball (der erste olympische Mannschaftssport für Frauen), 400-Meter-Einzellagenschwimmen, 400-Meter-Lauf und Leichtathletik-Fünfkampf für Frauen statt. Und der so misstrauisch beäugte 800-Meter-Lauf galt endlich als »sicher genug« für Frauen, um ihn wieder aufzunehmen. Vier Jahre später, 1968, wurden dem Programm weitere sechs Schwimmwettbewerbe für Frauen hinzugefügt. Das Fernsehen dürfte den Frauen im Sport, wie schon dem Sport allgemein, den größten Auftrieb gegeben haben. Das moderne Zeitalter des Sporterlebens brach an, als das Livefernsehen immer mehr Zuschauer in aller Welt in ihren eigenen vier Wänden erreichte. Auch die Frauenbewegung steigerte das Interesse am Frauensport, und diese beiden Kräfte – Fernsehen und Feminismus – vereinigten sich zu einem bahnbrechenden Sport»ereignis«: dem berüchtigten »Kampf der Geschlechter«, dem Tennismatch zwischen Billie Jean King und Bobby Riggs im Jahr 1973. Dass es eine Frau mit einem Mann aufnehmen wollte, galt als derart absurd, dass das Match sofort vermarktungsfähig war. Die Organisatoren überschlugen sich fast und warben für das Ereignis auf kaum weniger niederträchtige Weise als für ein Schlamm-Catchen. Billie Jean King wurde auf einer federgeschmückten ägyptischen Sänfte von Schönlingen mit nacktem Oberkörper in den Astrodome von Houston getragen. Riggs erschien auf einer chinesischen Rikscha, gezogen von spärlich bekleideten Frauen, »Bobbys Busenfreundinnen« genannt. Vom Standpunkt der Reklame aus gesehen zahlte sich der Rummel um die Geschlechter aus. Mehr als dreißigtausend schauten von den Tribünen aus zu, und weitere fünfzig Millionen saßen vor dem Fernseher – das größte Fernsehpublikum, das ein Sportereignis je erreicht hatte. Der Sieg von King über den fünfundfünfzigjährigen Riggs (sie war neunundzwanzig) lenkte die Aufmerksamkeit darauf, dass Frauen aus dem ernsthaften sportlichen Wettbewerb verbannt waren. Trotz des ganzen Firlefanzes drum herum und trotz des Altersunterschieds zwischen den beiden – eindeutig ein Nachteil für Riggs – ließ das berüchtigte Ereignis den Gedanken ins kollektive Unbewusste schlüpfen, dass die Männer vielleicht doch nicht das stärkere Geschlecht waren.

Kings Hauptmotiv für das Match gegen Riggs war gewesen, einen Beitrag zur Überwindung der Geschlechtertrennung im Sport zu leisten. »Ich wusste, dass es ein Sprungbrett für Mädchen und Frauen im Sport sein könnte«, erklärte sie. Doch am Tag des berühmten Matchs erhöhte ihre so deutlich sichtbare Vorbildrolle für die Frauen den Einsatz. »Als ich mit einer Übelkeit bis zum Erbrechen in der Kabine saß, ging mir immer wieder der Gedanke durch den Kopf, dass es hier nicht um ein Tennisspiel ging, sondern um soziale Veränderung.«[28]

Genauso war es. Plötzlich waren Frauen im Sport ein heißes Thema. *Sports Illustrated* veröffentlichte eine Artikelserie über Sexismus im Sport. *Time* brachte 1976 eine Titelgeschichte über das Leben in der Tenniswelt nach Billie Jean Kings Sieg; sie trug die Überschrift »Geschlecht und Tennis: Das neue Schlachtfeld«. Sobald Frauen in einer bestimmten Sportart zu Höhenflügen ansetzen, werden zwei Fragen aufgeworfen: Wie gut sind sie eigentlich? und: Wie gut sind sie im Vergleich zu Männern? Die zweite Frage bestätigt sich selbst und wird nur gestellt, damit die Antwort uns tröstlich daran erinnern kann, dass Frauen so stark werden können, wie sie wollen, doch *niemals* so stark wie Männer. Zwei Jahre später war *Time* in seinem Chauvinismus immer noch so sehr zu Hause, dass das Magazin den neuen Sportheldinnen mit viel Tamtam eine weitere Titelgeschichte widmete; diesmal unter der langen und vorlauten Überschrift: »Es naht die Revolution: Die Frauen kommen endlich ins Spiel und verwandeln den amerikanischen Sport.«[29] Es war eine der Storys, die so auf sensationell getrimmt werden, dass sie den freien Verkauf ankurbeln, sonst nichts. »Die Revolution im Frauensport ist in vollem Gange«, posaunte das Magazin, »und krempelt alles um – nicht nur im aktiven Sport selbst, sondern auch in den Einstellungen.«

Fraglos brauchten die Frauen einen Umschwung in den Einstellungen und Aktivitäten, doch diese Art Rummel täuscht darüber hinweg, dass die Diskriminierung weitergeht. Solange die Frauen nicht als echte Bedrohung für die Männer wahrgenommen wurden, war das Thema gut für die Auflage. Es stand offenbar kein revolutionärer Umsturz der Machtverhältnisse bevor. In Wirklichkeit wurde die körperliche Entfaltung der normalen Durchschnittsfrau immer noch genauso systematisch unterbunden wie einst das Wachstum der Füße chinesischer Frauen.

Bei den Spielen von 1984 in Los Angeles gab es endlich einen Frauenmarathon. Achtundachtzig Jahre nach Meloponemes inoffizieller, gewissermaßen erschlichener Leistung bei den ersten Olympischen Spielen der Neuzeit machte Joan Benoit sie offiziell: Frauen vermochten Langstreckenrennen durchzuhalten, sogar trotz einer Verletzung. Drei Monate, bevor Benoit die Goldmedaille im Frauenmarathon errang, hatte sie eine Knieoperation gehabt. Diese fand nur siebzehn Tage vor der U.S.-Qualifikation statt. Benoit war zur Teilnahme entschlossen, Operation hin oder her. In dieser kurzen Rehabilitationsphase schwamm sie, fuhr Rad, lief und wurde sechs bis zehn Stunden am Tag behandelt. Drei Tage vor dem 42,2-Kilometer-Lauf absolvierte sie einen Probelauf von sechsundzwanzig Kilometern. »Selbst noch als ich zur Startlinie joggte, wusste ich ehrlich gesagt nicht, ob ich das Rennen durchstehen würde«, schrieb sie in ihrer Autobiographie *Running Tide.*[30] Doch nach fünf Kilometern setzte sie sich ab und behielt unter dem Jubel von Familie und Freunden die Führung bis weit nach Kilometer zweiundzwanzig. »Weil mich diese Menschen anfeuerten, lief ich an jenem Tag meiner Meinung nach das Rennen meines Lebens. Am 5. August, dem Tag des ersten olympischen Frauenmarathons, war Benoit bereit.

Für die amerikanischen Leichtathletinnen war 1984 ein großartiges Jahr. Valerie Brisco-Hooks gewann als erste Frau sowohl den 200- als auch den 400-Meter-Lauf. Ein Straßenradrennen über achtundsiebzig Kilometer und ein Synchronschwimmwettbewerb waren 1984 ebenfalls unter den Premieren für Frauen. Connie Carpenter-Phinney gewann das erste Frauen-Radrennen. Und ebenfalls 1984 errang Pat Summits Team von der Universität von Tennessee die erste Goldmedaille in einem olympischen Frauen-Basketballturnier.

1988 sammelte die Sprinterin Florence Griffith Joyner drei Goldmedaillen und eine Silbermedaille. Louise Ritter entschied 1988 die Hochsprungmeisterschaft für sich. Ein weiterer Durchbruch für die Frauen ereignete sich 1989: Eine kalifornische Mikrobiologielehrerin gewann als erste Frau einen gemischten nationalen Wettkampf, den 24-Stunden-Lauf. Ann Trason legte zweihundertneunundzwanzig Kilometer zurück! Männliche Konkurrenten hatten ihr erklärt, sie würden »eher sterben« als sie überholen zu lassen. Doch sie überholte sie.

Die Geschichte der Olympischen Spiele war eine Geschichte der Verachtung – von Farbigen, Entwicklungsländern, Frauen. Sich Zugang zu den Spielen zu verschaffen bedeutete, sich gegen entwürdigende Praktiken und Verhaltensweisen zu wappnen. Es bedeutete, sich seinen Platz in der Hackordnung zu erkämpfen.
Als die federleichte kenianische Läuferin Tegla Loroupe Anfang der 1990er Jahre zum ersten Mal an einer Olympiade teilnahm, erwarteten ihre männlichen Kollegen, dass sie ihnen die Wäsche wusch, und sie tat es auch. Sie musste erst den New-York-Marathon von 1994 gewinnen und Ehre für ihr Land einlegen, bevor sie den Männern die Stirn bieten und sagen konnte: »Ich bin nicht eure Ehefrau.«
Die Neunziger brachten überaus wichtige Fortschritte für die Sportlerinnen. Innerhalb kürzester Zeit erlebten das Frauen-Basketball, das Frauen-Eishockey und der Frauen-Fußball einen Riesenaufschwung, was nicht nur die Frauen mit Genugtuung erfüllte, sondern auch so viel Unterhaltungswert für Männer wie Frauen besaß, dass Funk und Fernsehen häufiger über die Spiele berichteten. Dies brachte ihnen ein Publikum, Sponsorenverträge und bessere Bezahlung ein. Im Bewusstsein ihrer wirtschaftlichen Fortschritte begehrten die Spielerinnen umgehend gegen die männerbeherrschten Ligen auf, die aber kurzen Prozess mit ihnen machten. Ende 1999, sechs Monate nach seinem spektakulären Weltmeisterschaftsgewinn, trat das amerikanische Frauen-Fußballteam in den Streik für höhere Gehälter. Die Spielerinnen bekamen immer noch dieselben mageren dreitausendfünfhundert Dollar pro Monat wie seit 1996, und die *U.S. Soccer Federation* wollte sie mit Gerede abspeisen. Sie wollten fünftausend Dollar monatlich, und der Verband verweigerte ihnen – entweder aus Dummheit, Arroganz oder in dem nutzlosen Versuch, ihnen den Wind aus den Segeln zu nehmen – rundheraus jegliche Gehaltserhöhung überhaupt. »Die steinzeitliche Führerschaft der *U.S. Soccer Federation* ist geistig versteinert«, ereiferte sich die *St. Louis Post-Dispatch.* »Sogar noch nachdem das fabelhafte U.S.-Frauen-Fußballteam letztes Jahr den Weltmeistertitel errungen hat – und die Komplimente jedes aufrechten Amerikaners in Reichweite eines Fernsehers – erlaubt sich die USSF immer noch,

das Frauenteam unter Wert zu handeln, es am langen Arm verhungern zu lassen und ihm auch sonst übel mitzuspielen.«[31] Also traten die Frauen einen Monat vor Beginn einer geplanten Winterfreiluftsaison, die ihnen relativ wenig eingebracht hätte, in den Streik. Sie organisierten umgehend selbst eine eigene Hallentour, die jeder von ihnen hunderttausend Dollar garantierte. Als die Sommerspiele von Sydney heranrückten, hielten sie sich einfach zurück und sahen zu, wie der Druck auf den Verband wuchs. Sie brauchten nicht lange zu warten.

Im Februar 2000 erzielten sie eine Vereinbarung über einen Fünfjahresvertrag, der altgedienten Spielerinnen ein Minimum von sechzigtausend Dollar und weniger erfahrenen zweiundvierzigtausend Dollar zusicherte. Noch wichtiger war, dass sie nun dieselben zweitausend Dollar pro Spiel Antrittsprämie erhalten wie die männlichen Nationalspieler. Dies wird zweifellos beeinflussen, was Topathletinnen in anderen Sportarten künftig verdienen. »Es gibt jetzt einen Präzedenzfall, dass Frauen erklären, wir akzeptieren keine Unterbezahlung«, kommentierte Bruce Levy, ein New Yorker Agent, der fünfunddreißig WNBA-Spielerinnen vertritt.

Die abscheulichen Geschlechtstests

Nirgends tritt die männliche Ambivalenz gegenüber weiblicher Stärke eklatanter zu Tage als in den demütigenden Geschlechtstests, denen sich Frauen (nicht aber Männer) bei internationalen Wettkämpfen unterziehen müssen.[32] Nach Überzeugung vieler Sportsoziologen ist es kein Zufall, dass diese Tests genau in dem Augenblick institutionalisiert wurden, als Frauen die oberen Ränge des sportlichen Wettbewerbs zu stürmen begannen. Wie erwähnt stieg die Zahl der olympischen Wettbewerbe für Frauen in den 1960er Jahren sprunghaft an. Dies geschah in genau dem Jahrzehnt, in dem man von internationalen Spitzensportlerinnen verlangte, sich vor dem Wettbewerb einer visuellen Inspektion ihrer Genitalien durch ein Gutachtergremium zu unterziehen. Diese von den Medien »Nacktparaden« genannte Untersuchung war entwürdigend für die Frauen. Die Gutachter suchten nach Anzeichen wie einer nicht vorhandenen Vaginalöffnung, einer vergrößerten Klitoris, die ein Protopenis sein konnte, einem Penis oder Hoden. Da sich diese Inaugenscheinnahme als umständlich erwies und Genitalienanomalien sich chirurgisch korrigieren ließen, wechselte das Internationale Olympische Komitee bald zu dem technisch fortgeschritteneren »Barr-Geschlechtstest« oder »Mundhöhlenabstrich«, wie Laura Wackwitz in einem wissenschaftlichen Artikel über Geschlechtsverifikation berichtet. Diese genetische, gemeinhin als Speicheltest bekannte Untersuchung wird folgendermaßen durchgeführt: Man schabt ein wenig Gewebe von der Innenseite der Wange ab und analysiert die Zellen daraufhin, ob die Verdachtsperson zwei vollständige X-Chromosomen, aber kein Y-Chromosom hat. Wenn die Frau diesem fortgeschrittenen wissenschaftlichen Standard nicht entsprach, flog sie hochkant aus den Olympischen Spielen (und vielen anderen internationalen Wettbewerben); ihr wurden bis dato errungene Preise aberkannt, und sie blieb lebenslang von sportlichen Wettkämpfen ausgeschlossen.[33] Gerechtfertigt werden die Tests mit dem Argument, sie schützten die Sportlerinnen davor, dass sich ein großer, bulliger Fürchtenichts auf unlautere Weise Zugang zu einem Frauenwettbewerb verschafft, ihn gewinnt und so das schwächere Geschlecht benachteiligt. Der Gedanke ist derart paranoid, dass man ihn sich nur mit einer Art Geisterbild im Hinterkopf der Sportveranstalter des 20. Jahrhunderts erklären kann. Doch er ist kein Geisterbild. Die internationalen Sportorganisatoren finden diesen Gedanken sogar zwingend – und geben die Praxis auch nicht auf, obwohl sie von den angesehensten wissenschaftlichen und medizinischen Verbänden verurteilt wird.

Die erste Frau, die den Chromosomentest nicht bestand, war Ewa Kłobukowska, eine polnische Sprinterin. Kłobukowska hatte bei den Olympischen Spielen 1964 eine Goldmedaille gewonnen. Ihre erste ärztliche Inspektion 1967 bestand sie. Doch der ausgefeiltere Chromosomentest im folgenden Jahr machte ihre Chancen für Olympia 1968 zunichte. Kłobukowska hatte »ein Chromosom zu viel, um sie zur Frau im Sinne des sportlichen Wettbewerbs zu erklären«, berichteten die Prüfer.[34] Ein Jahr später erkannte ihr die

International Amateur Athletic Federation, der maßgebliche Leichtathletikverband, die beiden bei der Olympiade 1964 gewonnenen Medaillen ab, ebenso alle anderen bisher erzielten Preise und Rekorde. »Es ist gemein und dumm, mir das anzutun«, sagte Kłobukowska der Presse gegenüber. »Ich weiß, was ich bin und wie ich mich fühle. Ich bin mir über diese ganze ungesunde Sensationsgier in der Presse völlig im Klaren, doch auf so etwas war ich nicht gefasst.«[35]

Der Barr-Test erbringt bis zu fünfzehn Prozent falsch negative Ergebnisse, was teilweise auf »Interpretationsfehler durch unerfahrene Auswerter« zurückzuführen ist.[36] Ein noch größeres Problem liegt darin, dass der Test Frauen identifiziert – und bestraft –, die sämtliche äußerlich sichtbaren weiblichen Geschlechtsmerkmale aufweisen, jedoch ein männliches Geschlechtschromosom besitzen. Diese angeborene Abweichung verschafft den Betroffenen keinerlei sportlichen Vorteil, weshalb nichts dafür spricht, sie vom Wettbewerb auszuschließen. Dennoch tut man es.

Laut Prinz Alexandre de Mérode, der 1968 die Medizinische Kommission des IOC ins Leben rief und seit 1964 ein führendes Mitglied des IOC war, ist die Hauptsorge hinter den Geschlechtstests die Möglichkeit einer gegengeschlechtlichen Verkleidung: »Wir führten die Geschlechtstests 1968 bei den Olympischen Spielen von Grenoble ein … um Betrügereien ein Ende zu setzen und dafür zu sorgen, dass niemand gegen Frauen antrat, wenn er ein Mann war«, behauptete er 1992, als ein Bericht durch die Presse ging, wonach der wahre Grund für die Tests von Anfang an in der Identifikation von Frauen bestanden hatte, die vermeintlich von verborgenen »genetischen Anomalien« profitierten.[37] Doch der Prinz hatte sich bereits zu Wort gemeldet; *Agence France Presse* gegenüber verkündete er: »Wir haben unser Ziel erreicht. Wir beendeten eine unmoralische Praktik, die überhand zu nehmen drohte, eine unethische Praktik, die dazu ermutigte … genetische Anomalien zu nutzen, um eine Medaille zu gewinnen.«[38]

Das also war des Pudels Kern! Die Organisatoren der Spiele fürchteten nicht etwa, dass Männer sich in Frauenwettbewerbe einschlichen und die armen Dinger um die Preise brachten. Sie fürchteten, es könnten Athletinnen mit dem Vorteil verborgener

»männlicher Eigenschaften« antreten. Frauen, die *wussten*, dass sie keine richtigen Frauen waren, könnten auf unfaire Weise diejenigen ohne die kostbaren, verborgenen männlichen Eigenschaften schlagen und obendrein die Welt zum Narren halten. Ein solches Denken folgt derart verschlungenen Pfaden, dass es die Engstirnigkeit des IOC belegt, das mehr als dreißig Jahre lang unnachgiebig auf Geschlechtstests bestand – trotz unaufhörlicher Kritik seitens der Medizinerschaft.

Der Wirbel um die Geschlechtstests setzte sich in den gesamten Achtzigern fort. 1985 untersagte man Kirsten Wengler die Teilnahme an einem internationalen Schwimmwettbewerb. »Nach dem Test stellten sich die Schwimmerinnen für ihre Weiblichkeitsbestätigung an, und allen Frauen außer Ms. Wengler wurde eine ausgehändigt. Wengler wurde vor der ganzen Gruppe mitgeteilt, dass sie wieder zurück ins Untersuchungslabor müsse«, wie die *New York Times* berichtete.[39] Dort eröffneten ihr die Ärzte nicht nur, dass ihre Chromosomen Anlass zu Zweifel gäben, sondern auch, dass sie vielleicht niemals Kinder bekommen würde. »Ich weinte und flippte richtig aus«, erinnert sie sich.[40] Doch wie sich herausstellte, *hatte* Wengler das typische XX-Chromosomenmuster, das sie als »weiblich« hätte einstufen sollen. Die Testergebnisse waren falsch gewesen. Vier Monate später, nach weiteren, aus eigener Tasche finanzierten Tests wurde Wengler von dem Irrtum in Kenntnis gesetzt und wieder als vollwertige Frau zu Wettkämpfen zugelassen. Bei María José Martínez Patino, die im selben Jahr bei der Weltuniversiade im Hürdenlauf der Frauen antreten sollte, lief es nicht so glatt. Sie hatte zwei Jahre zuvor einen genetischen Geschlechtstest bestanden, doch der neuerliche Test enthüllte ein zuvor unentdecktes XY-Chromosomenmuster – für die Offiziellen der Beweis, dass Patino in Wahrheit »ein Mann« war. »Ich konnte es kaum fassen, was da geschah«, zitierte sie das *International Journal of Sports Medicine*, »ich empfand Angst und Scham, zugleich aber auch Wut, weil ich nicht einsah, wieso mein Körper anders sein sollte als [der von den] andere[n] Mädchen«.[41]
Äußerlich unterschied er sich tatsächlich nicht vom dem der anderen Mädchen. Patino war mit einem »männlichen« Chromoso-

mensatz geboren worden; ihr Organismus konnte jedoch kein Testosteron verarbeiten. Ihr Körper hatte sich weiblich entwickelt – das heißt, sie besaß äußerlich weibliche Genitalien und einen weiblichen Körperbau, jedoch keine Gebärmutter. Solche Menschen sind medizinisch gesehen keine Männer. »Es gibt keinerlei Vorteil, weil sie in ihrer Muskulatur nicht einmal die Pezeptoren besitzen, um von männlichen Hormonen zu profitieren«, erklärt Robert Voie, der ehemalige Mannschaftsarzt des amerikanischen Olympiakontingents. »Also haben sie auch nicht die Muskulatur eines Mannes. Also sind sie durch und durch weiblich. Sie haben aber eben diesen genetischen Geburtsfehler.«[42]

Vier Monate nach ihrem ersten nicht bestandenen Test wies das IOC Patino an, eine Verletzung vorzutäuschen, um das Ende ihrer Karriere zu begründen. Sie weigerte sich. »Ich wusste, dass ich eine Frau war – in den Augen der Medizin, Gottes und vor allem in meinen eigenen. Wenn ich nicht Sportlerin gewesen wäre, wäre meine Weiblichkeit niemals in Frage gestellt worden.«[43]

Patino widersetzte sich den Funktionären und startete trotzdem. Nach dem Lauf wurde sie in der Presse öffentlich gedemütigt und für immer für den Wettkampfsport gesperrt. Sie verlor ihre Arbeit, ihren Lebensgefährten und viele ihrer Freunde. Doch unglaublicherweise stellte die IAAF 1988 ihren Status als Wettkampfteilnehmerin wieder her und machte sie somit zur ersten Frau, die die Ergebnisse eines genetischen Geschlechtstests und die darauf gründenden Entscheidungen erfolgreich anfocht. »Die Frauen müssen kämpfen, und nicht nur einen Tag oder ein Jahr lang«, warnt sie. »Was mir widerfahren ist, war wie eine Vergewaltigung. Ich bin sicher, das ist dasselbe Gefühl unglaublicher Scham und Schändung. Der einzige Unterschied ist, dass in meinem Fall die ganze Welt zuschaute.«[44]

Ironischerweise gab es einen – und nur einen – männlichen Betrüger, der sich als »Dora Ratgent« Zugang zu den Frauenwettbewerben der Spiele von 1936 verschaffte und nicht einmal getestet wurde. Der deutsche olympische Hochspringer Hermann Ratgent rückte Jahre später, 1955, damit heraus, dass er von der Hitlerjugend dazu gezwungen worden war, 1936 in Berlin als Frau anzutreten; damals gelang es ihm, als Frau einen Weltrekord zu setzen.

Bei der folgenden Olympiade jedoch verlor er gegen drei Frauen, die höher sprangen als er. Ende von Dora. Als er 1955 sein »Coming-out« hatte, sagte er verbittert: »Drei Jahre lang führte ich das Leben eines Mädchens. Es war höchst langweilig.«
Obwohl der Geschlechtstest keinerlei Betrugsversuche an den Frauen aufdeckte, wird ihr entwürdigender »Schutz« fortgesetzt. Jedes Jahr scheitern etwa zwölf Frauen am Barr-Test und werden für den Rest ihres Lebens gesperrt. Die meisten Betroffenen ziehen sich schockiert und gedemütigt zurück, schützen eine Verletzung vor, wie die Offiziellen ihnen raten, um den wahren Grund für ihr Abtreten zu verbergen. Das IOC tut sein Bestes, um seine althergebrachte Verfolgung weiblicher Athleten mit einem Schleier der Geheimhaltung zu decken. Es hat es auch immer noch nicht nötig, diese Praxis aufzugeben, nicht einmal angesichts der Proteste der organisierten Medizin. Sowohl das *American College of Physicians* als auch das *American College of Obstetricians and Gynecologists* lehnen Geschlechtstests ab, weil ihnen die wissenschaftliche Grundlage fehlt und weil sie diskriminierend sind. Trotzdem wird der Barr-Test weiter angewendet.
Während der gesamten ersten Hälfte der 1990er Jahre war das Thema »Geschlechtstests« heiß umstritten. Die IAAF schaffte schließlich alle durch genetische Tests definierten Zulassungsvoraussetzungen ab und ersetzte sie durch die Bedingung, dass sich alle Sportler – männliche und weibliche – einer vollständigen medizinischen Untersuchung unterzogen. Dazu gehörte eine »einfache visuelle Prüfung der äußeren Geschlechtsorgane«. Manche Kritiker wandten ein, diese Regelung lasse zu viel Spielraum für Betrügereien. »Das ist schrecklich«, jammerte ein britischer Sportmedizinfunktionär über die neue IAAF-Richtlinie. »Mit plastischer Chirurgie könnte eine Frau mit physiologischen Vorteilen … den [visuellen] Test leicht bestehen.«
Das IOC war nicht zur Aufgabe der Tests bereit. Außerdem hatte der Biochemiker Bernard Dingeon gerade einen weiteren genetischen Geschlechtstest auf der Grundlage der PCR-Methode erfunden. »Der alte Test sollte beweisen, dass eine Frau weiblich war«, sagte Dingeon. »Wir wollten beweisen, dass sie kein Mann ist.«[45] Der »PCR-Test« wurde bei den Winterspielen in Albertvil-

le 1992 eingeführt, doch eine Gruppe französischer Wissenschaftler forderte, die französische Regierung solle die Testung beenden: »Der Einsatz dieses genetischen Tests ist ein aggressiver Akt und stellt eine sexuelle Diskriminierung der Frauen dar ... Diese Praktik legt eine Definition von Weiblichkeit fest, die keinesfalls von einer einfachen genetischen Determinante bestimmt sein sollte.« Die Ethikkommission des französischen Ärzteverbandes drohte mit Disziplinarmaßnahmen gegen Mediziner, die die Tests anwandten. Trotzdem beharrte das IOC auf seiner Position – und setzte sich durch. »Wir lassen uns nichts vorschreiben«, sagte Prinz Alexandre de Mérode, Vorsitzender der Medizinischen Kommission des IOC.[46]

Der Boxsport trat in die Kontroverse um die Geschlechtstests ein, als in den Vereinigten Staaten immer mehr Frauen als Amateure und Profis zu boxen begannen. 1995 nahmen Frauen am renommierten Golden-Gloves-Turnier für Amateure teil und drangen auch in den Profiboxsport ein. Im Staat New York berichtete das Fernsehen live über den ersten Profiboxkampf für Frauen. Eine Debatte brach aus, als die *New York State Athletic Commission* gynäkologische Untersuchungen als Voraussetzung für den Kampfantritt anordnete. Die Kommission verlangte, dass diese Tests durchgeführt wurden, obwohl entsprechende Bestätigungen der betreuenden Ärzte der Frauen vorlagen. Sicherlich spielt die genetische Ausstattung eine Rolle beim relativen Erfolg der einzelnen Athleten. »Doch die Anwendung von Geschlechtstests hat nichts damit zu tun, wie groß eine Frau ist oder wie viel relative Muskelmasse sie hat«, schreibt Laura Wackwitz. »Es ist ein Versuch, Kontrolle über Frauen auszuüben, die die Erwartungen an Weiblichkeit in Frage stellen, indem sie eine stereotyp ›männlich‹ definierte Arena betreten.«

1996 verkündeten dieselben Mediziner, deren Abteilung Jahre lang für die Ausstellung der »Geschlechtspässe« an Olympiateilnehmerinnen verantwortlich gewesen war, im *International Journal of Sports Medicine* die Unzuverlässigkeit dieser Tests. Nachdem sie insgesamt dreihundertvierundsechzig Olympionikinnen im Alter von sechzehn bis neunundzwanzig Jahren untersucht und nur drei »chromatinnegative« Personen (Menschen mit nur einem X-Chromosom, d. Ü.) gefunden hatten, schlugen die Ärzte »eine Rückkehr zu den ursprünglichen Kriterien« vor – das heißt zu der direkten Inaugenscheinnahme der demütigenden Nacktparaden. Zurück auf Anfang. Bezeichnenderweise hat das IOC in all den Jahren niemals schwarz auf weiß eine Begründung für die Geschlechtstests an Frauen veröffentlicht. Könnte dahinter stecken, dass eine schriftliche Fixierung das Risiko birgt, erwischt zu werden – wegen Diskriminierung?

Medien, Marketing und die neue weibliche Konkurrenz

Die Olympiateilnahme von Frauen war eine Sache, eine andere war es, in die männliche Welt des organisierten Profisports einzubrechen. Für die Männer erderschütternd – oder zuallermindest erheiternd – war die Ankündigung der *National Basketball Association*, ein Frauen-Basketballteam zu etablieren. Was hatten die sich bloß dabei gedacht?

Nun, alles Mögliche, aber nichts davon hatte viel mit dem Ziel der Geschlechtergleichstellung zu tun. Zunächst einmal waren bei der Olympiade 1996 – die bald den Beinamen »Jahr der Frauen« erhielt – diese erstaunlichen Frauenteams angetreten. Dann gab es dieses lange Sommerloch, in dem der Basketball einfach aus dem öffentlichen Bewusstsein verschwand, eine Phase, in der werbetreibende Sponsoren und die NBA hätten Geld verdienen können. Und schließlich gab es da noch das Problem der immer gewalttätigeren männlichen Spieler. Die Mannen der NBA machten immer öfter Schlagzeilen, weil sie Schlägereien vom Zaun brachen und in Konflikt mit der Polizei gerieten. Sie gaben der NBA ein zwielichtiges Image. Wäre es vom Marketing her nicht konstruktiv, wenn die NBA im Sommer, wenn ohnehin nichts los war, ein Team aus »reifen« Spielerinnen auf das Spielfeld schicken könnte? Gute, saubere Familienunterhaltung bieten könnte?

»Reif« bedeutete: keine Teeny-Hüpfdohlen von vierzehn oder fünfzehn Jahren, sondern eine Truppe aus toughen, kämpferischen Frauen mit Muckis – Frauen über einundzwanzig, manche verheiratet, manche schon Mütter. Sie würden flatternde Shorts, keine flitterbesetzten Minitrikots tragen, und bei Nahaufnahmen im Fernsehen würde man Schweißtropfen sehen. War Amerika reif dafür? Wenn das Marketing stimmte und alles gut ging, konnte das wirken wie Dynamit. Man denke nur an die Publicity! An den möglichen Profit!

Newsweek hängte sich an das Projekt dran und drückte auf die richtigen Knöpfe: »Mitten hinein in das Geflecht von Prime-time-Sport und Geschlechterpolitik rammt die WNBA eine noch nicht getestete Kombination aus Altem und Neuem, ein Spiel nackter weiblicher Aggression unter der Oberfläche.«[47] Man beachte das »nackt«. Man beachte die »weibliche Aggression«. Spannende Unterhaltung. Schockierend, aber spannend und unterhaltsam. Die *Women's National Basketball Assoication* (WNBA) legte großen Wert darauf, sich in einer Weise darzustellen, »die den Ängsten der amerikanischen Öffentlichkeit, dass die Spielerinnen (und assoziativ der Sport) homosexuell sein könnten, entgegenwirkte«, schrieb Sarah Banet-Weiser in einer scharfsinnigen Analyse im *Journal of Sport and Social Issues*. Der NBA war es wichtig, das Frauenteam auf das anvisierte Segment zuzuschneiden: solide, saubere Familienunterhaltung. Für einen Sport, der zahlendes Publikum anlocken möchte, ist es unabdingbar, den möglichen Makel des Lesbentums abzuwischen. Es werden Strategien gebraucht, um »männliche« Sportarten als weiblich oder fraulich neu zu definieren oder zu begreifen.

Tennisspielerinnen werden so dargestellt, als spielten sie nur zu ihrem eigenen Vergnügen und um des Publikums willen, bemerkt Banet-Weiser. Professionelle Basketballspielerinnen werden als Models und Mütter vermarktet. Als die WNBA-Spitzenspielerin Sheryl Swoopes von den Houston Comets in der ersten Saison schwanger wurde, schien das öffentliche Ansehen der ganzen Liga zu steigen. Auf die Frage, was die Offiziellen der Liga von Sheryls Schwangerschaft hielten, antwortete der leitende Marketingfunktionär der NBA und der WNBA: »Wir begrüßen Mutterschaft.«

Aber sicher. Sheryl wurde zum Medienliebling, nicht weil sie eine Topspielerin war, sondern weil sie ein Baby bekam und sechs Wochen später wieder auf dem Spielfeld stand. Bei ihrem ersten Spiel nach der Entbindung standen alle Mütter in der Menge auf und schrien: »He, Sheryl! Los, Mädchen! Kaum zu glauben, wie gut sie aussieht! Sie hat ein Kind bekommen! Los, Sheryl! Stillst du noch? Sheryl, du siehst toll aus!«[48]

Andere Spielerinnen, die Mütter sind, werden ähnlich verehrt. Auf der offiziellen Website der WNBA gibt es eine Rubrik »Fragen Sie Olympia«. Besucher der Site können Olympia Scott-Richardson aus Utah Fragen stellen. Laut Banet-Weiser bezogen sich nicht weniger als drei Viertel der Fragen auf die Schwangerschaft der Spielerin, Geschlecht und Namen des Kindes und ob Scott-Richardson es mit auf Tour nehmen würde oder nicht. Die Promotion der WNBA setzt auch stark auf den »Mädchen wollen einfach Spaß«-Trend. Das Porträt von Lisa Leslie hebt darauf ab, wie locker sie zwischen ihrer Rolle als Model und ihrer Arbeit als Basketballspielerin hin und her pendelt. »Ich habe das meine Zauberfrautheorie genannt«, sagt sie. »Wenn ich spiele, schwitze ich und rede Schrott. Außerhalb des Courts jedoch bin ich ganz Lippenstift, Stöckelschuhe und Minirock. Ich bin sehr feminin, entgegenkommend und sensibel.«[49]

Es gibt immer noch keine schnellere Methode, Frauen in die Schranken zu weisen, als sie zum Sexobjekt zu machen. Man denke an folgendes *GQ*-Titelbild: Martina Hingis im kurzen weißen Kleidchen mit riesigen Ausschnitten an der Seite. Erst zogen die Macher der Zeitschrift sie an wie eine Schlampe, dann nannten sie sie eine. »Der Champ ist ein Vamp« war als Schlagzeile quer über Hingis' Körper geklatscht.[50] Natürlich fesselt niemand diese Frauen an die Kamera. Viele Athletinnen haben ein begründetes Interesse daran, ihre Weiblichkeit zu betonen. Die Theorie des »Geschlechtsrollenkonflikts« behauptet, dass die Widersprüche zwischen Sportlichkeit und Weiblichkeit derart starke innere Spannungen hervorrufen können, dass viele Frauen sich gegen den Sport entscheiden; diejenigen, die sich dafür entscheiden, leiden häufig unter dem belastenden Konflikt zwischen den Rollen als Sportlerin und als Frau. Manche Sportlerinnen versuchen, den Konflikt dadurch zu lösen, dass sie ihre weibliche Seite durch viel Schmuck, kurze Röcke und Anspielungen auf ihren Freund übermäßig hervorheben.

Welche Aspekte die Journalisten in den Mittelpunkt rücken, wenn sie über die Frauenliga schreiben, wird beeinflusst von der Marketingstrategie der WNBA. Immer dafür sorgen, dass die Spielerinnen heterosexuell wirken – wenn's geht, sogar mütterlich. Es gibt eine Art »Rhetorik der Reinheit«, die die Marketingleute hier anstreben. Es gibt zudem einen Nebenauftrag für die Spielerinnen der NBA (die WNBA *gehört* der NBA, schrecklicher Gedanke). Rein und sauber, wie sie sind, liefern die Frauen, so die Hoffnung, ein Korrektiv zum Image der Spieler als wilde, aufsässige, böse Jungs. Die Marketingabteilung hat die Frauen mit Geschick zu »Tugendwächterinnen« des Spiels aufgebaut, die dieses vor den »Schlägern« der NBA bewahren.

Von Anfang an wurde die WNBA mit der NBA verglichen und den Spielerinnen bestimmte Fertigkeiten abgesprochen. Die Frauen waren tolle Sportlerinnen, schon, aber konnten sie so gut spielen wie die Jungs? Wo waren ihre Slam Dunks? Wo waren ihre Rebounds? Die Presse konnte in ihren Vergleichen von ätzender Schärfe sein. »Die WNBA verhält sich zur NBA wie die Paralympics zur Olympiade«, schrieb ein Kolumnist. »Das Spiel, das sie spielen, zeigt nur oberflächliche Ähnlichkeit mit dem Basketball, wie er von Männern gespielt wird, sogar auf dem allgemeinen High-School-Niveau.«[51]

Hier haben wir wieder das alte Argument: »Frauen können nicht einmal so gut spielen wie Schuljungen.« Doch in Wirklichkeit waren sie gut, und alle wussten es. Wie konnte die NBA den Rundumschlägen zynischer männlicher Kommentatoren entgehen und der Möglichkeit vorbeugen, dass das Frauenteam »zu gut« wurde? Die Offiziellen hofften, zwei Fliegen mit einer Klappe zu schlagen, indem sie die Regeln für die Spielerinnen änderten. Die WNBA spielte mit einem kleineren Ball auf einem kleineren Feld und einem kürzeren Drei-Punkt-Linienabstand. Sie spielte zudem 20-Minuten-Halbzeiten statt 12-Minuten-Viertel.

Man hätte sich vorstellen können, dass die Regeländerungen ein etwas anderes Spiel zur Folge hatten – dem Frauenspiel quasi die Legitimation entzogen und die Spielerinnen potenziell infantilisierten. Wie sich jedoch herausstellte, trug das »etwas andere Spiel« der Frauen dazu bei, dass die Liga wieder an Ansehen gewann. Die WNBA spielte ein gutes, sauberes, kameradschaftliches Grundlagenspiel ohne das unangenehme Sich-brüsten und -in-Szene-setzen der reichen, aufgeblasenen, hypermaskulinen NBA.

Nicht zuletzt jedoch nutzten die werbenden Sponsoren die Vorbildfunktion der Spielerinnen zum eigenen Profit. Es ist natürlich von Vorteil, dass Mädchen heutzutage anderen Rollenmodellen nacheifern können als Barbie und Miss America, doch es ist interessant, dass Nike und Reebok, die Hauptsponsoren der WNBA, in ihrer Werbung klammheimlich eine feministische Rhetorik übernommen haben. Ein Werbespot von Nike auf dem Fernsehkanal *Lifetime* ließ Cynthia Cooper von den Houston Comets direkt in die Kamera sagen: »Wir gehen hinaus in die Malls und lachen und machen Witze, und ich machte ein Foto mit dem ersten Menschen – sie hat es mir noch nicht geschickt –, mit dem ersten kleinen Mädchen, das ich mit meinem Trikot sah. Es war beeindruckend. Ich weinte fast. Sie kam zu mir rüber und sagte: ›Würden Sie mir bitte ein Autogramm geben?‹ Ich sagte: ›Kann ich ein Foto mit dir machen, bittebittebitte?‹ Es war toll. Es war faszinierend.«

Der Spot endet mit einem Schwarzweißbild von Cooper und den Worten *I can inspire* (Ich kann inspirieren), die mit *I can aspire* (Ich kann nach Höherem streben) verschmelzen. Wie vielen Frauen werden mir die Augen feucht, wenn ich Werbespots wie diesen sehe, die so positiv sind und scheinbar Schablonen sprengen. Nicht so klar auf der Hand liegt, wie eng die Rolle der neuen Athletin in Wahrheit gefasst ist. *Newsweek* beschreibt die WNBA als den »gute[n] Apfel in dem immer fauligeren Fass des Profisports«.[52] Warnung vor dem verführerischen Apfel. Irgendwer da draußen strickt wieder an der alten Spaltung in Heilige und Hure und schiebt diese phantastischen Sportlerinnen auf die eine schmale Seite davon. Vergiss deine Muskeln. Vergiss deine Rebounds oder deine gemeinen Schlagschüsse. Hier ist deine Aufgabe, und hier ist dein Platz. Tritt ein für die guten alten Familienwerte. Und wenn du spielst, sei ein »guter Apfel«, damit du dir deine Rolle im profitablen (wenn auch beschränkten) Segment der Familienunterhaltung bewahren kannst. Und schließlich, spiele ein Spiel mit geschrumpftem Feld und kleinerem Ball. Auf diese Weise wird dich – zu deinen Gunsten – niemand je mit den Männern vergleichen.

Die Presse lässt in ihren »Benennungen« der Geschlechter in der Sportberichterstattung eine hierarchische Differenz durchschimmern. Wie ein Forscher feststellte, werden im Tennis und im Basketball Spielerinnen als »Mädchen«, »junge Damen« und »Frauen« bezeichnet. Die Geschlechterbenennung kann sich in ihrem Durcheinander ins Groteske steigern, etwa als Steffi Graf als »das Wundermädchen des Frauentennis« bezeichnet wurde.[53] Sportler wurden, einer Analyse von Sportsendungen im Fernsehen zufolge, praktisch nie als »Jungen« bezeichnet. »Junge Kerle« war die infantilisierendste Benennung, die vorkam. Sogar Zuschreibungen von Kraft wurden bei Frauen ambivalent formuliert: »Großes Mädchen«, »sie ist klein, sie ist schmal, aber höchst effektiv an der Bande«, »ihr kleiner Hakenwurf« und so weiter. In den Schilderungen der Männer jedoch war keinerlei Ambivalenz zu spüren, wie die Autoren der TV-Studie anmerkten: »Es waren ›große‹ Kerle mit ›großer‹ Vorhand, die ein ›großes‹ Spiel spielten.« Sogar die Schwächen von Männern wurden ins Positive gewendet, etwa in: »Er sorgte für seinen eigenen Fehler.« Wenn männliche Sportler Nerven zeigten, wurde dies in Stärke und Heldentum umgedeutet. Die Autoren der Studie vernahmen folgenden Dialog zwischen zwei Kommentatoren eines Männertennismatchs:
»Sie sind beide ziemlich nervös, und das ist ganz normal.«
»Es würde etwas nicht stimmen, wenn sie es nicht wären.«
»Das bedeutet, dass einem viel dran liegt.«
»Wie wenn Marines, die nach Iwo Jima gingen, behauptet hätten, sie wären nicht nervös; dann wäre etwas ein bisschen faul gewesen.«[54]
Apropos Iwo Jima: Sportkommentatoren benutzen häufig martialische Metaphern (wie Hinterhalt, sprengen, wegfegen, Fehlschuss, angreifen, verfolgen, den Knopf drücken, voll bewaffnet, duellieren, wegputzen, sich blutige Köpfe holen und so weiter), und zwar viel häufiger zur Umschreibung der Kraft männlicher Athleten. Beim Tennis gebrauchten die Kommentatoren doppelt

so viele martialische Metaphern, wenn sie über Männerspiele berichteten. Beim Basketball waren es fast dreimal so viele. Die für Frauen benutzten Beschreibungen wecken häufig wenig Assoziationen zu Kraft und Macht. Ein Mann »attackiert« den Korb, während eine Frau zu ihm »zieht«. Das Spiel eines Mannes ist »agressiv«, das einer Frau »aktiv«. Er »durchbricht« die Verteidigung, sie »geht dagegen an«. Selbst wenn das Ergebnis negativ ist, kann man darauf rechnen, dass ein Mann kraftvoller zu Werke gegangen ist: Er »schießt daneben«; sie »verfehlt« einfach.
Ein Journalist von *Sports Illustrated* fand sogar bei einem Vergleich der Wimbledon-Siege von Boris Becker und Steffi Graf 1989 eine Möglichkeit, die Leistungen Beckers in ein günstigeres Licht zu stellen. Er erwähnte zwar die Kraft und das sportliche Können beider Spieler, schloss seinen Bericht jedoch mit einem Zitat Beckers: »Ich war immer der Schlechteste von den Jungen, und sie war die Beste von den Mädchen … ich musste [deshalb] mit ihr Bälle schlagen.« So werden die Leser dazu gebracht, das Talent von Graf und Becker in einem bestimmten Licht zu sehen: Der »schlechteste« Junge musste früher gegen das »beste« Mädchen antreten. Diese Vorgehensweise erzeugt eindeutig eine Hierarchie zwischen männlich und weiblich: Selbst der schlechteste Mann kann die beste Frau schlagen. Und so erinnert man uns wieder einmal daran, wer der »wahre« Athlet ist.

In Kapitel eins berichtete ich über den Ausschluss der Frauen vom Sport im 19. Jahrhundert und wies nach, dass die viktorianischen Einstellungen hinsichtlich der Schwäche der Frau auch in der ersten Hälfte des 20. Jahrhunderts vorherrschten. In diesem Kapitel haben wir gesehen, dass in den vergangenen fünfzig Jahren alte Vorurteile zusammenbrachen, während die Frauen für gleiche Rechte kämpften. Dazu gehörte auch das Recht auf Entfaltung ihres Körpers und ihrer körperlichen Fertigkeiten. Wie beim Kampf um die Entfaltung ihrer geistigen Fähigkeiten erreichten die Frauen das Recht auf physische Entfaltung erst nach einem langen und schwierigen Kampf. Der uralte »Kampf der Geschlechter« war nicht weniger als alles andere ein physischer Kampf – ein Kampf um Körperkraft, Körpermacht. Wir haben die

Implikationen des Krieges gegen die Gleichstellung der Geschlechter in der körperlichen Bildung deshalb nicht begriffen, weil wir als Gruppe niemals zuvor eine Bedrohung für die Vorherrschaft der Männer darstellten und sie daher noch nie etwas zu bekämpfen gehabt hatten. Vereinzelte Fälle weiblichen sportlichen Könnens und Erfolgs wurden als genau dies gesehen: vereinzelte Fälle. Sogar die Olympionikinnen ließen sich ganz leicht als ein wenig plemplem abtun.

Doch als Frauen wie du und ich an Boden gewannen und als Spitzensportlerinnen mit den Männern um Publikum, Sponsoren und Werbegelder zu konkurrieren begannen, verschob sich das Gleichgewicht der Kräfte in der Welt des Sports. Im letzten Jahrzehnt des 20. Jahrhunderts ereignete sich so etwas wie ein Evolutionssprung, als die Frauen die muskuläre Lücke zu schließen begannen. Vieles, was nur wenige Jahre zuvor undenkbar gewesen war, wurde jetzt schlagend unter Beweis gestellt: dass Frauen nicht so schnell wie Männer ermüdeten; dass sie weiter laufen, schwimmen und radfahren konnten als Männer; dass ihre Muskeln gleich gut auf Training ansprachen; sogar, dass sie nicht von Natur aus Angst vor Körperkontakt oder Verletzungsrisiko hatten. Diesen physischen Mut, so stellte sich heraus, besaßen nicht nur olympische Sportlerinnen, sondern auch ganz normale Mädchen, Schulkinder, die sich Gesichtsmasken aufsetzten und sich in die Rauferei des Tackle Football stürzten – und in ihren Schulmannschaften mit den Jungen und gegen andere Jungen spielten.

In den Vereinigten Staaten erforderte das Aufblühen des lange geleugneten Potenzials der Frauen das Einschreiten des Gesetzes und dann einen volle sechzehn Jahre währenden Kampf, bis dieses Gesetz endlich wirksam wurde. Es erforderte, einer mächtigen Bewegung zum Ausschluss der Frauen von Olympia standzuhalten. Es erforderte drei Jahrzehnte entwürdigender Tests zum »Geschlechtsnachweis«, in denen Frauen den Beleg zu erbringen hatten, dass sie, obwohl sie stark waren, weiblich und nicht männlich waren. Im vergangenen Jahrhundert wurden Athletinnen immer wieder zurückgestoßen, wenn sie sich einen Halt im steinernen Antlitz des männlichen Widerstands erobert hatten. Warum mussten die Frauen so schwer um den Zugang zum Leistungssport kämpfen? Die Männer behaupteten, nicht unbedingt etwas dagegen zu haben, dass auch die Frauen spielten, sie wollten nur nicht, dass ihnen Finanzen entzogen und ihre eigenen Möglichkeiten beschnitten wurden. Dies war genau dasselbe Argument wie zu der Zeit, als die Frauen sich Zugang zur Arbeitswelt verschafften – die Männer wollten nicht, dass Frauen ihnen die Jobs wegnahmen.

Der Zugang zur Welt des Sports ist für die Frauen kein bisschen leichter gewesen, war doch die Bedrohung für die Männer eher noch beunruhigender als die durch Frauen, die sich in ihren Büros und Konferenzzimmern breit machten. Es ist, als ob der Boden, auf dem die Männer stehen, sich in Sand verwandelt, wenn Frauen zeigen, dass die Möglichkeit körperlicher Gleichheit besteht; also sorgt man(n) dafür, dass sie erst gar nicht so weit kommen. Dies ist es letztlich, was die Frauen am gleichberechtigten Zugang zu körperlicher Bildung gehindert hat: Die Männer wollten es nicht. Gegen Ende des Jahrhunderts lag der Mythos der weiblichen Schwäche in Scherben, doch das beendete die Ungleichheit keineswegs. Mehr als ein Vierteljahrhundert nach Verabschiedung von *Title IX* erhielten die amerikanischen Frauen weniger als vierzig Prozent der College-Sportstipendien. An männliche College-Sportler gehen jährlich mehr als hundertneunundsiebzig Millionen Dollar Stipendiengelder. Die Sportprogramme für Männer beanspruchen siebenundsiebzig Prozent der laufenden Sportbudgets. Es bleibt ganz eindeutig noch viel zu tun, wenn Frauen gleiche Trainingsmöglichkeiten, gleiche Finanzierung, gleiche Akzeptanz erreichen wollen. Und all das zu realisieren ist nicht als solches das endgültige Ziel, sondern vielmehr die Voraussetzung für einen viel umfassenderen Paradigmenwechsel: den Wandel, der stattfinden muss, damit Mädchen die Fesseln einer einengenden geschlechterspezifischen Konditionierung sprengen und in genauso jungen Jahren aus der Tür stürmen und rennen und kicken und werfen wie Jungen – und nicht damit aufhören, wenn sie in die Pubertät kommen.

Sechs
Die Leistungslücke schließen

Als ich aufwuchs, schaltete meine Mutter jeden Samstagnachmittag die Radioübertragung aus der Metropolitan Opera ein, und mein Vater verfolgte mindestens zwei Baseballspiele, eines im Fernsehen und eines im Radio. Seit jeher hasste ich Baseball. Erst viel später, als plötzlich (so schien es) Frauen Pitcher und Tight Ends und Torwarte geworden waren, als sie auch im rauesten Kontaktsport Kopf und Kragen und Rippen riskierten, fragte ich mich, warum Frauen eigentlich anfangs von bestimmten Sportarten (darunter Baseball) ausgeschlossen waren. Wer und was hatte das Empfinden der Frauen für ihr eigenes physisches Potenzial beeinflusst, dass ihnen zur Zeit des Erwachsenwerdens der Sport als das allzu unfriedliche Reich der Männer erschienen war? Welche Botschaft hinsichtlich Risiko, Mut und – welch grässlicher Gedanke – Verletzungsgefahr wurde Mädchen und Frauen aller Altersstufen vermittelt? Was machte uns so verdammt *ängstlich*?

Als Kind sah ich Tag für Tag dieselben Bilder im Fernsehen und im Sportteil der Zeitung: männliche Muskeln, männliche Aggression, männliche Kraft. Männer bei gesichtsentstellenden Kämpfen mit Handschuhen und Stöcken. Männer, die hochsprangen. Männer in großen Knäulen, miteinander raufend. Männer, Männer, Männer Wie sehr mich als heranwachsendes Mädchen in Baltimore dieser ganze Männersport langweilte. Und wie sehr ich die darin steckende Botschaft verleugnete: Männer sind oben. Mein Vater trug immer Krawatte und weißes Hemd, ob zur Arbeit, zum Abendessen oder am Wochenende. Ich sah ihn niemals mehr tun, als gelegentlich mit meinem Bruder im Garten Bälle werfen, auch dabei in seinem weißen Hemd. Doch das Hemd war ein Trick, eine Art vornehme Verkleidung, denn was ich in Wirklichkeit mit meinem Vater assoziierte, war nicht seine korrekte Garderobe. Womit ich ihn assoziierte, waren die sich überschlagenden Stimmen der Sportreporter beim Kommentieren der Spiele. Ich assoziierte ihn – und meinen Bruder und die Jungen, mit denen ich aufwuchs – mit den Männern im Boxring, die sich gegenseitig zusammenschlugen, mit den übereinander getürmten Männern auf dem Football-Feld. Ich assoziierte sie mit den in Baltimore so beliebten Lacrosse-Schlägern; die männlichen amerikanischen Ureinwohner hatten sie in den ersten Tagen dieses Landes erfunden und wussten damit einen Ball so kraftvoll zu schleudern, dass er einem das Auge ausschlagen konnte. Ich assoziierte sie mit dem heiseren Jubelgeschrei und dem Stampfen, das bei den seltenen Gelegenheiten, bei denen man mich zu einem Spiel mitnahm, die Tribüne um mich herum erzittern ließ. Ich assoziierte sie mit den Schreien »Blut auf dem Eis!«. Ich assoziierte sie mit roher körperlicher Kraft, die von den Regeln eines Spiels nur gerade so im Zaum gehalten wurde. Denn gab es nicht eine Parallele zwischen »Blut auf dem Eis!« und Blut auf den Schlachtfeldern, Blut auf den Straßen? Die gezügelte, doch jederzeit freisetzbare dynamische Kraft des Mannes symbolisierte – stets spürbar – Gewalt. Wut war dabei. Und Menschen, die von der Wut getroffen und verletzt wurden. Immer bestand die Gefahr einer Verletzung, die Gefahr, dass die Dinge außer Kontrolle gerieten. Und so warnte man uns Mädchen: Bleib nicht draußen, wenn es dunkel wird; vermeide enge Gassen; richte die Augen auf den Boden; schau sie nicht an; lass es nicht darauf ankommen; wenn du verletzt wirst, bist du selbst schuld. All dies, von dem Glauben an unsere eigene Schwäche bis hin zur übertriebenen Furcht vor der männlichen Stärke und Macht, wird von der kulturellen Institution Sport getragen.

Sport ist mehr als nur einen Schläger zu schwingen, über eine Hürde zu springen, schlammbespritzt an ein Base zu rutschen. Sport enthält eine männlich definierte Agenda, die nicht weniger einflussreich ist als die Erziehung oder, was das angeht, auch die Religion (mit der er häufig verglichen wird). Der Sport diente immer zusätzlichen Zwecken, von der Zeit der griechischen Stadtstaaten der Antike, wo er Sklaven und Frauen ausschloss und dadurch zu ihrer Unterjochung beitrug, bis zum 19. Jahrhundert, wo er die Jungen der Mittel- und Oberschicht auf das Militär vorbe-

reitete. Der Sport wurde benutzt, um Rassen- und Klassendiskriminierung aufrechtzuerhalten, und er wird immer noch benutzt, um die Frauen zu unterdrücken. Der Körper ist schließlich ein Machtinstrument. Durch den Sport gibt der männliche Körper zu verstehen »besser als«, »stärker als«, »mehr als«. Und diese Überlegenheit scheint unabwendbar zu sein – ein »natürliches« Ergebnis von Unterschieden in Größe, Stärke und physischer Macht.
Je näher ich mich mit dieser scheinbar selbstverständlichen, jedoch irrigen Vorstellung befasste, desto mehr wuchs meine Beunruhigung. *Im Durchschnitt* haben Männer eine um zehn bis fünfzehn Prozent größere körperliche Statur als Frauen. Es gibt aber natürlich auch viele Frauen, die größer sind als Männer, genauso wie es im Verhältnis zu großen Männern viele kleinere Männer gibt. Welcher Machtunterschied lässt sich eigentlich dadurch legitimieren, dass *manche* Männer größer sind als *manche* Frauen? Ist hier nicht ein Mythos erschaffen worden?
Und was geschähe mit diesem Mythos, wenn die Frauen – mehr Frauen, die *meisten* Frauen – das Wissen, das Training und die Ermutigung hätten, körperlich das Beste aus sich zu machen? Was würde sich ändern, wenn die Frauen wüssten, wie sie ihren Körper, genau wie die Männer, als Machtinstrument, als Hebel und als Vehikel des sozialen Aufstiegs einsetzen können? Wenn sie ihren Körper nicht für einen Machtersatz, für das passive Den-Männern-Gefallen einsetzen würden, sondern sich direkt das holen würden, was sie im Leben wollen, und zwar durch ihre eigene körperliche Kraft und Kompetenz?

Die Frauen bestreiten heute Wettkämpfe auf einem den Männern vergleichbaren Niveau. Die dadurch entstehende Bedrohung ruft, ob bewusst oder nicht, seitens der Sportfunktionäre ständig Bemühungen hervor, den Frauen Steine in den Weg zu legen. Es ist jetzt zu spät, um die Frauen ganz aus dem Sport herauszuhalten, deshalb mussten die Strategien zur Untergrabung ihrer Leistungen subtiler werden. Heute verfolgen sie eher das Ziel, die Aufmerksamkeit davon abzulenken, wie ähnlich sich Männer und Frauen physisch im Grunde sind.[1]
Eine Methode war die des Teilens und Herrschens, das heißt Män-

nerspiele und Frauenspiele getrennt zu halten. Wenn es hart auf hart geht, wollen sich die Männer nicht mit dem anderen Geschlecht messen. Die genannten Gründe dafür, wenn überhaupt welche genannt werden, sind lächerlich. In einer Variation des Themas »Keine Frauen in der Umkleidekabine« schlossen die Bootsangler Frauen vom Wettbewerb aus – mit der Begründung, dass Frauen Männer nicht beim Urinieren über die Bordwand beobachten dürften. Es bedurfte einer nicht weniger verheißungsvollen Organisation als des *Army Corps of Engineers*, um das Bollwerk des männlichen Anstands zu überwinden: Es verweigerte die Nutzung eines Sees für einen Angelwettbewerb, wenn nicht Frauen zugelassen würden. (Dies begab sich aber zu der Zeit der beginnenden 1990er Jahre, im finsteren Mittelalter der männlichen Welt des Angelns.)

Eine andere Strategie besteht darin, geringfügige Unterschiede bei den Regeln einzuführen, was den Vergleich der sich immer weiter angleichenden Leistungen von Männern und Frauen erschwert. Beim Bogenschießen beispielsweise schießen die Männer aus dreißig, fünfzig, siebzig und neunzig Metern Entfernung, Frauen aus dreißig, fünfzig, sechzig und siebzig Metern.[2] Wo liegt der Sinn eines solchen minimalen Unterschieds – eines falschen Unterschieds, wie manche sagen würden? In vielen Sportlerinnen keimte der Verdacht, dass die Regeln immer dann geändert wurden, wenn es danach aussah, dass sie gleichziehen würden.[3] Verdächtig fanden sie beispielsweise folgenden Vorfall: Als die chinesische Skeetschützin Zhang Shan 1992 als erste Frau eine Goldmedaille in einem gemischten Wettbewerb gewann, beschloss das IOC umgehend, bei den nächsten Spielen männliche und weibliche Skeetschützen zu trennen. (Dieser Schritt wurde nicht zum ersten Mal vollzogen. Der Dachverband *International Shooting Federation* trennte sehr rasch die meisten gemischten Wettbewerbe, nachdem 1976 eine Frau den ersten Platz im Gewehrschießen erzielt hatte.)[4]

Etwas früher im selben Jahrhundert nahm man Frauen, die Männer geschlagen hatten, einfach ihre Titel ab. Als Helene Mayer 1938 den amerikanischen Fechtmeister schlug, verbot die *Fencing Comission* nicht nur postwendend Kämpfe Mann gegen Frau, sondern erkannte auch der Siegerin den Titel ab. Die Begrün-

dung? Mayer habe einen unfairen Kampf gewonnen, da Männer gegen eine Frau nicht mit vollem Einsatz kämpfen würden. Gemischtgeschlechtliche Fechtturniere fortzusetzen, so die Offiziellen, wäre »fast genauso schlimm wie einem Mädchen mit der Faust aufs Auge zu hauen«.
Der Körperkontakt besteht beim Fechten darin, dass die Spitze eines Floretts sich in den dick gepolsterten Schutzanzug des Gegners bohrt; große Gefahr besteht dabei eigentlich nicht.
Wir können nur mutmaßen, dass die Kommission nicht wollte, dass Frauen Männer schlagen.

Die Angst vor der weiblichen körperlichen Kraft findet sich in allen Kulturen. Als Barbara Mayer Winters das Finale bei den Meisterschaften im Klippenspringen von Acapulco erreichte, wurde sie prompt disqualifiziert – zu »ihrem eigenen Schutz«, wie man ihr erklärte. Die Männer hatten sich darüber beschwert, gegen sie antreten zu müssen. »Zu dem, was wir hier tun, gehört Todesverachtung«, protestierte ein Springer. »Was wäre noch dran, wenn alle sehen könnten, dass eine Frau das auch kann?«
In der Tat, was wäre noch dran? In manchen Kulturen verlangen es die Übergangsriten zur Aufnahme in die Erwachsenengemeinschaft sogar, dass Männer Frauen mit ihrem körperlichen Wagemut zu Tode ängstigen. Jungen von Bunlap auf der Insel Pentecost im Südpazifik lernen, sich von absurd hohen Plattformen zu stürzen, und springen schon mit fünf Jahren aus mehr als sechs Metern Höhe. Je älter sie werden, aus desto größerer Höhe springen sie. Ein Reporter von *National Geographic* beobachtete einen Sechzehnjährigen, der aus 17,5 Metern Höhe sprang. Als die an seinen Knöcheln befestigten Lianen, die seinen Sturz auffangen sollten, rissen, blieb der Junge mit dem Gesicht nach unten wie tot liegen, bis seine Mutter und Schwestern in Schluchzen ausbrachen, worauf er jauchzend und lachend aufsprang.[5] Ich frage mich, was eine solche Jugend aus der dreiundachtzigjährigen Frau gemacht hätte, die kürzlich einen Bungee-Sprung von einer Brücke im neuseeländischen Queenstown machte. Sie fiel vierzig Meter tief und federte dann mehrmals auf und ab wie ein Jo-Jo. Hatte sie Angst? Eigentlich nicht. Sie fand es erfrischend.[6]

Historisch gesehen konnten Männer Frauen hauptsächlich deswegen entmachten und unterwerfen, ihre Arbeitskraft nutzen, ihre Gedanken beeinflussen und ihre Willfährigkeit sicherstellen, weil sie Macht über den weiblichen Körper ausübten. Auf bewusster Ebene drückte sich dies in realer körperlicher Knechtschaft aus: Frauen wurden durch Zwang Pflichten auferlegt, die als ihrem Geschlecht angemessen galten. Dass Tegla Loroupes Mannschaftskameraden aus Kenia erwarteten, dass sie ihnen während der Olympiade ihre schmutzige Wäsche wusch, ist ein Beispiel. Doch es gibt subtilere Formen der Herrschaft. Die effektivste von allen ist, die Körpererfahrung der Frauen so zu manipulieren, dass die *Männer* damit zurechtkommen. Dieses Mitwirken der Frauen an ihrer eigenen körperlichen Unterdrückung lässt sich am weiblichen Bodybuilding ablesen. Eine ernst zu nehmende Sportart wurde es 1980 mit der Gründung der *American Federation of Women Bodybuilders.* Jedoch achteten die Frauen von Anfang an peinlich genau darauf, ihre Weiblichkeit zu unterstreichen, indem sie anders posierten als die männlichen Bodybuilder. Sie zeigen tanzähnliche, weniger statische Posen, die verhindern, dass der Betrachter das volle Ausmaß ihrer Muskelentwicklung sehen kann. Die männlichen Offiziellen unterstützten dies, wenn sie es nicht sogar verlangten. Sie stellten das weibliche Erscheinungsbild als Wertungskriterium ganz in den Mittelpunkt. »Vor allem muss der/die Richter/in sich vor Augen halten, dass er/sie in einem Bodybuilding-Wettbewerb für Frauen wertet und nach einem idealen weiblichen Körperbau sucht«, schreibt die *International Federation of Bodybuilding* unmissverständlich in ihren Richtlinien. Deshalb ist der wichtigste Aspekt die Figur, eine weibliche Figur, sowie ein kontrollierter Muskelaufbau – er darf nicht bis zum Exzess getrieben werden, sodass er der massiven Muskulatur des männlichen Körpers ähnelt.«

Hier endlich sehen wir schwarz auf weiß und ungeschminkt die Botschaft, die Frauen von Kindheit an vermittelt wird: *Lege dir nicht zu viel Muskulatur zu. Bleibe kleiner, damit du schwächer erscheinst als die Jungen.* Beim Bodybuilding geht es um Kraft.

Es geht darum, sich körperlich maximal zu entwickeln. Doch siehe da, als sich die Frauen Muskulatur zulegten, wurde der Wettbewerb für die Frauen so umgestaltet, dass er jetzt weniger auf die Demonstration von Kraft als auf die Demonstration von Weiblichkeit abhebt. Das schwarz auf weiß niedergelegte Kriterium der *Internatinal Federation of Women Bodybuilders* entsprach dem alten Fazit: Als Frau kommt es nicht darauf an, was du machst, sondern wie du aussiehst, wenn du es machst. Die oberflächliche Schönheit ist dass, was bei Frauen zählt. Die Wertungsrichter beim Frauen-Bodybuildung sollen nicht nur weniger ausgeprägte Muskeln und weiblichere Tanzposen mit Punkten belohnen, sondern auch für typisch weibliche Verschleißerscheinungen wie Schwangerschaftsstreifen, Operationsnarben und Cellulite *Punkte abziehen*. Also schafft euch so was vom Hals, Mädels, wenn ihr auf der Bodybuilding-Bühne eine Chance haben wollt. In Bezug auf die Muskulatur wird bei Frauen die Frage »Wie viel ist zu viel?« ständig neu gestellt und beantwortet. Im Frauen-Bodybuilding waren wirklich muskulöse Frauen immer im Nachteil. Dieser Ironie bewusst waren sich zwei Filmemacher; sie benutzten sie zur Steigerung des Effekts in *Pumping Iron II: The Woman*. Um eine dokumentarische Wirkung zu erzielen, stellten zwei echte Bodybuilderinnen – Bev Francis, eine muskulöse Gewichtheberin, und Rachel McLish, die sich selbst als »Puderquaste« bezeichnet – die Hauptfiguren des Films dar. Bev kann zweihundertvierunddreißig Kilo heben. Sie ist somit eine Frau, »die traditionelle Vorstellungen von Weiblichkeit nicht nur in Frage stellte, sondern sie wie eine Aluminiumbierdose in ihrer mächtigen Faust zerquetschte«, wie es der Soziologe Ellis Cashmore ausdrückt.

Rachel dagegen ist eine Gewichtheberin anderen Formats – sie posiert in Superweibaufmachungen für Magazine: etwa in einem zebragestreiften Bikini mit Federkopfputz und Goldkettchen um den Bauch. Die Story des Films wird getragen von der Konkurrenz zwischen Bev und Rachel im Vorfeld eines Bühnenwettbewerbs. »Auf einer bestimmten Ebene geht es in dem Film um den Wettkampf zwischen diesen beiden Frauenkörpern. Doch auf einer anderen geht es um Weiblichkeitsideologien«, urteilt die feministische Wissenschaftlerin Anne Balsamo. *Pumping Iron II* zeigt, von wem – und wofür – Bodybuilderinnen belohnt werden, und die Botschaft des Films ist eindeutig: Für Kraft durch und durch werden sie *nicht* belohnt. Von acht Gewichtheberinnen landete Bev auf dem letzten Platz – nicht weil ihre Leistung nicht toll gewesen wäre, sondern weil sie nicht richtig *aussah*. Ihr letzter Platz symbolisierte, dass sich in ihrem Körper »Überschreitungen der kulturellen Norm« ausdrückten, wie Balsamo sagt. Im Film erklärt ein Richter, dass »Frauen mit ›ausgeprägten, grotesken Muskeln‹ die natürlichen Unterschiede zwischen Männern und Frauen verletzen« – nur für den Fall, dass die Zuschauer es nicht kapierten.

Doch letztendlich gewann auch Rachel nicht. Das wäre zu offensichtlich reaktionär gewesen. Um die Geschichte zum Abschluss zu bringen, führte der Drehbuchautor eine dritte Frau ein, die weder zu kräftig noch zu weiblich war. Mit der schwarzen Athletin Carla Dunlap kam jedoch ein neuer Faktor in die Mischung, sodass die anfängliche Spannung zwischen der Machofrau und dem Puderquastenmädchen nie aufgelöst, sondern einfach fallen gelassen wurde. Carla war der Ausweg aus einem Drehbuchdilemma, das den Filmemachern unlösbar schien. Obwohl das Schauspiel von Frauen, die große Kraft bewiesen, sie offensichtlich faszinierte, fanden sie keine Möglichkeit, das Problem zu lösen, das ihnen so dramatisch vorkam. Sie brachten es nicht fertig zuzugeben, dass eine Frau, die zweihundertvierundfünfzig Kilo stemmt, eine Frau wie jede andere ist.

In der realen Welt der Bodybuilderinnen war 1993 ein großartiges Jahr, weil der Verband endlich das Verbot massiger Muskeln aufhob. Die Leistungen von Bev Francis trugen ein Gutteil zu dieser Regeländerung bei. Ende der Neunziger war die größere und härtere Figur zur Norm geworden; die Frauen wurden nach praktisch denselben Kriterien wie die Männer beurteilt. Heute können Spitzenbodybuilderinnen mit Auftritten und Werbeverträgen genauso viel verdienen wie männliche Bodybuilder – vielleicht die äußerste Demütigung für viele Männer.

Während extreme Muskelpakete bei Frauen immer noch viele abstoßen, werden stärker ausgeprägte und härtere Muskeln zunehmend akzeptiert. In den Sportmagazinen für Frauen sind Bilder von durchtrainierten und sogar muskelbepackten Körpern zur Norm geworden. Die Modemagazine hinken hinterher, obwohl heute sogar Models einen Körper zeigen, der unterschwellig von Muskulatur modelliert wird. Vor den 1990er Jahren waren Muskeln bei Models völlig verpönt.

Der Mythos des »Mannweibs«

Keine geringere Autorität als Lewis Terman, einer der Schöpfer der ersten Intelligenztests, befasste sich auch mit dem drängenden Problem von Maskulinität und Femininität im Sport. Er dachte sich den Einstellungs- und Interessentest *Attitude Interest Analysis Survey* aus, der überaus einflussreich werden sollte. Die Einstellungen und Interessen einer Person bestimmten, wie er glaubte, an welchem Punkt des Maskulinitäts-Femininitätsspektrums ein bestimmtes Individuum angesiedelt war. Interesse an Sport war in Termans Schema ein wichtiger Indikator; er behauptete sogar, es sei »das maskulinste Interesse«, das eine Frau haben könne.[7] Seine Tests zeigten, davon war er überzeugt, dass College-Sportler *und* -Sportlerinnen hohe Werte in »Maskulinität« erzielten. Einer von Termans Schülern, E. Lowell Kelly, trieb diesen ganzen Maskulinitäts-Femininitätsirrsinn auf die unvermeidliche Spitze: Er erfand ein System, um »potenzielle Homosexualität« herauszukitzeln. Seine Forschungsergebnisse, gewonnen an einer lächerlich kleinen Stichprobe, lösten ein Rauschen im Blätterwald aus und erregten allgemeine Aufmerksamkeit. Durch die Untersuchung einer Gruppe von achtzehn lesbischen Frauen hatte er herausgefunden, dass sie – o Mann! – »geringfügig weniger maskulin« waren als eine Gruppe von siebenunddreißig College-Athletinnen.[8] Termans und Kellys »Skalen« verliehen einem altbekannten Vorurteil einen wissenschaftlichen Anstrich: dass es nämlich Sportlerinnen nicht nur an Weiblichkeit gebrach, sondern dass sie sogar noch männlicher waren als die so gefürchteten Lesben. Das war höchst erregend. Publikumszeitschriften brachten Artikel über die neuen Studien, Artikel mit Überschriften wie: »Wie maskulin oder feminin sind Sie?«, begleitet von cleveren kleinen männlich/weiblich-Umfragen, die ängstliche Leser dazu ermutigten, sich selbst einzuschätzen. Football, Eislaufen und Tennis waren die zur Auswahl gestellten möglichen Lieblingssportarten. Wenn man Football wählte, waren das zwei Punkte. Eislaufen und Tennis waren geschlechterneutral genug, um null Punkte einzubringen. Je höher die Punktesumme (neben Sport gab es noch weitere Wertungskategorien), desto größer die Maskulinität. Termans und Kellys viel gerühmte M/F-Skalen bekräftigten und stützten die geschlechterspezifischen Erwartungen jener Zeit. Wenn ein Mädchen im Footballteam seiner Schule mitspielen wollte, stimmte etwas mit ihm nicht. Aus die Maus.

Die bedrohliche Aussicht, männlich zu wirken, hat viele Mädchen und Frauen von ernsthafter sportlicher Betätigung abgehalten – verständlicherweise. Beeindruckende Athletinnen wurden hemmungslos lächerlich gemacht, zu kaum mehr als Schaubudenmissbildungen herabgewürdigt. Je stärker und sportlich brillanter, desto verzerrter ihr Porträt in den Medien. Die Geschichte von Martina Navratilova ist das klassische Beispiel. Als junge Übersiedlerin aus der sozialistischen Tschechoslowakei erwarb Navratilova 1981 die amerikanische Staatsbürgerschaft und trat ihren Siegeszug durch die Welt des Damentennis an. Im Verlauf ihrer Karriere sammelte sie achtzehn Grand-Slam-Titel und den Rekord von tausendvierhundertachtunddreißig Einzelsiegen. 1985 hatte sie sich insgesamt 8,5 Millionen Dollar Preisgelder erspielt, mehr als je ein Sportler in der Geschichte des Sports zuvor. Die eindrucksvollen Leistungen dieser Sportlerin hätten sich als Beispiel für eine Kombination aus natürlicher Begabung, harter Arbeit und erstklassigem Training zur Erreichung eines neuen Leistungsniveaus deuten lassen. Doch die Medien stellten sich auf den Standpunkt, dass eine Person, die so gut wie Martina spielte, keine echte Frau sein konnte, höchstens eine übermäßig aggressive Außenseiterin. Navratilova wurde beschrieben als »bionisches Sci-fi-Geschöpf«, als »Amazone«, sogar als »eine Art grobschlächtiges Raubtier, das ständig auf ›all diese unschuldigen Mädchen einschlug‹«.[9] Ein Autor von *Sports Illustrated* bezeichnete sie als »die wasserstoffblonde tschechische bisexuelle Überläuferin«, die ihre hoffnungslos unterlegenen Gegnerinnen »drangsalierte« und »schikanierte« und deutete an, sie sei »von Natur aus« etwas anderes als eine Frau. Das Magazin *Time* schrieb, dass bei Navratilova »irgendwo eine Chromosomenschraube locker sein« müsse, dass sie so gut spielte.[10]

Innerhalb weniger Jahre hatten andere Frauen ihre Fertigkeiten so weit entwickelt, dass sie Navratilova schlagen konnten. Doch damit hörte die Verunglimpfung mit Vermännlichung nicht auf. Anstatt talentierte Sportlerinnen, als in allen Sportarten ihre Reihen anschwollen, in die Kategorie »normal« zurückzustecken, wurden die Schreiberlinge noch feindseliger und argwöhnischer. Noch in den Neunzigern wurden Hochleistungssportlerinnen als unweiblich lächerlich gemacht. Ein Bericht in der *Washington Post* unter der Überschrift »Die (unbedeutenderen) Spiele der Frauen« schrieb über die Basketballerinnen der Olympischen Spiele in Barcelona 1992: »Sie gingen wie Männer, sie schlugen zu wie Männer.«

Sie mochten sich wie Männer bewegt haben, doch sie *spielten* natürlich nicht wie Männer. Vielmehr höhnte der Sportberichterstatter: »Sie spielten wie kleine Schuljungs.«

Frauen, die sportlich erfolgreich sind, machen an irgendeinem Punkt ihrer Karriere unweigerlich die Erfahrung, dass sie als männlich beschrieben werden. Die britische Golferin Enid Wilson vermochte »ein Eisen mit männlicher Kraft zu schlagen«.[11] Tennisspielerinnen ähnelten Robotern, zeigten »kalte, angespannte, maschinenartige« Spielweise.[12] Aggressive Spieler wurden gepriesen. Aggressive Spielerinnen waren nicht etwa begabt, sie waren bloß grausam gnadenlos. Wenn Helen Wills Tennis spielte, »war es fast, als richtete ein Mann mit einem Rapier seine wuchtigen Schläge gegen einen waffenlosen Gegner«.[13]

Die im Frauensport stets unterschwellig spürbare Spannung entsprang immer dem vermeintlichen Widerspruch zwischen physischer Intelligenz und Frausein. Von den 1930er Jahren bis zu den Fünfzigern wurden die fabelhaften sportlichen Leistungen von Mildred »Babe« Didrikson durch die journalistische Mühle gedreht. In den Boulevardblättern wimmelte es von Bemerkungen wie, sie sei ein »Mannweib«, habe ein »behaartes Falkengesicht« und zeige ein »ungewöhnliches Maß männlicher Dominanz«. Die Reporter fragten Didrikson unablässig, ob sie jemals ans Heiraten denke. »Es bringt mich auf die Palme«, stöhnte sie. »Sie halten mich anscheinend für ein fremdartiges, unnatürliches Wesen, kurzum eine Art Gangsterbraut mit Muskeln.«[14] Arme Babe. Kein Wunder, dass sie sich schließlich einen Mann nahm (der Bescheid wusste, dass sie lesbisch war). Zur Rettung ihrer Karriere funktionierte es. »Babe ist jetzt eine Dame: Die erstaunlichste Athletin der Welt hat gelernt, Nylons zu tragen und für ihren großen, starken Mann zu kochen«, phantasierte das Magazin *Time.* Doch bei all dem Wirbel um Didriksons Weiblichkeit erhielt ihr bemerkenswertes sportliches Können nicht die verdiente Aufmerksamkeit. Sie tat sich zunächst im Basketball, in der Leichtathletik und im Baseball hervor und wurde dann, zwischen mehreren Krebserkrankungen, zur besten Golferin der Vereinigten Staaten. Als sie in den Vierzigern an der Krankheit starb, zollte die Presse ihren sportlichen Leistungen weniger Anerkennung als ihrer gelungenen Verkörperung von »Weiblichkeit«.[15]

Die Männer scheuten sich auch nicht, sportlich begabten weiblichen *Kindern* das Etikett »geschlechtsabnorm« aufzudrücken. Bei einem Mädchenfußballspiel im texanischen Lewisville stürmten die Väter des unterlegenen Teams auf das Spielfeld und verlangten, dass die drei besten Spielerinnen des siegenden Teams zur Toilette geschickt würden, um ihr Geschlecht zu überprüfen. (Das war 1990!) Nach dem Spiel demütigte einer der Väter die neunjährige Startorwartin des Teams weiter; er schrie ihr zu: »Nett gespielt, Junge!« und: »Gut gespielt, Sohn.« Die kleine Natasha Dennis ließ sich jedoch zu ihrer Ehre nicht unterkriegen, sondern gab zurück, dass jemand die Männer packen »und nachschauen [sollte], ob sie was zwischen den Ohren haben«.[16]

Natürlich gaben diese Fußballväter ihre eigene Verunsicherung preis. In der Geschichte haben die Männer die Spielfelder beherrscht; sportliche Eigenschaften wie Angriffslust, Konkurrenz, Stärke, Schnelligkeit und Kraft galten als ganz und gar männlich.

Und jetzt bewiesen nicht nur Frauen, sondern sogar Mädchen, *Kinder,* eben diese Eigenschaften. »Nett gespielt, Junge!«, mit Niedertracht und Absicht an ein neunjähriges Mädchen gerichtet, ist die Begleitmusik einer ins Wanken geratenen Welt.

Nicht alle Mädchen sind so helle und schlagfertig wie Natasha. Die Unterstellung, lesbisch zu sein, ist immer noch erschreckend – insbesondere für junge Frauen. Es war teilweise eine Folge homophober Einstellungen gegenüber starken, athletischen Frauen, dass die Beteiligung von Mädchen am High-School-Sport während der sechziger und siebziger Jahre kaum wuchs. Nach *Title IX* nahmen weit weniger Mädchen einen Sport auf, als progressive Pädagogen sich erhofft hatten. Als Mädchen musste man viel Mumm haben, um mit ganzer Seele zu spielen. Noch in den 1990er Jahren konnte man für diese Übertretung gefressen und wieder ausgespuckt werden.

Der Ruch von Homosexualität ist das moderne Gegenstück zu einem Schuss schwarzen Blutes in den Adern. Für die so abgestempelte Frau ändert sich alles. Es schreckt Frauen mit Sicherheit von einer Laufbahn als Trainerin oder Sportfunktionärin ab. Als ehemalige High-School-Sportlerin und spätere Trainerin war sich Laura Noah bewusst, dass in ihrer Jugend ein Großteil ihrer Identität am Sport hing: »Meine Mutter sagt, ich sei schon im Mutterleib eine Sportlerin gewesen. Ich konnte einen Basketball packen, bevor ich laufen konnte.«[17] Dennoch hatte sie ständig das Gefühl, »nur so lange, wie ich noch wie ein Mädchen aussah und handelte«, im Sport erfolgreich sein zu können. Laura war in der High School ein Fußball- und Basketballstar, und an der Divison III des Kenyon College in Ohio begann sie mit einem Vierjahresvertrag in der Erstauswahl des Fußballteams; zudem gewann sie alle Verbands- und Regionalpreise sowie den Preis der *North Coast Athletic Conference* für Sportstudenten. Doch sie war außerdem lesbisch. Im Abschlussjahr des Colleges hatte Laura vor den Mannschaftskapitäninnen ihr »Coming-out« gehabt und wünschte sich sehnlichst, sich auch den übrigen Kameradinnen zu offenbaren. Die Kapitäninnen waren anderer Ansicht. Sie meinten, ihr Coming-out würde das Team zu sehr durcheinander bringen. Laura kam es so vor, als dürfe sie keine bekennende Lesbe und zugleich

Athletin sein. »Ich verschwieg es. Ich fühlte mich nicht ganz.« Als sie mit sechsundzwanzig den Trainerjob an den Nagel hängte, tat sie es aus der Furcht, immer versteckt leben zu müssen, wenn sie sportlichen Erfolg haben wollte.

Manche meinen, dass die Homophobie schlimmer geworden ist, je stärker die Frauen wurden. Sie war immer ein großes Problem für Trainerinnen, ob sie lesbisch sind oder nicht. Wenn sie es sind, rät man ihnen, das Coming-out zu unterlassen. Wenn sie es nicht sind, werden sie trotzdem als lesbisch abgestempelt. Für manche wie Laura ist die ganze Atmosphäre so destruktiv, dass sie gezwungen sind, den Beruf aufzugeben, um sich als Person zu schützen.

Die Verwirrung der Öffentlichkeit hinsichtlich Geschlecht und Sportlichkeit zeigt sich nirgends deutlicher als in der Geschichte von Richard Raskid, einem 1,85 Meter großen hochklassigen Spieler in der Kategorie der fünfunddreißigjährigen und älteren Männer der *United States Tennis Association* (USTA). Richard unterzog sich 1975 einer operativen Geschlechtsumwandlung, änderte seinen Namen zu Renee Clarke und besiegte bei einem lokalen Turnier im kalifornischen La Jolla die Titelverteidigerin haushoch. Ein Reporter schöpfte Verdacht, sah sich die Sache genauer an – die Gewinnerin war 1,85 – und entdeckte, dass Renee Clarke eigentlich Renee Richards war, der Name, den Richard Raskid angenommen hatte, nachdem er transsexuell geworden war. Ein ungeheurer Medienzirkus brach los. Der Tumult hätte sich vielleicht schließlich gelegt, hätte Richards nicht eine Einladung zu einem nationalen Turnier angenommen, das als Vorlauf zu den U.S. Open galt. Das brachte das Fass zum Überlaufen. Die USTA, die *Women's Tennis Association* (WTA) und das Veranstaltungskomitee der U.S. Open nahmen die Herausforderung umgehend an und verlangten einen Geschlechtschromosomentest von *allen* Turnierteilnehmerinnen. Richards weigerte sich und brachte den Fall ein Jahr später vor das Oberste Gericht des Staates New York. Das urteilte, dass »diese Person … jetzt weiblich« sei und dass von Richards einen Chromosomentest zu verlangen, »grob unfair, diskriminierend und unbillig [sei] und sie in ihren Rechten verletzt[e]«.[18] Welche Ironie, dass das Gericht Geschlechtstests ausgerechnet im Fall eines biologischen Mannes, der operativ zur Frau geworden war, als unrechtmäßig verurteilte. Die Entscheidung öffnete Richards den Weg in das Einzel der Damen bei den U.S. Open von 1977, wo sie prompt in der ersten Runde gegen Virginia Wade verlor. Es stimmt. Die kräftige, 1,85 Meter große Renee verlor gegen eine Frau. Vor *was* hatten sich alle denn so gefürchtet? »[D]ass die Schleusentore sich öffnen würden«, mit Richards Worten.[19] Dass durch sie »ein endloser Strom umgearbeiteter Neandertaler hereinstürzen würde, die brutal mit Chris Evert und Evonne Goolagong umspringen würden ... Ein Spieler, der im Männertennis nicht gut genug war, könnte beschließen, sich nur deshalb umändern zu lassen, um die Spielerinnen unterzubuttern.«

Hier ist die vielleicht verschrobenste Möglichkeit von allen. Verlor Richards sein Spiel aufgrund seiner Umwandlung? Machte er sich unbewusst schwach, um »just like a woman« zu spielen – um es mit Bob Dylans berühmtem Refrain auszudrücken?

Neue Methoden der Leistungsbeurteilung

Die Ansicht, Frauen seien außerstande, dasselbe körperliche Leistungsniveau zu erreichen wie Männer, ist heute fragwürdig. Der einzige Grund, weshalb manche Frauen das nicht schaffen, liegt nach Vermutung einiger Sportsoziologen und sogar Mediziner darin, dass Frauen so lange als biologisch unfähig dazu galten. In der Neuauflage des *Oxford Textbook of Sports Medicine*[20] weist Per-Olof Åstrand, emeritierter Professor am schwedischen Karolinska Institut, darauf hin, dass die Rekorde der Frauen trotz physiologischer Unterschiede schließlich ganz dicht an die der Männer herankommen könnten.

Ellis Cashmore, Soziologieprofessor an der Universität von Staffordshire in England, verglich in einer historischen Analyse von Marathonergebnissen die Veränderung der Zeiten von Männern und Frauen. Im Verlauf von dreißig Jahren, von 1964 bis 1995, verbesserte sich der Weltrekord bei den Frauen um eine Stunde, fünf

Minuten, einundzwanzig Sekunden.[21] Im selben Zeitabschnitt verbesserte sich der Rekord der Männer nur um fünf Minuten, zwei Sekunden. Im letzten Jahr des untersuchten Zeitraums war der eklatante Leistungsabstand zwischen Männern und Frauen nicht mehr so eklatant. Der Unterschied zwischen den Besten der Welt war auf zwölf Minuten, dreizehn Sekunden geschrumpft – oder auf etwa neun Prozent.

»Ist die Leistung von Frauen tatsächlich der von Männern unterlegen?«, fragt die Motologin Jackie Hudson. »Das hängt von den Vergleichskriterien ab: Wer und was wird verglichen?«

Ein Verfahren, das zum Leistungsvergleich männlicher Gewichtheber entwickelt wurde, betrachtet man inzwischen als fairere und genauere Methode zum Leistungsvergleich zwischen Männern und Frauen. Die Berechnung basiert auf der Biomechanik und wandelt feste Laufdistanzen in Einheiten der Körpergröße des Sportlers beziehungsweise der Sportlerin um. Ein Beispiel: Angenommen, Sie sind 1,67 Meter groß und laufen die zehntausend Meter in fünfzig Minuten oder dreitausend Sekunden. Nun rechnen Sie die Streckenlänge in Körpergröße um, indem Sie erstere durch letztere teilen. Das sind zehntausend Meter geteilt durch 1,67 Meter, was rund sechstausend Größeneinheiten ergibt. Dann wird die Schnelligkeit berechnet, indem man die Größeneinheiten durch die Zeit teilt. Mit dieser Methode lassen sich laut Hudson genaue Vergleiche zwischen männlichen und weiblichen Weltrekordhaltern anstellen. Sie führte eine vergleichende Analyse von Carl Lewis und Florence Griffith Joyner durch. Der 100-Meter-Sprinter Lewis war 1,85 Meter groß und hielt mit 9,92 Sekunden den Weltrekord der Männer; seine relative Geschwindigkeit betrug 5,45 Größeneinheiten pro Sekunde. Doch war er über die hundert Meter schneller als Flo-Jo? Sie haben die biomechanische Antwort wahrscheinlich erraten. Joyner, 1,66 Meter groß, lief die hundert Meter in 10,49 Sekunden und hatte somit eine relative Geschwindigkeit von 5,74 Größeneinheiten pro Sekunde. »Mit anderen Worten«, frohlockt Hudson, »die schnellste Frau ist 5,3 Prozent schneller als der schnellste Mann!«[22]

Was ist mit der viel gerühmten Oberkörperkraft der Männer und ihren relativ breiteren Schultern? Sind sie für einen »Oberkörpersport« wie Schwimmen besser gerüstet? Nicht unbedingt. Hudson vergleicht Janet Evans, eine 1,62 Meter große Weltrekordhalterin mit 15:52,1 Minuten über fünfzehnhundert Meter Freistil, mit Vladimir Salnikov, 1,73 Meter groß und mit 14:54,76 Minuten Weltrekordhalter bei den Männern. Ein biomechanischer Vergleich ergibt, wie Hudson zeigt, dass Evans' Geschwindigkeit 0,949 und Salnikovs 0,926 Größeneinheiten pro Sekunde beträgt, was einem Unterschied von 2,5 Prozent zu Gunsten von Evans entspricht. Bei absoluter Messung sind die Männer schneller. (Ein Hurra dieser Mathematik.) Benutzt man jedoch diese faireren, biomechanischen Messmethoden, die die Größe einer Person berücksichtigen, so sind die körperlichen Fähigkeiten von Hochleistungssportlerinnen denen von Hochleistungssportlern offenbar gleich und manchmal sogar überlegen.

Was geschieht, so mögen sich Skeptiker fragen, wenn man die Vergleichsbasis verbreitert? Als man siebenundfünfzig Frauen und siebzig Männer, die bei den Olympischen Spielen von 1988 die hundert Meter Freistil schwammen, Zentimeter für Zentimeter verglich, erwiesen sich die Männer als 2,1 Prozent schneller. Dieser Unterschied scheint die Hypothese zu erhärten, dass Schwimmen als Oberkörpersport die Männer begünstigt. Es sind jedoch noch andere Eigenschaften der Wettkämpfer und Wettkämpferinnen relevant: Das Alter hängt signifikant mit der Schnelligkeit zusammen, und die Männer waren 2,8 Jahre älter. Könnten die Frauen den Schnelligkeitsunterschied mit 2,8 Jahren mehr Training aufholen? Dies ist eine noch offene, aber sehr reizvolle Frage.

Aber Männer haben doch bestimmt *einige* körperliche Vorteile. Nun ja, aber Frauen haben ebenfalls bestimmte Vorteile. Im Durchschnitt können Männer mehr Sauerstoff aufnehmen und speichern. Sie sind meist schwerer – ein Vorteil beim Football – und größer: praktisch für Basketball und Volleyball. Die Männer haben mehr fettlose Muskelmasse, was für Sportarten, die dynamische Kraft erfordern, nützlich ist. Da Frauen ein weniger starres Muskelkorsett besitzen, sind sie im Allgemeinen beweglicher, was nützlich für Turnen, Turmspringen und Eiskunstlaufen ist. Ihr tiefer liegender Schwerpunkt hat Vorteile beim Hockey, Golf,

Tennis, Baseball und sogar Basketball. Frauen schwitzen besser (weniger Schweißtropfenbildung, daher bessere Verdunstung), was sehr wichtig ist, da der Körper kühl bleiben muss, um effektiv zu funktionieren. Eine Physiologin an der Universität von Virginia testete Athleten und Athletinnen unter unterschiedlichen Bedingungen hinsichtlich Hitze, Feuchtigkeit, Training und Nahrungsaufnahme und kam zu dem Schluss, dass Frauen sich besser an Umweltveränderungen anpassen können. »In jedem Fall vermochten die Frauen besser mit der Belastung umzugehen«, fasst sie zusammen.

Sie mögen sich fragen, ob nur Spitzenathletinnen in der Lage sind, die Leistungslücke zu schließen. Bezeichnenderweise ist der Unterschied zwischen Hochleistungs- und Breitensportlerinnen größer als der zwischen Hochleistungs- und Breitensportlern. Beispielsweise benötigt eine *durchschnittliche* Achtzehnjährige zehn Minuten, einundfünfzig Sekunden für sechzehnhundert Meter, während die Weltrekordhalterin nur neununddreißig Prozent dieser Zeit braucht (4:15). Dagegen läuft der männliche Weltrekordhalter diese Strecke in etwa der Hälfte (neunundvierzig Prozent) der Zeit, die ein durchschnittlicher Achtzehnjähriger benötigt (7:35). Junge Frauen schöpfen demnach ihr sportliches Potenzial weniger aus als junge Männer.

Ein Großteil der Lücke hat mit vorhersehbaren Unterschieden des Fertigkeitsniveaus zu tun. So fand Jackie Hudson etwa beim Vergleich der Freiwurftechnik von Anfängerinnen, mittleren/fortgeschrittenen und Spitzenspielerinnen im College-Basketball heraus, dass die Anfängerinnen häufiger eingeschränkte – oder teilweise »gefrorene« – Bewegungen zeigten und aus dem Gleichgewicht kamen. Sie folgerte, dass der eingeschränkte Bewegungsspielraum möglicherweise auf die Instabilität zurückging und dass die Verbesserung des Gleichgewichts für Spielerinnen in der Anfängerphase ein Ziel sei. In der *mittleren/fortgeschrittenen* Phase der Fertigkeitsentwicklung korrelierte ein eingeschränkter Bewegungsablauf mit Fehlwürfen. Dies veranlasste Hudson zu dem Vorschlag, Spielerinnen auf diesem Niveau Aufgaben zur Verbesserung des allgemeinen Bewegungsablaufs zu stellen.

Zur Analyse der Sprungweise von Frauen und Männern unter-

suchten Forscher Rekruten bei der Aufgabe, senkrecht hochzuspringen; die Probanden trugen dabei ein Gewehr und einen sechsunddreißig Kilo schweren Rucksack. Die Frauen und die Männer unterschieden sich signifikant in drei Aspekten: Die Männer sprangen höher, ihr Sprung dauerte länger, und sie übten in der Vorbereitungsphase des Sprungs größere Kraft auf den Boden aus. Aus diesen Befunden schlossen die Forscher, dass die Männer »bessere Leistungen« brachten als die Frauen. Doch Fachleute für Biomechanik wie Jackie Hudson würden einwenden, dass die Unterschiede in der Sprungleistung wahrscheinlich nicht signifikant gewesen wären, wenn die Körpergröße der Ausbildungskandidaten in Betracht gezogen worden wäre. Und länger für einen Sprung zu brauchen ist ein Merkmal schlechter Leistung, wie sie betont. Interessant ist auch, dass die Leistung der Rekruten mit dem schweren Rucksack gegenüber einem unbelasteten Sprung abnahm, diese Abnahme jedoch bei Frauen mit einundsechzig Kilo Gewicht und zweiundsiebzig Kilo schweren Männern ähnlich war.
Die meisten Kraftvergleiche zwischen Männern und Frauen sind unpräzise angelegt und irreführend, doch meist erfahren wir nur von diesen etwas. Wir erfahren beispielsweise, dass die Handspanne einer Frau zu klein ist, um einen Feuerwehrschlauch mit einer Hand zu ergreifen (so begründet die Feuerwehr von New York die geringe Anzahl weiblicher Feuerwehrleute in ihren Reihen), doch wir erfahren nicht, dass die Kräftigung des Griffs den Größenunterschied ausgleichen kann. Die New Yorker Feuerwehr bietet neuerdings ein Trainingsprogramm für Frauen an, damit sie vor dem Eignungstest ihre körperlichen Fertigkeiten stärken können. Beim jüngsten Test waren die Frauen, die ihn nicht bestanden, identisch mit denen, die das Trainingsprogramm nicht absolviert hatten. Anscheinend hat sich noch nicht herumgesprochen, welchen Unterschied zwei Monate mit drei Trainingseinheiten pro Woche ausmachen können. Was bedeutet dies alles für Frauen? Es unterstreicht wiederum die Bedeutung von Training. Die Leistung biomechanischer Modelle besteht darin, dass sie Fertigkeitsprobleme in präzise Einheiten zerlegen und klar definierte Verfahren zu deren Behebung anbieten. Wenn mit ausgefeilteren Beurteilungsinstrumenten aufgeklärt wird, was Leistung ausmacht, wer-

den nicht nur die Voraussetzungen für eine Leistungssteigerung klarer, sondern auch, dass das Potenzial zur Verbesserung nichts mit dem Geschlecht, aber alles mit dem Know-how zu tun hat.

Die Männer schlagen zurück

In dem Maße, wie Frauen auf der ganzen Welt körperliche Intelligenz entwickeln, ist Kraft als Rechtfertigung eines Machtgefälles zwischen den Geschlechtern auf dem besten Weg, Geschichte zu werden. Genau wie wir historische Zeugnisse von Frauen wieder entdecken, deren körperliche Leistungen in Vergessenheit gerieten, bekommen wir jetzt wissenschaftliche Belege dafür, dass Frauen physiologisch um nichts schwächer sind als Männer. Der Durchbruch dieser Information mit all ihren alarmierenden Folgen hat die anbrandende Welle des männlichen Gegenschlags gebrochen. Wie Susan Faludi es in ihrem mit dem Pulitzerpreis gekrönten Buch *Die Männer schlagen zurück* so hieb- und stichfest offen gelegt hat, kehrt das Phänomen der negativen Reaktion auf Fortschritte der Frauen immer wieder. Auf ihren Kalte-Dusche-Effekt kann man immer dann rechnen, wenn Frauen einen weiteren Sprung hin zur Gleichstellung tun. Praktisch alle, die sich in der Bewegung zum Fortschritt des Frauensports engagieren, waren männlicher Feindseligkeit ausgesetzt. Manchmal erfolgt der Gegenschlag auf persönlicher Ebene, manchmal auf institutioneller. Manchmal ist seine Wirkung lächerlich, manchmal verheerend. Doch so viel kann man ohne Gefahr, widerlegt zu werden, sagen: Den Männern passt es nicht, dass die Frauen so frech in die hermetisch abgeschlossene, heimelige, historisch antiweibliche Welt des Sports eindringen. Wie Faludi schrieb, wird der Gegenschlag nicht dadurch ausgelöst, dass Frauen tatsächlich die volle Gleichstellung erreichen, sondern durch die Demonstration, dass sie in den Bereich des Möglichen rückt. »Es handelt sich um einen Präventivschlag«, schreibt sie, »der die Frauen weit vor der Ziellinie stoppt.«[23]

Sogar Frauen, die im Kampf für das Recht auf Mannschaftssport mundtot gemacht wurden – nicht die Spielerinnen selbst, sondern diejenigen, die über Spieler und Spielerinnen berichteten –, wurden für ihre Tollkühnheit bestraft, insbesondere wenn sie über Männer schrieben. Jeannie Roberts, eine Sportjournalistin in Florida, erinnert sich, was geschah, wenn sie Anfang der Siebziger die Umkleidekabinen der Männer betrat: »Mir flogen Dinge wie Suspensorien ›unabsichtlich‹ an den Kopf ... und meine Reporterkollegen taten so, als sähen sie nichts.« Der Bruderschaft der Sportjournalisten war es zu »peinlich«, wie Roberts sagt, »Reporterinnen irgendwelche Unterstützung zu gewähren«. Einfühlungsvermögen war »ein Zeichen von Schwäche«. Überhaupt irgendeine Art von Loyalität zu zeigen bedeutete »ein Verräter an der Bruderschaft« zu werden.[24]

Erst etwa ein Dutzend Sportreporterinnen waren in die Domäne der Berichterstattung über den Männersport eingebrochen, als Time Inc. klagte, um der *Sports Illustrated*-Reporterin Melissa Ludtke Zutritt zum Clubhaus der New York Yankees zu verschaffen – zum ersten Mal hatte eine Frau diese hermetisch versiegelte Nuss männlichen Schweißes und männlicher Selbstübersteigerung geknackt. Man schrieb das Jahr 1978. Sicherlich war es für Pionierinnen niemals angenehm, in das Clubhaus oder die Kabine oder irgendeine andere Festung der männlichen Exklusivität einzudringen, doch in der Arena des Sports verschärfte gerade das Physische der Atmosphäre die Feindseligkeit der Männer noch. Und die Feindseligkeit ließ mit der Zeit nicht nach. Im September 1990 wurde die Sportreporterin des *Boston Herald*, Lisa Olson, die regelmäßig über Football berichtete, in der Kabine der New England Patriots sexuell belästigt. Zeke Mowatt wedelte mit seinen Genitalien vor ihr herum und gab dazu obszöne Bemerkungen von sich. Seine Mannschaftskameraden schauten zu und grölten. Die Clubleitung ergriff keinerlei Maßnahmen. Unterstützt von ihrer Kollegenschaft, beschwerte sich Olson. Der Eigner der Mannschaft Victor Kiam ging nicht darauf ein, bis ihn das Medieninteresse davon überzeugte, dass die Öffentlichkeit den Vorfall ernst nahm. Schließlich entschuldigte sich Kiam schriftlich bei Olson, doch die Zudringlichkeiten gingen weiter. Vier Monate später sah sich Kiam in der unangenehmen Lage, sich erneut entschuldigen zu müssen – diesmal für einen sexistischen Witz über die Reporterin bei einem Festessen der Patriots. Olson erhielt derweil Drohungen und obszöne Anrufe. Der Zwischenfall in der Kabine der Patriots hatte offenbar einen wunden Punkt getroffen, und die Reaktion war gehässig und zog weite Kreise. Vor dem Foxboro-Stadion wurden aufblasbare »Lisa«-Puppen verkauft, und männliche Fans amüsierten sich damit, »anzügliche und obszöne Handlungen« daran vorzunehmen.[25] Dieses muntere Treiben griff auch auf andere Schauplätze über. Im folgenden Jahr vergnügten sich männliche Baseballzuschauer im Fenway Park-Stadion damit, sich gegenseitig lebensgroße, aufblasbare, weibliche Plastikpuppen zuzuwerfen. Es ging zu wie bei einer Gruppenvergewaltigung. »Ja, ja, nehmt sie ran!«, johlten die Männer und stießen die Fäuste in die Luft. Die Reporterin Bella English schrieb: »Sie begrapschten ihre Brüste … Sie warfen sie einander zu. Die Rede ist hier von erwachsenen Männern. Es war Ekel erregend. Es war wie eine Werbung für Vergewaltigung.«

Die Berichte über sexuelle Belästigungen von Sportjournalistinnen häuften sich: Ein Football-Spieler fuhr mit einem Rasierer am Bein einer Frau hoch; ein anderer Spieler schickte einer Sportberichterstatterin eine Ratte in einer rosa Schachtel; wollten Reporterinnen – wie ihre männlichen Kollegen – nach dem Spiel Interviews in der Kabine führen, flogen ihnen Suspensorien und Obszönitäten um die Ohren. Es gab Stimmen in der Welt des Sports, etwa die von Frank Deford (sechsmal zum Sportjournalisten des Jahres gekürt), die die Feindseligkeit gegenüber Frauen zu erklären versuchten. »Es ist keine Frage von … Einbrechen in einen Beruf«, sagte er. »Es ist eine Frage von Aufbrechen einer Kultur, und das ist weitaus schwieriger. Wir [Männer] glauben, dass wir euch zur Fortpflanzung und Entspannung brauchen, aber nicht beim Sport.«[26]

Nirgendwo zeigt sich die Frauenfeindlichkeit krasser als in der männlichen Rugby-Kultur. Nach dem Spiel pflegen die Männer Lieder zu singen, die Frauen als »widerliche Kreaturen mit unersättlichen sexuellen Gelüsten und gefährlichen Geschlechtsorganen«[27] darstellen. Tiraden darüber, die Freundinnen und Mütter anderer Männer zu vergewaltigen, sind gang und gäbe, wie der

Soziologe und Anthropologe Steven P. Schacht auf einem Kongress der *North American Society for the Sociology of Sports* berichtete. In einer Beschreibung des in der Rugby-Kultur gepflegten Frauenhasses schilderte Schacht die Beschimpfung eines Spielers durch den Trainer, deren Zeuge er geworden war: »Fick dich, du Möse. Halt bloß dein verdammtes Maul oder ich leg dich flach [und] fick dich wie eine Schlampe.«[28] Unter den Codeausdrücken zur Verständigung während des Spiels waren »Hab deine Mutter gefickt«; »Deine Mutter ist eine Fotze«; »Haben uns zusammen deine Freundin vorgenommen« und »Lutsch mir den Schwanz«.

»Der Sport hat eine Schattenseite aus Ungleichheit, Unterdrückung, Diskriminierung, Skandal, abweichendem Verhalten und Gewalt«, schreiben die Autoren eines Buches über Sportsoziologie. »Viele Jahre lang ist diese Schattenseite des Sports verborgen geblieben.« Die Schattenseite kam ans Licht, als die Frauen immer breitere Schneisen in den Männersport schlugen. Die Frauenfeindlichkeit, wie sie Schacht in der Rugby-Kultur beschreibt, ist kein isolierter Einzelfall von Gewalt und Hass; darin spiegeln sich die Einstellungen der Gesellschaft im Allgemeinen. Sportliches Können *ist* Männlichkeit, soweit es die Männer angeht. Es sind auch nicht allein die stärksten, aggressivsten Athletinnen, die eine Bedrohung darstellen. Denn was ihnen gelingt, gelingt offensichtlich auch anderen, wenn sie entsprechend trainieren. »Wir alle, als Gesamtheit, sind eine Bedrohung«, schrieb die Basketballtrainerin Mariah Burton Nelson. »Eine Bedrohung der männlichen Privilegien und der durch den Männersport definierten Männlichkeit.«[29]

Der Östrogeneffekt

Im 19. Jahrhundert glaubten die Anatomen, dass das biologische Geschlecht nicht allein die Geschlechtsorgane bestimmte, sondern jeden Körperteil beeinflusste. Bereits das Skelett sollte die Unterlegenheit der Frau beweisen, insbesondere ihr kleinerer (und daher wahrscheinlich intellektuell minderbemittelter) Schädel. Gegen Ende des 19. Jahrhunderts begriff man den weiblichen und männlichen Körper praktisch als Gegensätze; jedem waren angeblich andere Organe, andere Funktionen und sogar andere Empfindungen eigen.

In den 1920er und 1930er Jahren fügte die Entdeckung der Hormone Östrogen und Testosteron den Vorstellungen der Medizin über die geschlechtlichen Unterschiede eine neue Dimension hinzu. Die endokrinologischen Erkenntnisse schienen die Polarität von männlich und weiblich nachhaltig zu bestätigen. Östrogen und Testosteron (die heute nicht mehr als »Geschlechts«hormone gelten, da beide für die Gesundheit und die körperlichen Funktionen von Männern *und* Frauen nötig sind) wurden zum neuen wissenschaftlichen Fundament der Ansicht, Frauen seien weich und schwach und Männer hart und stark. Im allgemeinen Bewusstsein verdrängten die Hormone beinahe die Geschlechtsorgane als Definitionsträger des Geschlechts. Diese endokrinologische Sicht von männlich und weiblich blieb bis ins Jahr 2000 bestehen.

Frauen sind »das benachteiligte Geschlecht«. Glauben Sie, niemand besäße mehr die Unverfrorenheit, das zu behaupten? Mitnichten. Auf nichts anderes lief ein Artikel über Glanz und Herrlichkeit von Testosteron hinaus; er erschien im *New York Times Magazine* unter der Überschrift »Das Er-Hormon«. Sein Autor Andrew Sullivan legte mit erdrückender Gewissheit dar, dass biologische Defizite Frauen immer daran hindern würden, sich durchzusetzen – gegenüber dem Wahlvolk, im Militär und sogar im Geschäftsleben. Sie haben eben nichts in der Hose.

Da das Hormon in den 1930er Jahren in den Hoden entdeckt wurde (später wies man es auch in den Eierstöcken und Nebennieren der Frau nach), wurde Testosteron fälschlich mit der höheren Aggressivität beim männlichen Menschen (die Literatur stützt diese Theorie nicht), größerer Selbstsicherheit und sogar klarerem Denken gleichgesetzt. In der Geschichte dienten diese glänzenden »männlichen« Eigenschaften als Begründung für Diskriminierung in jedem erdenklichen Beruf vom Bauingenieur über die Feuerwehr bis zum fest angestellten College-Dozenten.

Welche niederschmetternde Kehrtwende zurück zur jahrhundertealten, vermutlich medizinisch begründeten Frauenfeindlichkeit stellte Sullivans heftig umstrittener Artikel dar! Immer wieder das Testosteron ins Feld zu führen, um die Diskriminierung von Frauen fortzusetzen, ist zu Beginn des 21. Jahrhunderts wissenschaftlich nicht gerechtfertigter als es im späten 19. Jahrhundert der medizinische Rat an Frauen war, sich körperlicher und geistiger Arbeit zu enthalten, um ihre begrenzten Energien für das Kinderkriegen aufzusparen. Die weibliche körperliche Schwäche ist keine Realität, sondern ein Mythos mit Handlungsanweisungen.

Die uralte Auffassung, Frauen seien »das schwächere Geschlecht«, beeinflusst noch immer die Einstellungen der Frauen zum Sport und zu körperlicher Aktivität. Doch mit den Aufsehen erregenden Durchbrüchen der Spitzensportlerinnen, die die Überbleibsel des Schwächemythos zertrümmern, ändert sich auch das. Als ein dramatisches Beispiel von vielen nenne ich die zweiunddreißigjährige Schwedin Ludmila Engquist. Sie gewann bei den Olympischen Sommerspielen 1996 in Atlanta die Goldmedaille über hundert Meter Hürden und musste sich im Frühjahr 1999 der bislang schwersten Prüfung ihres Lebens stellen. Im März jenes Jahres entdeckte sie einen Knoten in ihrer Brust. Im April wurde ihr die Brust amputiert. Im Mai begann sie mit der Chemotherapie. Doch dann, nach der vierten ihrer sechs angesetzten Chemotherapiezyklen war sie völlig überraschend wieder dabei und trat bei einem Leichtathletikwettkampf an! Als der Ansager ihren Namen nannte, während sie hinter den Startblöcken stand, applaudierten die anderen Läuferinnen. Diesen Lauf zu beenden wäre Triumph genug gewesen, doch siehe da! Sie gewann ihn – in 12,68 Sekunden, womit sie noch achtzehn Hundertstelsekunden von ihrer Goldmedaillenzeit abschabte.
Wie Ludmilas Arzt Arne Ljungqvist, Vizepräsident der *International Amateur Athletic Federation* und Vorsitzender der schwedischen Krebsstiftung, erklärte, war die Stärke der Athletin ein Plus im Heilungsprozess. Engquist ließ nicht so viel Zeit verstreichen, dass ein Muskelabbau einsetzte. Fünf Tage nach der Operation begann sie mit kleinen Gewichten zu trainieren; einen Mo-

nat danach übte sie Stoßen mit über vierundfünfzig Kilo schweren Gewichten. Sie setzte das Training während der gesamten übrigen Chemotherapie fort.
Ade dem Kult der schwachen weiblichen Gesundheit. Ja, viele Männer haben mehr Muskelmasse als Frauen – was teilweise ihrem höheren Testosteronspiegel zuzuschreiben ist – doch Frauen besitzen physische Vorteile, die auf ihren höheren Östrogenspiegel zurückgehen. Neuere Studien sprechen dafür, dass das Hormon, das so lange nur im Zusammenhang mit der Fortpflanzung gesehen wurde, Frauen vor trainingsbedingtem Muskelkater schützt. Muskelkater beruht auf Mikrorissen im Muskelgewebe. »Die Daten aus Tierversuchen sind ganz eindeutig«, sagt Priscilla Clarkson, Sportphysiologin an der Universität von Massachusetts in Amherst. Männliche Ratten wiesen nach körperlicher Beanspruchung viel mehr Muskelschädigungen auf als weibliche Ratten. »Östrogen scheint den Unterschied zu erklären.« Wenn man männlichen Ratten Östrogen verabreichte, war die Muskelschädigung weniger ausgeprägt. Es ist noch nicht klar, worauf die Schutzwirkung des Östrogens beruht, doch Clarkson vermutet, dass das Hormon »möglicherweise in Zellen wie Muskelmembranzellen einzudringen und sie zu stabilisieren vermag, was sie vor Rissen bewahren würde«.[30]
Die unterschiedliche Anfälligkeit der Geschlechter für Muskelkater könnte erklären, warum Frauen über höhere Ausdauer verfügen als Männer. »Bei den Frauen akkumulieren sich im Verlauf eines längeren Wettkampfs vielleicht weniger Muskelschädigungen, was ihnen zu einer besseren Leistung verhelfen würde«, vermutet die Physiologin.[31]
Die neuere Hormonforschung stellt die traditionelle Ansicht, dass die Osteoporose eine mit der Menopause verbundene »Frauen«-krankheit sei, in Frage. Von den zehn Millionen Betroffenen in den Vereinigten Staaten sind anderthalb Millionen Männer, und einer von acht Männern über fünfzig erleidet einen osteoporosebedingten Knochenbruch. In einer ironischen Umkehrung des Schwächemythos kommt Osteoporose bei Männern sogar weitaus häufiger vor, als man bisher glaubte. In den medizinischen Lehrbüchern steht, dass Osteoporose bei Männern die Folge eines

niedrigen, durch Hypogonadismus bedingten Testosteronspiegels sei; diese Unterfunktion der Keimdrüsen kommt sehr selten vor. Neuere Studien zeigen jedoch, dass bei der Osteoporose von Männern viel eher Östrogen eine zentrale Rolle spielt. In Framingham in Massachusetts ermittelten Forscher über einen Zeitraum von acht Jahren regelmäßig Knochendichte und Östrogenspiegel von dreihundertfünfundachtzig älteren Männern. Die Korrelation war verblüffend: Die Männer mit den besten Knochen wiesen die höchsten Östrogenspiegel auf. Der Zusammenhang zwischen Hypogonadismus und geringer Knochendichte bei Männern war vernachlässigbar. »Das ist überraschend«, fand Lawrence Riggs, Professor für medizinische Forschung an der Mayo-Klinik in Rochester in Minnesota; er stellte fest, dass der Östrogenspiegel bei Männern ab etwa fünfundsechzig Jahren von Natur aus sinkt. »Vor drei Jahren hätte niemand von uns geglaubt, dass bei der männlichen Osteoporose Östrogenmangel eine Rolle spielt.«[32] Historisch gesehen hegte man niemals den Verdacht, die Fortpflanzungsfähigkeit des Mannes könnte durch körperliche Verausgabung gefährdet werden. Die moderne Wissenschaft hat diese Überzeugung jedoch ins Wanken gebracht. (Die Medizin gibt, und die Medizin nimmt.) Eine neuere Studie fand beispielsweise, dass sich die Spermienzahl nach einem Langstreckenlauf verringert. Und durch die Fortschritte der Endokrinologie erfahren wir, dass die kostbaren »Geschlechtshormone« manchmal dem *entgegengesetzten* Geschlecht Vorteile bringen. Androgen (Testosteron) beispielsweise *verbessert das räumliche Vorstellungsvermögen von Frauen, verschlechtert es jedoch bei Männern,* wie eine faszinierende, 1998 in der Fachzeitschrift *Perceptual Motor Skills* veröffentlichte Studie ergab.[33] Die Forscher prüften die räumlichen Fähigkeiten (Visualisierung und Orientierung) von hundertfünfzig Männern und hundertfünfzig Frauen, die im Rahmen des Universitätssports verschiedene Sportarten betrieben. Die Frauen zeigten durchgängig bessere räumliche Vorstellungs- und Orientierungsleistungen als die Männer, im Basketball jedoch sprengten ihre überlegenen Fähigkeiten die Skala. Es ist kein Zufall, dass die riesigen Kiefer der Geschlechterdiskriminierung gerade in bestimmten geschichtlichen Augenblicken zuschnappen.

An der Wende zum 20. Jahrhundert lösten Veränderungen im Arbeits- und Familienleben, die Verstädterung und die zunehmende Vorherrschaft der Frauen an den öffentlichen Schulen eine Krise der Männlichkeit aus. Diese führte zu den Kulten des virilen Mannes und der schwächlichen Frau. An der Wende zum 21. Jahrhundert hat die wachsende körperliche Kompetenz der Frauen in allen erdenklichen Sportarten von Fußball bis Klettern offenbar eine weitere Krise der Männlichkeit herbeigeführt. Jetzt hören wir plötzlich wieder vom Testosteron, als wäre es der Zaubertrank, der den Männern die Königswürde verleiht. Der »Kult der schwachen Gesundheit« verfolgte die Frauen während des gesamten 20. Jahrhunderts, als sie darum kämpften, an den Olympischen Spielen teilzunehmen, längere Strecken als vierhundert Meter zu laufen, in die Kontaktsportarten hineinzukommen (endlich spielen die Mädchen in diesem Land zu Tausenden Eishockey und Football) und sogar Zutritt zur Little League zu erhalten. Wenn das keine Krise der Männlichkeit ist! Doch gegenwärtig stellen die Fortschritte der Frauen im Hochleistungssport die Theorie, dass es gewichtige Kraftunterschiede zwischen den Geschlechtern gebe, vollständig in Frage und entziehen jeder Begründung für die männliche Vorherrschaft die Grundlage. Die Männer sind für die Lasten und Hürden des Lebens nicht besser gerüstet, weil sie stärker wären. Sie müssen auch nicht die Frauen beschützen, weil diese schwächer wären. Das Argument für die gesamte Sozialstruktur – Männer stärker, Frauen schwächer – bricht in sich zusammen, wenn sich die Leistungslücke zwischen Männern und Frauen schließt. Testosteron scheint, wie verfehlt auch immer das sein mag, für die Männer der letzte Strohhalm zu sein. Aus diesem Grund ist der Ruf »Wir haben aber mehr als ihr« wieder einmal zur wehleidigen Schulhofhänselei der Jungen geworden.

In New York gibt es an der Ecke West Fourth Street und Sixth Avenue schon seit Jahren ein Basketballfeld unter freiem Himmel, genannt »Der Käfig«. Das ganze Jahr lang prallen im Käfig täglich Männer aufeinander. Im Sommer 1999 marschierte eines Tages ein Mädchen in den Käfig. Natasha Green, ein High-School-Basketballstar, war mit der U-Bahn von der Bronx hergefahren, um ihr Können mit dem der Männer und Jungen zu messen. Mit ihren sechzehn Jahren und 1,72 Meter sprang Natasha mitten hinein. »Sie blieb bei ihrem Mann, als er versuchte, die Richtungen zu wechseln und zum Korb zu ziehen«, berichtete der Zeitungsreporter Chris Ballard, der sie zufällig beobachtete.[34] »Sie streckte die Hand aus, schnappte ihm den Ball weg, als er vorbeistürmte« – ließ ihn richtig alt aussehen, wie man so sagt. Sie wendete, dribbelte fünfmal, wandte sich zurück zum Korb und machte einen Korbleger. Anerkennendes Johlen und Pfeifen kam von ein paar Zaungästen, die es nicht gewohnt waren, dass sich eine Frau auf dem Asphalt behauptete, noch viel weniger an diesem Ort, an der Weihestätte des Streetbasketballs in Manhattan schlechthin. Kerle, »die gegen sie spielen wie gegen einen Kerl«, sind das größte Kompliment, das eine Spielerin bekommen kann, erklärte Natasha dem Reporter Ballard. Nicht dass sie wie ein Kerl sein will, sie will nur ihr Spiel verbessern. »Hierher zu kommen ist meine Methode, besser zu werden«, sagt sie. »Wenn also ein Kerl nicht mit vollem Einsatz gegen mich spielt, dann kann er's gleich ganz lassen.«

Die Einstellungen von Frauen verändern sich, wenn sie nach sportlichen Spitzenleistungen streben. Die Deutsche Nicola Thost steht für eine neue Generation von Snowboardern, die »höher hinaus« wollen als je zuvor. Mit neunzehn brachte sie eine Goldmedaille von den 1998er Spielen in Nagano mit nach Hause. Sie macht derart extreme Sprünge, dass die Zuschauer sie häufig für einen Jungen halten. »Es ist ein Vergnügen zu sehen, dass sich andere Mädchen so sehr verbessern: etwa Shannon Dunn mit einer 720°-Drehung und so viele Mädchen mit einem guten, sauberen McTwist«, sagt sie. »Wir müssen ständig an die Grenzen gehen.«[35]

Es kommt darauf an, die besonderen Herausforderungen jeder Sportart zu verstehen. Beim Snowboarden ist es wichtig, Höhe zu gewinnen. Man muss Kraft haben, aber Kraft allein ist nicht alles. Wie Nicola sagt, sind manche der männlichen Snowboarder »so schmal, so drahtig. Es ist klar, dass es Technik ist.«

Technik und Einstellung. »Man muss sich immer sagen, dass man es schafft.« Nicola behauptet, sich nicht zu fürchten. Angst spielt für sie keine Rolle. »Ich mache nur Speed und halte mich dabei nicht zurück und versuche dann einfach, so hoch zu kommen wie ich kann. Es ist ein ganz tolles Gefühl, so hoch rauszukommen. Wenn du denkst, o mein Gott, ich darf nicht schwer stürzen, ich habe Angst, mich zu verletzen, dann ist es schon zu spät.«

Die Angst vorm Stürzen zu überwinden ist für die heutige Frau eine Herausforderung, genau wie Erica Jongs Generation überbehüteter Frauen die »Angst vorm Fliegen« überwinden musste – die Angst vor dem Risiko und dem Abenteuer. Der Bestseller der 1970er Jahre feierte die Risikobereitschaft und das sexuelle Abenteuer für Frauen. Heute ist es die Furcht vor dem Risiko, die die Frauen als Hemmnis erkannt haben. Sie wollen den Mut haben, sich auf die Langstrecke zu wagen, über den Horizont dessen hinauszugehen, was sie sich bisher zugetraut haben.

Dramatische Vorbilder dafür liefern die Errungenschaften von Spitzensportlerinnen, Frauen, die mit ganz gewöhnlichen Fertigkeiten anfingen, aber nicht locker ließen. Dabei – auch wenn dies selten, wenn überhaupt, ihre Absicht war – fingen sie an, die Vorstellung der körperlichen Überlegenheit der Männer ernsthaft infrage zu stellen.

Langen Atem haben

»1967 glaubten die Leute, Frauen seien nicht für Langstreckenläufe geeignet. Das galt nicht als ›weiblich‹«, sagt Katherine Switzer, die Frau, die das Tor zum phänomenalen Erfolg der Frauen in den Langstreckendisziplinen aufgestoßen hat. In jenem Jahr hatte ein wutschnaubender Funktionär versucht, Switzer aus dem rein männlichen Boston Marathon herauszuzerren. Sie trickste ihn aus, lief weiter und wurde so zur ersten Frau, die das Rennen offiziell abschloss. Ihr Lauf machte Schlagzeilen und die zwanzigjährige College-Studentin Geschichte. Ihr Lauf gab den Startschuss für viele weitere Langstreckenwettläuferinnen. Switzer war diejenige, die den Langstreckenlauf der Frauen bis in die Olympischen Spiele trug. 1974 gewann sie die Frauenwertung des New York Marathon und brachte dann eine Serie von internationalen Wettbewerben auf den Weg, die zur erstmaligen Austragung des Frauen-Marathons bei den Sommerspielen von 1984 führte. Die heute über fünfzigjährige Switzer wirbt mit ihrer Arbeit als Promoterin der Avon-Laufwettbewerbe unter Frauen jeden Alters für das Laufen. Zusätzlichen Antrieb gibt ihr ihre Mutter Ruth Rothfarb, die mit zweiundsiebzig nach einer Herzoperation mit Walking begann und mit einundachtzig ihren ersten Marathon lief.

Einige der überzeugendsten Fortschritte von Hochleistungssportlerinnen gab es beim Schwimmen. Bei Marathon- und Meereslangstreckenschwimmwettbewerben übertreffen die Frauen gewöhnlich die Männer. 1995 setzte die australische Meisterin Shelley Taylor-Smith den Rekord für Männer und Frauen, als sie in fünf Stunden, fünfundvierzig Minuten und sechsundzwanzig Sekunden um Manhattan herumschwamm.[36] 1998 wiederholte sie dieses Glanzstück, wobei sie noch gewann, obwohl sie fast einen Kilometer hinter zwei männlichen Schwimmern zurückgelegen hatte. »Ich nenne es ›das Gleichziehen mit den Jungen‹«, sagte sie.

Seana Hogan legte kürzlich mit dem Fahrrad die sechshundertvierzig Kilometer von San Francisco nach Los Angeles in neunzehn Stunden und neunundvierzig Minuten zurück und unterbot damit den bestehenden Männerrekord um fast eine Stunde. Helen Kleins Weltrekorddistanz bei einem 24-Stunden-Rennen – hundertfünfundsiebzig Kilometer – übertrifft die Bestleistung eines Amerikaners ihrer Altersgruppe zwischen fünfundsechzig und neunundsechzig Jahren.

Das Phänomen der älteren Sportlerin ist eine der erstaunlichsten Facetten der Zerschlagung des Schwächemythos. Wenn Frauen nicht aufhören zu trainieren, können sie sich ihre Ausdauer bis ins hohe Alter bewahren. Ich denke da insbesondere an eine Frau, die sich jedes Jahr auf die Teilnahme am *Avon Running Global Women´s Circuit* freut. Im Sommer 1998 war Mary Hanes dreiundachtzig und bereitete sich auf die zehntausend Meter von Hartford in Connecticut vor, als ich von ihr hörte. Sie hatte fünfzehn Jahre zuvor mit dem Laufen angefangen, mit fünfundsechzig Jahren. »Ich habe zehn Kilo abgenommen, als ich anfing, und habe nicht wieder zugenommen«, freut sich Hanes, die überdies Tennis und Basketball spielt und Speer wirft. »Wenn man mal in die Gänge gekommen ist, wundert man sich, wie viel man schafft.«[37]

Heute findet die Frau, die ungeachtet ihres Alters in Bewegung bleiben will, Ermutigung in den Ergebnissen medizinischer Studien. Eine im *New England Journal of Medicine* publizierte Untersuchung fand heraus, dass nur drei Kilometer Spazierengehen täglich die Sterblichkeit von Menschen im siebenten, achten und neunten Lebensjahrzehnt halbiert. Eine Studie der *Harvard Medical School* von 1995 verzeichnete für Frauen, die Sport treiben, eine vierzigprozentige Reduktion des Risikos von Herzerkrankungen. Ebenso erstaunlich wie die über achtzigjährigen Marathonläuferinnen sind die Football spielenden Mädchen am anderen Ende des Altersspektrums. Ende der 1980er Jahre drängten die ersten Mädchen in den Football-Sport, und in den Neunzigern hatten sie sich bis zum Tackle Football vorgearbeitet; sie spielten, gepolstert und behelmt, in ihren High-School-Teams mit und gegen Jungen ihres Alters. Zur Jahrtausendwende stieg eine Sechstklässlerin in New Orleans, die seit fünf Jahren Tackle Football spielte, als erstes Mädchen in das All-Star-Team ihrer Gemeinde auf. Laut Auskunft ihres Trainers ist sie einer der besten Offensivspieler, mit denen er je gearbeitet hat.

Es handelt sich hier aber nicht bloß um Quoten- und Alibipolitik. An der Lincoln High School in Los Angeles spielen vier Mädchen im Footballteam. Eines davon war im Herbst 1999 in der engeren Wahl für die Abschlussballkönigin. »Die Welt, wie wir sie kannten, hat sich für immer verändert«, kommentierte das Magazin *Time* den Doppelerfolg des Mädchens.[38] 1998 spielten siebenhundertacht High-School-Schülerinnen Football, wie die *National Federation of State High School Associations* angibt.

Gegenwärtig werden Anstrengungen unternommen, eine professionelle Tackle-Football-Liga für Frauen ins Leben zu rufen. Im Dezember 1999 spielten die New York Sharks ein Freundschaftsspiel gegen die Minnesota Vixens. »Für uns alle ist ein Traum wahr geworden«, sagte die Anwältin Lyn Lewis, die als Offensive Tackle für die Sharks spielt. »Ich spielte schon als Mädchen mit den Jungs Football. Wenn man dann in ein bestimmtes Alter kam, gab es überhaupt keine Möglichkeit mehr für Mannschaftssport ... Von allen wichtigen Sportarten ist dies die letzte, die Frauen aufs Spielfeld gelassen hat.«[39]

Die Frauen, daran besteht kein Zweifel, haben einen langen Atem. Das amerikanische Eishockeyteam der Frauen hatte sein Debüt bei der Olympiade 1998 – und gewann auf Anhieb Gold! »Das waren Kämpferinnen, die druckvoll angriffen, die gekommen waren, um zu siegen und nicht nur um dabei zu sein«, charakterisierte die *New York Times* das olympische Eishockeyteam der Frauen von 1998.[40] Die sozialen Folgen des Siegs blieben der Sportwelt nicht verborgen. So sagte Tara Lounseys Eishockeytrainer: »Das ist das öffentliche Totengeläut für das künstliche Konstrukt von männlich und weiblich im Sport.«

Offensichtlich sah niemand die radikalen Veränderungen voraus, die *Title IX* nach sich ziehen würde – dass die Mädchen nicht nur zu den Jungen aufholen, sondern sie in manchen Sportarten sogar überholen würden. Dass sie dabei die Krafträume und Sportplätze überfluten würden. Dass sie sich nicht nur dem Wettkampf stellen, sondern es mit den anspruchvollsten und aggressivsten Sportarten aufnehmen würden. Ende des Jahrtausends spielten sie Football, Eishockey und Rugby – und begannen damit in immer früherem Alter. Sogar Vorschulmädchen lernten Kontaktsportarten – Eishockey beispielsweise – angespornt von Vätern und Brüdern.

Gegen Ende des Jahrtausends war die Begeisterung über Wettkampf, Mannschaftssport und persönliche Bestleistungen ansteckend geworden. Zwei Millionen Mädchen in den Vereinigten Staaten spielten Fußball. Sechzehn Millionen spielten Softball.

Die Pionierleistungen der jungen Frauen wirkten in das Leben der älteren hinein – der Mütter, Tanten, Großmütter. Als der Frauensport immer höhere Quoten im Fernsehen erzielte, wirkte das auf uns – die große Masse der Frauen – wie der Anpfiff eines Spiels. Mit einem Mal, so schien es, liefen Sechzig- und Siebzigjährige Inline-Skates. Die Jungen kletterten und unternahmen Wandertouren in die Wildnis. Teenager – sogar *noch* jüngere – taten sich in »Extrem«sportarten hervor: Eisschnelllauf, Snowboarden in der Halfpipe, Skateboarden. Frauen aller Altersstufen hatten entdeckt, dass sie sich nicht länger zurückhalten mussten.

Jetzt, wo ein neues Jahrtausend angebrochen ist, sehen wir endlich die Wahrheit: Frauen müssen sich nicht körperlich einschränken, nur weil sie Mütter sind. Sie wissen nicht nur mit den Härten des Hochleistungssports umzugehen, sie können dabei auch noch Kinder großziehen. Dreizehn Vertreterinnen der WNBA sind Mütter, viele nehmen ihre Kinder sowie Kinderfrauen und Großmütter mit, wenn sie um die Welt reisen. Sie waren empört, als Pamela McGee, die in der Saison zuvor für die Los Angeles Sparks gespielt hatte, im Frühjahr 1999 das Sorgerecht für ihre dreijährige Tochter verlor, nachdem ihr Exehemann erklärt hatte, sie habe mehrere vereinbarte Besuche bei ihrem Kind versäumt. Vor Gericht argumentierte der Anwalt des Mannes, dass McGees Basketball-Karriere nicht mit ihren elterlichen Pflichten vereinbar sei. Vor die Entscheidung zwischen Kind und Karriere gestellt, zog sich McGee aus dem Sport zurück. »Eine berufstätige Frau, die im Rampenlicht der Öffentlichkeit steht und gutes Geld verdient, wäre für jede Beziehung eine Belastung«, sagte sie. »Und dann noch das Reisen. Viele Leute können damit nicht umgehen.«[41]

Zum Glück sabotieren nicht alle Ehemänner die sportlichen Ambitionen ihrer Frauen. Suzie McConnell Serio hatte vier Kinder im Alter von ein bis sieben Jahren, als sie beschloss, wieder in die Welt des Wettkampfsports zurückzukehren, die sie sechs Jahre zuvor verlassen hatte. 1988 hatte sie olympisches Gold geholt und sich 1991 ins Privatleben zurückgezogen, um eine Familie zu gründen. Es war ihr Mann Peter, der sie eines Tages im Sommer

1997, während sie sich in ihrem Haus in Pittsburgh gerade ein Frauenbasketballspiel im Fernsehen anschauten, anblickte und sagte: »Du bist genauso gut wie die.« Sie stillte gerade ihr neugeborenes viertes Kind. »Du solltest dir überlegen, nächstes Jahr wieder zu spielen.«

Zehn Monate später war sie wieder zurück in der WNBA und spielte für die Cleveland Rockers. Es machte ihr Spaß; sie war begeistert; sie hatte gar nicht gemerkt, wie sehr sie es vermisst hatte. Im August 1998 wurde sie die WNBA-Spielerin der Woche; sie hatte sechsunddreißig Minuten in einem Spiel gespielt, fünf Korbwürfe erzielt und war zur unentbehrlichsten Spielerin ihres Teams geworden. Ihr Mann, der High-School-Mädchen trainierte, war stolz. Er sah in seiner Frau eine Führungspersönlichkeit.

WNBA-Spielerinnen sind selten mehr als einige Tage am Stück von zu Hause fort, weshalb diejenigen, die Kinder haben, ihre Rollen als Mutter und als Sportlerin im Allgemeinen unter einen Hut bringen können. Bei Fußballerinnen funktioniert das nicht so gut. Joy Fawcett und Carla Overbeck sind praktisch ein halbes Jahr lang auf Tour, abgesehen von einer einwöchigen Pause jeden Monat, während sie sich auf die Weltmeisterschaft vorbereiten. Also nehmen sie ihre Kinder mit. »Stillen in der Halbzeit oder an der Seitenlinie, das kann spannend werden«, erzählte Fawcett einem Reporter. »So als sagte man: ›Bin gleich wieder da.‹«[42]

Fawcett hat zwei Töchter, drei und sechs Jahre alt, Katey und Carli. Als Carli 1997 geboren wurde, trainierte Fawcett das Frauenfußballteam der Universität von Südkalifornien in Los Angeles. Dazu musste sie von ihrem Wohnort im Orange County jeweils zwei Stunden hin und wieder zurück pendeln. Zudem trainierte sie ein Jugendteam – und spielte dabei noch selbst in der Nationalmannschaft. Overbeck, zweiunddreißig Jahre alt, rannte bis in den neunten Monat die Stadiontreppen rauf, um fit zu bleiben. An dem Tag, an dem sie ihren jetzt dreijährigen Sohn Jackson gebar, machte sie Hanteltraining. Das Frauenteam reist mit einer Menge Gepäck, von Kindersitzen bis zu Buggys und Windelkartons. Eine Kinderfrau mit siebenhundertfünfzig Dollar Gehalt die Woche – bezahlt von der *U.S. Soccer Federation* – ist auch dabei. Doch Fußball spielende Frauen, die mit ihren Kindern reisen, sind immer noch eine Ausnahme. Einige Japanerinnen, die zur Vorbereitung der Amerikanerinnen auf die Weltmeisterschaft kamen, schien es ganz wehmütig zu stimmen, dass Overbeck und Fawcett nach der Geburt ihrer Kinder ihre Karriere fortsetzen konnten. Wie eine Amerikanerin, die ein Jahr lang als Profi in Japan spielte, berichtet, geben die Frauen dort den Sport auf, wenn sie heiraten. »Zu sehen, dass unsere Spielerinnen als Mütter weitermachen, gibt ihnen die Hoffnung, das vielleicht auch zu können.«[43]

Greg Overbeck, der zu Hause in Chapel Hill in North Carolina bleibt, versucht seinen Sohn alle zwei Wochen zu sehen. »Es ist hart, es ist schwer, aber ich verstehe, warum wir uns das antun, und ich unterstütze Carla voll und ganz«, sagte er. »Wenn ich sehe, was sie erreicht haben, dann ist das schon toll. Vor der Weltmeisterschaft 1991 bekamen sie keine Bezahlung, es gab keine Versicherung, keine Fernsehberichterstattung, keine Werbeverträge. Zu wenig, um davon zu leben. Carla arbeitete an einer Grundschule.«[44] Overbeck sieht in der jetzigen Situation einen Triumph – körperlich, gefühlsmäßig, beruflich – für seine Frau, für ihre Kameradinnen und für alle Frauen. In seinen Augen sind die Frauen Heldinnen: »Sie haben Beziehungen und Karriere geopfert, alles hintangestellt und dann den Gipfel erreicht … Das ist toll für die Frauen.[45]

»Am Anfang habe ich mich gefragt, ob das [dieses Leben] für die Kinder gut war«, erinnert sich Fawcett. Sie sprach mit anderen Müttern, deren Kinder regelmäßig Essen und Schlaf bekommen. »Meine Kinder essen, wenn sie können, und schlafen im Kinderwagen. Aber sie sind anpassungsfähig. Es macht ihnen wenig aus. Ich glaube, dass es in Ordnung ist. Sie sehen die Welt, und ich kann Fußball spielen.«

Als ich diese Geschichten über das Privatleben der Weltmeisterinnen und ihrer Ehemänner und Kinder erfuhr – und über die noch schwierigere Situation allein erziehender Spielerinnen –, ging mir wieder einmal der Gedanke durch den Kopf: Ich hätte nie gedacht, dass ich das einmal erleben würde. Es war so aufregend, diese Frauen im Endspiel gegen China so unbehindert und frei und schön spielen zu sehen. Doch dass ich ihren persönlichen Hintergrund kannte, ihren Kampf um die Verwirklichung ihrer Ziele, um die Unterstützung ihrer Ehemänner und Verwandten und Funktionäre, die die Finanzen verwalteten, und all das, während sie Tausende Kilometer pro Jahr auf Reisen zurücklegen und mit ihren Kindern in Motels schlafen – das überwältigte mich schier. Es rührte mich zu Tränen.

Die Unabhängigkeit, die Frauen heutzutage erreichen, ist nicht Unabhängigkeit *von* etwas, sondern die Unabhängigkeit zu *sein*. Schwere Gewichte zu heben. Kilometerweit zu laufen. Sich, uns zu verteidigen, ob gegen sexuelle Diskriminierung oder sexuelle Aggression. Dies, so erweist sich, war das fehlende Glied in der Frauenemanzipation. Jetzt sind sie körperlich fähig, sich zu voller Größe aufzurichten, erhobenen Hauptes, mit stolzgeschwellter Brust dazustehen und der Welt ins Auge zu blicken.

Sieben
Körperliche Gleichstellung: Das letzte Ziel

Die Angst vor »reifer« Sexualität galt traditionell als eine weibliche Krankheit, als eine infantile Abwehr der Anforderungen des Erwachsenseins. Freud und seine Anhänger kamen zu dem Schluss, dass die Unannehmlichkeiten, über die so viele ihrer Patientinnen klagten, weitgehend eingebildet waren: Ausgeburten des Geistes, die die angstgepeinigten, von den Analytikern als »hysterisch« abgestempelten Frauen quälten. Dieses Etikett haben die meisten bis auf die allerorthodoxesten Freudianer längst aufgegeben. Was die Frauen wirklich quält – und dies galt zu Freuds Zeit genauso wie heute –, ist die Angst erregende Realität. Die gesellschaftliche Leugnung der Angst im Leben von Frauen jedoch – und die der Gründe für ihre Angst – setzt sich bis zum heutigen Tag fort. Die bösartigste Form dieser Verleugnung kommt von einer kleinen, aber einflussreichen Gruppe, die sich selbst als »Power-Feministinnen« bezeichnet. Eine der eher suspekten Fragen, die Katie Roiphe in ihrem umstrittenen Buch *The Morning After* stellte, lautete: »Wenn fünfundzwanzig Prozent meiner Freundinnen vergewaltigt werden, wüsste ich das dann nicht?«[1] Die junge Autorin sprach sich leidenschaftlich dagegen aus, Frauen auf die Opferrolle festzulegen, und fühlte sich gezwungen, den Begriff »Vergewaltigungskultur« zu verurteilen. Mit diesem Ausdruck bezeichnen andere Feministinnen (die so genannten Opfer-Feministinnen) eine Kultur, in der sexuelle Gewalt und Angst vor sexueller Gewalt eine sozial akzeptierte Norm sind. Roiphe meldete Bedenken ob der Auswirkungen auf die Frauen an, wenn man sie in dieser Weise infantilisierte, wenn man sie schwächer scheinen ließe, als sie sind. Doch sie entwickelte ihr Argument auf Kosten sowohl der Frauen als auch der Realität: Sie schüttete das Kind mit dem Bade aus. Aus ihrer geschützten Position als Graduierte an der Princeton-Universität schrieb sie, sie habe beim Gang »über den Golfplatz zum Graduierten-College mehr Angst vor Wildgänsen als vor Vergewaltigern« gehabt; vor diesem Hintergrund klingt Roiphes Standpunkt erstaunlich naiv. Doch er war nicht neu. Betty Friedan stieß Anfang der 1980er Jahre ins selbe Horn; ihrer Meinung nach beschäftigten sich viele Frauen geradezu zwanghaft mit dem Problem und suhlten sich, wie sie schrieb, förmlich im Opfersein, in ohnmächtigem Zorn, in fruchtloser Polarisation.[2] Friedans Ausbruch folgte unmittelbar auf Susan Brownmillers *Gegen unseren Willen*, eine Abhandlung über die verheerenden Auswirkungen und die Häufigkeit von Vergewaltigung. Dieses Buch, so schockierend es 1975 (deutsche Ausgabe 1978) auch war, holte das Problem Vergewaltigung unter dem Teppich hervor. Es stärkte den Frauen mit seiner überzeugenden These, dass Vergewaltigung nichts ausschließlich Persönliches war, sondern etwas Politisches, psychologisch den Rücken. Bei Vergewaltigung ging es nicht um Sex als solchen, nicht einmal um die Frau selbst als solche, sondern vielmehr um die Machtausübung von Männern über Frauen durch körperliche Einschüchterung. Diese Theorie zerschmetterte auch den letzten Rest persönlicher Verantwortung, die Frauen für das Verbrechen empfinden mochten. Nun waren die Frauen bereit zuzuhören, denn Brownmillers solide dokumentiertes Buch wurde ein Bestseller.

Etwa zwanzig Jahre später schlug sich Roiphe auf Friedans Seite, erzürnt ob der Zimperlichkeit der Studentinnen in ihrer College-Stadt: »Wenn man bedenkt, wie viele Dinge es gibt, vor denen man sich fürchten kann, kommt mir die Angst davor, spät nachts in Princeton in New Jersey herumzulaufen, nicht gerade wie eine von Gottes größten Ungerechtigkeiten vor.«[3]

The Morning After war eine reaktionäre Rückbesinnung auf den Kult der schwachen Gesundheit des vergangenen Jahrhunderts; damals stellten die Ärzte die Frauen als schwächer hin, als sie waren, und weigerten sich zugleich, ihren Klagen über sexuelle Attacken ein offenes Ohr zu leihen. Autorinnen wie Friedan und Roiphe distanzieren sich von dem Leiden traumatisierter Frauen; sie behaupten, dass alles anders aussähe, wenn diese sich hochrappelten, sich den Staub abklopften und nicht mehr darüber redeten. Dem ersten Überfall folgt damit gewissermaßen ein zweiter, so ähnlich wie Krebspatienten unterschwellig die Schuld für ihre Krankheit zugeschrieben wird, wie es als Erste Susan Sontag in *Krankheit als Metapher* aufdeckte. Von Feministinnen gebraucht, verkehrt sich diese Argumentation in die merkwürdige Behauptung, dass Frauen, die über Vergewaltigung jammern, *andere* Frauen in Verruf bringen. Sie sind nicht gut für den Feminismus, heißt das.

Power-Feministinnen ziehen eine letztlich substanzlose Stärke aus der Kritik an ihren weniger begünstigten Schwestern. Roiphe zog die Bemühungen der Frauen zur Bewältigung der Folgen des Übergriffs, die Solidaritätsdemos und die »Wir holen uns die Nacht zurück«-Aktionen, die in den achtziger und neunziger Jahren Frauen auf den College-Campus in den ganzen Vereinigten Staaten massenweise mobilisierten, ins Lächerliche. »Es lässt sich Stärke daraus ziehen, das eigene Opfer- und Unterdrücktsein zu verkünden«, schrieb Roiphe. »Es steckt Stärke in der Zahl, und unglücklicherweise steckt gerade jetzt Stärke darin, die am meisten Unterdrückten zu sein. Die Studentinnen raufen sich um das Mikrophon, um eine Chance auf einen Augenblick der Autorität.«[4]

Warum »unglücklicherweise«? Warum sollten vergewaltigte Frauen keine Stärke aus ihrem Zusammenhalt ziehen? Und warum sollten sie kein Gefühl von Autorität in ihrem Leben zurückgewinnen, indem sie die Tatsache – und Häufigkeit – der Vergewaltigung öffentlich machen? Zu jener Zeit war das die einzige Möglichkeit für Frauen, nach einem sexuellen Missbrauch ihre Integrität wiederzuerlangen. Für vergewaltigte Frauen gab es nicht einmal entsprechend ausgebildete Psychotherapeuten. Heute vermittelt eine wachsende Selbstverteidigungsbewegung den Frauen, dass die Fähigkeit zu körperlichem Selbstschutz nicht nur der beste Schutz gegen Überfälle ist, sondern auch zentral für den Heilungsprozess, wenn es doch passiert ist.

Selbstverteidigung zu lernen ist keine extreme Maßnahme; sie ist entscheidend in einer Welt, in der Machtunterschiede an Stärkeunterschiede gebunden sind. Die Sorge der Power-Feministinnen hinsichtlich der Opferrolle der Frau ist aber wenigstens in einer

Hinsicht konstruktiv. Die Frauen müssen aus der Klausur der Weiblichkeit heraus und ihre körperliche Kraft entfalten – zumindest diejenigen, die spät abends frei in Princeton oder jeder anderen College-Stadt herumlaufen möchten. Entweder sie müssen lernen, offensiv zu kämpfen (und manche tun genau dies), oder sie müssen lernen, Angreifer abzuwehren, indem sie Energie ausstrahlen, wie es die asiatischen Kampfkünste lehren. Im Prinzip müssen sie lernen, in derselben Weise wie Männer Stärke zu entwickeln, und genau wie kleine Männer, die sich gegen größere Männer verteidigen wollen, können sie kompensatorisch Abwehrfertigkeiten trainieren. Vor Jahrhunderten schon übten sich manche Frauen in Kampfsportarten, doch heute findet, wie im Sport, allgemein der systematische Versuch statt, die Frauen in einem Zustand der Verteidigungs*losigkeit* und körperlichen Gefährdung zu halten. Glücklicherweise ändert sich dies. Schon Mädchen begreifen heute, dass Selbstverteidigung ihr Verhältnis zur Vergewaltigungskultur verändern kann. Selbstverteidigung kann ihnen Stärke verleihen. Sie kann ihnen Verantwortung übertragen. Sie kann ihre Angst in der Welt mindern.

Körperliche Angriffe: Frauen niederhalten

Bei einer Befragung von Frauen, die in Stadtzentren über die gesamten Vereinigten Staaten verteilt lebten, gab ein Drittel an, die Furcht vor körperlichem Schaden, insbesondere einer Vergewaltigung, ängstige sie am meisten.[5] Frauen unter fünfunddreißig Jahren fürchteten eine Vergewaltigung mehr als Mord, Überfall oder Raub.[6] Mehr als die Hälfte der Frauen reagierte mit Selbstisolation auf ihre Angst vor einem Verbrechen; viele sagten, dass sie abends zu Hause blieben und Besuche bei Freunden oder von Veranstaltungen vermieden.[7] Neunzig Prozent der befragten Männer lebten in denselben Wohngegenden, trafen jedoch keine Vorkehrungen gegen die Möglichkeit, einem Verbrechen zum Opfer zu fallen. Diese Befunde sprechen dafür, dass Frauen mit einem für ihr Geschlecht spezifischen Bedrohungsgefühl leben, einer »besonderen Last«, wie es ein Forscher ausdrückte, »die von Männern nicht geteilt wird«.[8] Etwa eine von vier Frauen fällt, einem von der *American Psychological Association* erstellten Bericht zufolge, im Lauf ihres Lebens einem sexuellen Angriff zum Opfer.[9] C. Everett Koop, der ehemalige medizinische Chef des öffentlichen Gesundheitswesens, sah in der häuslichen Gewalt das Gesundheitsproblem Nummer eins für Frauen in den Vereinigten Staaten; sie verursache bei ihnen mehr Verletzungen als Autounfälle, Raubüberfälle und Vergewaltigungen zusammen. Wenn Sie sich heute mit einer beliebigen Frau unterhalten, werden Sie Geschichten – ihre eigene oder die von Bekannten – vom Rennen hören: vom Rennen durch Gassen, über Dünen, die Treppen im Studentenwohnheim hinauf. Sie hören von Waffen, von Drohungen. Die schlimmsten Fälle kommen zuweilen in den Nachrichten. Manchen von uns, die in Morgenrock und Pyjama zu Hause sitzen und solche Berichte sehen, können sich nicht mit den betroffenen Frauen identifizieren, weil das, was ihnen zugestoßen ist, so extrem war. *Unsere* Geschichten werden wahrscheinlich unter den Teppich jahrelanger Verdrängung gekehrt.

Ich begann mich erst viele Jahre später daran zu erinnern, was ich so alles erlebt hatte: Da gab es den unheimlichen Klavierlehrer, als ich elf war, der sich über mich beugte, über mir atmete, auf der Klavierbank zu dicht an mich heranrückte. Den Theologiestudenten, der mich in einem Zimmer des Wohnheims des *Union Theological Seminary* in New York zu vergewaltigen versuchte, als ich zwanzig war. Oder den anderen Mann, einen College-Studenten bei einer Strandparty, der immer wieder meinen Kopf unter Wasser drückte und auf der Heimfahrt so tat, als wollte er mich in voller Fahrt aus dem Cabrio schubsen. Ich wusste nicht, ob er es tatsächlich vorhatte oder mir nur Angst einjagen wollte. Es machte auch kaum einen Unterschied, weil ich so oder so Todesangst hatte und mich ihm völlig hilflos ausgeliefert fühlte. Warum hatte es so lange gedauert, bis mir diese Erlebnisse wieder einfielen? Ich hatte die Vorfälle nicht wirklich vergessen, sondern sie nur als unwichtig beiseite geschoben, sodass ihre Einzelheiten, ihre »Bilder«, die entsetzliche Angst, die ich empfunden hatte, zur Erträglichkeit geschrumpft waren.

Frauen leben mit der Angst im Nacken, und wenn dann wirklich etwas passiert, werden sie oft noch für verantwortlich dafür gehalten, sogar von Frauen. »Diese Frau hätte es doch besser wissen müssen«, sagte eine Lehrerin während eines Interviews mit mir über eine Bekannte, die vor einigen Jahren überfallen worden war. »Sie war Journalistin und reiste überall herum. Doch diesmal hatte sie nicht aufgepasst. Sie hatte etwas beim Zimmerservice bestellt, und als es an der Tür klopfte, vergewisserte sie sich nicht, sondern machte einfach die Tür auf.«
Die Journalistin wurde vergewaltigt, und ein Mann, der niemals dingfest gemacht wurde, zerschnitt ihr das Gesicht mit einem Messer. Als die Frau die Geschichte erzählte, bebte Wut in ihrer Stimme, und nicht auf den Angreifer. »Übernachtet sie immer noch allein in Hotels?«, fragte ich. »Na klar«, erwiderte die Frau. »Da bin ich ganz sicher. Sie ist hart im Nehmen.«
Hart im Nehmen, aber sie hätte es besser wissen müssen. Hart im Nehmen, aber frau darf nicht einen Augenblick lang nachlässig sein und sorglos annehmen, dass die Person, die zehn Minuten nach Bestellung des Zimmerservice an der Tür klopft, auch wirklich der Zimmerservice ist. Nein, es ist notwendig, lebenslang auf der Hut zu sein. Und wenn wir älter werden, stellen wir das nicht einmal mehr infrage. Wir lernen, uns mit der Gewalt abzufinden, und denken: »Was kann man da schon machen.« Wir versuchen zu vergessen, denn was bringt es schon, daran zu denken, außer dass es uns Angst macht? Wir versuchen, reif, erwachsen zu sein, es zu akzeptieren, darüber zu stehen, weiterzumachen.
Doch schließlich kommen die Erinnerungen zurück. Über die Jahre machten Freundinnen gelegentlich und stets überraschend Bemerkungen wie »damals, als ich vergewaltigt wurde«. Oder »damals, als mich mein Mann geschlagen hat«. Ich fragte nach, und sie erzählten mir die Geschichte, während sich ihre Gesichter verdüsterten. Manche hatten noch nie jemandem davon erzählt, höchstens einer Schwester oder ihrer besten Freundin. Manche hatten es überhaupt noch nie erzählt, nicht einmal ihrem Therapeuten. Manche hatten geglaubt, dass sich niemand darum scheren würde oder dass der Zwischenfall nicht mehr oder weniger wichtig wäre als andere Unannehmlichkeiten des Lebens oder

dass sie irgendwie an dem Verbrechen beteiligt und daher mitschuldig seien. Manche weinten.
Sicher, diese Gespräche haben keine statistische, nur persönliche Aussagekraft, aber Statistiken gibt es reichlich. In einer neueren landesweiten Befragung gaben achtzehn Prozent der weiblichen Befragten an, eine Vergewaltigung oder einen Vergewaltigungsversuch erlebt zu haben. Nicht weniger als sechzig Prozent der Vergewaltigungsopfer melden es nicht.
Vergewaltigt werden meist die Jungen. In einer Zufallsstichprobe von neunhundertdreißig Frauen waren zwölf Prozent von einem Familienmitglied und fünfundzwanzig Prozent von einem Außenstehenden sexuell missbraucht worden – *bevor sie siebzehn waren!*
Eine von vier High-School-Schülerinnen ist sexuell missbraucht oder misshandelt worden. Fünfzig Prozent werden in der Schule begrapscht. Eine von drei hat Suizidgedanken. Viele Mädchen stehen unter posttraumatischem Stress. Und dieses Phänomen ist möglicherweise nicht neu. Freud bemerkte als Erster die emotionale Abkapselung von Mädchen zu Beginn der Adoleszenz, als er 1905 von einer neuen »Welle der Verdrängung« schrieb, die Mädchen nach Eintritt der Pubertät offenbar erlebten. Ähnliche Beobachtungen machten die renommierten Psychoanalytikerinnen Karen Horney in den 1920er Jahren und Helene Deutsch und Clara Thompson in den 1940er Jahren. All diese Frauen schrieben über die verblüffende »Regression« in der Adoleszenz bei Mädchen, die zuvor gesund und stark gewirkt hatten.[10] Doch erst in den 1990er Jahren brachten Forscher sexuellen Missbrauch bei Mädchen und Frauen mit einer Krankheit in Verbindung, die emotionale Abkapselung verursacht: der posttraumatischen Belastungsstörung (PTBS). Studien belegten, dass missbrauchte Adoleszente klassische Symptome der PTBS zeigten: Wut, selbstzerstörerisches Verhalten wie Selbstverletzung, Albträume, Zittern und immer wiederkehrende Erinnerungen an das Ereignis, die die Therapeuten als »sich aufdrängend« oder »intrusiv« beschreiben, weil sie so lebhaft und unkontrollierbar sind.
Deborah Miranda, die mit sieben zum ersten Mal vom Freund ihrer Mutter vergewaltigt wurde, erinnert sich an den alten Obst-

garten drunten bei der Scheune und was dort geschah. »Mit sieben Jahren habe ich keine Worte für den rasenden Schmerz in meiner Vagina – die verkrampfte Hand um meine Kehle – das raue Atemgeräusch eines Mannes an meinem Ohr«, schrieb sie. »Ich hasse es, dass er immer noch in mir ist, dass Zellen in meinem Gehirn sein Bild festhalten.« Manche Menschen vergessen einen Übergriff, so sagt sie, doch »mein Problem ist, dass ich nicht vergessen kann«.[11]

Ein Großteil der entwicklungspsychologischen Forschung ignorierte und ignoriert die massiv gewaltsame – und traumatische – Umwelt, in der Mädchen leben. Die indirekten Auswirkungen der Ereignisse auf den Körper der Mädchen – und das, was sich in der Folge ihrem Gehirn einprägt – sind noch nicht in ihrer vollen Tragweite erfasst worden. Wenn eine Gruppe von High-School-Sportlern sich »Spur Posse« (etwa: Sporenbande, d. Ü.) nennt und Mädchen mit gerade mal zehn Jahren vergewaltigt und dann überall herumerzählt, ihre »Eroberungen« seien Schlampen, den Ruf der Mädchen ruiniert und ihnen den Verbleib auf der Schule unmöglich macht – dann leugnet niemand, dass das traumatisch ist.

Doch genauso traumatisch sind die verborgeneren Formen des Missbrauchs im Leben von Mädchen. Experten sind besorgt über die wachsende Zahl von Mädchen in gewaltsamen Beziehungen zu Jungen und vermuten, dass diejenigen, die mit traditionellen Vorstellungen über die dominierende Rolle von Männern und die submissive von Frauen besonders gefährdet sind. Selbst wenn in der Herkunftsfamilie der Mädchen keine Misshandlung vorgekommen ist, fällt es ihnen unter Umständen schwer, den Missbrauch in ihren Beziehungen zu erkennen. Die Kultur der Angst nimmt ihnen immer mehr die Luft zum Atmen, je älter sie werden. Wenn sie aufs College gehen, müssen manche erleben, dass eine Freundin von ihrem Freund oder einem Bekannten umgebracht wird. Oder sie selbst werden misshandelt, mit Schlägen oder schlimmerer Gewalt, wie es einer von fünf College-Studentinnen widerfährt.

Die Kultur der Vergewaltigung beim Rendezvous sorgt dafür, dass junge Frauen auf dem College nicht nur auf dem Schulgelände

Angst haben, sondern auch auf dem Fahrrad, beim Joggen, an öffentlichen Orten, sogar in ihren eigenen vier Wänden.
Die »Notwendigkeit«, das eigene Leben einzuschränken, gilt als vernünftige Reaktion auf das Weiblichsein. Es wird zum Lebensstil. »Ich kenne junge Mädchen, die, ohne irgendwie ängstlich zu sein, einfach keinen Spaß daran haben, allein in Paris umherzugehen«, schrieb Simone de Beauvoir, »weil sie infolge ständiger Belästigungen dauernd auf der Hut sein müssen.«[12] Mädchen und Frauen rät man: Bleib abends zu Hause. Geh nicht ohne Sicherheitsbegleitung über den Campus. Denk an dein Reizgas. Benutz deine Trillerpfeife. Ist das vielleicht ein Leben? Wir werden darauf dressiert, uns um unserer Sicherheit willen einzuschränken, genau wie Kühe lernen, von einem elektrischen Zaun wegzubleiben. »Einschränkung« gilt sogar als medizinisch fassbares Symptom eines psychischen Zustandes, eines Zustandes traumabedingter Angst. Es funktioniert wie beim pawlowschen Hund – eine konditionierte Reaktion auf eine Umweltbedrohung. Doch die »Klugheit« der Frauen, ihr Leben in dieser Weise zu leben, erfährt so viel kulturelle Unterstützung, dass sie als normal gilt – sogar als fraulich, als Ausdruck einer gewissen zurückhaltenden Empfindsamkeit, aus der heraus wir nicht allzu sehr in der Öffentlichkeit in Erscheinung treten und auf keinen Fall öffentliches Aufsehen erregen. Wir lernen, dass Einschränkung nicht nur der Weg zur Sicherheit ist, sondern auch reifes, vernünftiges, erwachsenes Verhalten – für Frauen. Erst neuerdings jedoch zeichnet sich ab, dass Traumata und psychologische Folgewirkungen wie Einschränkung sich unserem Gehirn einprägen. Wie wir noch sehen werden, widerfährt dies in gewissem Maße uns allen, nicht nur den am übelsten missbrauchten oder misshandelten Frauen.

Trauma: Freuds kleiner Umweg

Ende des 18. Jahrhunderts blieb der massenhafte Missbrauch von Frauen ein tiefes gesellschaftliches Geheimnis, noch lange nachdem die Medizin erste Versuche zur Behandlung der vermeintlich rätselhaften weiblichen Beschwerden gemacht hatte. Frauen suchten den Arzt wegen bestimmter körperlicher Probleme auf: Erstarren der Empfindungsfähigkeit, Neigung zu Absencen oder flüchtigen Trancezuständen, Schlafstörungen, in seltenen Fällen sogar Stummheit. Die wohlhabenden suchten Hilfe bei angesehenen Ärzten wie Sigmund Freud. Die armen klopften an die Türen des *Hôpital Salpêtrière* in Paris, eines riesigen Krankenhauses für die, die am Ende waren. Der berühmte Neurologe Jean-Martin Charcot fand dort bei manchen seiner Patientinnen – Prostituierten und Bettlerinnen und anderen ausgestoßenen Frauen – einen Symptomenkomplex, den er als »Hysterie« (von dem altgriechischen Wort für Gebärmutter) bezeichnete. Charcots Vorlesungen/Vorführungen, bei denen seine Assistenten den Frauen so lange zusetzten, bis sie in selbst herbeigeführte Trancezustände verfielen und nach ihren Müttern schrien, waren berühmt. Hörer aller Fakultäten strömten herbei, denn die rätselhafte Krankheit hatte die Phantasie der Öffentlichkeit erregt. Charcot selbst interessierte sich hauptsächlich deshalb für die Symptomatik, weil er sie als Ausdruck einer neurologischen Schädigung betrachtete: Lähmungen, Sensibilitätsverluste, Krämpfe, Amnesien. Er brachte sie nicht mit realen Erlebnissen seiner Patientinnen in Zusammenhang. Trotzdem war seine Arbeit wertvoll, Freud erkannte an, dass »Charcot mit seiner vollen Autorität für die Echtheit und Objektivität der hysterischen Phänomene eintrat«.[13] Bis dato hatten Frauen, die über rätselhafte körperliche Symptome klagten, als Simulantinnen gegolten.

Charcots Arbeit verlieh dem so genannten hysterischen Erleben Glaubwürdigkeit. »Man gewöhnte sich allmählich das höhnische Lächeln ab, auf das die Kranke damals sicher rechnen konnte«, erinnerte sich Freud.[14]

In Wien um die Jahrhundertwende vertrauten Freuds Patientinnen ihm Geschichten an, die ihn entsetzten – Geschichten von sexuellen Übergriffen, Missbrauch und Inzest in der Kindheit. Diese Frauen zeigten dieselben Symptome wie Charcots Patientinnen. Nach einem Jahrzehnt gelangten unabhängig voneinander Pierre Janet in Frankreich sowie Freud und sein Kollege Breuer in Wien zu sehr ähnlichen Schlussfolgerungen: Die Hysterie war ein

Leiden, das durch das psychische Trauma einer körperlichen Misshandlung hervorgerufen wurde. Und es trat nicht nur bei armen und entrechteten Patientinnen wie denen Charcots auf. Freud gab zu verstehen, dass das traumatische Erlebnis zuweilen psychische Probleme bei Menschen hervorruft, die zu den »geistig klarsten, willensstärksten, charaktervollsten und kritischsten Menschen«[15] gehören. Mit anderen Worten, Belästigung und ihre Folgen hingen nicht von der gesellschaftlichen Stellung ab. Ob eine Frau reich oder arm war, in der Stadt oder auf dem Lande lebte, über Bildung verfügte oder nicht – sie war nicht dagegen gefeit, ein Trauma zu erleiden und an die Tür eines Arztes klopfen zu müssen.

Ende des 19. Jahrhunderts hatten Freud und Breuer klar bewiesen, dass die körperlichen Symptome gelindert werden konnten, wenn die traumatischen Erinnerungen und die sie begleitenden heftigen Gefühle ins Bewusstsein geholt und in Worte gefasst wurden. Freuds neue Behandlung für traumatisierte Frauen, die er »Psychoanalyse« nannte, sollte zur Grundlage der modernen Psychotherapie werden. An diesem Punkt seiner Laufbahn war er von einem überzeugt: »Zugrunde jedes Falles von Hysterie befinden sich – durch die analytische Arbeit reproduzierbar, trotz des Dezennien umfassenden Zeitintervalls – *ein oder mehrere Erlebnisse von vorzeitiger sexueller Erfahrung, die der frühesten Jugend angehören.*«[16] Um keinen Zweifel daran zu lassen, fuhr er in seiner berühmten Abhandlung *Zur Ätiologie der Hysterie* fort: »Ich halte dies für eine wichtige Enthüllung … der Neuropathologie.« Diese Abhandlung besitzt noch heute Gültigkeit, wie Judith Herman, Professorin an der *Harvard Medical School* und Traumaexpertin, bemerkt: »Auch hundert Jahre später gibt es kaum bessere Beschreibungen der Auswirkungen sexuellen Missbrauchs in der Kindheit. In der brillant geschriebenen, einfühlsamen Darstellung argumentiert Freud überzeugend und zieht konsequente Schlussfolgerungen.«[17] Doch für viele von Freuds viktorianischen Zeitgenossen war der Gedanke, dass die Beschwerden der Betroffenen Folge von sexuellem Missbrauch in der Kindheit waren, abstoßend, wenn er nicht schlicht jenseits ihres Fassungsvermögens lag.

Innerhalb eines Jahres nach der Veröffentlichung seines berühmten Aufsatzes verwarf Freud in seiner Korrespondenz seine »wichtige Enthüllung«. Er fürchtete um seine Reputation, wenn er weiterhin über das *Ausmaß* des sexuellen Missbrauchs an Frauen und Kindern spräche. »Weibliche Hysterie war weit verbreitet«, schreibt Judith Herman. »Wenn seine Patientinnen die Wahrheit gesagt hatten und seine Theorie stimmte, blieb nur die Folgerung, dass das, was er ›Perversion gegen Kinder‹ nannte, weit verbreitet war. Solche Dinge kamen demnach nicht nur im Pariser Proletariat vor, wo er die Hysterie zuerst erforscht hatte [unter Charcot], sondern auch unter geachteten bürgerlichen Familien in Wien, wo er mittlerweile praktizierte.«[18]
Freud gab dem sozialen Druck nach; er wandte sich jäh von seiner ursprünglichen intuitiven Neigung ab, den Berichten der Frauen Glauben zu schenken, ihnen sei körperlich und sexuell Gewalt angetan worden. Freud begann diese Erlebnisse der Frauen als »innerpsychisch« zu deuten – das heißt als bloßen Ausdruck ihrer eigenen irregeleiteten Einbildungskraft. Er formulierte eine ausgefeilte Theorie, mit der er erklärte, weshalb die Frauen so lebhafte Szenarien erfanden, und nannte den Mechanismus »Konversion«. Die armen neurotischen Dinger waren sexuell derart unterdrückt, dass sie sexuelle Befriedigung nur phantasieren konnten – und selbst *das* konnten sie nur zulassen, wenn sie sich selbst als passive Gewaltopfer imaginierten. Ihr sexuelles Verlangen in Phantasien von Vergewaltigung und Inzest zu verwandeln linderte vermutlich unerträgliche Schuldgefühle. So verwickelt Freuds Begriff der Konversion heute auch scheinen mag, so übte er doch fast hundert Jahre lang einen nachhaltigen Einfluss auf die Behandlung psychischer Symptome von Frauen aus. Es war ein langer und steiniger Weg, bis man Frauen, die von traumatischen Übergriffen berichteten, wieder glaubte.
»Im Jahr 1910 war Freud dann zu dem Schluss gekommen, dass die Berichte seiner hysterischen Patientinnen nicht der Wahrheit entsprachen«, schreibt Judith Herman in ihrem klassischen Buch *Die Narben der Gewalt,* »obwohl er nie eine klinische Dokumentation falscher Anklagen vorlegte: ›Als ich dann doch erkennen musste, diese Verführungsszenen seien niemals vorgefallen, seien

nur Phantasien, die meine Patienten erdichtet, die ich ihnen vielleicht selbst aufgedrängt hatte, war ich eine Zeit lang ratlos.‹«[19]
Die Sexualität blieb der zentrale Gegenstand der Nachforschung für Freuds Patientinnen, doch ihr von sexueller Konflikthaftigkeit und Gewalt geprägtes soziales Umfeld »verschwand völlig aus dem Gesichtsfeld«, nachdem Freud sich zu seiner Wende entschlossen hatte. Hermans Resümee bringt die Ironie, die darin steckt, auf den Punkt: »Die maßgebliche psychologische Theorie des 20. Jahrhunderts basiert auf der Leugnung weiblicher Realität.«
Die psychische Reaktion von Frauen auf Misshandlung und Missbrauch sollte erst dann aufgeklärt werden, als dieselbe Symptomatik in den 1970er Jahren identifiziert und als »legitime« Krankheit anerkannt wurde – bei Männern. Körperlich manifeste Traumata wurden im 20. Jahrhundert zum Thema, als man bei den Veteranen des Ersten und Zweiten Weltkriegs, deren brutale Erfahrungen auf dem Schlachtfeld neurologische Schädigungen hervorgerufen hatten, die so genannte »Bomben-« oder »Kriegsneurose« diagnostizierte. Man glaubte, die unmittelbare Nähe zu explodierenden Granaten habe die Männer irre gemacht – und das traf vielleicht in gewissem Sinne auch zu. Ich erinnere mich noch an einen Mann aus meiner Kinderzeit, der stets in seiner olivgrünen Weltkriegsuniform mit seinem roten Veteranenabzeichen im Knopfloch in unserem Dorf herumlief. Die Leute machten einen großen Bogen um ihn. Das Wissen über dieses Phänomen – einschließlich der richtigen Behandlung – war äußerst begrenzt. Die Ärzte und Psychiater betrachteten es als Erfolg, wenn sie diese Männer so weit sedieren konnten, dass sie wieder aufs Schlachtfeld zurückkehren konnten. Und der Krankheit der Soldaten haftete ein Stigma an, als hätte es ihnen irgendwie an der Stärke gemangelt, ihre entsetzlichen Erlebnisse zu verkraften. Erst ein tief greifender gesellschaftlicher Wandel, teilweise herbeigeführt durch die Veteranenbewegungen gegen den Vietnamkrieg, brachte die Menschen zu der Einsicht, dass der Krieg vielleicht doch psychologisch höchst schädlich wie auch moralisch verwerflich war. Wie Judith Herman berichtet, »benahmen sich viele Soldaten auf einmal wie hysterische Frauen. Sie schrien und weinten un-

kontrolliert, sie erstarrten und konnten sich nicht mehr bewegen, sie wurden stumm und reagierten nicht mehr. Sie verloren ihr Gedächtnis und die Fähigkeit, Gefühle zu empfinden.«[20] Halluzinationsähnliches Wiedererleben – so genannte Flashbacks –, Albträume, intrusive Erinnerungen, Konzentrationsschwierigkeiten – das waren keine Lappalien. Vielleicht war es gar nicht möglich, dass Männer, die den allerschlimmsten Kriegserfahrungen ausgesetzt gewesen waren, *nicht* traumatisiert wurden.

Als das zuvor als »Kriegsneurose« bezeichnete Syndrom in seiner Tragweite endlich richtig beurteilt wurde, erhielt es 1980 die Bezeichnung »Posttraumatische Belastungsstörung« und wurde in den psychiatrischen Diagnoseschlüssel *Diagnostisches und Statistisches Manual Psychischer Störungen* aufgenommen.

Nun, da die Vietnam-Veteranen ihre Schwierigkeiten einer genauer beschriebenen Krankheit zuordnen konnten und von der Gesellschaft, die sie in den Krieg geschickt hatte, massive Unterstützung erhielten, waren sie politisch in der Lage, auf Forschungsgelder zu drängen. Daraufhin nahm die Zahl der wissenschaftlichen Arbeiten über die Neurobiologie und Therapie akuter Belastungsstörungen explosionsartig zu.

Angesichts der Frauen mit einem verblüffend ähnlichen Syndrom aus unkontrollierbaren Weinkrämpfen, Albträumen, Flashbacks und dissoziativen oder tranceähnlichen Zuständen – wie sie häufig nach Vergewaltigung, Inzest oder anderen Formen sexueller Gewalt auftreten – fragten sich feministische Therapeutinnen: Litten ihre Patientinnen ebenfalls an einer posttraumatischen Belastungsstörung? Schließlich begannen die Ärzte und Psychotherapeuten die traumatischen Erlebnisse von Frauen in einem neuen Licht zu sehen. Bei den Frauen manifestierte sich *keineswegs*, wie die freudsche Theorie behauptete, ein »Konversions«phänomen; sie projizierten also *nicht* ihre erotischen Sehnsüchte auf ein bösartiges Individuum, um nicht zu ihren eigenen Wünschen stehen zu müssen. Vielmehr erzählten die Frauen von Übergriffen, die tatsächlich stattgefunden hatten, und sie waren so entsetzlich gewesen, dass die Betroffenen dieselbe Krankheit entwickelt hatten wie viele Kriegsveteranen. Dies war eine bemerkenswerte Entdeckung, und Judith Herman gehörte zur

Avantgarde dieses neuen Verständnisses von Frauen. »Die Hysterie ist die Kriegsneurose des Geschlechterkampfes«, schreibt sie.[21]

Die Therapeuten, die mit Vergewaltigungsopfern arbeiteten, sahen sich bestätigt und brachten mehr über das psychologische Erleben von Traumata in Erfahrung. 1972 nahmen die psychiatrisch ausgebildete Krankenschwester Ann Burgess und die Soziologin Lynda Holmstrom eine Studie über die konkreten psychischen Auswirkungen einer Vergewaltigung in Angriff. Sie sorgten dafür, dass sie zu jeder Tages- und Nachtzeit verständigt wurden, um jedes Vergewaltigungsopfer, das die Notfallstation des *Boston City Hospital* aufsuchte, zu befragen und zu beraten. Im Verlauf eines Jahres waren es insgesamt zweiundneunzig Frauen und siebenunddreißig Kinder. An ihnen konnten Burgess und Holmstrom ein Muster psychischer Reaktionen feststellen, das sie als »Vergewaltigungstraumasyndrom« bezeichneten.

Demnach erleben Frauen eine Vergewaltigung als lebensbedrohlich und fürchten häufig Verstümmelung und Tod, während ihnen Gewalt angetan wird. Danach klagen sie über Schlaflosigkeit, Übelkeit, Schreckhaftigkeit und Albträume sowie dissoziative Episoden und »Gefühllosigkeit« – alle Symptome ähneln denjenigen von Kriegsteilnehmern, wie die beiden Forscherinnen bemerkten.[22]

Drei Jahre nach Abschluss ihrer Studie richtete das *National Institute of Mental Health* das erste Forschungszentrum zur Untersuchung der Vergewaltigung ein. Eine ausgefeilte epidemiologische Befragung[23] hatte schockierende Zahlen ans Licht gebracht: Eine von vier Frauen war vergewaltigt worden. Eine von dreien war in der Kindheit sexuell missbraucht worden. Für Frauen beträgt die Wahrscheinlichkeit, im Lauf des Lebens einem traumatischen Ereignis ausgesetzt zu sein, nahezu siebzig Prozent.[24] »Die Schlussfolgerung, die man aus diesen Erkenntnissen ziehen muss, ist heute noch so erschreckend wie vor hundert Jahren«, kommentiert Judith Herman.

Weil die Gewalt gegen Frauen und Kinder so tief in unserer Kultur verwurzelt ist, beginnt man erst neuerdings, darin eine schwer wiegende Menschenrechtsverletzung zu sehen. Weit verbreitete

Muster von gewaltsamer Kontrolle wie Schläge, Nachstellungen, sexuelle Belästigung und Vergewaltigung durch Bekannte wurden nicht einmal beim Namen genannt, geschweige denn als Verbrechen betrachtet, bis sie von der feministischen Bewegung als solche definiert wurden. Heute erforscht man diese Verbrechen umfassend. Die Häufigkeit von Angriffen gegen Frauen am Arbeitsplatz ist der neueste Schocker, sollte man doch erwarten, dass wenigstens dort ein Funken Professionalität als Puffer für die Frauen wirkt. Wenigstens hier, wenn schon nirgendwo sonst, sollten sie sich sicher fühlen dürfen. Aber ganz im Gegenteil muss etwa eine von zwei Frauen im Lauf ihres Berufslebens mit einer Form sexueller Belästigung rechnen.[25]

Seit Freud und Breuer sowie Janet den Zusammenhang zwischen der Gewalt gegen Frauen und ihren Symptomen erkannten, ist ein Jahrhundert vergangen. Nun ist die moderne Gehirnforschung auf den Plan getreten und untermauert den neurologischen Zusammenhang: Gewalt verursacht reale Veränderungen der neuronalen Pfade im Gehirn. Sogar verbale Gewalt, wenn sie wiederholt einwirkt, kann bei dem Opfer die Fähigkeit zu denken, persönlich zu wachsen und ein erfülltes Leben zu führen, beeinträchtigen. In den 1990er Jahren bewiesen Positronenemissions- und Magnetresonanztomografie, was sich nicht länger leugnen ließ: Angst verlötet die neuronalen Schaltkreise des Gehirns zu einem Zustand permanenter Übererregung – einer Bereitschaft, auf die geringste, an das traumatisierende Ereignis erinnernde Kleinigkeit zu reagieren. Joseph LeDoux, einem bekannten Neurowissenschaftler an der New-York-Universität, zufolge kann eine einzige entsetzliche Erfahrung genügen, um eine lebenslang anhaltende Erinnerung zu erzeugen. Aufnahmen des Gehirns zeigen, dass ein Trauma die Verbindung zwischen rechter und linker Hirnhälfte schädigt. Angstgeprägte Erinnerungen bleiben im rechten oder »emotionalen« Teil des Gehirns. Die linke oder »sprachliche« Seite des Gehirns erhält keine Information über das traumatische Ereignis. Infolgedessen werden diese intensiven Gefühle und die damit verbundenen körperlichen Empfindungen von dem Teil des Gehirns, der sie normalerweise einordnen, erklären, zur Sprache bringen würde, nicht verarbeitet. Traumatisierte Menschen wissen Symptome wie Schlafstörungen, Konzentrationsschwierigkeiten und Schreckreaktionen häufig nicht mit einem bestimmten Ereignis oder bestimmten Ereignissen in Zusammenhang zu bringen. Die furchtbaren, symptomauslösenden Erfahrungen werden von dem Teil des Gehirns abgespalten, der sie erklären, benennen und in die eigene Autobiographie einfügen könnte. Auf diese Weise wird das Trauma in sein eigenes Erinnerungsnetzwerk eingeschlossen, wie Debra Niehoff in *The Biology of Violence* erklärt.

Und so sieht die Sache im realen Leben einer Person aus: Pam Spencer, Managerin bei der Kosmetikfirma Neutrogena, berichtete bei einer öffentlichen Anhörung über Vergewaltigung 1999 in Los Angeles, dass sie vor zweiundzwanzig Jahren von einem Mann in ihrer Wohnung vergewaltigt worden war. Er war eingebrochen und hatte während der gesamten Tat laut darüber nachgedacht, ob er sie nun umbringen würde oder nicht. Wie sie sagt, gibt es Tage, an denen die Erinnerung nicht kommt, doch die winzigste Kleinigkeit kann sie in ihrer ganzen Schrecklichkeit wiedererstehen lassen. »Manchmal kommt sie, wenn ein Mann zuerst auf meinen Körper schaut, bevor er mir in die Augen blickt.«[26]

Die Bilder, körperlichen Empfindungen und Bewertungen des Ereignisses bleiben haften, wie eingefroren in der Zeit, genauso wie zum Zeitpunkt des Erlebens, sagt Niehoff. Ein Mann, der eine Eisenbahnkatastrophe überlebt, fürchtet sich weiterhin vor Zügen. Ihr Anblick – sogar ihr Geräusch – bleibt in seinem Nervensystem eingeschlossen, weil er das Erlebnis nicht hat verarbeiten können. Bestimmte Sinneserfahrungen können die Erinnerungen an den Unfall in allen seinen Einzelheiten auslösen. Das nennt man einen »Flashback«. Frauen, die überfallen wurden, erleben sie in einem fort. Die Rauchwolke einer Camel kann schon genügen. Manche mögen das nicht verstehen, wenn sie wie Friedan den Frauen vorwerfen, ihre Gedanken zwanghaft um Vergewaltigung kreisen zu lassen. Wer überfallen wurde, kann nicht anders, als zwanghaft daran zurückzudenken. Das ist *körperlich* bedingt. Doch es gibt Möglichkeiten, die Konditionierung aufzulösen. Für Frauen, die bedroht oder körperlich überwältigt und verletzt wurden, kann es heilsam sein, die eigene körperliche Kraft zu stärken. Das ist nicht nur eine »geistige« Heilung. Körperarbeit kann die neuronalen Bahnen im Gehirn verändern. Regelmäßiges Selbstverteidigungstraining kann, wie wir gleich sehen werden, den Körper umprogrammieren. Diese Umprogrammierung ist notwendig, weil die Weiblichkeitssozialisation den Frauen weismacht, dass sie nicht nur körperlich unfähig zur Selbstverteidigung seien, sondern dass diese als solche falsch sei. Wir tun besser daran zu sterben, als uns zu verteidigen: Nicht wenige Frauen haben für diese Überzeugung mit dem Leben bezahlt.

Gefährliche Lektionen in passivem Widerstand

Der Schwächemythos fördert die Angst der Frauen vor Vergewaltigung nachhaltig. Frauen lernen, dass sie sich überaus genau überlegen müssen, gegen wen sie sich verteidigen wollen und mit welchen Maßnahmen. Sie können keine unbeeinflusste Selbsteinschätzung entwickeln. Die ambivalente Einstellung der Gesellschaft zur Selbstverteidigung von Frauen spiegelt sich in den Ratschlägen, die die Vergewaltigungsprävention Frauen erteilt: Sie schwanken dramatisch – einmal sollen sich die Frauen zurückhalten, dann wieder heftig wehren –, je nachdem welche allgemeinen Einstellungen zu Frauen gerade vorherrschen und insbesondere welche Ansprüche die Nation gerade an die Frauen stellt. Ein Blick auf die Veränderungen in Selbstverteidigungsanleitungen für Frauen in den letzten fünfzig oder sechzig Jahren enthüllt das klar. Während des Zweiten Weltkriegs rieten die Verfasser zu weitaus kraftvollerer Gegenwehr als in den 1960er und 1970er Jahren. Warum ruderten sie während dieses Zeitraums zurück, zurück in Richtung Schwächemythos? Weil die Frauen vorwärts strebten. Einschlägige Beweise: Zwei während des Zweiten Weltkriegs erschienene und von Militärs verfasste Selbstverteidigungshandbücher ermutigten die Frauen generös zu einer positiven Einstellung zur Selbstverteidigung. In dem einen stand zu lesen: »Selbstredend sollte eine Frau wissen, wie sie sich schützen kann. In

Kriegszeiten – in Amerika im Krieg – gilt dies doppelt.« Corporal William Underwood hatte einen Grund, weshalb er den Frauen riet, bedenkenlos die Fäuste einzusetzen. Das Selbstvertrauen, das sie aus dem Wissen um ihren Selbstschutz ziehen konnten, würde ihren »Wert für die Kriegsanstrengung ... unermesslich« steigern. Erwachsene Frauen, lebendig und gesund, wurden gebraucht, um im Land die Stellung zu halten, wenn die Männer weit weg auf dem Schlachtfeld waren.

Eine ganze Ratgeberliteratur entwickelte sich, die die Frauen darüber informierte, welche Art Aggression gegen Angreifer für eine Frau geboten, angemessen und möglich war. Ohne Vergewaltigung oder sexuelle Übergriffe zu erwähnen, unterschied Underwoods Selbstverteidigungsbuch drei verschiedene Kategorien: »einfache Zudringlichkeiten« (dazu gehörten »Berührungen im Kino« oder übermäßig hartnäckiges Händeschütteln), »ernste, aber nicht lebensgefährliche« Bedrohungen und schließlich »lebensgefährliche« Bedrohungen. Sogar einfache Zudringlichkeiten sollten nicht einen Augenblick geduldet werden. Die Leserinnen sollten »die Hand des unseligen Händeschüttlers festhalten, ihm den Arm umdrehen, ihn zu Boden werfen und ihn zuletzt auf den Adamsapfel schlagen oder hinter das Ohr treten«.[27] Ein anderes Buch, *Hands Off!* von Major William Fairbairn, zeigt in einer Illustration, wie ein Mann eine Frau um Feuer bittet, worauf diese ihm einen Faustschlag ins Gesicht versetzt. Wenn ein Mann eine Frau in einer dunklen Straße anhält und Feuer *verlangt*, rät *Hands Off!*, alle Streichhölzer im Päckchen auf einmal zu entzünden und sie ihm ins Gesicht zu werfen. »Diese Bücher lehren Frauen die ernsthafte und entschlossene Anwendung von Gewalt zur Selbstverteidigung, sogar gegen Bekannte«, kommentierte Martha McCaughey, Professorin für Frauenforschung am *Virginia Tech*, die Arbeiten über die Selbstverteidigungskultur und den von ihr so genannten »neuen« Feminismus veröffentlicht hat.[28]

In den 1970er Jahren jedoch riet man belästigten oder bedrohten Frauen zu weitaus passiverem Verhalten. Zu jener Zeit – darauf muss man hinweisen – waren die Frauen sozial und politisch viel stärker geworden. Hinweisen muss man auch darauf, dass die Frauenbewegung damals durchsetzte, dass Vergewaltigung als

Gewaltverbrechen definiert wurde. Schon seltsam, dass man den Frauen plötzlich riet zu kneifen. Aufsteigende Wut zu unterdrücken. Wegzurennen, falls möglich. Jetzt hatten sich die Ratschläge verändert zu: Trage keine Waffe mit dir herum, weil du vielleicht nicht rechtzeitig drankommst. Oder weil du sie dann wahrscheinlich nicht richtig benutzen kannst. »Inkompetenz« lautete die Botschaft, auch wenn Frauen, die Waffen *benutzten*, den Angreifer häufiger verletzten als Männer, wie eine in der Zeitschrift *Criminology* veröffentlichte Studie zeigt.[29] (Wenn keine Waffen eingesetzt wurden, fügten Männer bei einem gewalttätigen Angriff viermal häufiger Verletzungen zu als Frauen.)

In den Siebzigern riet man Frauen von Gewalt zur Selbstverteidigung dringend ab. Stattdessen sollten sie es mit passiven, würdelosen, aber hoffentlich ablenkenden Strategien versuchen. Pinkle. Kacke. Falle in Ohnmacht. *Kotze*, wenn du dich dazu bringen kannst. Schauspielere nach Leibeskräften, hämmerte manch ein männlicher Selbstverteidigungsexperte seinen Leserinnen ein. Doch vor allem, reize den Angreifer nicht damit, dass du andeutest, er sei nicht fähig, zu Ende zu bringen, was er im Sinn hat. Mit anderen Worten, mach dich nicht über einen Schlappschwanz lustig.

Die Ratgeber dieser Zeit schlugen einen eindeutig entmündigenden Ton an, als wären Frauen so töricht, blindwütig zuzuschlagen, obwohl doch jeder Narr wusste, dass sie gar nicht die Kraft oder den Willen besaßen, sich mit Gewalt zu verteidigen. »Wenn er mager ist, können Sie ihm den Brustkasten zerschmettern«, warnte ein männlicher Autor. »Doch wie sollen Sie wissen, ob er mager ist [wenn er Sie von hinten packt] – nach hinten greifen und ihn abtasten? Und was glauben Sie, tut er, während Sie auf ihn einschlagen? Er reißt Sie in Stücke.«[30] Besser, Sie fangen einfach an, dem Kerl auf die Schuhe zu reihern.

Die Ansicht, dass Gegenwehr richtig ist, fand erst nach dem Vietnamkrieg wieder Anklang. Auftritt der Green Berets oder genauer eines weiblichen Green Beret. Lisa Sliwa machte Schlagzeilen, als sie sich der Selbstverteidigung der Frau annahm und die alte Regel »Lass es über dich ergehen« infrage stellte. Sliwa war alles andere als ein verhuschtes Mäuschen. Sie wollte, dass die Frauen nicht mehr in Passivität und Angst verharrten. Sie wollte, dass sie ihre Würde verteidigten, und das mit Haltung. »Unerschrockenheit ist besser als Schuldgefühle«, schrieb sie in einem Selbstverteidigungsbuch von 1986. »Keine romantische Heldenverklärung, Vergewaltiger sind Parasiten mit einem verzerrten Bild der Wirklichkeit. Es ist Ihre Pflicht, ihnen Bescheid zu stoßen, indem Sie sagen: ›He, Jack, deine Nummer zieht nicht mehr.‹«[31]

Der alten Schule zufolge sollte eine Frau mit allen ihr möglichen *passiven* Mitteln die Penetration verhindern, die gleichbedeutend mit dem Tod war. Die neue Schule lehrt Frauen zu kämpfen, zu schreien, sich aus Leibeskräften zu wehren. Heute ist das Ziel, den Angreifer mit einer sofortigen Reaktion zu überrumpeln und die Initiative im Kampf zu behalten. Studien belegen, dass dieser Ansatz der wirkungsvollste ist.

Die unverfrorensten Ratschläge gegen sexuelle Belästigung lassen sich im Internet finden. Die Frauen gehen online und beraten sich wechselseitig. Keine Experten sagen ihnen mehr, was sie zu tun haben, nur Freundinnen. »Behalte den Kopf oder du verlierst ihn, Kindchen«, warnte eine mit dem Webnamen »Tyranny«. Tyranny zufolge ist eine wirksame und beliebte Technik »die Augen des Todes«. Damit gibt frau allen potenziellen Belästigern klipp und klar zu verstehen: »Hier findest du keine Seele, nur unaussprechliche Gewalt und Verrücktheit.« Das ist »Girl Power« in Aktion. Dazu gehört, sich der übelsten nur denkbaren Sprache zu bedienen, und zwar am besten mit umgekehrten Vorzeichen, was das Geschlecht betrifft. »Du gehst die Straße entlang, heimlich, still und leise, und denkst dir nichts Böses«, sagt Tyranny, »und da fragt dich so ein Schwanzficker aus dem Auto raus, ob er dir die Möse lecken darf.« Würde eine solche Szene Tyranny und ihresgleichen aus dem Konzept bringen? Absolut nicht. Sie informiert ihre Webgemeinde, was sie in dieser Situation tat. »Ich drehte mich zu dem Irren um und schwang meinen Mittelfinger und sagte: ›*Nein,* du darfst meinen Schwanz lutschen, du Arschficker.‹« In ihrer Sprache schwingt körperliche Großspurigkeit mit, um es bescheiden auszudrücken. Dieses Mädchen lässt sich nicht einschüchtern. Natürlich gibt es Situationen, in denen es klüger ist, seinen ausgelassenen Anarchismus zu zügeln, und sogar Tyranny erinnert die Websurferinnen daran, klar zu beurteilen, wann provozierendes Verhalten nicht ratsam sein könnte. In den meisten Situationen jedoch ist verbaler Angriff tatsächlich die beste Verteidigung gegen Belästiger, wie neuere Studien belegen.

Ein anderes Verfahren, das Tyranny als wirksam in Belästigungssituationen vorschlägt, besteht darin, unklare Botschaften über das eigene Geschlecht auszusenden. Nehmen wir an, ein Trupp Bauarbeiter macht von einem Gerüst herunter eine große, muskulöse Blonde an, die vorübergeht. Wenn sie mit ihren verbalen Zudringlichkeiten beginnen, sagt die Blonde (in Tyrannys überspitztem Gleichnis) etwas wie: »Lutsch mir den Schwanz.« Das erzeugt demütigende Unsicherheit, ob die große Blonde überhaupt eine Frau ist, und nun haben die Bauarbeiter »heftige Probleme, mit der Situation klarzukommen«.

Manche Medienbilder bieten Mädchen und Frauen neue Machtphantasien, die »auf der Fähigkeit von Frauen beruhen, Grenzen zu setzen, sich selbst zu verteidigen und den Kampf aufzunehmen, insbesondere mit aggressiven Männern«, wie Martha McCaughey sagt. Sie nennt die schießwütigen Frauen in Filmen wie *Eve 8 – Außer Kontrolle, Codename: Nina* und *Femme Nikita* sowie die Frauen, die gleichwertige Gegenstücke zu Männern darstellen. In *Terminator 2* genießt Linda Hamilton den Kampf mit Männern: einen, der stöhnt, sie habe ihm den Arm gebrochen, warnt sie: »Der menschliche Körper hat zweihundertfünfzehn Knochen. Das ist einer.«

Frauenrockbands feiern die Vergeltung für Gewalt gegen Frauen. *Seven Year Bitch* schreien die Textzeile heraus: »Tote Männer vergewaltigen nicht.« Beim *Michigan Womyn's Music Festival* 1994 setzte die Frauenpunkband *Tribe 8* auf der Bühne einer Gruppenvergewaltigung eine gespielte Kastration entgegen; die Musikerinnen schnitten mit dem Messer einen Penis ab und skandierten dazu »[Studenten]Verbindungsschwein«. Manche Feministinnen protestierten gegen die inszenierte Gewalt, doch McCaughey analysiert: »*Tribe 8* tritt nicht für die Kastration von Vergewaltigern ein, sie glauben jedoch, dass phantasierte Gewalt ein kathartisches Ritual sein kann, um die Wut der Frauen über frühere und potenzielle sexuelle Aggression zum Ausdruck zu bringen.«[32]

Manche Feministinnen äußern Besorgnis darüber, dass Frauen in eine Welt der »patriarchalen Gewalt« eintreten, wenn sie zu gewalttätigen Formen der Selbstverteidigung greifen. In einer Ausgabe des Magazins *Ms.* über Frauen und Schusswaffen warnte die Autorin Ann Jones, die Auseinandersetzung mit gewalttätigen Männern sei »keine Aufgabe, die von einsamen Frauen, bewaffnet mit perlmutteingelegten Pistolen, etappenweise erledigt wird, indem sie sich Schläger und Vergewaltiger einen nach dem anderen vornehmen«.[33] Wer hat was von Perlmuttgriffen gesagt? Frauen brauchen mehr als sanfte Philosophien der Gewaltlosigkeit, wenn Männer in ihre vier Wände einbrechen.

Nach dem Beifall für gewalttätige Frauenbilder in den Medien zu schließen, interessieren sich die Frauen in Sachen Selbstverteidigung weniger für feministische Auslegungen dessen, was angemessen ist und was nicht. In dem Film *Thelma & Louise* kommt Louise dazwischen, als sich ein Vergewaltiger über ihre Freundin Thelma hermachen will, und brüllt: »Du lässt sie los, du verfluchtes Arschloch, oder dein hässliches Gesicht fliegt in tausend Stücke!« An dieser Stelle schrie das Publikum in der Kleinstadt, in der ich den Film sah, seine Zustimmung geradezu heraus. In einem Film, der alte Vorstellungen von Weiblichkeit über den Haufen warf, war das ein Spaß. Doch es war Susan Sarandons freche »Ich lasse mir von niemandem was gefallen«-Haltung, die die Frauen im Publikum ausflippen ließ. Ganz eindeutig ist das die Haltung, die wir alle gerne hätten; die Frage ist: *Können* wir sie einnehmen, ohne uns dafür auf einen Schießprügel verlassen zu müssen?

Noch weitaus spannender war die phantastische Wildwasserfahrt von Meryl Streep in *Am wilden Fluss.* Auf ihrem Floß befanden sich zwei Kriminelle und ihr etwa siebenjähriger Sohn. Es war eine todesverachtende Fahrt durch die Stromschnellen, und nur *sie* konnte sie alle durchbringen. Wie sie so hochaufgerichtet am Heck des Floßes stand, den Männern Befehle erteilte und weit weniger Angst hatte als diese, war Streep in ihrer Rolle als Sportlerin und Mutter einfach atemberaubend. Am Ende, als alle sicheres Land erreicht hatten, brachte sie es nicht über sich, den Bösen zu erschießen. Er appellierte an ihre Moral, erinnerte sie daran, dass sie sich für den Rest ihres Lebens mit der Frage herumquälen würde, ob sie das »Richtige« getan habe. (Gibt es eine bessere Methode, eine Frau unter Druck zu setzen?) Doch dann bekam er die Schusswaffe selbst in die Hände und bedrohte sofort ihren Sohn. Es gelang ihr, wieder in den Besitz der Waffe zu kommen, und sie schoss ihn, ohne eine weitere Sekunde zu zögern, mitten ins Herz. Der Film wühlte mich so auf, dass ich in jener Nacht kaum schlafen konnte. Doch der Unterschied – und er ist riesig –, wie Susan Sarandon tötet und wie Meryl Streep es tut, liegt darin, dass Streep sich zuvor körperlich in vollem Umfang fit fürs Überleben gemacht hatte. Sie wusste nicht nur durch die Stromschnellen zu steuern, aufgrund ihres Könnens vermochte sie auch die gewalttätigen Männer in Schach zu halten. Sie schoss und tötete, um ihr Kind zu schützen. Die Figur der Louise schoss aus einer Art schadenfroher Rache heraus. Sarandons Rolle beim Durchbrechen der geschlechterspezifischen Gewaltschranke verkörperte ein Zwischenstadium. Streeps nur wenige Jahre später gespielte Rolle war weitaus machtvoller.

Selbstverteidigungsfachleute sagen häufig, es sei schwer, in Frauen »Kampfeswillen« zu wecken. *Alles* in unserer Lerngeschichte ist gegen das Kämpfen ausgerichtet. Kämpfen ist ungebührlich »männlich«. Es ist etwas, an das wir nicht glauben. Wir sind Pazifistinnen; Männer führen Kriege. Und außerdem (Fazit), nehmen wir mal an, wir verlieren? Frauen, die zu körperlicher Gegenwehr fähig sein wollen, müssen »Kampfeswillen« haben. Alle Augenstoß- und Leistentrettechniken der Welt nützen nichts, wenn wir nicht bereit sind, sie einzusetzen.

Doch der Wille zu kämpfen allein genügt auch nicht. Sie brauchen die körperlichen Fertigkeiten, um sich zu verteidigen. In Selbstverteidigungskursen für Frauen werden Kampftechniken und der Wille, sie einzusetzen, parallel geschult. Meist widerstrebt Frauen die Entwicklung von »Kampfeswillen« noch mehr, als die entsprechenden Fertigkeiten zu erlernen. Männer haben Kampfeswillen und Kampftechniken gelernt, seit sie Jungen waren. Ich will damit nicht sagen, dass sich prinzipiell alle Männer in einem Kampf angemessen ihrer Haut wehren könnten; aber sie haben gelernt, wie sie es müssten. Der Unterschied ist, dass Kämpfenlernen die geschlechterspezifische Identität eines Mannes stärkt. Die der Frau jedoch schwächt es. Die geschlechterspezifische Konditionierung hinsichtlich gewalttätiger Selbstverteidigung ist sehr wirksam. Wenn ich in einem Buch einer Selbstverteidigungsexpertin nur lese: »Es ist nicht so schwer, eine Kniescheibe zu zertrümmern«, zieht sich mir innerlich schon alles zusammen. Jemandem die Kniescheibe *zertrümmern*? Schon allein die Vorstellung, so etwas mit voller Absicht zu tun, scheint, nun ja, ungeheuerlich. Selbst jetzt noch fällt es mir schwer, mir eine Knieverletzung auszumalen – nicht als das Opfer, sondern als Täter. Es ist, als bräche, wenn ich mich mit aller Gewalt vor Gewalt schützen müsste, etwas Schreckliches über mich herein – der Zorn Gottes oder wenigstens der Zorn der Freunde des Kerls. Gewalt ist schlechtes Karma, zumindest für eine Frau.

Doch welche Alternativen gibt es überhaupt – nur Gewalt oder Einschränkung? Nur die Bereitschaft, stets vor potenzieller Gefahr auf der Hut zu sein, oder die, jeden »zusammenzuschlagen« (wie sich der junge Jeff von der Weston Middle School in einem früheren Kapitel ausdrückte), der sich an einem vergreift? Gibt es keine Alternativen dazwischen? Würde das *Wissen*, dass wir uns körperlich zur Wehr setzen können, uns damit versöhnen – es wahrscheinlicher machen, dass wir in der Abenddämmerung am Strand spazieren gehen oder sogar, Gott bewahre, bei Nacht? Würde das *Wissen*, wie wir unseren Körper wirksam zur Selbstverteidigung einsetzen können, die innere Haltung des Opferseins verändern? Und würde dies wiederum die Art und Weise unserer Selbstdarstellung nach außen ändern? Und könnte dies als solches zu unserer Sicherheit beitragen?

Ein schwacher Körper und schwache Körpersprache machen Frauen unnötig angreifbar. Angreifer sind nicht mutig. Sie suchen sich die Schwachen und Wehrlosen aus. Forscher zeigten einsitzenden Schwerverbrechern Videos von Frauen, die die Straße entlanggingen, und fragten sie, welche Körpersprache diejenigen verriet, die am meisten überfallgefährdet waren. Frauen, die sich gegen den Vergewaltiger zur Wehr setzen, werden seltener vergewaltigt, wie Studien zeigen. Vier von fünf Vergewaltigungsversuchen scheitern – und sie scheitern eher, wenn die Frau sich wehrt.[34] Und je aggressiver, desto besser. In einer Studie der Universität von Nebraska mit Frauen, die Ziel eines Vergewaltigungsversuchs geworden waren, wurde die Vergewaltigung nur halb so oft vollendet, wenn die Frauen schrien, bissen, traten, kratzten oder wegrannten, als wenn sie nichts taten.[35]

Gegenwehr

Es war ungefähr zwei Uhr morgens in einer warmen Sommernacht in Manhattan, als mein Partner Lowell und ich beschlossen, von unserer Wohnung in der West End Avenue eine Runde zu laufen, um etwas aus dem am Riverside Drive geparkten Auto zu holen. Diese Straße ist seit den Neunzigern unterteilt; am Fuß eines steilen Hügels ist sie eine Hauptverkehrsstraße und am anderen Ende eine Versorgungszufahrt für die Apartmenthäuser auf der Anhöhe. Als wir uns diesem Abschnitt näherten, beschlich mich ein komisches Gefühl, weil wir ganz allein waren. Es war so spät, dass keine Portiers mehr vor den Gebäuden standen. In diesem Moment fuhr ein Auto heran und bremste ab, als es vorüberfuhr. »Die Typen halten an«, sagte ich zu Lowell, und schon stürzten sie aus dem Auto und rannten auf uns zu. Ein Mann zog ein Messer. Es waren vier oder fünf. Lowell, der seit einigen Jahren Aikido übte, begann wie ein Irrwisch herumzuspringen, war ein Wirbel aus Armen und Beinen. Damit hatten sie nicht gerechnet. Ich ergriff die Gelegenheit beim Schopf und rannte los. Lowell war ein wenig kleiner als ich, aber stärker – natürlich. Ich wusste, dass ich mich nicht wehren konnte. Meine Flucht den Hügel hinunter lenkte sie vielleicht ab. Auch gab es die Möglichkeit, auf der Hauptstraße ein vorbeifahrendes Auto anzuhalten. Ich weiß noch, dass ich mich ganz frei fühlte, als ich den Hügel hinunterflog – frei und voll Vertrauen in meine Beine, ihre Kraft und Schnelligkeit. Als ich den Fuß des Hügels erreichte und mich umblickte, bestiegen die Männer gerade eilig ihren Wagen und fuhren weg. Lowell und ich gratulierten uns, unverletzt davongekommen zu sein. Ich war froh, dass ich es geschafft hatte, instinktiv abzuhauen, als es brenzlig wurde. Doch ich wünschte mir auch, ich hätte das tun können, was *er* getan hatte – ich wünschte mir, mich verteidigen zu können, sollte jemals einer ein Messer gegen *mich* zücken. Wer immer das konnte, war ein freierer Mensch als ich. Trotzdem: dass ich wie der Wind laufen konnte – oder vielmehr, dass ich *wusste,* dass ich wie der Wind laufen konnte –, half mir, mich in dieser Situation zu schützen. Ich hatte nie zuvor weglaufen müssen, doch in der Krise war ich fähig, meine Beine so ausgreifen zu lassen wie die junge Möchtegern-Eishockeyspielerin meiner Mädchenzeit. Diese strammen Beinmuskeln waren zweifellos Teil meines inneren Selbstbildes. Ich war überzeugt davon – in jenem Sekundenbruchteil der Entscheidung –, dass ich diesen Kerlen davonlaufen konnte, und die Wahrheit ist, dass ich es wahrscheinlich wirklich hätte können. Wie sie sich um den Kerl scharten, der das Messer zückte, sprach nicht gerade für ihr Vertrauen in ihren eigenen Körper. Ich glaube, dass ich das irgendwie intuitiv erfasste. Der Adrenalinstoß des Augenblicks verlieh mir die Konzentration, das alles sehr rasch zu erkennen. Doch es war körperliche Kompetenz, die mich davonstieben ließ, als wäre der Teufel hinter mir her.

Ich wusste, dass ich ein weiteres Stadium des Körperbewusstseins erreicht hatte, als ich zehn Jahre später einmal eine Begegnung mit einem bedrohlichen Hund hatte. Damals arbeitete ich seit mehreren Jahren außer Haus und ging fast täglich die steile Bergstraße hinter meinem Haus hinauf. Unterwegs kam ich immer an einem Haus mit zwei Schäferhunden vorüber. Sie begannen zu bellen, bevor sie mich sahen. Das Bellen erschreckte mich jedes Mal, obwohl ich darauf gefasst war. Eines Tages, nachdem das Monate lang so gegangen war, hörte ich im Vorübergehen ein anderes Geräusch – das Klirren einer über den Boden schleifenden Kette. Ich drehte mich um und sah einen der Hunde, der den Hügel hinauf auf mich zurannte. Seine Kette war gerissen. Im Bruchteil einer Sekunde beschloss ich, nicht nach einem Stock zu greifen, um ihn nicht noch mehr zu reizen. Aber ich war sehr wütend, wütend genug, um mich dem Hund zu stellen. Er war nur einige Meter von mir entfernt, als ich meinen Arm auf Schulterhöhe hob, auf das Haus zeigte und rief: »Geh heim!« Der Hund machte kehrt und rannte zurück zum Haus. Ich setzte meinen Weg fort, sowohl überrascht von meinem Erfolg als auch erfüllt von einem Gefühl der Stärke.

Ein paar Jahre später war es ein Bär, dem ich auf einer abgelegenen Straße begegnete. In den Bergen um Woodstock gibt es viele Schwarzbären. Gewöhnlich bleiben sie dort oben, doch während einer Trockenheit kommen sie auf der Suche nach Futter und Wasser in die Täler. Ein- oder zweimal zuvor hatte ich Bären gesehen, wenn sie um Mitternacht mit Jungen im Schlepptau über meinen Fahrweg trotteten. Ich hatte riesige Löcher von Klauen in meinen Mülltonnen gesehen und Mülltonnen, die ergriffen und ärgerlich weggeschleudert worden waren, weil sich die Gummiseile drumherum nicht hatten zerreißen lassen. Ich war bei einem Spaziergang sogar schon auf ein Bärenjunges fünfzehn oder zwanzig Meter vor mir gestoßen. Doch an dem bewussten Tag befand ich mich auf einem anderen, einsameren Weg – es herrschte Trockenheit –, und als ich aufblickte, sah ich ein ausgewachsenes Männchen drei Meter vor mir. Männliche Schwarzbären können bis zu zweihundertsiebzig Kilo schwer werden. Es war kaum zu sagen, wer von uns beiden überraschter war. Ich drehte mich um, ging langsam in die Gegenrichtung und hörte den krachenden Rückzug eines Tieres, dem diese Begegnung genauso wenig erwünscht war wie mir, dessen gewaltige Kraft, abzuschätzen am Geräusch des unter ihm brechenden Unterholzes, mich erzittern ließ wie eine Stimmgabel. Ich setzte meinen Weg eine Minute lang mit langsamen, entschlossenen Schritten fort und rannte dann jäh los. Am nächsten Tag zwang ich mich zurück auf denselben Weg. Ich überlegte, dass die Wahrscheinlichkeit einer Begegnung mit einem weiteren Bären etwa so hoch war wie die, zum zweiten Mal von einem Blitz getroffen zu werden, und ich wollte keine phobische Angst vor Wanderungen durch meine schöne, einsame Landschaft entwickeln. Es war Körpervertrauen, Verbindung zu meiner eigenen physischen Realität, was mir das möglich machte. Doch hinterher zuckte mir ein verblüffender Gedanke durch den Kopf: Ich fühlte mich bei der Begegnung mit einem zweihundertsiebzig Kilo schweren, männlichen Bären auf einem abgelegenen Pfad sicherer, als wenn es ein siebzig Kilo schwerer

Mann gewesen wäre. Ich hatte gelernt, Männer mehr zu fürchten als Bären! Da dachte ich: Hier stimmt etwas nicht. War ich einem männlichen Wesen meiner Spezies gegenüber wirklich so hilflos und verletzlich, wie man mich glauben gemacht hatte?
Mir dämmerte, dass ich ein Opfer war. Jawohl – ein Opfer dessen, was ich »den Vergewaltigungsmythos« nenne. Mit diesem Ausdruck will ich keinesfalls die Allgegenwart der Vergewaltigung oder das dadurch verursachte Leid infrage stellen. Ich will damit vielmehr sagen, dass die *Macht der Vergewaltigung, Frauen in Gefangenschaft zu halten, sie in ihrem Leben einzuschränken und einzuschüchtern, proportional zur Verwurzelung des Glaubens wächst, dass Frauen unfähig seien, sich gegen Vergewaltiger zur Wehr zu setzen.*
Männer brauchen nicht besonders aggressiv, stark oder gewalttätig zu sein, um eine Vergewaltigung zu begehen, wie feministische Selbstverteidigungsexpertinnen betonen. Was sie nötiger brauchen, ist der *Glaube* an ihre Kraft und Macht. Wieder handelt es sich hier um die Geschichte von des Kaisers neuen Kleidern. Was wir glauben, ist wirkmächtiger als die Realität. Es ist der weit verbreitete kulturelle Glaube an die Überlegenheit der Männer, der ihnen so viel Macht verleiht – der, mit den Worten der Juristin Catherine MacKinnon, zu einem »sich selbst verwirklichenden Mythos« wird. Wir könnten genauso gut in einer Kultur leben, in der Frauen in Bars und auf Partys betrunkene Männer betatschen und flachlegen, wie Martha McCaughey unterstreicht, oder in der Frauen mit Waffen herumfuchteln und Männer auf der Straße oder in ihrer Wohnung überfallen. Tun wir aber nicht, und *dass* wir es nicht tun, ist eine Frage der Kultur, nicht der Natur.
Vergewaltigen ist ein gelerntes Verhalten. Es wurde zu einem Trieb verklärt, der in angeblich natürlichen Geschlechtsunterschieden wurzelt. Dahinter steckt die Vorstellung, dass Vergewaltigung durch die größere Körperkraft der Männer wenn nicht *verursacht*, so doch mit Sicherheit ermöglicht wird. Aber Vergewaltigung setzt weniger überlegene Größe oder Stärke voraus als vielmehr die Phantasie, dass Männer körperlich zur Unterwerfung von Frauen im Stande seien. Diese Phantasie erlaubt *sowohl* Männern *als auch* Frauen, Frauen als bequeme Zielscheiben des

Missbrauchs zu sehen. Der Vergewaltigungsmythos unterschiebt Frauen die Überzeugung, dass jeder Versuch einer Gegenwehr sinnlos wäre. Schon in dem Wort *Vergewaltiger* schwingt etwas Monströses mit, als sei jeder Mann, der vergewaltigt, nicht weniger dämonisch und unaufhaltbar als der wahnsinnige Hannibal Lecter. Der irre Psychopath ist in Wirklichkeit die Ausnahme von der Regel. Der Vergewaltiger ist viel eher der Mann von nebenan, der einen Fick will und zu eingebildet, gleichgültig oder betrunken ist, um sich um das zu scheren, was Sie wollen. Im Vergleich zu der dämonischen Version ist das die hundsgewöhnliche Vergewaltigung durch einen Bekannten. Sie ist psychologisch noch schädlicher als die durch einen Fremden, wie manche Fachleute glauben, teilweise weil es den Frauen schwerer fällt, sie als solche zu sehen und sich dagegen zu wehren. Unsere Friede-Freude-Eierkuchen-Konditionierung stürzt uns in ratlose Verwirrung. Könnte der gute alte Harry das wirklich *tun*? Und während wir noch grübeln, tut der gute alte Harry es.

Nehmen wir an, Harry ist der Mann Ihrer Freundin. Bei einer Party hat er sich zugesoffen und Sie die ganze Zeit lüstern angestiert, und jetzt folgt er Ihnen ins Schlafzimmer, wo Sie Ihren Mantel holen wollten, und – klick! – verschließt er die Tür in der Hoffnung, Sie rumzukriegen. Er mag nicht die bewusste Absicht hegen, doch er wird verdammt nochmal versuchen, Sie zu überwältigen, wenn Sie nicht willig sind.

Können Sie es mit diesem Kerl aufnehmen, und wenn nicht, warum nicht? Es ist der Vergewaltigungsmythos, der Ihnen einredet, Sie könnten es nicht – oder sogar, im Fall Ihres Nachbarn oder Ihres »übereifrigen Bekannten« (wie es Sexualkundebücher der fünfziger Jahre ausdrückten), Sie *dürften* es nicht. Es ist der Vergewaltigungsmythos, der den Begriff »Fremder« mit dem Begriff der kriminellen sexuellen Gewalt verbindet, die gemeinsam die Vorstellung des »Dämonischen« fabrizieren und die Fähigkeit von Frauen zur Gefahreneinschätzung und -abwehr untergraben. Achtzig Prozent aller Vergewaltigungen werden von einem Täter begangen, den das Opfer kennt. Wir müssen uns auf Vergewaltigungsversuche von Bekannten vorbereiten.

In einer Kultur der Gewalt gegen Frauen ist deren Angst vor Vergewaltigung nichtsdestotrotz überdeterminiert, weil sie auf einer übertriebenen Vorstellung von der Stärke der Männer beruht. Doch die Frauen durchlöchern allmählich den Vergewaltigungsmythos – sie lernen, sich gegen körperliche Gewalt zu verteidigen.

Ein Großteil der Gewalt gegen Frauen hat ein Ziel: zu untermauern, dass Frauen nicht zu einer Gegenreaktion fähig seien. Ein Schläger oder Vergewaltiger setzt im Grunde seine Autorität durch Zufügen von Schmerz durch.

Selbstverteidigungskurse behandeln gewaltsame Angriffe als »drehbuchartige Interaktionen«, die Frauen sehr wohl zu durchbrechen vermögen.

Passivität verlernen

Der Begriff »soziales Geschlecht« ist im Grunde ein System von Vorstellungen über Männer und Frauen, nach dem wir unser Leben ausrichten. Je stärker wir uns daran orientieren, desto stärker verinnerlichen wir es und desto tiefer schreibt es sich in unseren Körper ein. Das System, mit dem wir aufgewachsen sind, ist beschämend simpel. Mann stark, Frau schwach. Mann gewalttätig, Frau friedlich. Mann böse, Frau gut. Solange Frauen dieser Sichtweise des sozialen Geschlechts aufsitzen, können sie unmöglich erkennen, dass sie fähig sind, die Vergewaltigungskultur zu zerschlagen, »indem sie sich dieselbe Gewalt aneignen, die die Männer einsetzen, um die Frauen auf Linie zu halten«, wie Martha McCaughey meint.

Sich Gewalt »aneignen«? Das hört sich zunächst verrückt an. Sollten wir nicht alle Gewaltlosigkeit anstreben? Können Frauen sich wirklich befreien, wenn sie sich diesen »patriarchalischen« Begriff von Überleben zu Eigen machen? Sind wir bloß Tiere? Und schließlich, wenn Frauen Zuflucht zu Gewalt nehmen, um sich zu verteidigen, was geschieht dann mit ihrer Seele – nicht nur *ihrer* Seele, sondern auch der »Seele« der Kultur sozusagen? Denn das ist nicht weniger zur Aufgabe der Frauen geworden:

gute Sitten und geistige Werte lebendig zu erhalten, und sei es um den Preis ihres eigenen Lebens.
Seit dem vergangenen Jahrzehnt stellt eine kleine, aber wachsende Avantgarde feministischer Expertinnen für Selbstverteidigung die schon an Selbstmord grenzenden Wirkungen des Schwächemythos infrage, etwa die Passivität angesichts eines Angriffs. Diese Vorkämpferinnen lehren die Frauen, was nötig ist, um sich zu verteidigen – und sie lehren sie, ihre erlernte Schwäche zu überwinden und die Früchte körperlichen Selbstvertrauens zu ernten. Ich halte diese Bewegung für revolutionär. Erstens erschüttert sie die weibliche Überzeugung, dass eine Frau so etwas nicht schafft. Zweitens greift die Selbstverteidigungsbewegung Ideen an, die zentral für unser Verständnis von Männlichkeit und Weiblichkeit sind: dass Aggression bei Männern natürlich und bei Frauen unnatürlich sei – oder wenn nicht unnatürlich, dann verboten. Lehrer lehren dies. Politiker, Juristen und die Kirche ebenfalls. Aggression ist unabdingbarer Bestandteil dessen, was männlich von weiblich unterscheidet.
Die Feministinnen kämpfen seit Jahren aktiv gegen diese Vorstellung von der »natürlichen« Unterwerfungsbereitschaft der Frau, ohne sie ausrotten zu können. Das liegt daran, dass dieser Glaube in unserem Körper und in unserem Gehirn verankert ist und dass der körperliche Teil jetzt erst in Angriff genommen wird. »Ich lernte stechen, stoßen, schlagen, reißen, treten, schreien, stampfen, schießen und sogar mit bloßen Händen zu töten«, erzählt Martha McCaughey über ihren Kurs mit einem »gepolsterten Angreifer«.[36] Im Nachhinein wundert sie sich, wie sie feministische Aktivistin sein und niemals Selbstverteidigung praktizieren oder propagieren konnte.
Wie ich in Kapitel zwei schrieb, lernen wir, »wie ein Mädchen zu werfen« – unsere Kraft zu zügeln, sie nicht zu entfalten, an körperliche Aufgaben heranzugehen, als wären wir für die viktorianische Ohnmachtsottomane geboren. »Frauen nehmen sich als nicht fähig wahr, schwere Objekte zu heben und zu tragen, mit spürbarer Kraft zu drücken und zu schieben, kräftig zu ziehen, quetschen, greifen oder drehen«, sagt Martha McCaughey. »Wenn wir uns an solche Aufgaben machen, gelingt es uns häufig

nicht, die vollen Möglichkeiten unserer muskulären Koordination, Kraft und Hebelverhältnisse auszuschöpfen.«[37] Liebling, könntest du das Gurkenglas öffnen? Als McCaughey Selbstverteidigungsinstruktoren fragte, welche Hürde für ihre Schülerinnen am schwersten zu überwinden war, antworteten sie: »Weiblichkeit«. Sie mussten sich über ihre »Nettigkeit«, ihre Angst, Menschen zu verletzen, und ihren fehlenden Glauben an ihre eigene Körperkraft hinwegsetzen. Selbstverteidigungstraining gibt Frauen die Gelegenheit, »ein neues Drehbuch zu lernen«, sagt McCaughey. »Sie entwickeln ein neues Selbstbild, ein neues Verständnis des weiblichen Körpers und dessen, was in ihm steckt, und brechen so aus den Erwartungen aus, nach denen sie gehandelt haben – Erwartungen, die sich auf körperlicher Ebene verfestigt haben.«[38]

Zuerst muss man den Teilnehmerinnen versichern: »Ich weiß, dass Sie nicht glauben, dass Sie das können, aber vertrauen Sie mir, Sie können es.« Das ist das erste Stadium der Umprogrammierung in praktisch jedem Selbstverteidigungskurs, ob die eingesetzte Waffe ein Schießeisen oder der Körper ist. »Von Geburt an verpasst man den meisten Frauen eine Gehirnwäsche, die sie glauben macht, die einzig richtige Reaktion auf physische Aggression sei Unterwerfung«, schrieb eine Schusswaffenexpertin in der Zeitschrift *American Rifleman.* »Auf dem Spielplatz hören wir ›Mädchen schlagen nicht‹ – auch wenn wir zurückschlagen, um uns eines viel größeren und stärkeren Schulhoftyranns zu erwehren. Später hören wir, Frauen sollten ›sich einem kriminellen Angriff fügen, um keine Verletzung zu riskieren‹ – als wäre der kriminelle Akt selbst keine Verletzung.«[39] Sie ergänzt, dass die Erfahrung, sich selbst verteidigen zu lernen, das Leben verändern kann.

Und das tut sie offensichtlich auch.

Die Triumphgefühle, die Frauen empfinden, wenn sie sich zu ändern beginnen, werden im Kurs besprochen und selbst zu einem Teil dessen, was sich verwandelt. In dem Kurs, den sie selbst absolvierte, berichtete McCaughey ihren Mitteilnehmerinnen, wie sie sich einem Mann, der sie auf der Straße belästigt hatte, verbal entgegengestellt hatte: Sie hatte sich umgedreht und ihn angeschrien – das hatte sie noch nie zuvor getan. Eine andere Frau erhielt Beifall, als sie erzählte, was ihr auf dem Firmenparkplatz widerfahren war: Ein Mann hatte sich ihr mit heruntergelassenen Hosen in den Weg gestellt und zu masturbieren begonnen. Daraufhin veranstaltete sie einen derartigen Radau, dass er seinen Penis vor dem entscheidenden Moment loslassen musste, um sich die Ohren zuhalten zu können.

Was Frauen in Selbstverteidigungskursen lernen, ist ein Arsenal von »Mach keinen Scheiß mit mir«-Techniken. Sie lernen, einen Mann mit den Augen zu »markieren« – mit einem kurzen, aber direkten Blick, im Gegensatz zum Weg- oder Nachunten-Schauen –, was die Botschaft »du schaust hier kein Opfer an, Kerlchen« vermittelt. Selbstverteidigungskurse lehren praktische Angriffstechniken wie Augenquetschen, Treten und Stoßen sowie eine Waffe abzufeuern, während einem die Hände zittern. »Ich kann nicht treten, aber ich kann ihm die Augen ausquetschen«, sagte eine siebzigjährige Witwe, die Selbstverteidigung lernte, weil sie sich ihre Solo-Reisepläne nicht durch Angst verderben lassen wollte.

Manche Kurse umfassen auch Übungen gegen sexuelle Belästigung. Die Teilnehmerinnen lernen, Obszönitäten zu schreien oder auf die Hand eines Mannes auf ihrem Knie mit der nachdrücklichen, ohne Lächeln gesprochenen Aufforderung zu reagieren: »Nimm deine Hand von meinem Knie!« Wenn die Frauen diese Techniken immer wieder üben, verlernen sie allmählich ihr selbstzerstörerisches weibliches Auftreten. Die Instruktoren von Kursen mit einem gepolsterten Angreifer rufen ihnen ständig Ermahnungen zu wie: »Er ist in Ihrem Raum!« und: »Setzen Sie Grenzen!«

Workshops der Firma *Impact Personal Safety Inc.* lehren sowohl körperliche als auch verbale Reaktionen auf lebensbedrohliche Situationen. Das Programm zeigt Frauen, wie sie Kraft aus ihren stärksten Muskeln an Hüften und Schenkeln mobilisieren können. Und es zeigt ihnen, wie sie diese Kraft einsetzen können. Sie üben ihre aggressivsten Angriffe an einem männlichen Instruktor, den sie »Bif« nennen; er steckt in einem zwölf Kilo schweren Schutzanzug. Sie üben, ganz tief aus dem Bauch heraus »Nein!«

zu schreien. »Für viele Frauen, die immer gelernt hatten, still und zurückhaltend zu sein«, sagt eine Workshopteilnehmerin, »war das, als würde man sie auffordern, auf offener Straße eine Rede zu halten.«

Frauen müssen lernen, dass sie einen Schlag einstecken können, ohne zusammenzuklappen. Das zu wissen ist fast genauso wichtig, wie einen austeilen zu können. Die Journalistin und Autorin Rene Denfeld hatte beschlossen, ihre Angst vor Männern dadurch zu überwinden, dass sie boxen lernte. Vor ihrem ersten Kampf erkannte sie, dass die Angst vor Schlägen »mir mehr zusetzte als ich mir vorgestellt hatte ... Ich hatte Angst zu erstarren. Ich hatte Angst, es würde wehtun. Vor meinem geistigen Auge sah ich die Frauen aus Kinofilmen sich hilflos krümmen und flehentlich betteln«.[40] Als der Gong ertönte und Denfeld das Sparring mit ihrem Partner begann, flößten ihr all die langen Monate des Trainings wieder Selbstvertrauen ein. Sie schlug ein paar Jabs. Er ballerte ihr eins auf die Nase, »einen schmerzhaften kurzen Haken«, doch er schmerzte nicht so sehr, wie sie es sich ausgemalt hatte. »Irgendwie war diese Erkenntnis erregender und erfüllender, als ich es mir je vorgestellt hätte. Ich wurde von einem Mann geschlagen. Aber ich zerbrach nicht. Ich verkraftete es.«[41]
Lernen, »im Körper zu bleiben«, ist zentral in den asiatischen Kampfsportarten. Die Schüler lernen, ihr »Ki« zu finden, eine mentale Kraft, die Stärke und Kontrolle steigert. Sie lernen sich zu konzentrieren und rasch zu denken. Sie lernen, ihre Energie zu »bündeln«, wenn sie sich aus der Umklammerung eines Gegners befreien müssen. Diese Fertigkeiten bleiben im Körpergedächtnis gespeichert, bis sie gebraucht werden. Schon verbales Sichdurchsetzen (wie es häufig in Vergewaltigungskrisenzentren gelehrt wird) kann das Selbstvertrauen einer Frau erhöhen. Natürlich ist das Freiheitsgefühl umso größer, je potenziell tödlicher die erlernten Techniken sind. »Es war ein tolles Gefühl, einen 1,85 Meter großen Kerl zusammenzutreten«, sagte eine Kursteilnehmerin über den gepolsterten Angreifer in ihrem Überfallpräventionskurs.[42] Eine Karateschülerin wusste, dass ihr das Training in Fleisch und Blut übergegangen war, als sie sich im Traum gegen

Angriffe zu verteidigen begann. Die meisten Frauen kommen wie gelähmt in diese Kurse. Sie gehen mit neuer Kraft, weil sie gelernt haben, ihren Körper in bestimmten Situationen in bestimmter Weise zu bewegen: wenn sie von hinten gewürgt werden beispielsweise, wenn sie »im Vorübergehen« angefallen werden oder wenn sie auf dem Boden festgehalten und zu Fellatio gezwungen werden sollen. Frauen, die sich physisch zu verteidigen lernen, bleiben dabei natürlich nicht stehen. »Sie entwickeln sich weiter«, erklärt eine Instruktorin, und die Verwandlung ist aufregend. »Sie beenden gestörte Beziehungen, sie suchen sich eine neue Arbeit, sie gehen wieder zur Schule. Sie springen aus Flugzeugen! Sie steigen auf Berge. Sie gründen eine Firma. Ich meine, sie erreichen einen Ort in sich selbst, wo sie mehr schaffen als bisher, und sie durchbrechen diese Kette oder Mauer ... oder wie immer Sie es nennen wollen.«[43]

Vielleicht ändern sie auch nichts an ihrer beruflichen Situation, ändern sich aber *in* ihr. Eine Krankenschwester, die drei Überfallpräventionskurse mitgemacht hatte (sie werden in verschiedenen Schwierigkeitsgraden angeboten), merkte erst hinterher, dass sie sich in Anwesenheit der Ärzte immer gefühlt hatte, »als wäre ich gar nicht da. Ich fühlte mich, als sei ich die kleine Maus, die zwischen all diesen großen, wichtigen Männern umherwuselt und ... dass ich kein Recht hätte, von ihnen zu erwarten, dass sie mich bemerkten, und dass sie mir offensichtlich überlegen waren«.[44]

Jeder, der schon einmal als Patient in einem Krankenhaus war, weiß, wessen Betreuung wichtiger ist, die der Schwestern oder die der Ärzte. Und die Schwestern wissen es selbst. Doch das System erlegt ihnen eine Haltung der Unterwürfigkeit auf. Die Kurse gaben dieser Schwester das Gefühl: »Ich habe ein Recht hier zu sein, ich existiere, ihr müsst mich zur Kenntnis nehmen, ich habe das Recht, euch infrage zu stellen, und ich habe das Recht, euch zu sagen, was ich will.«[45] Im Endeffekt, so sagte sie, fühlte sie sich den Ärzten gleichwertig.

Eine solche Verwandlung ist in der Tat »lebensverändernd«. Die hilflose Frau gibt es nicht mehr. Der unaufhaltbare Mann ist aufhaltbar. Und die neue physische Durchsetzungsfähigkeit der Frau ist nicht auf den Durchbruch irgendeines verschütteten Instinkts zurückzuführen – genauso wenig wie Vergewaltigung. Sie wurzelt in der Übernahme eines Verhaltensmodells – genau wie Vergewaltigung. Wenn nötig, muss eine Frau im Stande sein, sich auf ihren Kampfgeist zu verlassen und zu tun, was sie tun muss, um zu überleben. Doch die Philosophie der Selbstverteidigung geht über die Fähigkeit des Individuums zum Selbstschutz hinaus. Sie zielt mitten ins Herz der künstlichen Weiblichkeit und der Ungleichheit zwischen den Geschlechtern, die der Begriff des geschlechterspezifischen Rollenverhaltens so hinterhältig stützt. Körperliche Gleichstellung – auch wenn sie kompensatorisch erreicht werden muss, etwa durch Selbstverteidigungskurse, die den Kampfplatz zwischen Menschen ungleicher Größe und Kraft einebnen – macht Schluss mit der Unterwerfung. Dies ist, wie sich immer deutlicher abzeichnet, das letzte Ziel der Frauenbefreiung. Wenn wir uns selbst körperlich gleich *machen*, können wir uns endlich wirklich befreien.

Epilog

Frauen sind aufgrund des Schwächemythos aus vielen Lebensbereichen ausgeschlossen worden. Zuerst glaubten wir, dass wir schwach seien. Dann schöpften wir den Verdacht, dass wir es nicht waren, aber man predigte uns weiter das Gegenteil. Dann bewiesen wir, dass wir nicht schwach waren, und wurden als Mannweiber verspottet, weil wir stark waren. Die Frauen haben im Laufe des vergangenen Jahrhunderts Hürde nach Hürde genommen, außergewöhnliche körperliche Kräfte und Fertigkeiten bewiesen, und immer noch werden wir aus keinem anderen Grund zurückgehalten, als dass wir weiblich sind. Beispielsweise ist in Berufen, die Körperkraft erfordern, immer noch ein Gegenschlag im Schwange, insbesondere gegen Frauen, die mit Männlichkeit assoziierte Tätigkeiten ausüben. Berufe, die unter Einsatz von Muskelkraft dem Schutz anderer dienen – etwa bei Militär, Polizei und Feuerwehr – sind besonders wichtig für die männliche Identität. Sogar bei eher geistigen Tätigkeiten, etwa in der Medizin, Juristerei und im Ingenieurwesen gilt traditionell eine gewisse männliche Entschlossenheit oder Größe oder Männerschweiß als Voraussetzung. Weil sie ihre eigene körperliche Stärke nicht erfahren haben, glauben auch Frauen das Märchen von der »Männerarbeit«. Wenn wir eine Brücke sich hoch über einen Fluss schwingen sehen, denken wir unwillkürlich an einen Mann, der sie, über das Zeichenbrett gebeugt, konstruiert hat. Eine Neurochirurgin, die im Gehirn eines Menschen herumfuhrwerkt? Unmöglich. Das verlangt männlichen Sachverstand. Ebenso ein Flugzeug zu fliegen. Und Männer waren nicht die Einzigen, die sich schon über die bloße Vorstellung einer Pilotin lustig machten. Sogar Frauen neigten zu Sätzen wie: »Ich würde *niemals* ein Flugzeug besteigen, das von einer Frau gesteuert wird.« Die Qualifikationen für

solche Tätigkeiten lagen nicht auf körperlicher Ebene im engeren Sinn, sondern umfassten eine unbeschreibliche Mischung aus Mut und Sehschärfe, die wir Frauen absprachen.
In den dreißig Jahren von 1970 bis 2000 wurde einem Großteil der Mythologie der »Männerarbeit« die Grundlage entzogen. Heute denken wir uns nichts dabei, wenn eine Frau eine riesige 767 durch die Lüfte kutschiert. Wir vertrauen einer Neurochirurgin vielleicht mehr als ihrem männlichen Kollegen, weil sie keine Angst vor einer persönlichen Beziehung zu uns hat und außerdem noch unsere graue Substanz repariert. Jetzt, wo Polizistinnen genauso gut schießen wie Polizisten, sind sie etwas Alltägliches. Spioninnen ebenso. Es hat sich so viel geändert, dass man sich nur noch schwer vorstellen kann, dass es jemals anders war.
Doch nicht alles ist zurechtgerückt worden. Als Rachel vor zwei Jahren nach Nantucket zog, weil sie abseits des Stadtlebens schreiben wollte, nahm sie einen Job auf dem Bau an, um sich ihren Lebensunterhalt zu verdienen. Nantucket ist eine wohlhabende Insel, auf der viel gebaut wird, weshalb sie leicht Arbeit bekam. Sogar am unteren Ende der Hierarchie zu stehen war für sie in Ordnung, zumindest anfangs. Die männlichen Unternehmer erklärten ihr, sie müsse ihre »Qualifikationen« entwickeln. Doch sie musste viel länger Fußleisten schmirgeln und Farbe von Fensterläden kratzen, als bis sie gelernt hatte, wie man das macht. Sie schmirgelte acht Stunden täglich. Ihre Hände wurden schwielig. »Es ist nicht schlimm. Mir macht es Spaß«, erklärte sie mir, »und die Ausblicke hier draußen sind fabelhaft, wenn man im Freien arbeiten kann.« Ich stellte fasziniert fest, dass sie einer so zermürbenden Mühsal eine positive Seite abzugewinnen vermochte. Sie fuhr Taxi, um ihr Einkommen aufzubessern. Doch es vergingen nur wenige Monate, bis sie sich eingestehen musste, dass sie bewusst am Fortkommen gehindert wurde. Sie kündigte bei einem Unternehmer, der sie nicht zur Anstreicherin aufsteigen ließ, nahm eine Arbeit bei einem anderen an, der ihr raschen Aufstieg versprach, und kündigte auch dort, als ihr klar wurde, dass sie bis zum Sankt Nimmerleinstag darauf warten würde, über die Schmirgelei hinauszukommen. Diese Kerle *wollten* nicht, dass sie lernte, eine perfekte Dichtnaht mit der Silikonpistole hinzukriegen.

Also verließ sie den Bau. Jetzt unterrichtet sie an der örtlichen High School und verkauft ihre selbst gefertigten und bemalten Möbel für Hunderte von Dollars über eBay. So viel dazu, dass sie noch nicht »so weit« sei (wie einer der Kerle zu ihr sagte), eine Wand aus Rigipsplatten mit Latex zu streichen. Es war eine aufschlussreiche Lektion in geschlechterspezifischer Diskriminierung. Auf einer Insel Kilometer weit draußen vor der Küste kamen Männer, die die beste Arbeit für sich reservieren wollten, immer noch ungestraft davon.

Das heißt nicht, dass man Frauen auf dem Festland nicht ebenfalls Steine in den Weg zu den echten Kerlejobs legen würde. Als eine Frau in Kalifornien bei der örtlichen Feuerwehr nachfragte, was sie für eine Bewerbung brauche, erhielt sie zur Antwort, sie müsse die Feuerwehrakademie besuchen und eine Zulassung als medizinisch-technische Notfallassistentin erwerben, bevor sie sich vorstellen könne. Sie tat wie geheißen, doch wie sich herausstellte, brauchte sie keine dieser beiden Qualifikationen. »Der Kommandant, mit dem ich anfänglich gesprochen hatte, wollte mich abschrecken. Er wollte mich einfach nicht nehmen.«

Anfang der 1990er Jahre, nach viereinhalb Jahren praktischer und theoretischer Ausbildung trat die Spenglergesellin Vidette Galvin ihre erste Arbeit auf einer Baustelle an. Das Toilettenhäuschen – für beide Geschlechter, sie war die einzige Frau auf der Baustelle – befand sich hoch oben auf dem Dach. Nachdem sie es an diesem ersten Morgen aufgesucht hatte, merkte sie, dass es hin und her schwankte. »Da ging ich hinaus und drehte mich um und sah, dass das Kranseil an der Spitze des Toilettenhäuschen festgemacht war und dass sie mich hochgehievt hatten, während ich drin saß.«

Die Einstellungen zu Frauen in nichttraditionellen Berufen schwanken, doch beweisen müssen sich diese Frauen alle. Die Männer »arbeiten schon sehr lange in handwerklichen Berufen, und manche Kerle glauben, dass wir nicht dazu fähig sind«, meint die Brückenanstreicherin Nancy Kiniery. »Aber ein paar von uns zeigen der Welt, dass wir es können. Und dass wir es gut können.«

Kiniery erinnert sich an das erste Mal, als sie auf die San Francisco Bay Bridge geschickt wurde. Als Lehrling erhielt sie zunächst einmal die Ausrüstung: Schutzbrille, Atemschutzmaske, einen

Hammer zum Rostabklopfen und andere Werkzeuge – alles, was man braucht, um eine Brücke anzustreichen. Das Ganze fand zwei Tage vor einem Erdbeben statt, bei dem ein Teil der Brücke einstürzte. Kiniery erklomm die Treppe zur Spitze des Brückenpfeilers, die Werkzeuge in einer Tasche auf ihrem Rücken. »Ich weiß noch, dass ich dachte, o Mann, werde ich das jeden Tag schaffen? Als ich da oben ankam ... setzten sie mich in einen Korb an der Außenseite der Brücke; er hing also über dem Wasser.« Sie wurde in dem Korb an dem Brückenpfeiler heruntergelassen. »Sie sagten: ›Geh einfach runter und streich innen und außen‹, und ich dachte: ›Ja, gut, steigt ihr in den Korb und zeigt mir, wie man das macht?‹ Ich werde diesen Tag nie vergessen.«

Körperliche Kompetenz bewirkt auch bei Frauen in nicht handwerklichen Berufen einen großen Unterschied. Achtzig Prozent der Frauen in Spitzenpositionen bei Fortune-500-Firmen sind in irgendeiner Weise dem Sport verbunden. Candace Carpenter, Gründerin und Vorstandsvorsitzende der bedeutenden Frauen-Website iVillage, führt ihren beruflichen Erfolg darauf zurück, dass sie aktiv klettert: »Beim Klettern sind die Folgen hautnah spürbar, wenn man Mist baut. Es bleibt einem nicht viel Zeit, sich auszuruhen. Man klettert eine Route, die man in aller Regel noch nie gesehen hat, und man muss Entscheidungen fällen, ohne zu wissen, was vor einem liegt.« Das ist dem Internet-Geschäft nicht unähnlich, wie sie sagt. »Man muss unter Zeitdruck und mit wenig Information viele richtige Züge machen.«

Dieselben Herausforderungen könnte man auch im Job einer Mutter sehen – noch dazu, wenn sie jung und mittellos ist und ihr Kind allein erziehen muss. Harte körperliche Anforderungen zu erfüllen kann dem Selbstbewusstsein beträchtlichen Auftrieb geben. Das stellte man auch am Mount Holyoke College in Massachusetts fest, als dort ein Ruderprogramm für junge, allein erziehende Sozialhilfebezieherinnen eingerichtet wurde. Die Absicht, die dahinter stand, war, ihnen so viel Selbstvertrauen zu geben, dass es sich auf andere Lebensbereiche übertrug. Das College stellte nicht nur seine Boote und Trainer zur Verfügung, sondern auch Betreuung für die Kinder der Ruderinnen. Wie ein Trainer berichtete, lernten die jungen Mütter schneller als manche der anderen Neulinge, denen mehr Zeit zum Üben zur Verfügung stand. Binnen kurzem nahmen sie am Mount Holyoke Invitational teil, der ältesten Frauenregatta im Land, wo sie gegen Teams aus Amherst, Middlebury, Smith und anderen Colleges antraten, die nicht nur für ihr akademisches Niveau, sondern auch für ihre Rudererfolge bekannt waren.

Ich glaube, es ist ein Zeichen für das Dahinscheiden des Schwächemythos, dass ich anfing, mir die größere physische Freiheit meiner Töchter zu wünschen. Ich sah, wie positiv diese Freiheit ihr Leben beeinflusste. Zur Feier ihres dreißigsten Geburtstages machte Rachel eine fünfwöchige Reise durch Vietnam. Sie reiste allein, ohne vorherige Reservierungen und nur mit einem grob skizzierten Reiseplan. Als ich nach ihrer Rückkehr ihre begeisterten Berichte hörte – wie sie mit dem Zug in die Berge nahe der chinesischen Grenze gefahren war, die Bambusbrücken im Mekong-Delta überquert hatte und durch Geheimtunnel des Vietcong gekrochen war –, wusste ich, dass auch ich mehr Abenteuer in meinem Leben erleben wollte.
Einige Monate nach Rachels Rückkehr musste ich geschäftlich nach Tokio. Da meine Reise in diesen Teil der Welt bezahlt wurde, beschloss ich, einen Abstecher nach Vietnam dranzuhängen. Ich begann mein Abenteuer in Saigon, ohne Reservierungen, mit wenig Kleidung und nur mit meinem alternativen Reiseführer als Begleitung. Ich hatte während meines Aufenthalts mit körperlichen Problemen zu kämpfen, bekam mehrmals Durchfall. Ich fürchtete mich vor Moskitos, weil ich vor meiner Abreise ein wirkungsloses Medikament gegen Malaria verschrieben bekommen hatte. Ich mied die Mittagssonne und konnte mich nicht dazu überwinden, auf einem Schnorchlerboot aufs südchinesische Meer hinauszufahren. Ich ging nicht über die Bambusbrücken im Mekong-Delta und krabbelte auch nicht durch die Geheimtunnel. Aber ich unternahm mehr, sah mehr, *spürte* mehr, als ich mir je hätte träumen lassen. Ich durchstreifte die Straßen Saigons und Hanois, bei Tag und bei Nacht. Ich sauste auf dem Rücksitz eines Motorrollers umher, gelenkt von einem jungen Vietnamesen, der sich gnädig herbeiließ, mein Führer zu werden, mir die Straßen-

märkte zeigte, mit mir in Garküchen zu Abend aß, mich in seine Familie einlud. Ich spürte die Freiheit, meine eigenen Wege zu gehen, meine eigenen Gedanken zu denken, mich der Herausforderung zu stellen, ganz allein in eine ganz andere Kultur einzutauchen. Und als ich wieder nach Hause zurückkehrte, tat ich das mit einer anderen Einstellung zum Leben und zu dem, was ich mit dem Rest davon anstellen wollte. Rückblickend sehe ich heute, dass mir diese Erfahrung ohne das Vorbild meiner Töchter, ohne den erneuerten Kontakt zu meinem Körper und ohne das Gefühl der Berechtigung, das mir die Frauenbewegung gab, nicht möglich gewesen wäre.

Ich überlege es mir nicht nochmal, keinesfalls. In Zukunft warten noch mehr Risiken darauf, auf sich genommen zu werden. Das nächste Mal hoffe ich mit meiner Tochter hinzufahren. Ich werde bereit sein, mich mit Haut und Haaren auf dieses südostasiatische Land und seine besonderen Geheimnisse einzulassen. Der springende Punkt ist: Mit zweiundsechzig fühle ich mich in meinen körperlichen Möglichkeiten keineswegs eingeschränkt. Ich habe mir etwas zurückgeholt, das ich in jüngeren Jahren besaß: die schiere Freude daran, mich auf meinen Körper verlassen zu können. Ich glaube nicht, dass ich körperlich abschalten muss, nur weil ich »ein gewisses Alter« erreicht habe. Wenn es hart auf hart geht, gehe ich kickboxen. Ich hatte das Glück, den Schwächemythos zu überleben, und dafür werde ich ewig dankbar sein.

Dank

Nach Fertigstellung eines Buches erstaunt es mich immer wieder, wie viele Menschen durch ihren Elan und ihre persönlichen Leidenschaften auf die eine oder andere Weise dazu beigetragen haben. Ich danke meinem Bruder William Hoppmann, Psychotherapeut in Pittsburgh. Mit der EMDR-Therapie behandelt er traumatisierte Menschen – auch Sportler und Sportlerinnen, deren Trauma ihre sportliche Leistung beeinträchtigt. Bill stand immer an der Spitze seines Fachs, und meine Diskussionen mit ihm haben über die Jahre mein Denken und Schreiben tief beeinflusst. Meine liebe Freundin Barbara Koltuv las frühe Entwürfe zu *Hürdenlauf* und ermutigte mich wie eine echte Jungianerin, lockerer zu werden und über mich hinauszuwachsen. Ich spreche viele meiner Ideen mit Barbara durch, und immer bereichern mich unsere Gespräche.

Val Tekavek, Dozentin am Bard-College, ist meine Gefährtin beim Schreiben, die erste, die ich je hatte, und es war eine Offenbarung und ein Segen, mit ihr zusammenzuarbeiten. Val ist eine wunderbare und großzügige Autorin und Lehrerin, die mir enorm dabei geholfen hat, Themen und Ideen zusammenzutragen und die bestmögliche, einfachste schriftliche Darstellungsform zu finden.

Ich bin vielen Fachleuten verpflichtet, deren Forschungsarbeiten und Publikationen den Hintergrund für mein Denken abgeben. Es sind viel zu viele, um sie hier alle zu nennen, doch einige von ihnen möchte ich hervorheben, weil sie in meinen Augen das Ruder herumgerissen haben und in eine neue Richtung steuern. Es sind dies die Sporthistorikerin Susan K. Cahn, Patricia Vertinsky von der *School of Human Kinetics* an der Universität von British Columbia im kanadischen Vancouver, Jackie L. Hudson, Motologin und Dozentin für Biomechanik an der *California State Uni-*

versity in Chico (sie hält sich zugute, sich noch als Grundschülerin im texanischen Gruver nur durch Beobachten und Nachahmen älterer Spieler den verzögerten Sprungwurf mit zurückgelegtem Oberkörper beigebracht zu haben; doch verweigerte man ihr aufgrund ihres Geschlechts die Aufnahme in die Baseball-Jugendliga), und die Psychiaterin und Traumatheoretikerin Judith Herman von der *Harvard Medical School.* Visionär fand ich die Arbeit von Martha McCaughey, die am *Virginia Tech* lehrt; sie prägte den Begriff »physischer Feminismus« und entwickelte dessen Theorie. Die Psychologin Barbara Sherwin und die Endokrinologin Ethel Siris beeinflussten mein Verständnis des Zusammenhangs von Hormonen und Körperkraft bei Frauen.

Mitzuerleben unter welch veränderten Lebensumständen meine Töchter Gabrielle und Rachel aufwuchsen machte mir erst klar, wie sehr es mich benachteiligt hat, in die Schule gegangen zu sein, bevor der Zusatz *Title IX* zum *Civil Rights Act* gleiche Rechte für Frauen auf den Sportplätzen Amerikas verlangte. Durch ihr Vorbild und ihre Ermutigung habe ich meinem Körper eine viel wichtigere Rolle in meinem Leben eingeräumt, und ich danke ihnen dafür, dass sie mir gezeigt haben, was Frauen erreichen können.

Schließlich danke ich meiner Agentin Ellen Levine, die seit vielen Jahren und vielen Büchern hinter mir steht. Sie regte die Zusammenarbeit mit Susanna Porter, meiner Lektorin bei Random House, an und sie hatte Recht damit. Susanna tat weit mehr, als den verschiedenen Fassungen meines Manuskripts ihre volle Aufmerksamkeit zu widmen; sie hielt mich im Grunde dazu an, auf einem höheren Niveau zu schreiben. Dieses Buch wäre ohne ihre Hilfe völlig anders geworden, und für ihre Intelligenz, ihre Beharrlichkeit und ihren Glauben an mein Projekt kann ich ihr gar nicht genug danken.

Anmerkungen

Einleitung

1 E. B. Lenart et al., »Current and Ideal Physique Choices in Exercising and Nonexercising College Women from a Pilot Athletic Image Scale«, *Perceptual Motor Skills* 81, Nr. 3, Teil 1 (Dezember 1995), S. 831–848. Man beachte: Frauen, die ihre gegenwärtige Figur als mäßig mesomorph beurteilten, wiesen die niedrigsten Werte auf der Körperzufriedenheitsskala auf.

2 Gabrielle Reece, zitiert in : *Glamour*, Juni 1997, S. 109.

3 Neal Karlen, »Diamonds Are a Girl's Best Friend«, *The New York Times*, 6. September 1998, Teil 9, S. 6.

4 Sandra Lee Bartky, »Foucault, Femininity and the Modernization of Patriarchal Power«, in: I. Diamond und L. Quinby (Hrsg.), *Feminism and Foucault: Reflections on Resistance*, Boston (Northeastern University Press) 1988, S. 73.
Wie Bartky schreibt, sitzen und stehen Frauen meist mit eng beieinander gehaltenen oder sich berührenden Beinen, Füßen und Knien; dies ist eine »codierte Deklaration sexueller Vorsicht in einer Gesellschaft, die immer noch an einer doppelbödigen Moral festhält, oder ein wenn auch unbewusster Versuch, den Genitalbereich zu schützen«. Die angespannte, eingeengte Haltung der Frau ist ein Ausdruck ihres Bedürfnisses, reale oder symbolische sexuelle Angriffe abzuwehren.

Kapitel I

1 Heather Pringle, »New Women of the Ice Age«, *Discovery*, April 1998.

2 Manche in europäischen altsteinzeitlichen Höhlen entdeckte Höhlenmalereien beispielsweise hielt man anfänglich für Waffen – Harpunen, Pfeile und Speere –, während spätere Interpretationen sie als stilisierte Pflanzendarstellungen deuteten. June Kennard und John Marshall Carter, »In the Beginning: The Ancient and Medieval

Worlds«, in: D. Margaret Costa und Sharon R. Guthrie, *Women and Sport*, Champaign (Human Kinetics Books) 1994, S. 16.

3 Pringle, S. 66. Dass diese Erkenntnisse erst jetzt gewonnen wurden, hängt nach Ansicht von Olga Soffer und anderen mit sexistischen männlichen Annahmen über die Hauptaufgabe der Frauen zusammen – dass sie beispielsweise unmöglich an überlebenswichtigen Aktivitäten beteiligt gewesen sein konnten, weil sie bei den Kindern in der Höhle bleiben mussten. Diese Annahme beeinflusste die Interpretation archäologischer Funde durch die Männer – so registrierten sie die Spuren von Netzen oder essbarem pflanzlichem Material in Fossilien nicht. Soffer und ihre Kollegen haben die Eiszeit in ein völlig neues Licht gerückt.

4 Riane Eisler, *Kelch und Schwert*. München (Goldmann) 1993. Deutsche Erstausgabe: *Von der Herrschaft zur Partnerschaft*. München (Bertelsmann) 1989, S. 83.

5 Kennard und Carter, in: Costa und Guthrie, S. 24.

6 Roberta J. Park, »From ›Genteel Diversions‹ to ›Bruising Peg‹: Active Pastimes, Exercise, and Sports for Females in Late 17th- and 18th-Century Europe«, in: Costa und Guthrie, S. 31.

7 Ebd., S. 33.

8 Peter F. Radford, »Women's Foot-Races in the 18th and 19th Centuries: A Popular and Widespread Practice«. Vortrag vor dem Internationalen Kongress für Sportgeschichte, 30. Juni bis 4. Juli 1993, Berlin.

9 Dahn Shaulis, »Women of Endurance«, *Women in Sport and Physical Activity Journal* 5, Nr. 2 (1996) S. 5.

10 Nancy L. Struna, »The Recreational Experiences of Early American Women«, in: Costa und Guthrie, S. 35.

11 Martha H. Verbrugge, *Able-Bodied Womanhood: Personal Health and Social Change in Nineteenth-Century Boston*. Oxford, (Oxford University Press) 1988, S. 196. Zitiert in Costa und Guthrie, S. 51.

12 Stanley B. Alpern, *Amazons of Black Sparta*. New York (New York University Press) 1999, S. 32.

13 Edmond Chaudoin, *Trois mois de captivité au Dahomey*. Paris 1891, S. 186.

14 Antonia Fraser, *The Warrior Queens*. New York (Vintage) 1990, S. 239, 331–332.

15 Ian Fisher, »Like Mother, Like Daughter, Eritrean Women Wage Wars«, *The New York Times*, 26, August 1999, S. A1.

16 Mary Wollstonecraft, *Ein Plädoyer für die Rechte der Frau*. Neu übersetzt von Irmgard Hölscher. Weimar (Verlag Hermann Böhlaus Nachfolger) 1999 [Original 1792], S. 27.

17 Ebd., S. 225.
18 Hedwig Dohm, *Schicksale einer Seele.* München (Verlag Frauenoffensive) 1988 [Original 1899], S. 28.
19 Wollstonecraft, S. 48.
20 Ebd.
21 Ellis Cashmore, *Making Sense of Sport.* London und New York. (Routledge) 1990, S. 89.
22 Thomas E. Addis Emmet, *The Principles and Practice of Gynecology.* Philadelphia 1879, S. 21. Zitiert in Patricia A. Vertinsky, *The Eternally Wounded Woman.* Urbana (University of Illinois Press) 1994, S. 50.
23 S. K. Westman, *Sport, Physical Training and Womanhood.* Baltimore (Williams and Wilkins) 1939, S. 140.
24 J. Madison Taylor, *Pediatrics,* 15. Juli 1896.
25 Bruce Kidd, »The Men's Cultural Centre: Sports and the Dynamic of Women's Oppression/Men's Repression«, in: Michael A. Messner und Donald F. Sabo, *Sport, Men and the Gender Order.* Champaign (Human Kinetics Books) 1990, S. 35.
26 Ebd.
27 Vertinsky, S. 70.
28 Ebd., S. 180.
29 Elizabeth Robinson Scovil, *Preparation for Motherhood Manual.* Philadelphia (Henry Altemus) 1889, S. 39.
30 C. Roberts, »Bodily Deformities in Girlhood«, *Popular Science Monthly* 22 (Januar 1983), S. 324.
31 Vertinsky, S. 207.
Vertinskys Angaben zufolge unterwarf sich Charlotte Perkins Gilman auch »rigiden Formen der Selbstdisziplinierung«. (ebd.) Sie war »besessen« von körperlichem Training und Nahrungseinschränkung.
32 Charlotte Perkins Gilman, *The Living of Charlotte Perkins Gilman: Autobiography* (University of Wisconsin Press) 1991, S. 96.
33 »The Obstetrical Society Meeting to Consider the Proposition of the Council for the Removal of Mr. I. B. Brown«, *British Medical Journal* 1, (1867), S. 396.
34 Gilmans immer wiederkehrende Depression gab sich schließlich von selbst, und sie gewann ihre Lebensenergie zurück. Ein Jahr nachdem sie sich zum ersten Mal an Mitchell gewandt hatte, verließ sie Mann und Kind und zog nach Kalifornien, wo sie in Kontakt mit dem Sozialismus und der Frauenbewegung kam. Ihr Mann, einst ein Bewunderer ihrer sportlichen Fähigkeiten, beklagte sich jetzt der Presse gegenüber, dass seine Frau zu sehr mit der Entwicklung ihrer Muskulatur beschäftigt sei.

35 G. Stanley Hall, *Educational Problems,* Bd. 1. New York (I. D. Appleton) 1911, S. 200. Zitiert in Vertinsky.
36 Ders., »Education of the Will«, *Princeton Review* 10 (November 1882) S. 321. Zitiert in Vertinsky.
37 Ders., »Child Study and Its Relation to Education«, *The Forum* 29 (August 1900), S. 702.
Die Männer, die das Sagen hatten, wollten auch darüber entscheiden, wie viel Energie Frauen für das Denken aufwendeten. Wiederum gab es dafür eine biologische Begründung. Wenn die Frauen ihr Gehirn benutzten, verbräuchten sie all ihre Energie, was weniger Kinder zur Folge hätte, wie die Mediziner glaubten. »Es ist wahrscheinlich keine Übertreibung zu sagen, dass zu den Durchschnittskosten der Erziehung eines Mädchens je ein ungeborenes Kind addiert werden muss«, schrieb ein Schützling Halls in *Popular Science Monthly.*
38 Michael S. Kimmel, »Baseball and The Reconstitution of American Masculinity, 1800–1920«, in: Messner und Sabo, S. 57.
39 Mary Roth Walsh, »Men's Behavior: Is the Mythopoetic Men's Movement Creating New Obstacles for Women?«, in: Dies. (Hrsg.), *Women, Men, and Gender.* New Haven (Yale University Press) 1997, S. 399. Walsh zitiert hier einen Bericht des *Commissioners of Education* von 1905, der die beklagenswerte Verfassung der amerikanischen Jungen schilderte.
40 Michael Kimmel berichtet in Messner und Sabo über die Bewegung des muskulären Christentums, das durch Bücher wie *The Manliness of Christ* (1880) und *The Masculine Religion* (1906) gepredigt wurde.
41 G. Stanley Hall, »Christianity and Physical Culture«, *Pedagogical Seminary* 9 (1902), S. 377. Zitiert in Vertinsky.
42 Mary Putnam Jacobi, *The Question of Rest for Women During Menstruation.* New York (G. P. Putnam's Sons) 1877.
43 Vertinsky, S. 112.
44 Mary Putnam Jacobi, »Social Aspects of the Re-admission of Women into the Medical Profession«, Artikel und Briefe, vorgelegt auf dem ersten Frauenkongress der *American Association for the Advancement of Women.* New York, 1874, S. 173.
45 Florence Pomeroy, Viscountess Harberton, »Rational Dress for Women«, (Macmillan) 1882, zitiert in: Janet H. Murray, *Strong-Minded Women,* New York (Pantheon Books) 1982, S. 70. Zitiert in Vertinsky, S. 76.
46 Louise Jeye, *Lady Cyclist.* August 1895, S. 224.
47 W. H. Fenton, »A Medical View of Cycling for Ladies«, *Nineteenth Century* 39 (1896), S. 797. Zitiert in Vertinsky, S. 77.

48 Gordon Stables, »Health«, *Girls' Own Paper,* August 1901, S. 4.

49 E. B. Turner, »A Report on Cycling in Health and Disease«, *British Medical Journal* 1 (9. Mai 1896), S. 1399.

50 Patricia Vertinsky, »Women, Sport and Exercise in the 19th Century«, in: Costa and Guthrie, S.70.

51 Barbara G. Walker, *Das geheime Wissen der Frauen.* Frankfurt (Zweitausendeins) 1993, S. 27.
Griechische Darstellungen zeigen keine einbrüstigen Amazonen. »Zu dieser Idee«, meint Walker, »könnten asiatische Bilder des Ur-Androgynen beigetragen haben, der eine männliche und eine weibliche Hälfte hat, was sich in einer Verbindung der Amazonengöttin Artemis mit ihrem Bruder-Gefährten Apollon widerspiegelt.«

52 Verbrugge, S. 196.

53 Senda Berenson, »The Significance of Basketball for Women«, *Line Basket Ball or Basket ball for Women 1901,* hrsg. von Senda Berenson, New York (American Sporting) 1901, S. 20–27. Zitiert in: Joan S. Hult, »The Story of Women's Athletics: Manipulating a Dream 1890–1985« in: Costa and Guthrie, S. 87.

54 Hult, S. 87.

55 Ebd., S. 90.

56 Margaret Carlson, »Why It Was More Than a Game«, *Time,* 19. Juli 1999, S. 64.

57 Ann Crittendon Scott, »Closing the Muscle Gap«, *Ms.,* September 1973, S. 89.

58 L. A. Wolfe et al., »Aerobic Exercise in Pregnancy: An Update«, *Canadian Journal of Applied Physiology* 18 (1993), S. 119–147.

59 Elizabeth Arveda Kissling, »When Being Female Isn't Feminine: Uta Pippig and the Menstrual Communication Taboo in Sports Journalism«, *Sociology of Sport Journal* 16 (1999), S. 79–91.

60 Ebd., S. 84.

61 J. Hodges, »Tannui, Pippig Celebrate the 100th«, *Los Angeles Times,* 16. April 1996, S. C1. Zitiert in Kissling, S. 85.

62 Dan Shaughnessy, »Passing into History«, *Boston Herald.* 16. April 1996, S. 41, 46. Zitiert in Kissling, S. 85.

63 Ebd., S. 88.

Kapitel 2

1 *Newsweek*, 19. Juli 1999.
2 Sigmund Freud, *Studienausgabe, Bd. I, Vorlesungen zur Einführung in die Psychoanalyse* und *Neue Folge*, Frankfurt (S. Fischer) 1969, S. 313.
3 William H. Masters und Virginia E. Johnson, *Die sexuelle Reaktion*. Reinbek (Rowohlt) 1970, S. 11. Siehe auch: Dies., *Impotenz und Anorgasmie*. Frankfurt (Goverts) 1973.
4 Anne E. Beall, »A Social Constructionist View of Gender«, in: Anne E. Beall und Robert J. Sternberg (Hrsg.), *The Psychology of Gender*. New York (Guilford Press) 1993, S. 141.
5 M. E. Johnson, G. Jones, C. Brems, »Concurrent Validity of the MMPI-2 Feminine Gender Role (GF) and Masculine Gender Role (GM) Scales«, *Journal of Personality Assessment* 1 (Februar 1966), S. 153–168.
6 Friedrich Wilhelm Nietzsche, *Der Wille zur Macht*, in: Werke: Kritische Gesamtausgabe. Hrsg. von Giorgio Colli. Berlin (De Gruyter).
7 David Whitson, »Sport in the Social Constuction of Masculinity«, in: Messner und Sabo, S. 23.
8 *How Schools Shortchange Girls*, eine Studie mit wichtigen Ergebnissen über Mädchen und Bildung, in Auftrag gegeben von der *Education Foundation* der AAUW und durchgeführt vom *Wellesley College Center for Research on Women*. New York (Marlowe and Co.) 1992; Orenstein 2000; Pipher 1999.
9 Tonya Toole und Judith C. Kretzschmar, »Gender Differences in Motor Performance in Early Childhood and Later Adulthood«, *Women in Sport and Physical Activity Journal* 2, Nr. 1 (Frühjahr 1993), S. 43.
10 Bernice Lott und Diane Maluso zitierten die Studie in ihrem Kapitel »The Social Learning of Gender« in dem einflussreichen, 1993 von Beall und Sternberg herausgegebenen Buch *The Psychology of Gender* (S. 109), obwohl die Studie selbst bereits 1978 erschienen war. (»The Influence of Sex of Child on Parental Reactions to Toddlers and Children«, *Child Development* 49, S. 459.
11 Iris Young, *Throwing Like a Girl*, S. 140–142, 146–148.
12 B. E. Hort, M. D. Leinbach, B. I. Fagot, »Is There Coherence Among the Cognitive Components of Gender Acquisition?«, *Sex Roles* 24 (1991), S. 195–207.
13 Jean Zimmermann und Gil Reavil, *Raising Our Athletic Daughters*. New York (Doubleday) 1999, S. 46.
14 C. M. Steele, »A Threat in the Air: How Stereotypes Shape Intellec-

tual Identity and Performance«, *American Psychologist* 52 (1997), S. 613–629. Steeles Arbeit wird zitiert von Judith Rich Harris, *The Nurture Assumption.* New York (Free Press) 1998, S. 251.

15 Das *Melpomene Institute,* eine in St. Paul ansässige Forschungs- und Bildungsvereinigung, führte die Studie durch. Mary Duffy berichtete darüber unter »Making Workouts for the Strength of Girls« in *The New York Times,* am 13. Juni 1999, S. A21.

16 Studien an Kleinkindern beschrieben in Zimmermann und Reavil, S. 42.

17 Sheila Scraton, *Shaping Up to Womanhood: Gender and Girls' Physical Education.* Buckingham/Philadelphia (Open University Press) 1992.

18 Jackie Hudson, »It's Mostly a Matter of Metric«, in: Costa and Guthrie, S. 154.

19 Zitiert in Bartky.

20 Marianne Wex, *»Weibliche« und »männliche« Körpersprache als Folge patriarchalischer Verhältnisse.* Frankfurt am Main (Frauenliteraturvertrieb Hees) 1980. Wex' Arbeit wird diskutiert in Bartky, S. 67.

21 President's Council on Physical Fitness and Sports Report, »Physical Activity and Sport in the Lives of Girls«, Übersicht, S. 13. Zusammenfassung und Volltext: http://www.coled.umn.edu/KLS/crgws/.

22 Malcolm Gladwell, »The Physical Genius«, *The New Yorker,* 2. August 1999, S. 57.

23 Robin Finn, »Hingis and Venus Williams Do Not Bend to Wind«, *The New York Times,* 8. September 1999, S. D1.

24 Nikolai A. Bernstein erkannte als einer der Ersten, dass sowohl physische als auch neuronale Vorgänge an der Motorik beteiligt sind. Er und der deutsche Wissenschaftler Erich von Holst veröffentlichten in den 1930er und 1940er Jahren eine Reihe zukunftsweisender Artikel, die die Theoriebildung zur motorischen Kontrolle bis heute beeinflussen. Vielen amerikanischen Wissenschaftlern waren jedoch die Beiträge Bernsteins und von Holsts unbekannt, bis Ende der 1960er und 1970er Jahre ihre Arbeiten in Englisch erschienen.

25 Hillary warf sogar mit ihrem *dominanten* Arm in dieser Weise, was auf einen gravierenden Mangel an Übung hinweist.

26 Kathleen Williams et al., »Environmental Versus Biological Influences on Gender Differences in the Overarm Throw for Force«, *Women in Sport and Physical Activity Journal* 5, Nr. 2 (Herbst 1996), S. 42.

27 S. A. Butterfield und E. M. Loovis, »Influence of Age, Sex, Balance, and Sport Participation on Development of Throwing by Children in

Grades K-8«, *Perceptual Motor Skills* 76, Nr. 2 (April 1993), S. 459–464.

28 Dies., »Influence of Age, Sex, Balance, and Sport Participation on Development of Catching by Children in Grades K-8«, *Perceptual Motor Skills* 77, Nr. 3, Teil 2 (Dezember 1993), S, 1267–1273.

29 Dies., »Influence of Age, Sex, Balance, and Sport Participation on Development of Kicking by Children in Grades K-8«, *Perceptual Motor Skills* 79, Nr. 1 (August 1994), S. 691–697.

30 Dies., »Influence of Age, Sex, Balance, and Sport Participation on Development of Sidearm Striking by Children in Grades K-8«, *Perceptual Motor Skills* 81, Nr. 2 (Oktober 1995), S. 595–600.

31 J. P. Lin, J. K. Brown, E. G. Walsh, »Physiological Maturation of Muscles in Childhood«, *Lancet*, 4. Juni 1994, S. 1386–1389.

32 Jackie Hudson, in: Costa und Guthrie, S. 149.

33 Forschungsarbeiten, die zu einem besseren Verständnis muskulärer Wirkungen auf die motorische Entwicklung führen dürften, sind im Gange. 1996 fand eine Studie, die die in *Lancet* publizierten Beobachtungen stützte, dass die Schnelligkeit alternierender Bewegungen im Fuß- und Handgelenk sich von drei bis elf Jahren verdoppelt. Eine frühere Studie ergab eine ähnliche Zunahme der Schnelligkeit der Wadenmuskeln im Verlauf des ersten Lebensjahrzehnts.

34 Gladwell, S. 57.

35 Toole und Kretzschmar, S. 5.

36 »Mini Driver«, *People*, 8. Juni 1998, S. 96.

37 Toole und Kretzschmar, S. 51.

38 Ebd., S. 67.

39 Michael Chia, Neil Armstrong, David Childs, »The Assessment of Children's Anaerobic Performance Using Modifications of the Wingate Anaerobic Test«, *Pediatric Exercise Science* 9, Nr. 1 (Februar 1997), S. 80.

40 Melissa Joulwan, »The River Wild«, *Go, Girl!*, Mai 1998, http://www.gogirlmag.com/profile.htm.

41 N. Fejgin, »Participation in High School Competitive Sports: A Subversion of School Mission or Contribution to Academic Goals?«, *Sociology of Sport Journal* 11 (1994), S. 211–230.

42 American Association of University Women Education Foundation, *Gender Gaps*. Washington 1999, S. 76.

43 Barbara Sherwin, »The Impact of Different Doses of Estrogen and Progestin on Mood and Sexual Behavior in Postmenopausal Women«, *Journal of Clinical Endocrinology and Metabolism* 72, Nr. 2 (1991), S. 336.

44 Mitteilung von Donna E. Shalala, »Physical Activity and Sport in the Lives of Girls«, President's Council on Physical Fitness and Sports Report (Frühjahr 1997).
45 Kimm und Kwiterovich, 1995, zitiert in Bunker und Freedman.
46 De Souza et al., »Exercise and Bone Health Across the Life Span«, in: Costa and Guthrie, S. 215.
47 Carol Krucoff, »You're Never Too Young for Strength Training«, *The Washington Post*, 22. Juni 1999, S. 19.
48 H. Van Praag et al., »Running Enhances Neurogenesis, Learning, and Long-Term Potentiation in Mice«, *Proceedings of The National Academy of Sciences* USA 96, Nr. 23 (9. November 1999).
Dies., »Running Increases Cell Proliferation and Neurogenesis in the Adult Mouse Dentate Gyrus«, *Natural Neuroscience* 2, Nr. 3 (März 1999), S. 266–270.
49 Jennifer L. Etnier et al., »The Influence of Physical Fitness and Exercise upon Cognitive Functioning: A Meta-Analysis«, *Journal of Sport and Exercise Psychology* 19 (1997), S. 249–277.
50 Jean Piaget, *Das Erwachen der Intelligenz beim Kinde.* Stuttgart (Klett) 1969.
51 President's Council on Physical Fitness and Sports Report, Forschungsbericht, Abschnitt III, »Physical Activity and Sport in the Lives of Girls« (Frühjahr 1997).

Kapitel 3

1 Diane Wiese-Bjornstal, Forschungsbericht »Physical Activity and Sport in the Lives of Girls«, Abschnitt II: Psychological Dimensions, President's Council on Physical Fitness and Sports Report.
2 Im Gegensatz zu dem Schwergewicht der 1970er und 1980er Jahre auf der »Leistungsmotivation«.
3 Diane L. Gill, »Psychological Perspectives on Women in Sport and Exercise«, in: Costa and Guthrie, S. 264.
4 Ebd., S. 265.
5 C. Ankarberg und E. Norjavaara, »Diurnal Rythm of Testosterone Secretion Before and Throughout Puberty in Healthy Girls«, *Journal of Clinical Endocrinology and Metabolism* 84, Nr. 3 (März 1999), S. 975–984.
6 Susan Wilkinson et al., »Gender and Fitness Standards«, *Women in Sport and Physical Activity Journal* 5, Nr. 1 (Frühjahr 1996), S. 17.

7 J. R. Thoms und K. T. Thomas, »Development of Gender Differences in Physical Activity«, *Quest* 40, Nr. 3 (1988), S. 219–229.

8 J. S. Eccles und R. D. Harrold, »Gender Differences in Sport Involvement: Applying the Eccles' Expectancy-Value Model«, *Journal of Applied Sport Psychology* 3 (1991), S. 7–35.

9 Melissa A. Landers und Gary Alan Fine, »Learning Life's Lessons in Tee Ball: The Reinforcement of Gender and Status in Kindergarten Sport«, *Sociology of Sports Journal* 13 (1996), S. 87–93.

10 Ebd., S. 90.

11 Michael Oriard, *The End of Autumn*. Garden City (Doubleday) 1982, S. 18 f.

12 »Georgia Schoolgirls Makes the Points«, *The New York Times*, 1. November 1998, Teil 8, S. 6.

13 Frank Huges, »Female Football Player Files Suit on Injury«, *The Washington Post*, 29. Oktober 1992, S. D3.

14 Mariah Burton Nelson, *The Stronger Women Get, the More Men Love Football*. New York (Avon Books) 1994, S. 78.

15 Harvey Araton, »Soccer Moms Who Play Set Example for Children«, *The New York Times*, 23. Mai 1999, Teil 8, S. 13.

16 »Derartige Argumente sagen mehr über die erhitzte Phantasie ihrer Proponenten aus als über die objektive Realität«, kommentieren Zimmermann und Reavil, a. a. O., S. 82.

17 Ebd., S. 82.

18 Mariah Burton Nelson, »Introduction«, in: Lissa Smith (Hrsg.), *Nike Is a Goddess*. Boston (Atlantik Monthly Press) 1998, S. XV.

19 Becky Beal, »Skateboarding: Alternative Masculinity and It's Effect on Gender Relationships«, Vortrag auf der Konferenz der North American Society for the Sociology of Sport. Toledo, Ohio, 4.–7. November 1992.

20 Kevin McMurray, »Climbing a Mountain Can Prove Family Fun«, *The New York Times*, 5. Juli 1998, Teil 8, S. 8.

21 David Halberstam, »Ice Breakers«, *Condé Nast Sports for Women*. Februar 1998, S. 91.

22 Ebd.

23 Araton, *The New York Times*.

24 Ebd. Noch außergewöhnlicher als der Prozentsatz der Fußballspielerinnen unter amerikanischen Mädchen ist das ermutigende Schlusswort dieses Sportkolumnisten: »Im Endeffekt ist eine wichtigere Trophäe der Sohn, der nicht in der Überzeugung aufwächst, er sei die Sonne und die Frauen umkreisten ihn.«

25 Ebd.

26 Anna Seaton Huntington, »All Sugar and Competitive Spice«, *The New York Times*, 17. Mai 1998, Teil 8, S. 11.
27 Marie C. Franklin, »Girls Say Outward Bound Helps Them Feel Strong and Able«, *The Boston Sunday Globe*, 31. Juli 1994.
28 Persönliches Interview.
29 Elizabeth McLeod, »Connection with Courage: Learning About Self Through Relationships with Others«, Artikel für einen Kurs mit dem Titel »Rethinking Adolescence« an der Havard-Universität im Dezember 1995.
30 Hang Lam, »Project Courage Pioneers Speak Their Minds by Telling All Their Hearts«, *At the Center*, Newsletter des Bay Area Girls Center, April 1998.
31 Zimmermann and Reavil, S. 69.
32 Ebd., S. 121.
33 Ebd., S. 52.
34 Anne Driscoll, »Give Girls a Sporting Chance«, *The Boston Globe*, 24. Oktober 1999, S. 18.

Kapitel 4

1 Die viktorianische Medizin diskutiert Joan Jacobs Brumberg, *The Body Project*. New York (Random House) 1997, S. 7–11. Sie zitiert Edward Clark, *Sex in Education; Or, A Fair Chance for Girls*. New York 1873, sowie Carol Smith Rosenberg und Charles Rosenberg, »The Female Animal: Medical and Biological Views of Woman and Her Role in Nineteenth-Century America«, *Journal of American History* 60 (September 1973), S. 332–356.
2 Sigmund Freud, *Studienausgabe, Bd. III, Psychologie des Unbewussten*. Frankfurt (S. Fischer) 1969, S. 294.
3 Jacques Lacan, »Some Reflections on the Ego«, *International Journal of Psychoanalysis* 34, zitiert in: Elizabeth Grosz, *Space, Time, and Perversion*. London (Routledge) 1995, S. 86.
4 Alexander Lowen, *Der Verrat am Körper*. Bern, München (Scherz) 1980, S. 83.
5 Tamar Lewin, »Sexual Abuse Tied to 1 in 4 Girls in Teens«, *The New York Times*, 1. Oktober 1997, S. A24.
6 Simone de Beauvoir, *Das andere Geschlecht*. Reinbek (Rowohlt) 1968, S. 308.

7 Carol Gilligan und Lyn Mikel Brown, *Die verlorene Stimme.* Frankfurt (Campus) 1994, S. 8.

8 *How Schools Shortchange Girls.* New York (Morlow and Company) 1992, S. 136, nach einer Studie in: J. Gans und D. Blyth, *America's Adolescents: How Healthy Are They?* Chicago (American Medical Association) 1990, S. 20.

9 Ebd., S. 129.

10 AAUW, *Hostile Hallways.* Bericht über sexuelle Belästigung in amerikanischen Schulen, 1993, S. 9–11.
Eines von vier Mädchen gibt an, dass der Täter ein Angestellter der Schule war.

11 Maria Alvarez, »Victims in Quiet Agony«, *New York Post,* 7. November 1999, Teil RR, S. 5.

12 Ebd.

13 Linda Greenhouse, »Sex Harassment in Class Is Ruled Schools' Liability«, *The New York Times,* 25. Mai 1999, S. A1.

14 Ebd.

15 Cynthia Gorney, »Teaching Johnny the Appropriate Way to Flirt«, *The New York Times Magazine,* 13. Juni 1999, S. 47.

16 Ebd. 1991 bekam Katy Lyle (das Opfer der Graffiti aus Duluth in Minnesota) 15 000 Dollar Schmerzensgeld von ihrer High School zugesprochen. Im Jahr darauf erhielt Tawnya Brawdy 20 000 Dollar aufgrund eines außergerichtlichen Vergleichs, weil die Kenilworth Junior High School im kalifornischen Petaluma nicht eingeschritten war, als Jungen sie mit »blöde Kuh« beschimpften und sich über die Größe ihrer Brüste lustig machten.

17 Katie Roiphe, *The Morning After.* New York (Little, Brown) 1993, S. 163.

18 John Leo, »Gender Wars Redux«, *U.S. News & World Report,* 22. Februar 1999.

19 Christina Hoff Sommers, »The Preteen Sexual Harasser«, *The New York Times,* 9. Januar 1999, S. A15.

20 Peggy Orenstein, *Starke Mädchen – brave Mädchen.* Frankfurt (Campus) 1996. (Fischer Taschenbuch) 2000, S. 132.

21 Ebd., S. 139.

22 Ebd.

23 Ebd., S. 141.

24 Ebd., S. 142.

25 Ebd., S. 148.

26 Bernard Lefkowitz, *Our Guys: The Glen Ridge Rape and the Secret Life of the Perfect Suburb.* Berkeley (University of California Press) 1997.

27 Jill Smolowe, »Sex with a Scorecard«, *Time*, 5. April 1993, S. 41.

28 Pamela Manners und David Smart, »Moral Development and Identity Formation in High School Juniors: The Effects of Participation in Extracurricular Activities«, Vortrag vor dem Kongress der *American Educational Research Association.* San Francisco, April 1995, ERIC Dokument ED385496.

29 Orenstein, S. 100 f.

30 Wardell Pomeroy, *Girls and Sex.* New York (Laurel Leaf Books) 1991.

31 Orenstein, S. 101.

32 Mary Pipher, *Pubertätskrisen junger Mädchen.* Frankfurt am Main (Krüger) 1996, (Fischer Taschenbuch) 1999, S. 71.

33 Ebd., S. 92.

34 Ebd., S. 47.

35 Persönliches Interview. »Theresa« wollte nicht namentlich genannt werden.

36 S. L. Price, »Anson Dorrance«, *Sports Illustrated*, 7. Dezember 1998.

37 Ebd.

38 Robin Finn, »Growth in Women's Sports Stirs Harassment Issue«, *The New York Times*, 7. März 1999, S. 24.

39 Ebd.

40 Sharon Bohn Gmelch, *Gender on Campus.* New Brunswick (Rutgers University Press) 1998, S. 202.

41 Deborah Johnson, »Women Who Trust Too Much: What AIDS Commercials Don't Tell You«, *On the Issues* 5 (Sommer 1996), S. 26.

42 Kim Hubbard, Anne-Marie O'Neill, Christina Cheakalos, »Out of Control«, *People*, 12. April 1999, S. 52.

43 »Massachusetts Campus Tense After Attacks on Women«, *The New York Times*, 21, November 1999, S. 32.

44 Pipher, S. 77.

45 A. Rothenberger und G. Hunther, »Die Bedeutung von psychosozialem Stress im Kindesalter für die strukturelle und funktionale Hirnreifung: neurobiologische Grundlagen der Entwicklungspsychopathologie« *(The Role of Psychosocial Stress in Childhood for Brain Maturation: Neurobiological Basis of Developmental Psychopathology.) Praxis der Kinderpsychologie und Kinderpsychiatrie* 46, Nr. 9 (November 1997), S. 623–644.

Kapitel 5

1 Senator Birch Bayh.
2 20 U. S. C. Abschnitt 1681 von *Title IX* des *Educational Amendment Act* von 1972.
3 Viele High Schools verboten Jungen, Hauswirtschaft zu wählen. Mädchen durften keine Automechanik nehmen. Manche Schulen verboten den Mädchen sogar, sich zur Sicherheitspatrouille zu melden. *The Gender Equity »Report Card«.*
4 1971, im Jahr vor der Verabschiedung von *Title IX*, absolvierten nur 18 Prozent der Frauen vier oder mehr Jahre auf dem College, verglichen mit 26 Prozent der Männer. 1994 hatte sich diese Lücke geschlossen; 27 Prozent der Männer und Frauen schlossen das College ab. Ähnlich gingen 1972 nur 9 Prozent aller medizinischen Abschlüsse an Frauen. 1994 war diese Zahl auf 38 gestiegen.
5 Cedric W. Dempsey, »NCAA Gender Equity Figures Improving«, *The Washington Post*, 26. Oktober 1999, S. D5.
6 Jim Naughton, »Clarification of Title IX May Leave Many Colleges in Violation over Athletes«, *Chronicle of Higher Education*, 31. Juli 1998, S. A34.
7 Susan Durrant, »Title IX – Its Power and Its Limitations«, *Journal of Physical Education, Recreation and Dance* (März 1992), S. 60.
8 Ebd., S. 61.
9 Coubertin, zitiert von Cashmore, a. a. O.
10 E. W. Gerber et al., *The American Woman in Sport*. Reading (Addison-Wesley) 1974, S. 137.
11 Robert Dunn, »The Country Club: A National Expression, Where Woman Is Really Free«, *The Outing Magazine* 42 (November 1905), S. 69. Country Clubs waren in der Tat eine der wichtigsten Zugangsmöglichkeiten für Frauen zum Sport.
12 Ebd.
13 *The New York Times*, 13. Juli 1913, Teil IV. S. 2.
14 Manche wenigstens schlugen eine andere Tonart hinsichtlich Frauen als Sportlerinnen an: »Ihre Schritte in der Politik waren infantil, im Geschäftsleben ganz untergeordnet ... Doch auf dem Golf- und Tennisplatz und als Jägerin ist sie auf gleichen Rang mit dem Mann gesprungen«, berichtete ein männlicher Autor in *The Outing Magazine*.
15 Susan K. Cahn, *Coming On Strong*. Cambridge (Harvard University Press),1994, S. 114.

16 Frederick Rand Rogers, »Physical Education Programs for Girls«, Mai 1928, S. 354. Zitiert in Cahn, S. 114.

17 Mary Hanson Leigh, »The Evolution of Women's Participation in the Summer Olympic Games, 1900–1948«, Dissertation, Ohio State University, 1974, S. 249. Zitiert in Cahn, S. 58.

18 Presseberichte in den 1920er Jahren verglichen Sportlerinnen mit Revuetänzerinnen, Filmstars und Schönheitsköniginnen. Die *Baltimore Sun* bezeichnete einen städtischen Leichtathletikwettbewerb, an dem 5000 Mädchen teilnahmen, als »eine Mädelschau, wie es nie eine gab«. In ähnlicher Weise schilderte der *Pittsburgh Courier* Basketballspielerinnen in der Schlagzeile WASHINGTON, PA., SÜSSE MÄDELS, BERÜHMT FÜR SCHÖNHEIT UND KÖNNEN, WERDEN VON BEWUNDERERN DIE »ZIEGFELD FOLLIES« DER BASKETBALLWELT GENANNT.

19 Zitiert in: »1920–1947: New Beginnings«, www.usatoday.com/olympics/atlanta/olya021.htm.

20 Ebd.

21 Der große Streit über die Ausdauer, darüber ob Skilanglauf zu schwer für Frauen war, hielt die Funktionäre bis 1964 in Atem. In jenem Jahr beteiligten sich 35 Frauen aus 12 Nationen am 10-Kilometer-Langlauf. Das Rennrodeln der Frauen wurde ebenfalls olympische Sportart.

22 John R. Tunis, »Women and the Sport Business«, *Harper's Monthly Magazine*, Juli 1929, S. 213.

23 Rogers, S. 194. Zitiert in Cahn, S. 114.

24 Ebd., Cahn, S. 63.

25 Ebd., Cahn, S. 56.

26 Ebd., Cahn, S. 66.

27 »1948–1971: Conflicting Images«, www.usatoday.com/olympics/atlanta/olya022.htm

28 »The Battle of the Sexes«, *Newsweek*, 21. September 1998.

29 »Come the Revolution. Joining the Game at Last, Women Are Transforming American Athletics«, *Time*, 26. Juni 1978, Zitate S. 54 und 59.

30 Joan Benoit und Sally Baker, *Running Tide*. New York (Knopf) 1987.

31 »Walk, Ladys, Don't Run«, *St. Louis Post-Dispatch*, 15. Januar 2000, S. 30.

32 Deborah Larned, »The Femininity Test«, *WomenSports*, Juli 1976, S. 10.

33 A. Serrat et al., »Gender Verification in Sports by PCR Amplification of SRY and DYZ1 Y Chromosome Specific Sequences: Presence of DYZ1 Repeat in Female Athletes«, *British Journal of Sports Medicine* 30, Nr. 4 (Dezember 1996), S. 310–312.

34 Larned, S. 11, Kłobukowskas besondere Chromosomenaberration tritt bei 6 von 1000 Frauen auf.

35 »Records of Polish Girl Sprinter Who Flunked Sex Tests Barred«, *The New York Times,* 26. Februar 1968, S. 50.

36 J. L. Simpson et al., »Gender Verification in Competitive Sports«, *Sports Medicine* 16, Nr. 5 (16. November 1993), S. 305–315.

37 J. Rodda, »Sex-Test Row Hits Olympics«, *The Guardian,* 29. Januar 1992, S. 13 (Lexis/Nexis Transkript).

38 »IOC Will Not Give In to Sex Test Protests«, Agence France Press, 28. Januar 1992 (Lexis/Nexis Transkript).

39 G. Kolata, »Ideas and Trends: Who's Female? Science Can't Say«, *The New York Times,* 16. Februar 1992, Teil 4, S. 6.

40 Alison Carlson, »Chromosome Count«, *Ms.*, Oktober 1988, S. 43.

41 P. Vignetti et al., »›Sex Passport‹ Obligation for Female Athletes, Consideration and Criticism on 364 Subjects«, *International Journal of Sports Medicine* 3 (17. April 1996), S. 239–240.

42 »Gender Testing at Olympics Is Faulty«, *All Things Considered,* National Public Radio, 7. Februar 1992.

43 Carlson, S. 27.

44 Ebd., S. 29.

45 P. Holmes, »Olympic Chiefs Brush Off Sex Test Storm«, *The Reuters Library Report,* 29. Januar 1992.

46 Ebd.

47 Leland J. Rosenberg, D. Van Boven, T. T. Gegax, »Up in the Air«, *Newsweek,* 1. September 1997, S. 57. Zitiert in: Sarah Banet-Weiser, »Hoop Dreams: Professional Basketball and the Politics of Race and Gender«, *Journal of Sport and Social Issues* 23 (4), S. 413–420.

48 K. Whiteside, WNBA*: Commemorating the Birth of a League.* New York (HarperCollins) 1998, S. 3.

49 A. S. Huntington, »So I Wanna Be a Superstar. You Got a Problem with That?« *Women's Sport and Fitness,* 21. November 1996, S. 50.

50 *GQ*, Juni 1998.

51 Kolumnist zitiert von B. Wilson, the Ethical Spectacle Web site, Dezember 1997.

52 Rosenberg et. al.

53 Ebd.

54 Ebd.

Kapitel 6

1 Der Gegenschlag gegen Athletinnen erfolgt am brutalsten in Nationen, wo die Unterdrückung von Frauen allgemein am sichtbarsten ist. In Algerien wurde die Olympiasiegerin Hassiba Boulmerka von muslimischen Fundamentalisten bespuckt, mit Steinen beworfen und mit dem Tod bedroht; sie erließen eine offizielle Verurteilung gegen sie, weil sie »mit nackten Beinen vor Tausenden Männern gelaufen« war. Und das, obwohl (oder weil) die 1500-Meter-Läuferin Boulmerka die erste algerische Weltmeisterin ist. Mary A. Boutilier und Lucinda San Giovanni, *The Sporting Woman.* Champaign (Human Kinetics Books) 1983, S. 102.

2 Auch bei Bowling-Turnieren sind Männer und Frauen getrennt, unter dem Vorwand, Männer bräuchten andere Bahnbedingungen. Alle Profibowler benutzen Kugeln derselben Größe und desselben Gewichts, doch die Männerbahnen werden mit so genanntem »längerem« Öl präpariert.

3 Das ganze Konzept der »Mädchenregeln« beschränkt Frauen auf »ein Ghetto der Ungleichheit, lässt unhinterfragte Stereotypen über die angebliche Schwäche von Frauen bestehen«, bemerken Michael A. Messner und Donald Sabo, a. a. O.

4 Margaret Murdoch teilte sich 1976 mit ihrem Teamgefährten Lanny Bassham den ersten Platz. Aufgrund einer Tiebreak-Regel ging die Goldmedaille an Bassham. Bei der Preisverleihung holte er Murdoch gnädig zu sich auf das Siegertreppchen. Mariah Burton Nelson, *The Stonger Women get …,* a. a. O., S. 65.

5 Kal Muller, *National Geographic.* Dezember 1970, S. 786–811.

6 Edwin McDowell, »Travel Industry Finds Adventure Is Now Ageless«, *The New York Times,* 20. Februar 1999, S. C1.

7 Jack Pollack, »How Masculine Are You?« *Nation's Business* 38 (Juni 1950), S. 49–55.

8 Susan K. Cahn, a. a. O., S. 226.

9 Frank Deford, »The Smartina Show, or Tennis in Lethal Vein«, *Sports Illustrated,* 4. April 1983, S. 34.

10 »The Best of All Time«, *Time,* 16. Juli 1984, S. 61.

11 »Our Lady Golfers Take the Cup, but Let the British Title Go«, *Literary Digest,* 18. Juni 1932, S. 34 f.

12 »Little Mo Grows Up«, *Time,* 14. Juli 1952, S. 44.

13 *Literary Digest,* a. a. O.

14 Babe Didrikson, »I Blow My Own Horn«, S. 103.

15 Cahn, S. 216. Athletinnen werden immer noch als Nichtfrauen abge-

stempelt, sogar von anderen Athletinnen. 1998 brach ein Sturm der Entrüstung los, als Martina Hingis eine Konkurrentin als »halben Mann« bezeichnete. Homophobie im Frauensport ist »wie der McCarthyismus der 1950er Jahre«, meinte Christine Grant, Leiterin der Sportabteilung der Universität von Iowa, »Die Angst ist lähmend.«

16 Mariah Burton Nelson, S. 77.

17 Laura L. Noah, »A Former Coach's Primal Scream over a Stubborn Stereotype«, *The New York Times*, 24. Oktober 1999, S. D15.

18 S. Birrell und C. Cole, »Double Fault: Renee Richards and the Construction and Naturalization of Difference«, *Sociology of Sport Journal* 7 (1990), S. 1–21.

19 R. Richards mit J. Ames, *The Second Serve*. New York (Stein and Day) 1983, S. 345.

20 Zitiert von Peter Dorsen in einer Besprechung des *Oxford Textbook of Sports Medicine*, in: *Journal of the American Medical Association* 282, Nr. 23 (15. Dezember 1999), S. 2264–2266. Mark Harries et al. (Hrsg.) *Oxford Textbook of Sports Medicine*, New York (Oxford University Press) 1998.

21 Cashmore, S. 129.

22 Jackie L. Hudson, »Prediction of Basketball Skill Using Biomechanical Variables«, *Research Quarterly for Exercise and Sport* 56 (1985), S. 115–121.

23 Susan Faludi, *Die Männer schlagen zurück*. Reinbek (Rowohlt) 1993, S. 23.

24 Persönliche Mitteilung an Lisa Rubarth, von ihr berichtet in: »Twenty Years After Title IX: Women in Sports Media«, *Journal of Physical Education, Recreation and Dance* (März 1992), S. 53.

25 Bella English, »Fenway Bound? Take a Hatpin«, *The Boston Globe*, 19. Juni 1991.

26 Ebd. In diesem Jahr schaffte es die erste Frau in das Rundfunkteam von *Monday Night Football*. Anscheinend wurde Frank nervös.

27 Nelson, S. 88.

28 Steven P. Schacht, »The Sadomasochistic Ritual of Male Rugby Players and the Social Construction of Gender Hierarchies.« Vortrag vor der Jahreskonferenz der *North American Society for the Sociology of Sport*. Toledo, Ohio, 5. November 1992, S. 20. Diese Beobachtungen hatte Schacht bei zwei Universitätsrugbyclubs gemacht.

29 Nelson, S. 30.

30 Nancy Stedman, »Estrogen May Curb Women's Muscle Pain«, *The New York Times*, 24. August 1999, S. F8.

31 Ebd.

32 Susan Gilbert, »Weak Bones Among Men Are Linked to Estrogen«, *The New York Times,* 8. Dezember 1998, S. F6.
33 T. R. Lord und J. Garrison, »Comparing Spatial Abilities of Collegiate Athletes in Different Sports«, *Perceptual Motor Skills* 86, Nr. 3, Teil 1 (Juni 1998), S. 1016–1018.
34 Chris Ballard, »On the Blacktop, a Kid of Sweat Equity«, *The New York Times,* 16. Juli 1999, S. E40.
35 www.freshandtasty.com/nicola, 24. Mai 1998.
36 Randy Kennedy, »›Ordinary Girl‹ Until She Enters the Water«, *The New York Times,* 16. Juli 1998, S. B2.
37 Korky Vann, *The Hartford Courant,* 30. Juni 1998, S. F7.
38 Steve Lopez, »A Fullback Picks Her Gown«, *Time,* 15. November 1999.
39 Associated Press, »Football May Be Next Frontier for Women«, *St. Louis Post-Dispatch.* 14. Dezember 1999.
40 Robert Lipsyte, *The New York Times,* 22. Februar 1998. Teil 8, S. 1.
41 Lena Williams, »Teamwork Off the Court«, *The New York Times,* 21. August 1999, S. D6.
42 Jere Longman, »U. S. Team Redefines ›Soccer Mom‹«, *The New York Times,* 9. Mai 1999, Teil 8, S. 1.
43 Ebd.
44 Ebd.
45 Ebd.

Kapitel 7

1 Katie Roiphe, S. 52.
2 Betty Friedan, *Der zweite Schritt.* Reinbek (Rowohlt) 1982.
3 Roiphe, S. 45.
4 Ebd.
5 S. Riger und M. T. Gordon, *The Female Fear.* New York (Free Press) 1989.
6 M. Warr, »Fear of Rape Among Urban Women«, *Social Problems* 32 (1985), S. 239–250.
7 Riger und Gordon.
8 Ebd.
9 Mary P. Koss et al., *No Safe Haven.* Washington, D. C. (American Psychological Association) 1994, S. 119. Die Statistiken veröffentlichte Koss zuvor in: »The Underdetection of Rape«, *Journal of Social Issues* 48 (1992), S. 63–75.

10 Lori Stern, »Disavowing the Self in Female Adolescence«, in: Carol Gilligan, Annie G. Rogers, Deborah L. Tolman (Hrsg.), *Women, Girls and Psychotherapy.* New York (Haworth Press) 1991, S. 105 f.
Lori Stern ist Clinical Fellow der *Harvard Medical School* in Psychologie.

11 Deborah A. Miranda, »Silver«, in: Nan Bauer Mayer und Donna Perry (Hrsg.), *Bad Girls/Good Girls.* New Brunswick (Rutgers University Press) 1996, S. 129.

12 Simone de Beauvoir, a. a. O., S. 319.

13 Sigmund Freud, *Charcot.* Gesammelte Werke. Frankfurt am Main (S. Fischer) 1952, Band I, S. 30.

14 Ebd.

15 Ders., *Studien über Hysterie.* Gesammelte Werke. Frankfurt am Main (S. Fischer) 1952, Band I, S. 92.

16 Ders., *Zur Ätiologie der Hysterie.* Studienausgabe. Frankfurt am Main (S. Fischer) 1971, Bd. VI, S. 64, (Hervh. S. F.).

17 Judith Lewis Herman, *Die Narben der Gewalt.* München (Kindler) 1994, S. 25 f.

18 Ebd., S. 26.

19 Ebd., S. 27, Das Freud-Zitat stammt aus: *Selbstdarstellung.* Gesammelte Werke (Imago-Ausgabe) Bd. 14. London 1952, S. 59 f.

20 Ebd., S. 34.

21 Ebd., S. 50.

22 A. W. Burgess und L. L. Holmstrom, »Rape Trauma Syndrome«, *American Journal of Psychiatry* 131 (1974), S. 981–986. Diese Studie wird zitiert in Herman, S. 49.

23 D. E. H. Russell, *Sexual Exploitation, Rape, Childhood Sexual Abuse, and Sexual Harassment.* Beverly Hills (Sage) 1984.
Die Soziologin und Menschenrechtsaktivistin Diana Russell führte mit einer Zufallsstichprobe von 900 Frauen Tiefeninterviews über ihre Erfahrungen mit häuslicher Gewalt und sexueller Ausbeutung durch.

24 Herman, S. 50. D. G, Kilpatrick et al., »Prevalence of Civilian Trauma and Posttraumatic Stress Disorder in a Representative National Sample of Women«, *Journal of Consulting Clinical Psychology* 616, Nr. 6 (Dezember 1993), S. 984–991.

25 Koss et al., S. 119. Die Autorinnen zitieren Fitzgerald und Schulman, »Sexual Harassment: A Research Analysis and Agenda for the 1990s«, *Journal of Vocational Behavior* 42 (1993), S. 5–27.

26 Christian Berthelsen, »Women Are Speaking Out to Heal Trauma and Rape«, *The New York Times,* 4. April 1999, S. A17.

27 William Underwood, *Self-Defense for Woman: Combato.* Garden City (Blue Ribbon Books) 1944.
Das Zitat stammt aus: Martha McCaughey, *Real Knockouts.* New York (New York University Press) 1997, S. 51.
28 Ebd.
29 Richard B. Felson, »Big People Hit Little People: Sex Differences in Physical Power and Interpersonal Violence«, *Criminology* 34, Nr. 3 (August 1996), S. 433. Die Studie beruhte auf Interviews, die 1980 in Albany im Staat New York durchgeführt wurden. Die Probanden wurden aufgefordert, über ihre Beteiligung an gewalttätigen Zwischenfällen vor diesem Datum zu berichten.
30 Frederick Storaska, *How to Say No to a Rapist and Survive.* New York (Random House) 1975, S. 42.
Storaska wurde unter Feministinnen dafür bekannt, dass er den Frauen riet, dem Angreifer ehrerbietig gegenüberzutreten, um ihm zu entgehen.
31 Lisa Sliwa mit Keith Elliott Greenberg, *Attitude: Commonsense Defense for Women.* New York (Crown) 1986, S. 31 f.
32 Mc Caughey, *Real Knockouts,* S. 5.
33 Ann Jones, »Is This Power Feminism?«, *Ms.*, Mai–Juni 1994, S. 38–40.
34 Pauline B. Bart und Patricia H. O'Brien, *Stopping Rape: Successful Survival Strategies.* New York (Pergamon Press) 1985.
Daten über Frauen, die kämpfen, finden sich in: Sarah E. Ullman und Raymond A. Night, »The Efficacy of Women's Resistance Strategies in Rape Situations«, *Psychology of Women Quarterly* 17 (1993), S. 23–38.
35 Zitiert in: Sharon Bohn Gmelch, S. 272.
36 Martha McCaughey, »The Fighting Spirit: Women's Self-Defense Training and the Discourse of Sexed Embodiment«, *Gender and Society* 12, Nr. 3 (Juni 1998), S. 277–300.
37 Ebd.
38 Ebd.
39 Elizabeth Swasey, »NRA Women's Voice«, *American Rifleman* 18 (1993).
40 Rene Denfeld, *Kill the Body, the Head Will Fall.* New York (Warner Books) 1997, S. 24.
41 Ebd.
42 McCaughey, *Real Knockouts.* S. 132.
43 Ebd., S. 122.
44 Ebd.
45 Ebd.

Colette Dowling

Frauen im Aufwind

Mit 50 beginnt ein neues Leben

Aus dem Amerikanischen von Elke vom Scheidt

Band 14378

In früheren Zeiten erlebten die meisten Frauen das 50. Lebensjahr, sofern sie es überhaupt erlebten, als Anfang vom Ende. Sie hatten ihr »Lebenswerk« – Kinder aufziehen, Mann versorgen – vollbracht, fühlten sich fortan überflüssig, zogen sich zurück und bereiteten sich auf den Tod vor. Im Vergleich zu dieser arg verkürzt dargestellten Lebensphase, erleben die heute 50jährigen Frauen geradezu eine Kulturrevolution, wenn auch nicht alle, so doch eine große Zahl. Sie treten sozusagen in ein zweites, freieres, viele Möglichkeiten eröffnendes Leben ein. All die früheren Einschränkungen, körperliche wie sozial vermittelte, spielen für die Frauen von heute kaum noch eine Rolle. Der Mythos Menopause hat ausgespielt. Sexuelle Restriktionen haben sich als patriarchalische Zwänge entlarvt. Im Berufsleben erklimmen Frauen dieses Alters ihnen früher verwehrte Führungspositionen, ohne deswegen als asexuelle Wesen diffamiert zu werden. Die Frau von 50 hat in vielen gesellschaftlichen Bereichen noch längst nicht ausgeschöpfte Möglichkeiten, von denen die Generation ihrer Mütter nur träumen konnte.

Fischer Taschenbuch Verlag

fi 987 / 5

Colette Dowling

Perfekte Frauen

Die Flucht in die Selbstdarstellung

Aus dem Amerikanischen von Heidi Fehlhaber

Band 11190

Der geradezu zwanghafte Wunsch mancher Frauen, «perfekt« zu sein, ist nach Ansicht von Colette Dowling, als Folge eines leicht irritierbaren Selbstwertgefühls anzusehen. Der »Perfektionsdrang« befalle mit Vorliebe erfolgreiche Frauen, sei im übrigen aber unabhängig vom sozialen Status oder intellektuellen Niveau der betroffenen Frauen. Häufig verberge sich hinter dem »Perfektionssyndrom« eine heikle Mutter-Tochter-Beziehung, die als eine Art Vehikel ein tradiertes Bild weiblichen Wohlverhaltens von einer Generation zur nächsten transportiere. Es sei höchste Zeit, diesen Teufelskreis zu durchbrechen und das »falsche Selbst« endlich aufzugeben.

Fischer Taschenbuch Verlag

fi 2181 / 1